高等政法院校规划教材

合同法学

HE TONG FA XUE

（第四版）

司法部法学教材编辑部　审定

主　　编：陈小君

副 主 编：麻昌华　高 飞

撰 稿 人：（以撰写、修订章节先后为序）

陈小君　高 飞　周佳念

麻昌华　裴丽萍　赵金龙

耿 卓　桂菊平

中国政法大学出版社

2014·北京

作者简介

陈小君　女，法学硕士，中南财经政法大学法学院教授、博士研究生导师，中南财经政法大学副校长、民商法研究中心主任，湖北省人大常委会立法顾问组组长，湖北省"有突出贡献的中青年专家"、"湖北省跨世纪学科带头人"，中国法学会民法学研究会副会长，获国务院"政府特殊津贴"。主编与参编《民法学》（主编）、《合同法学》（主编）、《海峡两岸亲属法比较研究》（主编）、《合同法新制度研究与适用》（主编）等著作；在《法学研究》等法学核心刊物上发表"传统文化反思与中国民法法典化"、"合同法分则整体式研究"、"我国民法典：序篇还是总则"、"合同法与现代社会"等论文四十余篇。

麻昌华　男，法学博士，中南财经政法大学法学院教授，侵权行为法典研究所副所长，中南财经政法大学法学院副院长，湖北省民法学研究会副会长、秘书长。主编与参编《合同法学》（副主编）、《消费者保护法》（主编）、《民法学》（参编）等教材；出版专著《侵权行为法地位研究》；在国家核心刊物上发表"21世纪侵权行为法的革命"、"侵权行为法在民法典中的地位"、"所有权及其内部结构论"、"对精神权利物化中介的探讨"等论文三十余篇。

裴丽萍　女，毕业于北京大学法律系，管理学博士，华中科技大学法学院教授、博士研究生导师，湖北省民法学研究会副会长。参编《合同法学》等教材；出版专著《可交易水权研究》；在《中国法学》等刊物上发表"论债权让与的若干基本问题"等论文多篇。

周佳念　男，毕业于中国人民大学法学院，法学博士，中南财经政法大学法学院民商法系副教授，湖北省高级人民法院副院长。在国家核心刊物上发表"信息技术发展与隐私权的保护"等论文十余篇。

高　飞　男，毕业于中南财经政法大学法学院，法学博士，中南财经政法大学法学院副教授，中南财经政法大学法学院民商法学系主任。博士论文被评为 2010 年全国百篇优秀博士学位论文。出版专著《集体土地所有权主体制度研究》；参编《民法学》、《合同法学》等教材；在《法学研究》、《中外法学》、《法商研究》等刊物上发表论文四十余篇。

桂菊平　女，毕业于西南政法大学法学系，法学硕士，中南财经政法大学法学院民商法系副教授。参编《海峡两岸亲属法比较研究》；在《法学研究》等刊物上发表"共同保证的几个理论问题"、"论出卖人瑕疵担保责任、积极侵害债权及产品责任之关系"等论文多篇。

赵金龙　男，毕业于中国政法大学法律系，法学硕士，中南财经政法大学副教授，民商法教研室主任。参编或合著《民法教程》、《合同法学》、《最新金融法通论》等教材、专著；发表论文十余篇。

耿　卓　男，毕业于中南财经政法大学法学院，法学博士，中南财经政法大学《法商研究》编辑部副编审。在《中国法学》、《法商研究》、《环球法律评论》、《比较法研究》等权威和核心期刊上独立发表学术论文二十余篇，合著《农村土地法律制度的现实考察与研究》、《农村土地问题立法研究》等，参编 21 世纪法学规划教材《民法学》等。

第四版说明

　　为了适应社会主义市场经济的发展和实施依法治国方略对法律人才的要求，满足法学教育提倡的服务社会理念对实务人才的需要，根据高等政法院校教学方案，由中南财经政法大学陈小君教授担任主编，中南财经政法大学麻昌华教授、高飞副教授担任副主编，对《合同法学》进行了新的修订。本次修订以理论与实践相结合原则为指导，广泛吸纳了国内外合同法学研究的新成果，结合我国最新制定和修订的法律、法规及相关司法解释，对基本原理做了全面、准确的阐述，同时加强了对读者思辨能力和解决实务能力的培养。

　　本书各章的撰写、修订分工如下：

陈小君　第一、二章；

高　飞、周佳念　第三、十八、十九、二十章，第五章第五、六节；

麻昌华　第四、十六、二十四章，第五章第一、二、三、四节；

裴丽萍　第六、七、二十一、二十二、二十三章；

赵金龙、耿　卓　第八、十四、十五章；

桂菊平　第九、十、十一、十二、十三、十七章。

编　者

2014 年 7 月

第三版说明

为了适应我国社会主义现代化建设和实施依法治国方略对法律人才的需求，全面提高法律人才的素质，根据高等政法院校新的教学方案，我们对高等政法院校规划教材作了全面的修订。这批教材以邓小平理论为指导，广泛吸收国内外法学教育的新成果，坚持理论联系实际的原则，力求系统、准确地阐述各学科的基本原理、基础知识，努力做到科学性、系统性和实用性的统一。

《合同法学》是其中的一种教材，由中南财经政法大学陈小君教授担任主编、中南财经政法大学麻昌华教授担任副主编。本次修订结合最新制定和修订的法律、法规，在原版内容的基础上，查缺补漏、删繁就简，力求在内容上尽量达到完整、全面。

本书各章的撰写、修订分工如下：

陈小君　第一、二章；

周佳念　第三、十九、二十、二十一一章、第五章第五、六节；

麻昌华　第四、十七、二十六章、第五章第一、二、三、四节；

裴丽萍　第六、七、二十二、二十三、二十四、二十五章；

汪良平
赵金龙　第八、十四、十五、十六章；

桂菊平　第九、十、十一、十二、十三、十八章。

编　者
2007 年 2 月

新版说明

　　长期以来，在司法部的领导下，法学教材编辑部认真履行为法学教育服务的职能，为满足我国不同层次法学教育发展的需要，在全国高等院校和科研院所的大力支持下，动员了包括中国社会科学院法学研究所、北京大学、清华大学、中国人民大学、浙江大学、厦门大学、中山大学、南京大学、武汉大学、吉林大学、山东大学、四川大学、苏州大学、烟台大学、上海大学、中国政法大学、西南政法大学、中南财经政法大学、华东政法学院、西北政法学院、国家行政学院、国家法官学院、中国人民公安大学、中央司法警官学院、广东商学院、山东政法管理干部学院、河南政法管理干部学院等单位的教学、科研骨干力量，组织编写了《高等政法院校法学主干课程教材》、《高等政法院校规划教材》等多层次、多品种的法学教材。

　　这些教材的出版均经过了严格的策划、研讨、甄选、撰稿、统稿、修订等程序，由一流的教授、专家、学术带头人担纲，严把质量关，由教学科研骨干合力共著，每一本教材都系统准确地阐述了本学科的基本原理和基本理论，做到了知识性、科学性、系统性的统一，可谓"集大家之智慧，成经典之通说"。这些教材的出版对中国法学教育的发展，起了非常重要的推动作用，受到广大读者的欢迎和法学界、法律界的高度评价。

　　教材是一定时期学术发展和教学、科研成果的系统反映，所以，随着科研的不断进步、教学实践的不断发展，必然导致教科书的不断修订。国际上许多经典的教科书，都是隔几年修订一次，一版、五版、二十版，使其与时俱进，不断成熟，日臻完善，成为经典，广为流传，这已成为教科书编写的一种规律。

　　《高等政法院校规划教材》出版至今已有十余年的时间，本套系列教材已修订多次，其中不少种教材多次荣获国家教育部、国家司法部等有关部门的各类优秀教材奖。由于其历史长久，积淀深厚，已经形成自己独具特色的科学、系统、稳定的教材体系，在法学教育中，既保持了学术发展的连续性、传承性，又及时吸纳新的科研成果，推动了学科的发展与普及。它已成为国内目前最有影响力的

分 论

总　　论

第一章　合同与合同法概述

■ **学习目的和要求**

　　通过本章的学习，要求学生掌握合同的概念、特征和基本分类，为合同法部分的学习奠定基础。具体而言，通过学习能够掌握合同法的概念和分类，了解合同法的渊源和我国合同法的立法进程，掌握合同法的基本原则，了解合同法的发展历程，从宏观上把握合同法在整个私法体系中的地位。

第一节　合同概述

一、合同的定义

　　关于合同（contrat，vertrag，contract）的概念有各种理论和立法，大陆法上有"合意之债"和"私法合同"之学说。以《法国民法典》为代表，[1] 认为合同是基于双方当事人的一种合意之协议而产生的法律关系。所谓合意，是指两个或两个以上的民事主体意思表示一致。合意以意思自治为前提，具有法律效力。这种"合意之债"实际上就是狭义的债权合同。《德国民法典》虽未给合同下定义，但观其合同在民法典中的位置，[2] 便知合同首先是债的种概念，同时，又不失为法律行为的一种，不能完全套用债的概念。因此，德国法上的合同是广义的私法合同，泛指一切以意思表示一致为要素而发生在私法上的行为，这里的合

---

[1]　《法国民法典》第1101条："合同，为一人或数人对另一人或数人承担给付某物、做或不做某事的义务的协议之一种。"
[2]　《德国民法典》中同时存在着法律行为、债和合同三个概念。——作者注

同，除债权合同外，还有物权合同、身份合同等。英美法则主张"合同是一种允诺"的学说，[1] 并不像大陆法特别强调双方的合意，而只是注重合同是一个或一组许诺，是单方意思表示，这种许诺如果具备一定条件，通常是另一方承诺且至少具有象征性对价时，法律将给予救济。由于英美法上合同的概念仅强调一方对另一方的允诺，而没有将双方当事人的合意置于重要位置，为此也受到西方许多学者的批评，他们认为，应尽量将大陆法中界定"协议"的内容运用到英美法中。[2] 这种主张及其理论，导致英美法系与大陆法系在合同界定上日益趋同。

我国民法围绕合同的概念在理论上长期存在"经济说"、"书面协议说"、"经济合同协议说"和"法律行为说"等几种主张。但前三种主张仅停留在合同的作用上，未能从合同本质上来界定。而"法律行为说"认为合同是民事主体间设立、变更、终止民事权利义务关系的法律行为，则较准确地揭示了合同的内核即合意之协议的本质。此外，在合同的适用范围上，还存在"广义合同"、"狭义合同"和"最狭义合同"之学理区分。[3] "广义合同"指所有法律部门中确定权利、义务内容的协议，有民法的合同、行政法的合同、劳动合同、国家合同、身份合同等；"狭义合同"指一切民事合同，即债权、物权、身份权、知识产权合同；"最狭义合同"仅指债权债务协议，即债权合同。《中华人民共和国民法通则》"民事权利"一章中第85条明确规定："合同是当事人之间设立、变更、终止民事关系的协议……"依此内容，合同定义显然是建立在"法律行为说"基础上的，但依此内容设立的位置，该合同概念适用范围已囿于债权债务关系中，应为"最狭义合同"。至于我国1993年修改的《经济合同法》第2条将合同限定在"法人、其他经济组织、个体工商户、农村承包经营户相互之间，为实现一定经济目的，明确相互权利义务关系而订立的合同"上，这一定义既没有准确揭示合同的本质，又明显偏狭，不能涵盖基本的民事合同。

值得注意的是，1999年3月15日第九届全国人民代表大会第二次会议审议通过的《中华人民共和国合同法》，将合同视为市场交易的法律形式，将合同法视为规范市场交易行为的规则，准确地界定了合同的概念："合同是平等主体的自然人、法人、其他组织之间设立、变更、终止民事权利义务关系的协议。婚姻、收养、监护等有关身份关系的协议，适用其他法律的规定。"我们认为，在

---

[1] 参见［英］P. S. 阿蒂亚：《合同法概论》，程正康等译，法律出版社1982年版，第27～29页。

[2] 在英美法上，"契约是两人或多人之间为在相互间设定合同义务而达成的具有法律强制力的协议"。参见［英］戴维·M. 沃克：《牛津法律大辞典》，北京社会与科技发展研究所组织翻译，光明日报出版社1988年版，第205页。

[3] 参见王利明、崔建远：《合同法新论·总则》，中国政法大学出版社1996年版，第4页。

我国目前市场经济尚处于初级发展阶段和民事立法尚欠完备的情况下，采用此种狭义式与排除式相结合的定义法是较为科学和理智的。具体理由如下：①合同法草案曾采用过的最狭义概念把合同纳入民法债权债务范畴，认为合同是当事人之间设立、变更、终止债权债务的协议，此举虽有它的合理性，但合同适用范围未免限定过窄，如采纳之，会使许多债权之外的民事合同关系排除在合同法调整之外，如抵押合同、质押合同、土地使用权出让合同、土地承包经营合同等物权合同；民法中有些合同并不完全反映债权债务关系，而在于取得共同利益，如合伙合同等。上述合同虽区别于债权合同，但仍反映的是平等主体在市场交易中的关系，理应受到合同法的规制。②考虑到我国法律中和立法指导思想上未将身份关系的协议列入债权债务的合意，加之身份关系如结婚、离婚以及收养等合意确有自己的特性和规律，立法体系上虽属民法，但已相对独立，因此，采用排除界定式将此置于合同法之外，也是合适的。总之，除人身关系外，合同是平等的自然人、法人、其他组织等主体间以设立、变更、终止民事权利义务为目的而进行的意思表示一致的法律行为。

二、合同与契约

通说认为，合同即契约。但历史地看，合同与契约曾有不同的含义。据查，汉语中"合同"一词两千年前就已存在，但当时广泛应用的却是"契约"一词。近代，中国法学家认为合同与契约并非等同，国外也有学者将两者区别开来，认为合同是当事人具有共同性的意思表示一致的协议，即约定去共同完成某一行为，其订约目的具有一致性，如成立社团、合伙；相反，契约则是当事人具有对应性的意思表示一致的协议，即约定相互完成某一行为，此与现代人对合同的理解相同。随着历史的演进，新中国成立后在一些规范性文件中出现了合同与契约交替使用的情形，直至20世纪70年代以后，"合同"一词在我国得到广泛的承认与使用，"契约"则被看作较为陈旧的词语而不为人们所广泛接受与应用。但也有学者认为使用"契约"一词比使用"合同"一词更方便和科学。在学术上，学者们也主张合同即契约，没必要过分区分，以免引起用语的混乱。所以，时至今日，合同与契约不再分开使用，无论是共向意思表示，还是对向意思表示，只能说明合同或契约之特点的差异，没有本质的区别。

三、合同的法律特征

在我国，合同作为法律事实之一种，与其他法律行为相比较，具有如下鲜明的主要特点：

（一）合同是两个或两个以上当事人的法律行为

这是合同区别于单方法律行为的重要标志。单方法律行为成立的基础条件是当事人单方意志，如被代理人的事后追认行为，而合同是基于双方（或多方）

当事人的合意行为得以成立的。合同是法律行为而非事实行为。所谓事实行为，是指行为人不具有设立、变更或终止民事法律关系的意图，但依照法律规定仍能引起民事法律后果的行为。合同本质是双方或多方当事人的合法行为，当事人的合意内容与目的在不违背法律要求时即具有法律拘束力，并受到国家强制力保护。

（二）合同是以设立、变更和终止民事权利义务关系为基本内容或目的的协议

各方当事人所为协议是经过协商所达成的共向的或对向的具有权利义务内容的一致意见。这一特点将合同与生活中的一般商量行为、社交行为区别开来。此外，当事人所订协议的内容，不仅包括债权债务的设立发生，还包括移转、变更或终止民事权利义务等双方法律行为，即以设立、变更和终止民事权利义务为目的或宗旨，合同才有法律意义。

（三）合同是当事人在平等自愿的基础上达成的且具意思表示一致性和真实性的协议

在当今世界各国，合同当事人意思表示一致时，无论是明示还是默示，均可成立合同。但当事人意思表示一致，应建立在当事人平等自愿和意思表示真实的基础之上，它体现了如下三方面的含义：①当事人的缔约意思是自愿而为，双方地位平等，不是对方或第三人的强行所致；②当事人的内心须具有追求法律效果，即发生法律上权利义务的目的性明确的意思；③当事人的内心意思和外在表示须具一致性。

（四）合同须具有合法性、确定性和可履行性[1]

合同的合法性是合同作为一种以发生法律效果为目的协议的必然要求，我国立法者与学术上均对此予以强调。《合同法》第8条明文规定："……依法成立的合同，受法律保护。"合同的确定性是指合同的内容必须确定，即约定明确。这样，一为履行合同提供依据，二为解释当事人意思表示确立标准。在我国，当事人对合同履行地、价款、期限、履行方式等约定不明，内容难以确定时，可直接依据法律规定来确定。《合同法》第125条还规定了合同解释的有关原则。可履行性与合法性有联系，只有当合同标的具有履行的可能，才能导致合同有效；合同的不能履行会导致合同的解除或无效等。当然，符合不可抗力条件的履行不能，当事人可以免责或变更合同。

除上述主要特点外，当事人具有缔约行为能力也可以作为合同的一个法律特征。

---

[1]　参见周林彬主编：《比较合同法》，兰州大学出版社1989年版，第99~101页。

第二节　合同的分类

合同的分类是将合同的诸多种类按照特定的标准对其抽象地加以区别与划分。一般来说，依据合同所反映的社会关系的性质划分合同的种类，如买卖、租赁、借贷、承揽、运输、保险、保管、委托、信托、居间、合伙等，这是为了在立法上建立各种有名合同的法律制度，满足社会经常进行的经济交易活动的需要。而在学理上对合同种类进行抽象划分的意义在于：①把握各类合同关系的差别，认识和了解此类合同与彼类合同的相互联系；②在同一类合同中进而划分出若干子合同，子合同具有自身的特性，通过这种划分认识某些合同关系的主要特点；③通过划分，在市场交易与各种经营活动中正确处理不同的合同关系，促进社会主义市场经济的发展；④从分类中掌握同一类合同的共同特征及其成立条件等，有助于合同立法的完善与健全，并决定合同的管理、案件的管辖和法律的适用。

各国在合同分类上都有其据以划分的不同标准，其中，大陆法系的分类方法最科学，常被英美法系各国和地区的合同法所采用。我国合同法学理论也吸纳了大陆法系在分类上的众多内容，形成了如下常见的几种分类。

一、双务合同与单务合同

这是根据合同当事人双方权利义务的分担方式来划分的。

1. 概念。双务合同，是指双方当事人都享有权利和承担义务的合同。例如，《法国民法典》第1102条规定："如缔约人双方相互承担义务时，此种契约为双务契约。"在这类合同中，当事人的债权债务关系呈对应状态，即每一方当事人既是债权人又是债务人，双方各自享有的权利和负担的义务与对方应尽的义务和享有的权利不可分离。双务合同的特点在于当事人具有履行义务的责任和要求他方履行义务的权利，双方的关系具有相互依赖性。至于一方的权利与另一方的义务在客观经济价值上是否等同，则在所不问。典型的双务合同有买卖、租赁、运输以及财产保险等合同。单务合同，是指一方当事人只享有权利而不承担义务，另一方当事人则只负义务而不享有权利的合同。例如，《法国民法典》第1103条规定："如一人或数人对于另一人或另数人承担义务而后者不承担义务时，此种契约为单务契约。"典型的单务合同有赠与、归还原物的借用和无偿保管合同等。实践中，双务合同最为普遍，单务合同是合同的例外情形。

2. 区分意义。合同的这一分类，其主要意义在于合同的履行而不是合同的成立。由于双务合同所产生的当事人间所享有的债权具有相互依赖性，即权利义务的对价关系，因此，它可能会产生一些单务合同所不具有的法律后果，例如，不履行义务的抗辩权，即一方不履行合同义务时，他方有权拒绝履行其义务；解除合同后已负义务一方有要求对方返还原物的权利；发生不可抗力时的债务免除、债权消灭等。

二、有偿合同与无偿合同

这是根据合同双方当事人权利的取得是否付出相应代价来划分的。

1. 概念。有偿合同，是指当事人因取得权利（包括利益）须偿付一定代价的合同。有偿合同中，双方当事人互为给付，即当事人以接受对方相应的代价为履行义务的条件，如买卖、租赁等合同。无偿合同，是指当事人一方只取得权利而不偿付任何代价的合同。有偿合同大多数是双务合同，但也有例外，如有息借贷属有偿合同但却属单务合同。无偿合同原则上是单务合同，但单务合同又未必是无偿合同。

2. 区分意义。区分有偿合同与无偿合同，其法律意义在于：①有利于确定合同相对人的不同地位。有偿合同中相对方当事人的身份一般不具特殊意义，而无偿合同中相对方当事人的身份对于确认合同是否有效意义重大。②有利于确定合同当事人不同的权利义务以及违约责任的大小。一般而言，无偿合同因其内容和性质，不享有有偿合同中当事人的同等权利，其法律责任也较有偿合同轻。这两类合同在设立时主体要求也有差异。

三、诺成合同与实践合同

这是根据合同的成立是否以交付标的物为要件而划分的。

1. 概念。不依赖标的物的交付，只需当事人意思表示一致即可成立的合同，为诺成合同。除经当事人意思表示一致外，还需以交付合同标的物为合同成立要件的，为实践合同。传统民法通常将买卖、租赁、承揽、委托等列为诺成合同，而将借贷合同、保管合同、赠与合同等归入实践合同。但时至今日，关于实践合同的传统理论已面临挑战，随着世界范围内经济的高速发展，信贷业、运输业以及仓储保管业已今非昔比，如果仍坚持订立上述合同必须以交付标的物为前提条件，则势必阻碍经济流转的便捷。因此，各国学者就实践合同是否还应存在颇具争议。在我国，按照现行合同法的规定，借贷、运输以及仓储保管合同为诺成合同。

2. 区分意义。区分诺成合同与实践合同，对于确定两类合同的成立时间，标的物所有权、使用权以及风险转移时间有重要意义。

四、要式合同与不要式合同

这是根据合同的成立是否需要采用特定的形式或程序来划分的。

1. 概念。要式合同，是指合同成立时要求采用特定形式的合同。其中，根据特定形式是法律直接规定还是当事人自由约定又分为法定要式合同与约定要式合同。不要式合同，是指不需要特定形式或手续就可成立的合同，如《合同法》第10条所列举的一般书面形式、口头形式和其他形式即是。在我国，所谓"特定形式和手续"，主要是指必须遵照特别指定的书面形式，如公证、鉴证、批准和登记等形式。

2. 区分意义。随着市场经济的发展，各国民法均倡行契约自由，合同多为不要式。区分要式与不要式合同的法律意义主要在于，两者成立或生效的条件不同。至于成立或生效问题，对于要式合同来说，值得注意。要式合同就法律所规定的形式来讲在效力上有较大差别。有的要式合同，不具备法定形式则不能成立。例如，依我国法律，专利转让非书面形式不能成立。但是，有的要式合同不具备法定形式并不完全影响其成立。例如，《合同法》第197条虽然规定借款合同采用书面形式，但并未规定不采用书面形式的后果，可以认为采用书面形式不是合同成立或生效的要件。并且从该条后一句的规定来看，法律承认自然人之间的借款合同可以采用其他形式，也说明此项法律规定的非强制性。此外，合同缺少某种特定形式是否不成立或无效，还应视法律的具体规定来判断。例如，合同法分别在合同的订立与合同的效力两章中规定了合同形式问题。所以，不能以缺少书面形式为由而盲目断定合同不成立或无效。

五、主合同与从合同

这是根据合同相互间是否具有从属性来划分的。

1. 概念。当两个以上的合同相互关联时，其中一个合同对另外的合同存在制约或限制时，便产生了主从合同关系。凡不以他种合同的存在为前提，即不受其制约而能独立存在的合同，称为主合同。反之，必须以他种合同存在为前提，自身不能独立存在的合同，称为从合同。如在订立借贷合同且为保障贷款人债权实现订立有抵押、质押合同时，借款合同是主合同，为借贷合同所设定的抵押、质押合同是从合同。

2. 区分意义。区分这两种合同的法律意义在于明确相互间的制约关系，从合同以主合同的存在为前提，通常，主合同变更或消灭，从合同也随之变更或消灭。

六、为本人利益的合同与为第三人利益的合同

这是根据订约人究竟为谁的利益而成立合同来划分的。

1. 概念。一般情况下，订约人都是为了本人的利益而订约，将此称之为本人利益的合同。但在某种情况下，订约人并非为自己而是为他人的利益订立合同，将此称之为第三人利益的合同。例如，指定受益人的人寿保险合同就是典型的为第三人利益的合同。

为本人利益的合同，其权利义务均为本人设定，而为第三人利益的合同则具

有明显的不同：①第三人未参加合同的签订，通常却可以享有权利而无须履行义务。因此，此合同的签订也无须事先征得第三人同意或通知第三人。②在合同有效期内，第三人接受该权利的，无须订约人协力便可独立行使，还可直接请求合同相对人给付。据此，第三人通常又称为受益人。③合同成立后，须经第三人同意才对其产生效力。第三人可以接受该权利，也可拒绝接受该权利，若第三人拒绝接受的，该权利归订约人本人享有。

2. 区分意义。区分这两种合同的意义在于表明在为第三人订立的合同中，第三人在接受权利后便具有了合同当事人的地位，独立享有合同规定的权利。

七、有名合同、无名合同与混合合同

这是根据合同的名称是否为法律所赋予来划分的，其分类源于罗马法。

1. 概念。凡是法律赋予一定名称，并特别作出规定的合同，称为有名合同，又可称为典型合同。我国合同法所列的买卖合同、建设工程合同、承揽合同、运输合同等15种合同；保险法所列的保险合同；担保法所列的保证合同；物权法所列的抵押合同、质押合同等，都是有名合同。凡是法律上没有确定的名称，也未对其特别作出规范的合同，称为无名合同。《民法通则》第85条和《合同法》第8条第2款均规定，"依法成立的合同，受法律保护"。这表明无名合同的内容在不违反法律、社会公共利益和社会公德时，同样具有法律效力。如劳务交换合同、旅游合同等都是无名合同。《合同法》第124条特别针对无名合同的适用作了专门规定："本法分则或者其他法律没有明文规定的合同，适用本法总则的规定，并可以参照本法分则或者其他法律最相类似的规定。"这是新中国成立后第一次在立法上明确了无名合同的地位和适用，具有一定的实践指导意义，有利于鼓励人们大胆地从事交易行为，从而有利于促进市场交易的规范化和市场经济的发展。无名合同是社会经济生活发展的需要，它有时会随着形势的迫切需要而成为有名合同。混合合同，是指内容包括两个以上独立的有名合同事项或有名合同与无名合同事项混杂在一个合同中的合同。如旅馆住宿合同便同时包含物品的租赁合同与雇佣服务合同两种协议。

2. 区分意义。区分这一类合同的意义在于明确合同的法律适用。对于有名合同，应直接适用法律规定。对于无名合同则可适用合同法总则规定和与该合同相近似的有名合同的法律规定，并同时参酌当事人的自治意思和合同的目的来处理。对于混合合同，情况稍复杂，不可单独适用某类合同法律，应据该合同具体情况综合考虑法律及其原则的适用。

八、本合同与预约合同

这是根据订立合同是否存有事先约定的关系进行划分的。

1. 概念。凡当事人约定将来设立一定合同的合同是预约合同，又称预约。

凡是为了履行预约合同而订立的合同是本合同，又称本约。大陆法系各主要国家民法均规定，凡订有预约的，即负有订立本合同的义务；否则，需承担财产责任。例如，《日本民法典》第589条规定："消费借贷的预约，于日后当事人一方受破产宣告时丧失效力。"在我国，尚没有关于预约合同的明文规定，学术研讨也欠深入。实际上，在社会主义市场经济发展过程中，为保证在交易迅速便捷的同时实现交易的安全稳妥，广泛地运用预约为市场经济服务已成为社会的迫切要求和发展趋势。我国实际生活中，将预约仅理解为不受法律约束的意向书、意向协议与预约的法律本意是有较大差异的。预约合同也未必与实践合同相联系，任何一种合同均可预约。

2. 区分意义。区分这两种合同的意义在于明确其具有不同的订约目的和法律效力。

九、格式合同与非格式合同

这是根据合同条款是否经由当事人协商确定为标准所作的分类。

1. 概念。格式合同，是指合同条款由一方当事人提出，对方当事人仅能作出是否接受的合同，又称为附和合同、标准合同；反之，就是非格式合同、非标准合同、非附和合同。在实践中绝大多数合同均属非格式合同。

格式合同是现代社会经济分工和发展的产物，在当今社会中得到了广泛应用。这其中的主要原因有以下几点：①格式合同有利于节约交易成本；②格式合同有利于促进交易安全，预先分担风险，确定法律责任。[1]

2. 区分意义。区分这两类合同的法律意义在于明确双方的意思表示是否一致，双方的义务、责任是否失衡。简言之，主要意义在于保障附和一方当事人的合法权益和意思表示的真实、自愿。法律对这两类合同的关注重点、适用的解释规则以及对合同条款的效力的审查标准都有不同。

第三节 合同法的概念和本质

一、合同法的概念及发展

（一）合同法的概念

合同法是现代各国民事法律制度的重要组成部分，是调整财产流转关系、规制交易行为的基本法，是国家在现代经济发展时期依法维护经济秩序的重要法律。现代合同法所规定的内容十分丰富，主要包括什么是合同，怎样订立合同，

---

〔1〕 苏号朋："定式合同研究——以消费者权益保护为中心"，载《比较法研究》1998年第2期。

合同的履行规则，合同的法律效力，合同的担保、解除、解释或终止应具备的条件，在具体合同履行中当事人的权利与义务，违反合同时应承担的民事责任，以及相对方如何获得法律补救等问题。因此，合同法是调整平等民事主体间利用合同进行财产流转或交易而产生的社会关系的法律规范的总和。从这个意义上说，合同法是民法体系中一个特殊范畴。作为一门学科，合同法学除了对合同法的规范进行研究外，还应包括对合同法的本质、功能、发展史等问题的研究。

（二）合同法在大陆法系国家的发展

合同法在不同法系中所处的地位本质上相似，但在法律体系的具体排列编制上有较大差异。大陆法系率先开创了近、现代完善合同立法体系的先河，其民法理论把合同作为债的发生根据之一，称为合同之债，其中以第一部资本主义民法典即 1804 年《法国民法典》为代表。《法国民法典》在体系上基本上遵行了罗马法传统，主要从保护个人财产利益出发，将合同规范主要安排在该法的第三编，即"取得财产的各种方法"中，表示了立法者强调以保护私有财产所有权神圣不可侵犯为根本宗旨的"个人本位"主义，基本上排斥了社会组织、团体在订立合同中的作用。《法国民法典》中的合同规范占了该法典全部条文总数的 50%左右，地位十分显赫，但它在体系上却不尽完备，具有零散合同法向系统的合同法过渡的特点。19 世纪末 20 世纪初，在资本主义自由阶段向垄断阶段的过渡时期，大陆法系又一民事立法的典范——《德国民法典》诞生了。由于该民法典对合同法作了科学严谨、系统完整的规范，特别是在民法体系中，规定了合同作为债的发生根据之一与无因管理、不当得利和侵权损害并列，接受债的一般原则的调整和规范，使其成了债法的重要组成部分。《德国民法典》还专为解决合同中的某些共同性问题设立了诚实信用原则。所以，德国民法中合同法的严谨概念及其科学编制体系以及合乎社会发展规律和推动市场经济良性循环的原则性规定，堪称大陆法系其他国家和地区合同立法的楷模。例如，随后就产生了有强烈德国法色彩又不失本国特色的日本民法债权编、瑞士民法债务编和我国台湾地区的民法债法编。

（三）合同法在英美法系国家的发展

英美法系国家有关合同的法律规定主要由历史遗留下来的丰富的判例和少量制定（成文）法独自构成一个统一的体系，称为合同法。该法系国家在合同法概念上，与大陆法系在传统理性思辨方式下产生的成文法相比，它未受债法的限制且认为合同无须与其密切相连，使合同法有一个循着自身规律与性质独立发展完善的成长机会，成为真正独立的集判例之灵活性、实用性为一体的部门法，多方位多层次地适应了社会实际生活和审判实践的需要。从总体上把握，英美法系国家的合同法，其内容的组合与大陆法系的民法典中合同法相当，因而在法律分类与法学论述上，英美法系国家的合同法同样被认为是民法的组成部分。但由于判例法的特点，英美法系的合同法体系较为庞大，相对复杂和细密，不易为民众掌握与适用。

应当指出，从 19 世纪末以来，大陆法系国家在成文法典之外开始注重发挥法院判例的灵活实用性的作用，而英美法系的国家则开始尝试编制具有理性特点的抽象化、确定化的成文法，但这种小范围的立法趋同并不能取代和抹掉两大法系在合同法概念、性质上的根本差异。

公有制国家的合同法主要受大陆法系立法的影响，编制出与德、法民法相仿但又各具一些特色的合同法，其中，以苏俄民法典为突出代表，大多数公有制国家在概念上将合同法归入债法中。

（四）合同法在我国的发展

我国在清末之前没有集中、统一、系统的合同法，以后清末政府和民国政府曾在民事立法中对合同给予了专门规定，内容较为详尽，例如，1930 年民国政府制定的民法典债编除设有合同的一般通则外，还有买卖等 24 种合同的具体规范。1949 年后，宣布废除国民党的旧法统，国家开始制定一些合同法规，以后正式宣布施行的有《中华人民共和国民法通则》、《中华人民共和国经济合同法》、《中华人民共和国技术合同法》、《中华人民共和国涉外经济合同法》（分别简称《民法通则》、《经济合同法》、《技术合同法》、《涉外经济合同法》，下同），直至 1999 年 3 月 15 日，我国第九届全国人民代表大会第二次会议审议通过了《中华人民共和国合同法》，结束了上述"一马当先，三足鼎立"的合同立法格局，开创了中国合同法统一化、科学化、现代化的新纪元。除此之外，调整平等主体间具有民法性质的权利义务关系的有关合同单行法规和条例，也应包括在我国合同法概念之中。

二、合同法的本质及调整对象

如前所述，合同法内容应具有对各种合同关系予以全面确认和保护的法律规范。但在过去，我国在指令性的计划经济体制下，合同法还不能完全体现按照市场交易原则调整经济流转关系的本质。随着国家经济体制改革和社会主义市场经济体制的建立与完善，通过统一的合同立法对合法的经济流转关系全面加以调整已是通行做法。突出合同法的本质作用，不仅有利于促进社会主义市场经济的进一步发展，还可以稳定社会经济秩序，防止违法合同的产生，保护当事人合法权益。因此，充分认识合同法在本质上是调整合法经济流转关系的法律规范体系，是为社会经济生活提供合法交易和促进交易、指导交易、保护交易、维护交易秩序与安全的法律手段，其作用主要表现在两个方面：①有助于确立合同法的指导原则；②有助于理解合同法的调整对象，保障当事人在合同中的各项权利。

合同法主要调整民事主体利用合同进行经济（财产）流转或相互交易而产生的社会关系。这可以从两方面来认识：①合同法调整的是具有财产内容的社会关系。这就是说，合同法所反映的是平等主体间在转让产品或货币，完成工作和提供劳务的活动中产生的债务的清偿或履行，即经济流转关系，它具体体现着财产从一个民事主体到达另一个民事主体的合法移转过程。很明显，财产是产生这一社会关系的中介，主体间的行为总是与一定的财产利益相关联。这正是合同法与反映人身关系的法和规制侵权行为的法的区别。②合同法调整的是以经济流转为特征的社会关系，它表明合同法所调整的并非社会中的全部财产关系，而是其中的动态财产关系，即以财产流转为显著特点的社会关系，此点是与物权法的不同之处。合同法与物权法虽都是财产法，然而物权，尤其是其中的所有权，直接规定社会财产的归属关系，其所要解决的是现存财产归谁所有的问题，主要是生产、生活资料归谁所有的问题。从一定意义上讲，物权的核心首要是表现所有与利用、占有的权利关系。因而，所有权乃至整个物权，基本上是对社会财产关系的静止状态的规定和反映，而合同法律制度的社会职能却是媒介财产或其他劳动成果从生产领域移转到交换领域，并经过交换领域进入消费领域，其内容常常表现为转移已占有的财产，转移的目的或是实现对财产的占有，或是创造一个新的占有。可以说，合同法是所有权人处分财产或获得财产的重要法律手段，充分反映了流通领域内的财产运动状态。

总之，合同法是调整特定的平等主体间基于合同自愿建立的财产流转的社会关系的法律规范，在它调整的过程中以确认和保障合同平等民事主体正当地行使权利、履行义务，依法约束自己的行为，充分调动自然人、法人和其他组织参与市场经济活动，鼓励交易为目的。

第四节　中国合同法的体系与统一合同法的制定

合同是财产流转和交易关系的法律形式，合同法是通过对合同的一般规定和对各种合同的具体规定，来规范市场经济中的交易行为。合同法是民法的重要组成部分，是市场经济的基本法律，它与公司企业的生产经营和人民群众的生活密切相关。但由于种种缘由，新中国成立至今，我国合同立法经历了太多的风雨与坎坷，合同法体系的完善之路亦非坦途。

一、我国合同立法的状况

从新中国成立到党的十一届三中全会前，由于经济上的集中、政治上的集权、法律上的虚无主义，在这长达 30 年的历史中，我国合同立法几乎一片空白。在这 30 年中，公有经济领域中的财产流转和个人消费品的分配，几乎完全依靠行政指令进行；而被压缩在极其狭窄范围内的个人财产流转则依靠相传的习惯。当然在这 30 年中，也有过经济政策稍为宽松、曾以行政条例和规章的形式对合同作过一鳞半爪规定的时期（如建国初期和贯彻执行国民经济调整八字方针的时期），但是更有过猛刮"共产"风、极"左"思潮严重泛滥的时期，如"大跃进"和"文革"时期。在这 30 年中，我国商品交易和合同立法的状况不仅不能与西方市场经济国家相比，就是与被斥为修正主义的苏联和东欧各国相比也相形见绌。从 1950 到 1956 年，为了恢复国民经济，开展有计划的经济建设，适应当时多种经济成分并存的经济结构，国家在经济领域广泛实行合同制度。至 1956 年，中央各部委总共制定了 40 多件合同法规。在 1956 年 12 月完成的民法草案中，也设有合同通则性规定及买卖等 16 种合同。1958 年以后，生产资料所有制的社会主义改造已经完成，中国实行集中统一的计划经济体制，作为商品交换法律形式的合同制度被取消。虽然从 1961 年开始，中国又把恢复和推广合同作为调整国民经济的一项重要措施，并制定了许多合同法规，但 1966 年以后，合同制度再次被废弃。

　　1978 年以后，中国实行对内改革、对外开放的经济体制改革，合同在发展国民经济中的重要作用重新被人们认识。特别是党的十一届三中全会后，中国纠正了指导思想上的"左倾"错误，开始了由集中计划体制向有计划商品经济体制过渡的改革。1981 年 12 月 13 日，我国制定了新中国成立以来有关合同的第一个法律——《中华人民共和国经济合同法》，迈出了用法律而不是用行政条例或规章来规定合同的可喜的第一步。此后，国务院依据经济合同法，于 1983～1986 年间，制定和批准发布了 12 个合同条例或实施细则，中央各部委也制定了许多有关合同的规章。1985 年 3 月 21 日，我国制定了《中华人民共和国涉外经济合同法》，1987 年 6 月 23 日又制定了《中华人民共和国技术合同法》。至此，在我国合同立法体系中形成了经济合同法、涉外经济合同法、技术合同法"三足鼎立"的局面。除三个合同法及其与之配套的实施条例、细则和适用意见、解答外，1986 年 4 月 12 日制定的《中华人民共和国民法通则》，在其第五章第二节中对债和合同作了原则性规定；另外，后来的《海商法》、《保险法》、《铁路法》、《著作权法》、《票据法》、《担保法》、《合伙企业法》等也设有有关合同的特别规定。这些规定也是我国合同法渊源的组成部分。

　　上述合同法律、法规的制定和实施，对规范交易、激励交易，维护交易安全和交易秩序起到了一定的作用，但仍未能解决中国合同法制不完备的问题。这是因为：①原合同法体系缺少系统科学的合同总则性规定。《民法通则》中有关合同的内容，尚无法作为合同法的总则适用。实际上，《民法通则》对三个合同法并没有起到"统"的作用。②三部合同法针对的是三个不同关系，内容不一致，存在空白、中间地带。③现在的市场经济条件下的合同主体呈多种所有制形式，如国有企业、中外合资企业、外企、私营、个体工商户、农户，是多元化的主体。三部合同法的适用范围未能覆盖社会的全部经济生活，对经常地大量发生在自然人之间、自然人与法人之间的合同关系缺乏规范。此外，95%以上的商品流通靠市场调节，"经济合同"概念失去意义。④合同规定的种类过少，不足以规范各种经济交往。⑤三部合同法对各种合同规定得过于简略，不仅当事人在订立和履行合同时难以适用，法院在处理合同纠纷时适用合同法也时常发生困难。除此之外，对国家计划的过分强调，对合同当事人的限制太多，立法技术上的不成熟，许多重要制度的遗缺，各法律法规之间的不协调，也是中国合同法制中存在的问题。

1987年国家立法机关开始了对中国有关合同最主要的法律即经济合同法的修订工作，并产生过若干个修订草案。主要有两种修订意见：①将其修订为合同法总则；②以原法律为基础，删除计划性和行政干预过强、显然不适合现代经济生活的内容，待时机成熟，再制定统一合同法。1993年9月2日通过的《全国人大常委会关于修改〈中华人民共和国经济合同法〉的决定》，采纳了后一种意见。修订后的经济合同法修改了立法目的，将其适用范围扩大到法人、其他经济组织、个体工商户、农村承包经营户之间的合同；废除了由行政机关确认合同无效的制度，简化了处理经济合同纠纷的程序。对于其他内容，则无大的变动。

二、统一合同法的制定

修订后的经济合同法当然有一些进步，但仍和发展现代化的市场经济不相适应。特别是修订后的经济合同法仍未完全解决"三足鼎立"带来的问题和矛盾。制定统一的合同法，成为完善合同法制的迫切任务。社会与现实对合同立法的要求越来越高，主要表现在：①现代化的市场经济要求市场交易规则和标准的统一，而三部合同法仍存在内容、结构不一致，基本原则和制度上存在很大差别的问题，无法与全国统一大市场的交易要求相衔接和交融，一旦出现纠纷将无法进行合理的裁决。由此，合同的统一化是大势所趋。②建立社会主义市场经济体制对法制的另一个要求是实现合同规则即交易规则的科学化。法律是一个严谨的科学体系，是一个逻辑结构的整合，它由概念、原则、制度组建而成。每一个条文、规则都有自己的构成要件和明确的法律效果。人民法院或仲裁机构在裁判案件时，通常情况下，都是把案件事实查明以后和法律规定加以对照，如果符合某个法律规则的构成要件，即可按照逻辑推理得出判决，得到法律规定的效果，这便是法律的可操作性，也是合同法科学性的集中体现。③市场经济对法制还有时代的要求即现代化问题。我们过去的三部合同法，包括修订的经济合同法在内，有些规定沿袭着苏联的立法和理论，它反映的是过去高度集中的计划经济的特征，有些制度则反映的是不甚发达的市场经济，如 19 世纪的市场经济规则。而现代的市场经济，从世界范围来看，到第二次世界大战以后有了高度的发展。特别在合同法上，其发展是惊人的，产生了许多新的规则、制度。既然我们现在立足于建设一个与国际市场接轨的现代化市场经济，当然就要在交易规则上与发达国家尽可能一致。因此，合同法的现代化，就是要吸纳新的、反映现代市场经济要求的共同交易规则。归结起来，制定新的统一的合同法当然是要满足交易规则的统一化、合同立法技术与内容的科学化和现代化的要求，这是由我们国家确定的建设社会主义市场经济体制和发展着的市场经济本身所决定的。正如全国人大常委会法工委主任顾昂然在九届全国人大二次会议上所说："随着改革开放的不断深入和扩大，经济、社会的不断发展，这三部合同法的调整范围和有些规定不能完全适应时代要求了，需要根据发展社会主义市场经济的要求，制定统一的合同法。"[1]

　　经济合同法修订后不久，全国人大法工委召开了一个专家研讨会。与会专家一致认为，起草统一合同法的时机已经成熟，建议先由专家学者提出一个立法方案并承担草拟工作。1993 年 10 月，合同法立法方案经讨论出台，其内容包括立法指导思想、调整范围及与其他法律的关系、基本结构及起草提要、起草的技术性要求等。1994 年 1 月，全国人大法工委邀请了十多所高校、研究机构的专家、教授论证，通过了此方案并着手分工起草。1995 年初，中国社科院法学所、北京大学、中国人民大学、武汉大学和司法部所属 5 所政法院校等 12 个单位的学者完成了《中华人民共和国合同法（试拟稿）》的起草工作，并将此提交全国人大法工委，共计 34 章 528 条，内容非常丰富，是我国规模最大的法律草案。1995 年 7 月 13 日全国人大法工委民法室在前草案讨论和参考意见的基础上，起草了"合同法试拟稿"（第二稿），共 41 章 511 条。此后，又于 1996 年 6 月 7 日完成了"合同法试拟稿"（第三稿）。1997 年 5 月 20 日全国人大法工委办公室将合同法草案（第四稿，征求意见稿）在全国公开发布，广泛征求各地各部门意见。值得一提的是，1998 年 9 月 5 日和 9 月 7 日的《法制日报》、《人民日报》先后刊登了合同法草案第五稿全文。公布法律草案进行"全民公决"并不是我国立法的必经程序，将一个尚未生效的法律草案公之于报端，给公众提供一个实实在在的参与立法的机会，这一举措本身蕴涵着巨大而又深远的意义。

---

〔1〕　参见"合同法草案提请九届人大二次会议审议"，载《法制日报》1999 年 3 月 10 日。

这一个合同法草案终于经 1999 年 3 月 15 日第九届全国人大二次会议审议通过成了正式的法律文本！从 1993 年开始设计立法方案到正式出台，合同法经过了 12 所有关院校和研究机构的专家、学者以及法官、有关部门负责人的反复讨论、论证；经过了李鹏委员长针对审议中提出的主要问题亲自进行的多次调查研究；经过了全国人大法律委员会、财经委员会和常委会法工委的辛勤工作；经过了九届全国人大常委会第四次、第五次、第六次、第七次会议的认真审议。可见，合同法的立法全过程是非常慎重的。

三、合同法的主要特点

《中华人民共和国合同法》于 1999 年 10 月 1 日正式施行。该法的起草工作历时近 5 年之久，调研广泛，参与者众多，立法民主，其间六易其稿，可谓来之不易，表明了国家对深化经济体制改革和保障经济正常运行秩序的高度负责态度。合同法的立法在我国立法史上写下了浓重的一笔。纵观立法程序和具体内容，该法无论是在立法指导思想还是法条规范以及立法技术上，都可圈可点。具体而言，有如下几个显著特点：

1. 从实际出发，总结与借鉴吸收相结合的原则明晰突出。整部合同立法充分考虑了从中国改革开放和发展社会主义市场经济、建立全国统一的大市场及其与国际市场接轨的实际出发，总结了中国合同立法、司法实践经验和理论研究成果，广泛参考借鉴了市场经济发达国家和地区立法的成功经验和判例学说，尽量采用了反映市场经济客观规律的共同规则，并注意与国际公约和国际惯例协调一致等重大问题，较过去三部合同法，在立法技术、用语规范、内容协调上都较为充分地体现了先进性与科学性。尤其是总则部分作为立法的重点，科学总结和概括出了各类合同的共性、规律性的内容，拟出了一个既承继历史经验，又反映时代精神的合同基本准则，从总则的框架、结构到具体法条，都与世界先进立法和相关的国际公约保持了基本一致与趋同，促进了中国的对外开放。

2. 鼓励交易与意思自治的理念明确充分。合同法是民法的重要组成部分，主要是保护"私"权利，对私法观念的要求较高。现行合同法充分考虑了法应有的保障市场交易，推动经济增长的需求。在内容上，在鼓励、指导交易的同时，更注重体现和弘扬尊重当事人意思自治的现代私法理念。许多条文明确反映了在不违反法律和公序良俗的前提下，保障当事人享有充分的合同自由，不受行政机关及其他组织干预的思想。简言之，非基于重大的正当事由，不得对当事人的合同自由予以限制。

3. 显著、集中地反映了法制定和实施的时代特点。这部合同法的制定和实施，基本是处在计划经济体制向市场经济体制过渡、同时又要毫不犹豫地向市场经济坚定迈进的时期。此时法律的制定，既应考虑到过渡时期的特点，又要兼顾该法能够适应中国建成社会主义市场经济后对法律调整的要求，难度较大。值得欣慰的是，现行合同法较好地处理了时代的矛盾即与旧法衔接的问题，既注意了适应新情况、新形势、新特点，体现了改革创新精神；又注意了承上启下，保持法律的连续性、稳定性，例如，与《民法通则》基本原则保持统一。总则中合同成立程序、合同履行中抗辩权的规定、合同保全的内容、违约责任的归责原则都吸纳了通行于世界的合同法制，对发展和巩固市场经济大有裨益。

4. 经济效率与社会公正、交易便捷与交易安全的价值取向相互兼顾。这一特点可以从众多的法律条文中反映出来，例如，合同订立形式和格式合同的规定就考虑到了交易便捷与经济效率，而缔约过失责任条款、合同效力的若干条款和违约责任规定则注重了社会公正与交易安全。这两方面的规范各司其职又相互呼应，既有利于提高效率，促进生产力的发展，又有利于维护社会公益；既保护消费者、劳动者权益，维护自然人、法人合法权益，又维护市场经济的道德秩序，不允许靠损害国家、社会利益和民众利益而发财致富；既体现了现代化市场经济对交易便捷的要求，又体现了不可因此损及交易安全和交易秩序的精神。

5. 普遍化的合同制度与类型得到了全面规制，操作性强。现行合同法注重了法律的规范性和可操作性，重要条文繁简比较适当，概念定义较为准确（如合同的概念、不可抗力概念、违约责任概念等），对有明确的适用范围、构成要件和法律后果的制度，尽可能作了明确规制，有利于合同法在实务中的运作与适用（如合同权利义务的终止、合同的转让、合同约定内容不明的履行、买卖合同的交付等）。此外，合同法对过去零乱分散的合同制度进行了科学的整合，在丰富发展的同时，也理顺了各种经济关系，避免了合同法律关系趋于复杂，有利于保障债权人的利益，符合21世纪合同法统一化的发展潮流。

6. 新的法律框架科学严谨，各种新制度构筑完备。为充分保证合同法能发挥出对百姓生活、企业经营以及市场经济发展的重要作用，现行合同法的法典化框架模式与以往我国几部合同法均有不同，它科学地分为总则、分则、附则三大部分，但以总则、分则为主要内容，分别规范了合同的共性问题和基本规则，规范了15种成熟的具体有名的典型合同类型。其间，有利于保障合同当事人权益、有利于经济发展和保障交易的新的制度在各章均有明显反映，并被放在突出位置上，如要约、承诺规则、前契约义务、后契约义务、代位权、撤销权、抗辩权、法定解除权、严格责任原则、违约损害赔偿规则、责任竞合等；分则中还规定了一些新类型合同，如居间合同、行纪合同、委托合同、融资租赁合同等。此外，合同法中还规定了一些与合同法适用和司法、行政机关对违法合同行为处理有关的原则。这些都充分显现出我国这部现代合同法统一、完备、新颖、科学的特色。

7. 立法技术不断提高，立法语言日趋规范。合同法在建构和设计中，立法技术较过去计划经济时期有了很大改观，立法体例沿袭了传统民法的样式，但不失科学性、规范性；立法内容的归纳分布和条目的排列基本上依从了从一般到特殊、从抽象到具体的逻辑顺序；概念准确，沿用了许多合同法上的固有术语，使用同一概念时，在内涵及外延上保持了一致；在立法语言上，通俗而不失规范，易懂而不失严谨，用语较为准确、清晰，繁简适当，文字流畅。特别值得一提的是，在起草合同法草案第一稿（学者建议稿）时，大家一方面比较严格地依据了立法方案的要求，条文规整、逻辑性强；另一方面，每一个条文都拟定了相应的立法理由，为后来的立法工作在技术上的操作提供了较大的便利，也显示了较高的立法水平。

四、合同法的基本体系和基本内容

我国《合同法》的立法体例充分借鉴吸收了成文法法典化的模式，由总则、分则和附则三部分构成，共23章428条。其中，总则全部内容均为交易活动的一般性规则，包括一般规定、合同的订立、合同的效力、合同的履行、合同的变更与转让、合同的权利义务终止、违约责任和其他规定等8章129条；分则分别规定了买卖，供用电、水、气、热力，赠与，借款，租赁，融资租赁，承揽，建设工程，运输，技术，保管，仓储，委托，行纪，居间等15类有名合同，计15章298条；附则1条，仅涉及施行及废止条款。

合同法中设计、规范的主要制度与基本内容大致如下：

1. 合同的一般规定。主要包括立法目的、合同定义、基本原则，强调了合同的严肃性等。

2. 合同的订立。主要包括合同成立形式，基本内容，要约、承诺程序与规则，合同成立的时间、地点，格式条款，缔约过失责任等。

3. 合同的效力。主要涉及合同特别效力、要件、表见代理制度、效力待定规则、合同的无效与合同的可撤销及其法律后果等。

4. 合同的履行。主要包括合同履行的原则、附随义务、合同约定不明或无约定时的补缺性规则、双务合同中的抗辩权、合同保全中的代位权与撤销权等。

5. 合同的变更和转让。主要包括协议变更合同、债权让与、债务承担与合同的承受等。

6. 合同权利义务的终止。其中涉及合同终止的原则、合同的解除、法定解除权、合同消灭原因等。

7. 违约责任。主要包括严格责任原则、违约的形态、瑕疵损害与瑕疵结果损害、违约责任承担的方式、赔偿损失的规则、责任竞合等。

8. 合同的其他规定。内容涉及无名合同的法律适用、合同的解释、当事人选择解决争议的法律及方法、某些特别合同的特别诉讼时效。

9. 合同的分则。涉及买卖、租赁等 15 种常见合同的权利、义务和责任及其他规则。

根据合同法附则的规定，自 1999 年 10 月 1 日合同法正式施行起，我国《经济合同法》、《涉外经济合同法》、《技术合同法》同时废止。这三部合同法的废止必然导致与《经济合同法》配套出台的几个合同条例和有关实施细则一并消灭，其他与合同法相关的司法解释和法规的适用得依立法目的解释来判断是否适用。

第五节　合同法的基本原则

合同法的基本原则，是指合同立法的指导思想以及调整民事主体间合同关系所必须遵循的基本方针和准则，其贯通于整个合同法律规范之中。合同法的基本原则也是制定、解释、执行和研究我国合同法的依据和出发点。

一、意思自治原则

意思自治是现代民法尤其是合同法的一项最基本的原则，它在我国《民法通则》和《合同法》中都有反映。如《民法通则》第 4 条规定的"民事活动应当遵循自愿……原则"，就是意思自治的法律表现形式。《合同法》第 4 条中"当事人依法享有自愿订立合同的权利，任何单位和个人不得非法干预"的内容，则更明确地表达了意思自治的理念。

意思自治原则是指合同当事人取得权利、承担义务或从事民事活动时应基于其意志的自由，不受国家权力和其他当事人非法干预。该原则的核心是充分尊重当事人在进行合同活动中对外表达的内心真实意愿即合同自由。这一原则产生和存在的基础须是市场经济，因为在集中统一的计划经济体制中，合同的计划性、行政性占统治地位，意思自治没有生存的空间和意义。所以说，意思自治原则既是合同主体平等法律地位的具体体现，更是从法律的角度反映了市场经济发展的内在规律。法律保障和赋予商品生产者和经营者以充分的自主决策权，鼓励他们作为合同主体自主自愿地从事生产和交易活动。

意思自治体现于合同法中，包含有两层意思：①在平等的私法关系中，个人取得权利义务应依赖于个人的意志；②个人意思的发生、行使应有其自行决定的自由。《合同法》第 8 条规定的"依法成立的合同，受法律保护"，无疑意味着允许合同当事人自己制定"法律"，只要当事人不违反法律的禁止性规范和社会公共利益的公德即可。意思自治具体表现在：合同当事人有依法缔结合同的自由，禁止欺诈、胁迫行为；当事人有选择合同相对人、合同内容和履约方式的自由。这样一来，使当事人通过自己在经济活动中的自由科学决策，达到保障其经济利益充分实现的目的。当然，意思自治不是放弃国家对合同领域的干预，从维护交易安全与公平、维护社会利益和公序良俗的目的出发，国家可以通过相应行政法规的制定对合同进行积极干预，对社会经济生活进行宏观调控与管理。这体现了合同自由与社会正义的统一。

二、平等原则、公平原则

平等原则是指民法赋予民事主体平等的民事权利能力，并要求所有民事主体同等地受法律的约束。这反映在合同法中，就是通过基本原则肯定当事人合同地位平等，在权利义务的分配上平等协商，肯定合同主体平等地受法律保护。因此，在合同关系中不承认特权和特权依托下的身份，"从身份到契约"正是平等原则起作用的结果。合同或契约意味着当事人在平等基础上自由选择，人们可以通过契约，利用对一切社会成员开放的机会，获得自身发展。平等对合同的正常发生与圆满实现至关重要。

公平原则要求民事主体本着公正的观念从事合同活动，正当行使权利和履行义务，在民事活动中兼顾他人利益和社会公共利益。公平原则实际上是社会道德的观念，是正义的观念，反映了人与人之间应保持一种正当善良的利益关系。在合同法领域中贯彻公平原则，将有助于保障公正交易和公平竞争，同时有利于合同纠纷的公平合理的解决，切实保障自然人、法人的合法权益，弘扬社会主义的文明道德。

上述两项原则除在我国民法通则中有过表达外，在《合同法》第3、5条中又被给予了郑重和明确的重申。

三、诚实信用原则

诚实信用原则简称诚信原则，它是在市场经济活动中形成的道德规则，现代民法吸收了这一道德观念，要求人们在从事民事活动时，讲究信用，恪守诺言，诚实不欺，用善意的心理和方式行使权利、履行义务，在不损害他人利益和社会利益的前提下追求自身的利益。"诚实信用原则虽以社会伦理观念为基础，唯其并非道德，而是将道德法律技术化。"[1]

诚信原则本身经历了较长的历史发展过程。该观念肇始于罗马法，体现在一般恶意抗辩诉权中。法国民法典对此没有大的发展，在德国民法典制定时期的经济危机与社会动乱使得经济关系混乱不堪，立法上更加注重道德规范的调节功能，德国民法典专为合同设立了比罗马法和法国民法伸缩性更大、适应性更强的诚实信用原则，其实质在于授予法院以较大的自由裁量权，与法国合同法中对法

---

[1]　参见梁慧星："诚实信用原则与漏洞补充"，载梁慧星主编：《民商法论丛》第2卷，法律出版社1994年版，第65页。

官裁判的严格限制形成较鲜明的对比。实践证明，诚信原则不仅为灵活裁决、解释合同提供了广阔的空间，更为现代合同法各项制度的发展开创了良好的局面，注入了新的活力。

一般认为诚实信用原则涉及双重利益关系，即当事人之间的利益关系和当事人与社会利益之间的关系，诚信原则的目标是在两重利益关系中实现平衡。所以，诚信原则的第一个要求就是在市场交易中不损害其他竞争者、不损害社会公共利益和市场道德的前提下，去追求自己的利益。此外，由于诚信原则的内容极为概括抽象，规范模糊，其适用范围又很宽泛，这样，实际上就把包括处理合同关系在内的民事纠纷的相当大的自由裁量权交给了法官，因此，诚信原则的实质在于授予法院以自由裁量权，意味着司法活动的创造性与能动性。[1]

当合同权利义务关系成立后，社会生活环境发生了当事人不能预见、不可避免、不能克服的重大情势变化，若按原义务履行将显失公平时，当事人可诉请法院酌情调节其权利义务关系，此谓之情事变更原则，这是在动态层面上对问题进行处理时具体贯彻诚信原则的表现。

由于诚信原则有超乎法律条文规范的抽象性以及随时间、空间而变化的灵活性，能够贯彻公平正义或分配合理的精神且具有弥补法律漏洞的功能，故有"帝王条款"之美称。

四、公序良俗原则

公序良俗，是公共秩序与善良风俗的简称，是现代民法一项重要的概念和法律原则。它的主要功能是在市场经济中维护国家、社会的一般利益和一般道德观念，因而在现代民法中具有至高无上的地位。法国法、德国法、日本法等都有规定。我国现代合同法未使用公序良俗的概念，《民法通则》第7条规定"民事活动应当尊重社会公德，不得损害社会公共利益"，《合同法》则具体指明了"当事人订立、履行合同，应当遵守法律、行政法规，尊重社会公德，不得扰乱社会经济秩序，损害社会公共利益"。国内有些学者认为此谓"社会公共利益"和"社会公德"，其地位作用相当于各国民法中的公序良俗原则。

将公序良俗原则作为现代合同法的基本原则，无疑具有重要意义。在改革开放和发展社会主义市场经济中，有许多成就和经验，但在商品交换等过程中也出现了一些损害国家利益和违反社会一般道德准则的丑恶行为，而公序良俗原则的建立，有助于进一步完善市场经济法制和建立健康有序的市场经济法律秩序，抑制合同中不良行径，维护交易的稳妥安全。

---

〔1〕　参见徐国栋：《民法基本原则解释——成文法局限性之克服》，中国政法大学出版社1992年版，第70页。

公序的含义至今没有统一的解释。有学者认为，公共秩序为国家社会之存在及其发展所必要的一般秩序。有学者认为公序即法秩序。还有学者认为公序分为政治（传统）的公序与经济（现代）的公序等。我国民法学家梁慧星先生在研究了各种学派观点后，认为公共秩序的内容是现行法秩序与现行法秩序的根本原则和根本理念，公共秩序的概念比法秩序的外延更加宽泛。

善良风俗是以道德为核心的概念，是一定社会应有的道德准则，我国通常称为"社会公德"。但善良风俗应注意与另一种具有道德规则的诚实信用区别开来。诚实信用原则发生作用于市场交易中，而善良风俗的本意主要则指性关系和家族关系中的道德准则。

公序良俗也经历了长时间的发展阶段，从政治的公序到经济的公序，从确保对反人伦行为的处理到以保护市场中社会正义为主导，公序良俗在市场经济条件下发挥着协调当事人之间利害冲突，确保健康公正的市场交易秩序的多样化的重要机能，也理所当然地成为合同法的基本原则。

违反公序良俗行为的类型，从市场交易或商品交换的角度看，主要有：危害国家公序行为类型，如订立违反国家宏观经济或金融调控政策的契约，订立以从事犯罪或帮助犯罪行为为内容的合同等；违反性道德行为类型，如为开设妓院而购买或承租房屋，以非法同居为条件进行财产的转让等；射幸行为类型，即以他人之损失而受偶然利益的行为，如赌博、巨奖销售又未经政府特许的情况；违反人权和人格尊严的行为类型，如过分限制人身自由的契约，以债务人人身作为抵押的合同等；违反公平竞争的行为类型；实行经济垄断与暴利的行为类型；违反消费者、劳动者保护的行为类型；等等。

由此可见，公序良俗原则除包含对当事人本人法律与道德约束外，更多地包含了法官自由裁量权因素，具有十分灵活的特性，尤其在确保国家一般利益、社会道德秩序以及协调各种利益冲突、保护弱者、维护社会道德秩序等方面发挥着重要的功用。

第六节　合同法的形成与发展

合同是商品经济发展的产物，与商品经济相伴而生，随着商品经济的发展而发展。商品经济越是发达，商品交换就愈是频繁，合同制度的内容就愈是丰富，其形式则愈是趋向完备。合同法大致经历了三个典型的发展时期。

一、古代合同法

人类初始，曾经历了一个漫长的原始社会时期，那时私有制度产生不久，商品交换处于萌芽状态，少且不普遍。调整商品交换的简陋规则，只是社会中长期沉积的习惯，不存在现代意义的合同法。人类社会的第二次大分工，推动了商品经济的发展，此时的商品交换已逐渐成为一种普遍的现象。"交换的不断重复使交换成为有规则的社会过程。"[1] 原来的习惯已不足以保障商品交换和信誉安全，为保证这一规则的顺利实施，便产生了社会共同体运用公共权力制定和认可的法律规范，这种约束交换的法律规则就是合同法。所以马克思说："先有交易后来才由交易发展为法制……这样通过交换和在交换中才产生的实际关系，后来获得了契约这样的法律形式。"[2]

古代合同法具有以下明显的特点：

1. 合同主体严格限制，范围狭窄。奴隶如牛马、工具和物品，属主人所有，只是合同的标的物，任其买卖或租赁；合同主体只限于奴隶主和自由民之列。在家庭中，法律也仅赋予家长享有订立合同的权利能力。封建社会的"家父"制下，农民附属于封建土地的所有者，家属附属于家长，都没有独立的人格，无权进入市场进行商品交换。

2. 合同形式复杂，程序繁琐。当时的商品经济不甚发达，在商品交换中，当事人特别关心交易的安全与可靠，尽可能切实地取得财产，因而，合同的手续或形式甚至比当事人间的合意都重要得多。古代的《汉谟拉比法典》规定，在某种场合下，没有书面契约而取得财产的被当作犯罪。而"单纯的契约不能发生诉权"甚至是罗马法的一个原则，由此订立合同的形式十分严格。我国古代也不例外，《周礼·天官·小宰》曰："听称责以傅别"，"听买卖以质剂"，"听取予以书契"。其中"傅别"、"质剂"、"书契"均为借贷、买卖等关系不同的书面合同形式。

3. 刑罚违约，手段残酷。古代各国法律直接规定，债权人可以自行决定对债务人实行裁判，如关押债务人，将不能偿还债务的人处死。还有的法律规定，如果债权人为数人时，允许他们将违约者砍切成块。说明违约行为在当时是严重的违法行为，统治者对合同关系的粗暴干涉可见一斑。

因此，在古代合同法时期，虽然也诞生了简单商品生产条件下最完备的罗马法，但由于这个时期的任何法必然受制于它特定的经济基础，也就不可能把合同法推向一个超脱或跨越时代的较高层次。于是，尽管罗马法在古代已有了各种合同的若干规则，与其他国家比较有了相当的发展，甚至对现代合同法产生了重大影响，但整个古代合同法是极其落后、愚昧的，包括罗马法在内的合同法也尚未达到真正系统、完备的理论水平，与现代合同法精神更是相去甚远。

---

[1] 《马克思恩格斯全集》第23卷，人民出版社1972年版，第106页。
[2] 《马克思恩格斯全集》第19卷，人民出版社1963年版，第423页。

二、近现代合同法

合同法虽然产生于简单商品经济，但它的生长、发育却离不开近现代文明土壤的培育。资产阶级夺取政权后，商品生产和商品交换蓬勃发展，在经济上奉行自由放任主义，在法律上推崇私法自治的指导原则，导致了资本主义的近现代合同制度的空前繁荣。

17~18世纪自由资本主义阶段，自由竞争替代了古老的传统束缚，为了和封建等级特权抗衡，资本主义的思想家推崇的个人主义、自由主义哲学、放纵主义经济和自然法学都在这个时期发展到顶峰。历史把所有权神圣不可侵犯、契约自由和过错责任原则推到了全部民法（私法）的基础地位上。为此，合同自由就成为合同法上的铁律。"从身份到契约"，这意味着现在任何人均可通过自由的合同关系创造一切，人人有为自己缔结合同的不可剥夺的权利，法律应尽可能少地干预人们的活动。合同关系遍及于社会各个角落。根据契约自由的私法原则，订立合同自由，选择对方当事人自由，决定合同内容自由，合同方式自由，协议变更合同自由。法官甚至法律起的作用是次要的、消极的，它们的主要目的是使人们能够实现自己的意志，不受政府干预，或在一方当事人违反了缔约规则或不履行义务时帮助救济另一方，仅此而已，为此，合同中个人的真实的意思自治被置于至高无上的地位。契约自由原则对促进资本主义商品经济的竞争和繁荣功不可没。可以说，合同自由和合同神圣是近现代合同不可动摇的基石，是近现代合同法的灵魂，体现了现代合同法的价值。

三、当代合同法

当代合同法与现代合同法并无明显的发展界限和本质差异。这是因为，支撑和筑构当代合同法的基础并没有质的改变，"私法自治"仍处于相当重要的基石地位，"契约自由"为题中应有之义。但是，19世纪下半叶以来，现代社会的飞速发展，出现了许多人们始料未及的社会、经济条件变化和司法实践的变革，使得现代合同法随之发生了一些不同的变革也是不容置疑的。20世纪，西方各主要国家进入经济垄断时期，各阶层资本家间的利益冲突表面化、白热化，为协调这种利益冲突，克服频繁和严重的经济危机，维持良好的经济秩序与交易安全，统治者在主客观上都不得不对交易自由进行限制，契约自由原则在立法上、司法上和契约的实践中均有了修正和束缚。由此带给合同法的冲击是强有力的，主要表现在：

1. 合同内容得到了前所未有的拓展，合同法调整社会交易关系的涵盖面宽广了许多。例如，资本主义国家在第一次世界大战以后出现了继续供应、分期付款、租售、售货机买卖等新的合同形式；出现了因旅游、科研、技术转让等引发的交易；国际贸易中许多新型的合同形式也纷纷出台。针对这些情况，国家颁行一系列强制性的单行合同法规显得十分必要，由此，较大地限制了合同双方当事人的自由意志。

2. 垄断经济导致了合同的格式化趋势，单方条款置对方当事人于无可选择的地位，近代合同法建立的朴素天然的公平性受到挫折。

3. 国家对合同关系的干预在合同法领域和其他方面均有加强。例如，大陆法系国家的司法上出现了诚实信用、情事变更原则，英美法系国家有了合同落空规则，学理上则出现了"审判官形成权"的理念，这些都使法官取得了近似于变更或解除合同的司法裁量权。契约就是法律的观念被冲淡了，合同自由原则受到了怀疑，甚至有人惊呼"合同死亡了"。

从近现代到当代，对合同自由的限制逐渐在各国中成为普遍的事实，表明了国家在法律上对经济活动的干预，法律开始注重保护经济上处于弱者的个人及中小企业的利益。这种干预当然缘于维护各国所有制的需要。在我们看来，合同自由在当代已确非古代、近代的那种内涵，但其作为合同法基础和"私法自治"的组成部分之地位尚未根本改变，也可以说，对契约自由的限制并没有消灭契约自由，合同没有真的死亡。在某种意义上，古典的契约自由本身也存在一些缺陷，而当代合同法对此的改造与改变，本身亦是对合同法内容的丰富，由此推动了现代社会的发展，维护了交易秩序就是最好的说明。当然，合同自由受到的冲突和合同法在当代发展中的剧烈变化，是必须正视和予以研究的。此外，随着经济发展日益复杂化，社会分工日益细化，财产流转愈加频繁，合同在经济、社会发展中的作用愈发突出，地位越加优越。这种发展趋势值得我们给予更多的关注。

第七节　合同法在私法体系中的地位

合同法作为民法的组成部分，在整个民法体系中占有举足轻重的地位，并与民法的其他部分存在着紧密的逻辑关联。研习合同法，除了要对其内在的构造、理念以及具体制度条文予以重点关注外，对整个合同法在民法中的地位及其与其他部分的关系予以应有的重视也是必要的。只有从宏观与微观、整体与局部这两个角度进行透彻研究，才能更好地了解合同法、掌握合同法，从而推动合同法的研究。

从制度功用上看，在财产流转和提供服务的过程中，人们有必要比以前在更大的范围内依赖于许诺与协议。合同法在以下方面发挥着重要作用：①合同法是对私法上权利义务产生的最重要依据——合同的保障。在私法领域中，允许当事人根据合同自由的原则设定自己的权利义务，使合同成了创设私法上权利义务的最重要依据（虽然不是唯一的依据）。②合同法是通过保护交易进而促进实现私法上目标的基本工具。合同法是对各种合同关系予以全面确认和保护的法律规范。市场交换是一个自由自愿的双向选择过程，而契约正是其媒介，合同法的本质正体现在对经济流转关系的调整上，并为市场的存在提供法律秩序。合同法为市场的运转提供保障和必要的手段，并且提供整个体制发展的活力。充分认识合同法在本质上是调整合法经济流转的法律规范体系，是为社会经济生活提供合法交易和促进交易、指导交易、保护交易、维护交易秩序与安全的法律手段，一方面有助于确立合同法的指导原则，另一方面也有助于我们理解合同法的调整对象，保障当事人的契约权。③最大限度地增加经济价值。按照法经济学的观点，有效率地使用资源必须借助于交易的方式。只要通过自愿交换的方式，各种资源的流向必然趋于有价值的利用。波斯纳认为，法律，尤其是私法，是为尽可能地增加经济价值而设计的，法律强制的主旨或标准在于为促进将来价值最大化的行为创造动因。不但如此，合同在现代社会逐渐成为财富的重要表现形式，正如罗斯科·庞德所言："在商业时代里，财富多半是由许诺组成的。"

合同法在大陆法系民法典中占有重要位置，是其重要组成部分，各国民法典用了大量的条文来规范合同。在德国法系国家，合同作为一种双方法律行为，依次受到民法总则中的有关法律行为条款、债权法中一般规则以及合同的具体规定的规范，占法典全部条文的近1/3；在法国法系国家，合同作为财产权取得的一种方法，更是占据主导地位。不但如此，合同法在当代的范式民法典——荷兰民法典中以独立的两编的形式出现，地位得到进一步凸显。在我国民法典草案中，合同法更是被赋予了独立的形式，成为民商事交易的基本法律规范。

从发展趋势看，债权的重要性在现代社会日益增加，合同法的地位也随之提高。债权地位的提升至少表现为以下方面：①从某个方面讲，债权与物权之间由手段与目的关系转变成了目的与手段的关系。对此，拉德布鲁赫作了精辟的概括："社会生产关系完全以所有权为中心的中世纪的社会形式是静态的，今天资本主义法律形式已完全变为动态的，债权表现的权力欲及利息欲，在今天都是经济目的。债权已不是取得对物权和物的利用的手段，它本身就是法律生活的目的。经济价值不是暂时静止地存在于物权，而是从一个债权向另一个债权不停地移动。"②在现代社会，对物的"利用"更加强调，这主要通过债权法（合同法）来实现和保障。在这种条件下，所有权关系已相应地由人对物的支配、占有关系转化为所有权人与其他利用人之间的权利义务关系。③对待现代合同上权利（即债权）的方式日益物权化，如债的保全体现的其效力的对世性，债权的处分、债权上担保的设定等。

在大陆法系民法中，财产法由债权法（其主体是合同法）与物权法组成。一般认为，物权法的基本功能是对"静"的财产支配关系的规范，而债权法则可以说是对"动"的财产流转关系的规范。要正确认识合同法的地位，离不开对其与物权法关系的梳理。制度经济学的研究表明，产权的明确归属是交易得以顺利进行的先决条件。而要发挥合同法对市场交易的规制作用，首先物权法应发挥其定分止争的作用。换言之，物权为债权发生的前提，债权为取得物权的手段，且物权亦为债权发生的目的。

作为民法尤其是财产法的基本组成部分，合同法和物权法之间还存在着衔接与协调的问题。在大陆法系其他发达国家和地区，民法理论和民事立法都已比较成熟、完善，合同法和物权法的衔接与协调问题得到了妥善处理。而我国的现实是，民法理论还不够成熟、完善，作为民事领域基本法的民法典仍未出台，物权立法过程更是一波三折。

从 2002 年 12 月提请第九届全国人大常委会进行初次审议以来，物权法草案先后进行了 6 次审议，其中的许多重大问题已基本得到解决，日趋成熟。2007 年 3 月 16 日《物权法》由十届全国人大五次会议通过，并自 2007 年 10 月 1 日起施行。《物权法》分为 5 编 19 章，共 247 条。物权立法中的诸多争论，较多涉及物权法与《合同法》的衔接与协调问题。这个问题不仅影响物权法本身的科学性，还会影响合同法的正确适用。这也是正确理解、适用合同法的必然要求。只有实现物权法与合同法的逻辑衔接与体系协调，才能体现民事立法的体系性和逻辑性。换言之，我们要从合同法的角度，审视、设计物权法，如担保物权与债的担保的取舍、善意取得制度的合理设计、合同效力与物权行为理论的衔接等。

■思考题

1. 什么是合同？它有哪些特征？
2. 简述合同的基本分类及其分类标准。
3. 合同法有哪些基本原则？它们各自的内涵是什么？

■参考资料

1. 黄立：《民法总则》，中国政法大学出版社 2002 年版。
2. 梁慧星：《民法总论》，法律出版社 2001 年版。
3. 王泽鉴：《债法原理》第 1 册，中国政法大学出版社 2001 年版。
4. 梁慧星：《民法学说判例与立法研究（2）》，国家行政学院出版社 1999 年版。
5. 王利明：《合同法研究》第 2 卷，中国人民大学出版社 2003 年版。
6. 陈小君主编：《合同法学》，高等教育出版社 2003 年版。

第二章 合同的成立

■ **学习目的和要求**

通过本章的学习，使学生掌握合同订立中的一些基本问题，如合同订立的一般程序、合同的内容及形式、格式条款、缔约过失责任、合同订立的几种特殊方式。通过学习，要求学生了解、掌握以下教学内容：要约的概念、构成要件、生效时间、撤回和撤销，要约与要约邀请的区别，承诺的概念、构成要件、生效时间、撤回，合同的形式及条款，格式条款的概念及其限制，缔约过失责任。

第一节 概 说

合同是平等主体的自然人、法人、其他组织之间设立、变更、终止民事权利义务关系的协议。当事人双方就合同的内容经过协商达成一致，合同即告成立。

合同是双方民事法律行为，必须有双方当事人。缔约双方以成立合同为目的，相互进行内容一致的意思表示，即为合同的订立过程。在各国立法以及国际条约中，一方当事人的意思表示为要约，另一方当事人对要约表示同意的意思表示即为承诺，要约与承诺一致，合同成立。因此，合同订立的程序表现为要约和承诺两个具体阶段。双方当事人因各自的利害关系，为订立合同会进行几番讨价还价，因此，在现实生活中，合同的成立又总是要经过要约，反要约，再要约直至承诺的过程。

合同自由原则是各国合同法的基本原则，当事人是否缔结合同、同谁缔结合同以及合同的内容和形式，主要取决于当事人的意思。合同内容只要不违背公序良俗，就可由当事人自由决定。因此，合同成立具有相当任意性，各国的合同法关于合同的订立、内容、形式等规定，多为任意性规范。我国《民法通则》第

85 条规定："……依法成立的合同，受法律保护。"《经济合同法》第 3 条规定："经济合同，除即时清结者外，应当采用书面形式……"《经济合同法》第 12 条还规定了合同必须具备的主要条款。由此可见，我国旧合同法体系，一方面从根本上缺乏关于合同成立程序的系统规定；另一方面，法律又对合同的内容、形式有严格的规定，即对双方当事人的合意内容等进行了较多的限制。这既不符合现代合同法的本质和对合同的基本规范，亦不适应市场经济发展的总体要求，在司法实践中也增加了认定合同成立与否的困难。为此，现行合同法在此两个方面都作了改进：《合同法》用了整整一章共 35 条的内容对合同订立程序作了详实规定；在具体的合同内容与形式上，合同法奉行形式自由的理念，除法律强行规定外，当事人对合同形式有极大的选择空间。经济合同法中主要条款与普通条款的划分亦被取消，合同法对合同条款的罗列仅具示范作用，这种详略得体、宽严有度的规范方式保护了交易自由，促进了交易效率，为经济的发展作出了制度性的预设。

订立合同时除了坚持合同自由原则外，当事人还应遵守诚实信用原则。当事人在缔约中相互负有协力、保护、通知、诚实等附随义务。当事人违反这些义务，即构成缔约过失。如因此给对方造成损害的，应当承担赔偿责任。《民法通则》第 61 条将缔约上的过失作为一项概括性原则予以规定，符合当代民法发展的趋势。《合同法》第 42、43 条对缔约过失责任作出明确规定，除列举三种须承担缔约过失责任的行为外，另引入诚实信用原则作为判断标准以补列举之不足，并规定以损害赔偿为责任承担方式。

合同的成立与合同的有效无效是有区别的，而经济合同法没有区分这一界限，是一个失误，也因此导致了司法实践中对上述问题的认识和处理的不同程度的混乱。合同的成立，如前所述，是当事人意思表示一致，是一种合意；合同有无效力，则是合同成立后是否符合法律的生效要件的问题，反映了对合同的评价。具体而言，合同的生效，是指合同的内容开始发生法律效力。合同的成立，并不一定产生法律效力，如果其符合法定生效条件，就会受到法律保护，达到合同当事人预期的目的；如果其违背或欠缺生效要件，则构成无效合同，或可撤销合同，或效力待定合同。因此，合同成立和合同有效，合同的不成立和合同的无效，是不同的问题，有着各自的要件。合同成立只是合同有效无效的前提，一项合同只有成立后，才会产生是否有效的问题。如果混淆了它们之间的界限，就会使大量不成立的合同被确认为无效合同，使本可通过合同的解释和填补漏洞的方法使其成立的合同被宣布为绝对无效，使正当的交易被迫取消，这既不符合合同法的本质，也不利于我国社会主义市场经济的发展和促进商品交易目的的实现。现行合同法将合同的订立与合同的效力分两章分别规定，此种体系设计使两者的区别一目了然。

第二节　合同订立的程序

合同经法律规定的程序签订才能成立。合同订立的程序是指当事人相互作出意思表示并就合同条款达成一致协议的具体过程。这一过程分为要约和承诺两个阶段。

一、要约

（一）要约的概念和性质

《合同法》第 14 条规定："要约是希望和他人订立合同的意思表示……"商业贸易中称要约为发盘、出盘。发出要约的当事人为要约人，受领要约的当事人为受要约人，简称受约人。

要约属意思表示而非民事法律行为，应适用法律对意思表示的规定，故要约不能发生当事人所希望的法律后果，即成立合同。

（二）要约的构成要件

《合同法》第 14 条规定了要约所应具备的两个条件。联系完整的合同订立程序，要约须同时具备下列条件：

1. 要约必须由特定的当事人作出。一项要约，可以由合同当事人任何一方提出，但是，发出要约的人必须是特定的当事人。因为要约是要约人向相对人所作出的意思表示，旨在得到对方的承诺并成立合同，只有要约人是特定的人，他人才能对之承诺。所谓特定的人，并不是指某个具体确定的人，而是指凡能为外界所客观确定的人，都可视为特定的人。例如，自动售货机的设置，也可视为一种要约。

2. 要约必须向相对人作出。要约必须经过相对人的承诺才能发生要约人希望的效果，即订立合同，因此，要约必须是要约人向相对人发出的意思表示。相对人一般为特定的人，在一般情况下，要约人在特定的时间和场合只能与特定的对方当事人订立特定内容的合同。但是，对于不特定的人作出而又无碍要约所达目的时，要约也可成立。例如，商店柜台标明商品价格出售，其要约是面对任何顾客的，这是对一定范围的不特定人发出的要约。悬赏广告是以广告的方式声明对完成一定行为的人给予报酬的意思表示，它是以广告方式对不特定的人的要约，相对人以完成一定行为作出承诺，合同即告成立。

3. 要约必须具有订立合同的主观目的。要约必须以订立合同为目的，凡不是以订立合同为目的的行为均不是要约，例如，邀请参加校庆的请柬，尽管表达了当事人的真实意愿，但不是要约。是否以订立合同为目的，也是要约和要约引诱的主要区别。要约引诱，又称要约邀请，是希望他人向自己发出要约的意思表示。要约引诱的目的不是订立合同，而在于唤起别人的注意，希望别人向自己发出要约，其作用在于引出要约，而不像要约本身的作用在于引出对要约的承诺。所以，要约引诱只是当事人订立合同的预备行为，它自身不能发生任何法律效果，不应视为要约。在实际生活中，推销商品的广告、招标公告、拍卖公告、商品价目表的寄送、招股说明书等是要约引诱，商品带有标价陈列、自动售货机的设置、投标书的寄送则是要约。

4. 要约的内容必须具体确定。要约的内容必须使受要约人足以了解将来可能成立合同的主要内容，以供受要约人考虑是否承诺。如果要约人发出的意思表示只包含订立合同的愿望，而未提出决定合同内容的主要条件，那么它就不是要约。至于合同成立的主要条件，则要根据具体要约的性质、要约当时当地的商业惯例以及法律规定来确定。

（三）要约的形式

要约属意思表示，有其外在表现形式，一般分为口头形式和书面形式。所谓要约的口头形式，就是指要约人以直接对话或电话方式向相对人发出要约。所谓要约的书面形式，是指采用交换信函、电报、电传和传真等文字形式进行要约。要约究竟采用口头形式还是书面形式，一般以欲成立的合同类型为标准，欲成立要式合同的要约须采取一定格式的书面形式。现代社会交易频繁，为促进交易便捷，法律对合同要式性的要求正日益减少，不要式合同逐渐成为主角，当事人的合同自由得到切实的体现。现行合同法体现了此种趋势，对合同形式鲜有限定，要约的形式相应也就有了相当的主观随意性。

（四）要约的法律效力

一项意思表示，符合要约的构成条件，不论是口头形式，还是书面形式，都会发生法律效力。

1. 要约的生效时间。要约的生效时间，因要约的不同形式而有差异。对于口头形式的要约，其法律效力从相对人了解要约时开始生效。相对人了解要约，应以通常情形下一般人能理解要约为标准，相对人能够理解要约却故意假装不知，并不影响要约生效。对于书面形式的要约，关于其法律效力的生效时间，学理上有两种见解，即发信主义与到达主义。德国和日本民法采后者为确定要约生效时间的原则。我国现行合同法沿袭大陆法系传统，采用到达主义。《合同法》第16条第1款明确规定："要约到达受要约人时生效。"所谓到达，是指要约送达受要约人能够控制的地方。在此，到达为一客观标准，受要约人主观了解与否对要约的效力并无影响，这在法律对数据电文形式合同的规定中可以明显看出。《合同法》第16条第2款规定："采用数据电文形式订立合同，收件人指定特定系统接收数据电文的，该数据电文进入该特定系统的时间，视为到达时间；未指定特定系统的，该数据电文进入收件人的任何系统的首次时间，视为到达时间。"合同法的此款较好地解决了新技术条件下，新型要约生效时间的界定。

2. 要约法律效力的内容。要约的法律效力即要约的拘束力，其内容包括对要约人的拘束力和对受约人的拘束力两个方面。

（1）对要约人的拘束力。又称要约的形式拘束力，指要约一经生效，要约人即受到要约的拘束，不得随意撤回、撤销或对要约加以限制、变更和扩张。要约的这一效力，对于保护受约人的利益，维护正常交易的安全是必要的。因为在要约的有效期限内，受约人可能接到该要约而拒绝了他人的相似要约或不向他方发出相同内容的要约，或可能为以后合同履行进行了准备工作。在这种情况下，要约人一旦撤回、撤销或变更要约，受约人便可能遭受损失。一般认为，凡要约人在要约到达受约人之后撤销或变更要约，由此给受约人造成的损失，应当由要约人赔偿。但是，如果绝对禁止要约人撤回、撤销或变更要约，对要约人未免过于苛刻，也不符合商品交易活动的实际情况，所以法律也赋予要约人在一定条件下，即在受约人承诺前有限地撤回、撤销要约或变更要约的内容。现行合同法规定要约可以撤回，在要约生效之前，撤回要约的通知已先行到达或与要约同时到达受约人，此要约被撤回。现行合同法亦规定，于合同成立前，即受约人发出承诺通知前，要约可以撤销。在承认经济现实变动无常的基础上，法律设定了要约的撤回与撤销制度。但于要约生效后，任由要约人撤销，则要约的法律效力无从体现，本应由要约人承担的交易风险转移到受要约人身上，有违公平。在此，一方面可适用缔约过失责任制度，另一方面法律对要约人的撤销权作了例外规定，即在"要约人确立了承诺期限或者以其他形式明示要约不可撤销"或"受要约人有理由认为要约是不可撤销的，并已经为履行合同作了准备工作"的情况下，要约不得撤销，我国合同法的此项规定与《联合国国际货物销售合同公约》的相关规定是完全一致的。

（2）对受约人的拘束力。又称要约的实质拘束力，在学理上也称之为承诺适格。它是指受约人在要约发生效力时，取得其承诺而成立合同的法律地位。受约人在接到要约之后，即取得承诺的资格，有权在要约有效期间内作出是否对之承诺的答复。如果受约人对要约予以承诺，便使合同成立。但是，受约人没有必须承诺的义务，若不承诺，受约人只是丧失承诺的资格，导致合同不成立。受约人不为承诺的，没有通知的义务，即使要约人在要约中规定应为通知是否承诺的也是如此。但是，对于依照法律规定或一般商业惯例负有承诺义务的情况，受约人不能拒绝承诺。例如，供方不得拒绝承诺订货方依某项指令性计划提出的要约，公路、铁路、飞机、电信、煤气、自来水等关乎人们日常用行的行业，同样也负有应消费者的请求而与其订立合同的义务。这种承诺义务，是为强制缔约义务。

3. 要约法律效力的存续期间。要约法律效力的存续期间，是指要约受承诺拘束的期间，亦称承诺期限。要约在其存续期间受相对人承诺的拘束，不在此期间承诺，要约丧失效力。要约法律效力的存续期间分为定有存续期间和未定有存续期间两种情况：

（1）定有存续期间。依照民法上意思自治原则，要约的存续期间由要约人自己确定。受约人在其期限内承诺，对要约人有拘束力。对于要约存续期间的起算，如要约人以电报或者信件发出要约时，自电报交发之日或信件所载明的日期开始计算，如果信件未载明发信日，则自信封所盖邮戳日期开始计算；要约人以电话、传真或其他快速通信方法发出要约的，自要约到达受约人之日开始计算。

（2）未定有存续期间。对于口头要约，仅在受约人立即承诺时，才对要约人有拘束力；对于书面要约，在依通常情形下能够收到承诺所需的合理期间内承诺，对要约人有拘束力。所谓合理期间，应包括：①要约到达受约人的必要期间；②受约人考虑是否承诺所需要的必要期间；③承诺发出到达要约人所需要的必要期间。在合理期间内受约人不为承诺，要约丧失效力。

（五）要约的消灭

要约的消灭，是指要约丧失法律效力，要约人解除必须接受承诺的义务，受约人丧失承诺的资格。要约消灭后，合同即失去成立的基础，受约人即使承诺，合同也不能成立。要约消灭的原因主要有以下四种：

1. 要约被拒绝。此处的拒绝是指受约人以通知的方式明确表示不接受要约，无意与要约人成立合同，而并不包括受要约人的沉默，对要约的扩张、限制等广义上的拒绝。要约失效的时间为拒绝通知到达要约人之时，此与要约的生效时间对应。

2. 要约被撤销。要约被撤回时，要约尚未生效，故亦无失效可言。在要约生效之后，要约人单方欲使要约的效力归于消灭，只能采用撤销的方式。

3. 承诺期限届满。凡在承诺期限内受要约人没有作出承诺的，要约即失效。就此种情况的外在表现形式而言，受要约人是以不作为的方式表明对要约的拒绝，是广义的拒绝要约。

4. 受要约人对要约的内容作出实质性变更。此种情况实际上是受要约人向要约人发出了新要约。受要约人的变更行为表明其对要约内容的不接受，故原要约失效。

以上是合同法所规定的要约失效的情形。另外，要约人或受约人死亡将导致要约—承诺流程中主体缺失，此时，要约的效力颇为复杂。若要约人于发出要约后死亡，受约人知悉要约人死亡的，要约失效；要约人发出要约后，受约人于承诺前死亡的，要约亦失效。若受约人并不知悉要约人已死亡而作出承诺的，如要约中并不含有人身履行的专属性，一般认为合同成立。至于受要约人承诺后死亡，合同已告成立的，当依继承法的相关规定处理。

二、承诺

（一）承诺的概念及性质

《合同法》第21条规定："承诺是受要约人同意要约的意思表示。"此为承诺的法定解释，在商业贸易中又称承诺为接盘。

与要约的性质一样，承诺属意思表示而非民事法律行为，适用法律关于意思表示的规定。

（二）承诺的构成要件

承诺要取得成立合同的法律效力，必须同时具备以下五个要件：

1. 承诺必须由受约人作出。要约和承诺是一种相对人的行为，只有受约人享有承诺的资格。因此，承诺须由受约人作出。受约人为特定人时，承诺由该特定人作出；受约人为不特定人时，承诺由该不特定人中的任何人作出。受约人授权的代理人作出的承诺，与受约人本人承诺具有相同的法律效力。除此之外，受约人以外的任何第三人即使知道要约的内容并对之作出同意的意思表示，通常情况下也不能构成承诺。

2. 承诺必须向要约人作出。受约人承诺的目的在于同要约人这一特定的主体订立合同，若承诺针对要约人以外的第三人作出，便毫无意义。非向要约人作出同意的意思表示，不构成承诺。向要约人授权的代理人作出承诺，则应视为向要约人作出。但是，要约人发出要约后死亡，在一定条件下，如合同履行不具有特定的人身性质，要约仍然有效，受约人可以向要约人的继承人作出承诺。

3. 承诺的内容应当与要约的内容一致，否则，视为拒绝原要约，并构成新要约。承诺是受约人愿意按照要约的内容与要约人订立合同的意思表示，因此，承诺原则上须是无条件的，对要约的内容应当全部接受。如果受约人对要约的内容进行实质性扩张、限制或者变更，应视为对原要约的拒绝，由此构成新要约。在这种情形下，原受约人变为新的要约人，而原要约人转变为新的受约人，新要约必须经过新的受约人承诺后才能成立合同。判断承诺的内容与要约的内容是否一致，应该以要约与承诺的意思表示为依据，依诚实信用原则进行解释。对此问题，《联合国国际货物销售合同公约》以及世界各国的合同立法表明，凡对要约内容表示同意，但对要约内容进行非实质的添加、限制或其他更改的，除要约人及时表示反对，或要约明确规定承诺不得对要约内容进行任何添加、限制或修改外，该承诺仍为有效，合同内容以承诺内容为准。我国现行合同法与世界通例完全一致，规定承诺不得对要约内容进行实质性更改，即不得对有关合同标的、数量、质量、价款或者报酬、履行期限、履行地点和方式、违约责任和解决争议方法等作出扩大、限制或改变。承诺对要约的内容作出了非实质性变更的，除非要约人有明确的相反的意思表示，承诺有效。

4. 承诺须在要约的存续期间内作出。如果要约定有存续期间，承诺必须在此期间内作出。如果要约未定有存续期间，对于口头要约，受约人须立即作出承诺；对于书面要约，受约人应在通常情况下能收到承诺所必要的合理期间内承诺。凡在要约的存续期间届满后承诺的，是迟到的承诺，除要约人及时通知受约人该迟到的承诺仍然有效外，不能发生承诺的效力，应视为新要约。但是，受约人在要约的存续期间内作出承诺，在正常情形下能够按时送达要约人，因传达故障等原因致使承诺迟到的，是承诺迟延。要约人若不承认该承诺，应立即将承诺迟到的情况通知受约人，以免其因准备履行合同而造成不必要的损失。要约人若怠于通知，承诺视为未迟到，承诺有效，合同成立。

5. 承诺的方式必须符合要约规定。要约人在要约中对承诺方式提出具体要求的，承诺必须按规定方式作出，否则，承诺不发生效力。例如，要约人在要约中指定必须用电传方式作出承诺，受约人若采用信函方式作出承诺，承诺不成立。如果要约对承诺方式没有规定，承诺方式应与要约方式一致，或以其他合理方式作出。除法律有特别规定，或根据交易性质、商业惯例和要约中规定承诺不需通知的以外，承诺应当以向要约人发出承诺通知的方式作出，沉默和不作为本身不能构成承诺。

（三）承诺的效力

承诺生效，表明双方当事人的意思表示一致，合同即告成立。承诺的生效时间，对于口头承诺，自要约人了解时生效；对于书面承诺，应自承诺通知到达要约人时生效。承诺通知送达到要约人能控制的地方即认为到达要约人；特定情况下，依照交易习惯或者要约的规定，一定行为的作出亦可表明承诺生效。

（四）承诺的撤回

承诺的撤回是承诺人阻止承诺发生法律效力的意思表示。承诺到达要约人时发生效力，双方当事人有订立和履行合同的义务，所以，受约人撤回承诺的通知必须先于或与承诺同时到达要约人，才发生撤回的效力。如果撤回承诺的通知在承诺之后到达，但依通常情形下应先于承诺或与承诺同时到达的，要约人应将此情况通知受约人，不发生撤回承诺的效力，否则，承诺撤回有效，合同不成立。

三、其他成立合同的方式

合同的成立必须由双方当事人就一定的权利义务协商一致，一般情况是通过要约和承诺的方式来实现。但是当事人采用其他方式的，只要达成合意，也可以成立合同。其他成立合同的方式主要有下面几种。

（一）交叉要约

交叉要约是指合同当事人以订立合同为目的，同时相互提出两个相互独立但内容一致的意思表示。交叉要约通常发生在以书面方式为意思表示的情况。例如，甲向乙以电报方式发出以一定价格购买某商品的要约，在该要约未到达乙时，乙向甲也发出以相同交易条件出售某商品的电报要约，由于双方当事人都有订立合同的愿望，要约的内容也一致，因此，这种交叉要约可以成立合同。两个意思表示相互到达对方当事人时，合同成立，以后到达的要约到达对方当事人的时间，为合同成立时间。

（二）同时表示

同时表示是当事人以订立合同为目的，采用口头方式同时作出内容相同的意思表示。例如，对于第三人制作的合同，当事人双方同时表示同意。同时表示的法律效力与交叉要约相同，也产生合同成立的效果。

（三）意思实现

意思实现是指依照商业惯例或交易的性质，承诺无须通知的要约，或要约人预先声明承诺无须通知的要约，其相对人在相当时期内有可推断其承诺意思的客观事实时，合同成立。受约人虽然没有作出明确承诺的意思表示，但依据其客观事实，可推断其有承诺的意思。例如，受约人开始履行合同义务或行使合同权利。这种以承诺事实而成立合同的方式，必须在要约的存续期间作出，该承诺事实出现的时间为合同成立的时间。

（四）依指令性计划签约

《合同法》第38条规定："国家根据需要下达指令性任务或者国家订货任务的，有关法人、其他组织之间应当依照有关法律、行政法规规定的权利和义务订立合同。"根据此规定，合同的当事人此时有义务签订合同，合同的主要内容要依据计划文件的规定。这类合同的成立，并不是当事人要约和承诺一致的结果，有别于要约承诺的订约方式。

第三节　合同的条款

合同条款是指合同当事人协商一致的合同内容，具体规定着当事人的权利义务。

一、新旧合同法对合同条款规定之比较

《经济合同法》将合同条款分为主要条款与一般条款，规定标的、数量、质量、价款或酬金、履行的期限、地点和方式的条款为主要条款，其他条款为一般条款。此种分类方式颇不足取，具体而言有如下几点：

1. 主要条款的效力难以界定。一合同欠缺主要条款是不成立、不生效还是可撤销、可变更，经济合同法陷入难以自圆其说的境地。《经济合同法》第 9 条规定："当事人双方依法就经济合同的主要条款经过协商一致，经济合同就成立。"第 6 条规定："经济合同依法成立，即具有法律约束力……"可见，《经济合同法》将合同主要条款作为合同成立要件，又因《经济合同法》对合同的成立与生效不分，故缺少各主要条款的任何一项，合同无效。但《经济合同法》第 7 条对无效合同确认的依据中却没有规定缺少主要条款的合同无效，从《民法通则》第 58 条第 1 款的 7 项内容对无效民事行为的认定来分析，无任何一项规定可直接推论：缺少合同主要条款的经济合同无效。主要条款的效力如何已直接影响到此种分类的存在意义。

2. 合同主要条款的缺失有补救方法。经济合同法所规定的质量、价金、履行期限、履行地点、履行方式及违约责任不应、也无必要规定为合同主要条款，《民法通则》第 88 条规定了合同中有关质量、期限、地点或者价款约定不明确时的处理办法。处理办法是：①由当事人协商达成协议；②在达不成协议时适用该条第 3 款的 4 项规定。实际上《民法通则》第 88 条赋予了法律和合同当事人补正合同条款不足的权利。

可见，合同主要条款为计划经济体制的产物，不但没有促进合同内容的明晰，反而对合同的成立施加了不必要的限制，人为地导致了司法实践中认定合同成立的混乱。

合同的条款承载着当事人的权利义务，每条每款都关系到当事人的经济利益，因此它成为合同自由原则发挥作用的重要领域，合同主要条款与一般条款的分类是国家意志的体现，是以外在力量对当事人本为完整一体的内容约定所进行的分类，有违合同自由原则。

《合同法》对一般合同的内容与条款进行了归纳与列举，但此种列举并不具有决定合同存废的效力，《合同法》第 12 条规定："合同的内容由当事人约定，一般包括以下条款……""一般包括"的表述方式表明《合同法》第 12 条所举的条款对合同当事人仅具参考示范作用，缺失与否不直接作为合同成立的判断标准，此种规定一方面避免了对合同条款作出主要条款与一般条款划分的难题，另一方面亦赋予了当事人较大的自由空间，符合现代合同法的发展趋势。

二、合同条款的内容

取消了主要条款与一般条款的分类，合同法列举了合同内容一般所应包括的八个条款，分别是：

（一）当事人的名称或者姓名和住所

名称是针对法人和其他组织而言，姓名则是针对自然人而言。自然人的住所是指其户籍所在地或长期生活的处所；法人和其他组织的住所则是指其注册登记地。

合同是民事主体意思一致的产物，民事主体的基本情况列明于合同中为合同内容归属所必需，亦为日后解决可能的纠纷指明了对象。

（二）标的

标的是合同当事人权利义务一致指向的对象。没有标的，就失去了订立合同的出发点和归宿，当事人权利义务的实现便无从着手，合同也无法履行。因此，作为满足当事人自身需要的合同必须有明确的标的。

合同标的的种类因合同种类各异而表现不一。它可以是具体的物（财产），如房屋买卖，其标的就是房屋这一具体的物（财产）。标的可以是有形财产，也可以是无形财产，标的还可以是某种行为，即人的活动。例如，承揽加工、设计、勘探、委托、保管、运输等合同的标的是完成某种工作、提供某种服务的行为。

（三）数量

数量的要求是与合同的标的紧密联系在一起的。数量就是指合同标的的多少，它直接决定着民事权利义务的大小。凡以物为标的的，应按度、量、衡予以计算；以行为为标的的，可按劳动量或工作量加以计算，并使用统一的计量单位。计量单位要明确、具体，使用统一的解释方法，不能各行其是，否则会导致合同无法履行，发生纠纷也难以分清责任。

（四）质量

标的质量，是合同标的具体化的又一反映。质量条款无论在哪一类合同中都十分重要。不同的标的，有不同的质量要求。为此，不仅要严格质量检验制度，而且要明确规定质量标准和具体要求，以防止因为合同标的的质量问题，给国内生产以及人民身心健康、生命财产造成损失，甚至对国际声誉、信誉造成不良影响。

（五）价款或报酬

价款或报酬，是合同标的的价值在法律上的表现。所谓价款是指取得标的物一方给他方的对价；所谓报酬，是一方当事人给予完成某项工作或提供某项服务的另一方的报偿。价款或报酬标志着这类合同关系中的财产流转是有偿的。在我国，价款与报酬是用人民币作单位进行计算和支付的。当事人在计算或支付价款、报酬时，还必须严格遵守国家有关物价的规定。国家对价款或报酬没有规定的，可由当事人自行约定。

价款或报酬，是针对有偿合同而言，对于无偿合同来说，价款与报酬的规定将没有任何法律意义。

（六）履行的期限、地点和方式

履行的期限，指履行合同约定义务的时间界限。提前履行或迟延履行，如违反民法强行规定或合同当事人特别约定，均构成违约，应当承担违约责任。履行的地点，指履行合同约定义务的地点。履行地点关系到严格履行义务、费用负担和合同纠纷案件的法院管辖等，应当做到明确、具体。履行的方式，指履行合同约定义务的方式。按履行的期次，可分为一次履行和分期分批履行；按标的的交付方式，可分为交易现场直接交付、送货式、邮寄式、代办托运式、购货方自提式等。

（七）违约责任

违约责任条款是当事人为了保证合同的履行，依照法律或双方约定，在违反合同的情况发生时，不履行合同一方应向他方承担相应法律后果的约定。按照合同法的规定，违约责任主要有继续履行、采取补救措施和赔偿损失等三种方式。

（八）解决争议的方法

合同当事人就合同内容的理解与合同履行等发生争议时，可以通过和解或调解方式解决纠纷。就外部有法律效力的解决纠纷的方式而言，有诉讼与仲裁两种方式，两者是平行的解决途径。仲裁法把仲裁的效力规定为"或裁或讼"，当事人选定适用仲裁的方式解决纠纷则不得再将同一纠纷诉诸法院，仲裁裁决具有终局效力。故为了明确纠纷的解决途径，合同条款多约定是采用仲裁还是诉讼，尤其是合同当事人决定采用仲裁方式解决纠纷时，一定要于签订合同时约定仲裁条款或另行签订仲裁协议。

合同中解决争议的条款的效力具有独立性。即使合同已被撤销或被宣布为无效，解决争议的条款仍然有效，对合同纠纷的解决仍要采用双方所约定的方式。

三、合同的其他条款

除了合同法所列举的八种条款，还有两种条款性质较为特殊：①不经当事人协商而当然地成为合同内容的条款；②不经当事人协商不能成为合同内容的条款。前者可称为通常条款，后者可称为偶尔条款[1]。

合同的通常条款一般是由法律或交易惯例所规定的，合同一旦成立，就会成为其中的内容，当事人没有必要协商。例如，买卖合同的卖方负有保证出卖物符合质量规定的义务，这种条款，不必由当事人协商，当然成为买卖合同的组成部分。

合同的偶尔条款与通常条款的意思恰好相反，即不经当事人协商不能成为合

---

[1]　参见王利明等：《民法新论（下）》，中国政法大学出版社1988年版，第390～392页。

同内容的条款。如标的物的特殊包装方法、运输中的特殊要求等。偶尔条款也是合同的重要组成部分。

我国经济合同法将学说中的偶尔条款纳入"主要条款"范畴。该法第 12 条规定："当事人一方要求必须规定的条款，也是经济合同的主要条款。"此规定并不妥当，已在现行合同法制定时予以废弃。

第四节　合同的形式

合同形式是指合同当事人设立、变更、终止民事权利义务关系的一致协议的表现形式。通常使用的合同形式主要有口头形式、书面形式和行为默示方式三种。

一、口头形式

口头形式，是指合同当事人通过口头交谈方式相互表示意思而订立合同。电话属口头形式，录音则为口头形式的证据。口头形式除非有约定的答复期限，对方应立即作出接受的答复。否则，合同就不能成立。口头形式一般适用于一些标的数量不大，当时就可清结的合同关系。例如，零售商业企业与顾客之间的商品买卖，集市上的买卖，公民为满足日常生活需要而订立的借贷、保管、委托等合同关系，多采用口头合同方式进行。

口头合同形式的优点在于简便、易行、迅速、即时清结。这对于加速商品流转，满足公民日常生活的需要有重要意义和作用，因而是社会生活中不可缺少的一种合同形式。但口头合同缺乏文字根据，在当事人发生纠纷时难以取得证据，不易分清责任。因此，关系较复杂的重要合同不宜采用这种形式。口头合同一旦成立，具有与书面合同同等的法律效力。

二、书面形式

书面形式，是指合同书、信件和数据电文（包括电报、电传、传真、电子数据交换和电子邮件）等可以有形地表现所载内容的形式。它一般用于标的数额比较大、内容较复杂、不能立即履行的合同。合同采用书面形式有两种原因：①法定原因。法律、行政法规规定采用书面形式的，合同应当采用书面形式，这是指具体的法律、行政法规对某一特定类型的合同要求采用书面形式，例如，《物权法》第 185 条规定："设立抵押权，当事人应当采取书面形式订立抵押合同。"②约定原因。当事人约定采用书面形式的，应当采用书面形式。当事人作出此种约定一般于要约中声明，但也有在合同成立后再作约定的。

书面合同并不要求有统一的固定的格式。书面形式包括电报、信件、电传及传真，以及一切可以保留所载信息并能够被有形复制出的方式。书面形式分为一般书面形式和特殊书面形式。凡内容合法，只需当事人达成书面协议，不需再履行其他手续，合同即可成立的，就是一般书面形式。凡需要公证、鉴证、登记或审批的形式为特殊书面形式。

（一）数据电文

数据电文是一般书面形式的一种，与数字技术、通信技术的现代化紧密相连，包含电报、电传、传真、电子数据交换和电子邮件共五种方式。其中，电报、电传、传真、电子邮件只是纸面文件的传递方式不同，电子数据交换则具有其特殊性。电子数据交换（EDI）是利用电子计算机及其通信网络处理文件的技术，被称为电子交易，可实现完全的无纸化，但记录于媒介载体上的信息可被认知，亦可以纸张打印出来，故其仍为一般书面形式。

（二）公证形式

公证形式是由国家公证机关对合同的真实性、合法性进行审查后，签署证明的形式。因此，经过国家公证机关公证的合同具有可靠的证据效力。合同实行公证，有利于保障合同的合法、真实，提高当事人认真履行合同的履约率。对于预防、减少诉讼，保护当事人合法权益有重大作用。

我国法律对合同的公证除法律法规另有规定外，一般采取自愿原则。合同是否公证，由当事人自己决定。法律也可以规定某类合同必须进行公证。当事人和法律都可以赋予合同的公证形式以证据效力或者成立生效的效力。

（三）鉴证形式

合同的鉴证，是指合同管理机关对合同进行审查监督所作的证明，主管合同鉴证的机关要对合同的主体资格、合同内容的合法性、真实性进行审查，对于符合要求的给予鉴证，并且鉴证机关还应对其实施监督。

鉴证是国家行政机关对合同进行监督、管理的行政措施，因而它与公证合同是有区别的。公证机关与当事人之间不存在行政隶属关系，公证本身不具有强制性。而合同的鉴证是国家行政机关对合同活动的一种制约与干预，管理机关与当事人之间是一种行政关系，管理机关可以直接对不合法、不真实的合同作出处理决定。依照我国现行法律，除法律另有规定外，合同的鉴证也实行自愿原则。

（四）登记形式

登记形式，是指依照法律规定或当事人约定，将合同提交国家登记机关登记的方式。采取登记形式的前提是当事人已订立了书面合同，否则登记机关无从登记，故登记形式为特殊的书面形式。合同法对登记的效力没有作出明确规定，但最高人民法院在关于合同法适用的司法解释中指出：法律、行政法规规定合同应当办理登记手续才生效，在一审法庭辩论终结前当事人仍未办理登记手续的，人民法院应当认定该合同未生效；法律、行政法规规定合同应当办理登记手续，但未规定登记后生效的，当事人未办理登记手续不影响合同的效力，合同标的物所有权及其他物权不能转移。

（五）审批形式

合同的审批，是指按照国家法律或主管机关的规定，由主管部门对合同加以审核批准的特定形式。合同的审批是国家对经济活动积极干预的表现，它有助于把一些重大的经济活动纳入国家的计划管理中。这也是国家对特殊合同的特别规定，它具有不依当事人自由选择而为的特点。法律不要求合同采取批准形式的，当事人不能约定或要求国家进行批准；法律规定必须经过批准的合同，则不经批准就不生效。合同的批准形式同时还有证据效力、成立效力、对抗第三人的效力。在我国，需要采取批准形式的合同主要有技术引进合同和基于保密考虑的国内技术合同。

三、行为默示形式

行为默示形式，又称推定形式，或称意思实现形式，指合同当事人以某种表明法律意图的行为间接地表示合同内容的合同形式。认定行为默示形式系以合同的开始履行推定合同已经订立。例如，司机驾车驶入收费停车场停放机动车，停车场收费之时即可推定订立了一个合同。1988年《最高人民法院关于贯彻执行〈中华人民共和国民法通则〉若干问题的意见（试行）》第66条对行为默示形式作了规定。《合同法》第26条规定，承诺不需要通知的，根据交易习惯或者要约的要求作出承诺的行为时生效。这是对行为默示形式的法律认可。

四、合同形式评述

依照我国合同法规范及生产、生活实际情况，合同形式主要有三种：口头形式、书面形式和行为默示方式，其中书面形式为"要式"，另两种形式为"不要式"。《民法通则》第56条规定："民事法律行为可以采取书面形式、口头形式或者其他形式。法律规定用特定形式的，应当依照法律规定。"由此可见，我国民法对合同形式兼采要式与不要式规则，合同法的规定与此一致，只是削弱了要式合同的地位。《经济合同法》第3条规定"经济合同，除即时清结者外，应当采用书面形式"，《技术合同法》与《涉外经济合同法》也都规定相应合同应采书面形式。1998年9月公布的《中华人民共和国合同法（草案）》第10条还规定了"不动产转让合同，应当采用书面形式；涉外合同、价款或者报酬10万元以上的合同，除即时清结的以外，应当采用书面形式"。现行合同法并未规定符合一定条件的合同即需采用书面形式，而采取了对特别法规定和当事人约定予以认可的态度，明显放宽了要式性要求。这对于在我国培育市场经济所需的自由精神，淡化国家对市民社会的干预角色来说有重要意义。

合同的要式有四种法律效力：①证据效力，即证明合同已经成立；②成立效力，即要式为合同的成立要件；③生效效力，即法定要式一般为合同的生效要件；④对抗第三人效力，即要式为对抗第三人的要件。至于各种具体合同采要式时的法律效力，则须依具体法律规定及当事人的特别约定来断定。[1]

法律要求订立合同必须采取一定形式和特定手续而当事人未采取这种形式和手续的，会产生什么后果？合同法未明确规定。对此问题，我们认为：①如果合同当事人对合同是否成立或对确定合同内容的必要条款有争议的，应认定合同未成立；②如果合同当事人争议的合同内容有违反法律强行性规定或诚实信用或公序良俗原则的，应认定合同无效；③如果合同当事人对合同内容并无争议，或者有争议但有证据足以证明合同内容的，可认定合同成立，合同当事人还可补正合同形式，以符合法定的要式规定。

第五节　合同的成立要件及成立的时间和地点

一、合同的成立要件

合同是否成立属于事实判断问题，合同是否有效则属于法律对已成立合同的价值判断问题。确立合同的成立要件，即要考察当事人是否通过意思表示设立、变更或终止了某些民事权利义务关系。只要这些民事权利义务关系确定且可能履行，当事人各方的意思表示协议即构成合同。合同的成立要件分为一般成立要件和特别成立要件。

1. 合同的一般成立要件有：①须有双方或多方当事人；②当事人各方意思表示一致；③当事人各方一致的意思表示所设立、变更或终止的民事权利义务关系可能履行。而每一方的意思表示必须含下述三要素：①每一方完整地表达了将要设立、变更或终止民事权利义务关系的意图，谓之效果意思或效力意思；②有设立、变更或终止民事权利义务关系的必需内容，至少表达了这些民事权利义务关系的确定方式，而不能残缺不全又不能补正，此谓目的意思；③每一方必须以一定的方式将自己的内心意思（包括上述效果意思和目的意思）表示于外部，此可称为表示行为。

2. 合同的特别成立要件，则是依法规定或依交易惯例确定或依当事人特别约定的合同成立要件。例如，依交易惯例，要物合同应以物的交付为成立要件之一；当事人约定完成某种要式方式为合同成立的，要式即合同的特别成立要件。

---

[1] 王家福主编：《中国民法学·民法债权》，法律出版社 1991 年版，第 305 页。

二、合同成立的时间

合同成立的时间，指合同当事人通过要约承诺方式、交叉要约方式或意思实现方式等确立债权债务关系的时间。

一般情况下，当事人各方对合同条款达成一致的协议，合同即为成立。但实践中还应区别不同情况。

口头方式的要约，如当面谈判的，受要约人立即承诺，合同就告成立。

书面合同于承诺生效时合同成立，判断承诺生效的时间标准为承诺通知到达要约人之时。当事人采用合同书形式订立合同的，自双方当事人签字或者盖章时合同成立；合同当事人采用信件、数据电文等形式订立合同的，签订确认书时合同成立。

若要约人指明承诺期限，则在承诺期限内承诺的，合同就算成立。

若当事人特别约定合同需要经鉴证、公证、登记程序的，则必须在履行全部手续后合同才算成立。

应当注意，合同成立的时间与履行时间是两个不同的概念。除即时清结的合同外，合同成立时一般并不立即履行，而是要按法律或约定的条件一次或多次履行，有的合同履行长达若干年。从合同成立生效到合同全部履行完毕，这段时间可称为合同的有效期间。

三、合同成立的地点

合同成立的地点，是指完成合同订立程序的地点。

合同以承诺生效的地点为合同成立的地点。

当事人采用合同书形式订立合同的，成立地点为各方当事人签字盖章的地点。签字或盖章不在同一地点的，以最后签字或盖章的地点为合同成立地点。当事人采用数据电文形式订立合同的，法律规定收件人的主营业地为合同成立的地点；若收件人为自然人无主营业地的，其经常居住地为合同成立的地点。

四、合同成立的特殊情况

在实际生活中大量存在着法律规定或当事人约定合同采用书面形式，而当事人未完成相应形式，但合同于现实中已开始履行的情况，则此时合同是否成立就成为理论界与实务界共同探讨的问题。实践中多囿于形式要件的欠缺而认定合同并未成立，此种做法欠妥。因为合同形式只是当事人意思的表现形式，法律的要求无非是为了保障交易安全，当事人的约定更是主体内部事务，如果一方当事人已履行主要义务，对方也接受，说明了当事人成立合同的真实意愿及交易的稳妥运行，法律此时应作出内容重于形式的价值判断，承认合同成立。

合同法的规定采纳了此种意见，规定"法律、行政法规规定或者当事人约定采用书面形式订立合同，当事人未采用书面形式"或"采用合同书形式订立合同，在签字或者盖章之前"，当事人一方已经履行主要义务，对方接受的，合同成立。

第六节 缔约过失责任

一、缔约过失责任的概念及其性质

缔约过失责任是指当事人于缔结合同之际具有过失，从而导致合同不成立、被确认无效或被撤销时，使对方当事人遭受损害而应承担的法律责任。

1861 年，德国著名法学家耶林发表的"缔约上的过失，契约无效与未臻完全时之损害赔偿"一文，系统、深入地分析了缔约过失问题，提出了缔约过失责任理论，被誉为"法学上之发现"。[1] 此理论对许多国家民事立法和审判实践产生了很大的影响。德国、意大利、日本、希腊等国的民法典都对缔约过失责任设有规定。

我国民事法律关于缔约过失责任的规定，首见于《涉外经济合同法》。该法第 11 条规定："当事人一方对合同无效负有责任的，应对另一方因合同无效而遭受的损失负赔偿责任。"其后制定的《民法通则》第 61 条第 1 款规定："民事行为被确认为无效或者被撤销后，当事人因该行为取得的财产，应当返还给受损失的一方。有过错的一方应当赔偿对方因此所受的损失，双方都有过错的，应当各自承担相应的责任。"《合同法》用两个条目专门对缔约过失责任作出了规定。

二、缔约过失责任的理论依据

缔约过失责任是存在于违约责任与侵权责任之间的责任形态。将其归入违约责任，则当时合同尚未成立或已被撤销，无合同可言，违约责任自无从谈起；将其纳入侵权责任，则缔约过失责任对当事人的注意义务的要求较之侵权领域的注意义务为高。那么，缔约过失责任存在的理论依据何在？

当事人由交易外进入磋商谈判欲缔结合同的阶段，其相互之间的关系比陌生人间的关系要密切得多。在此阶段，双方理应互负相应的义务，以免给对方造成损害。此种义务被称为前契约义务，具体内容为当事人相互之间的协力、保护、通知、保密等义务，以及禁止欺诈。之所以给当事人设定前契约义务乃源于民法的诚实信用原则。

缔约过失责任的产生是因为合同法和侵权法的调整范围存在漏洞，此种漏洞的存在在缔约之际给当事人的信赖利益造成了危害。为了弥补漏洞，基于民法对

---

〔1〕 参见王泽鉴：《民法学说与判例研究》第 1 册，中国政法大学出版社 1998 年版，第 89 页。

民事主体诚实行事、恪守信用的基本要求，为当事人设定前契约义务，并以违反此义务作为承担缔约过失责任的条件。由此，缔约过失责任于理论上成为一个自足的体系。在此体系中，诚实信用原则成为缔约过失责任的理论依据。

三、缔约过失责任的构成要件

当事人承担缔约过失责任以违反相关义务并造成损害为条件，具体而言，缔约过失责任的构成要件为：

1. 缔约一方违反前契约义务。前已述及，合同虽未成立，但当事人之间的关系已大不同于一般的陌生人。当事人可能相互知道对方的一些商业秘密，一方可能已为合同的履行做了准备工作。为保护善意缔约人的利益，法律直接规定了当事人应负有协力义务、保护义务、告知义务、保密义务等前契约义务。协力义务即共同尽力促成合同缔结的义务，防止缔约当事人无正当理由就终止缔约磋商进程；保护义务即双方当事人负有相互保护对方人身财产安全的义务，广义的保护义务还包括不为胁迫与不当影响的义务；告知义务即将己方所知情况无保留地告诉对方的义务；保密义务即不向外界泄露或擅自使用因缔约而知晓的对方的商业秘密的义务。以上是就前契约义务的一般类型而言，于具体场合可凭借诚实信用原则予以判断。

2. 相对方受有损失，损失就是财产利益的减少。一方当事人于缔约之际违反前契约义务，对方当事人因此而受有损失，过错方才有承担责任的必要。否则，即使一方违反义务，但另一方毫无损失的，责任亦无从谈起。

3. 违反前契约义务与损失之间有因果关系。只有违反前契约义务的行为与另一方当事人所受损失之间存有因果关系，缔约过失责任才有合理的逻辑基础。判断因果关系的有无一般采用两分法，缔约一方的行为在事实上为另一方损失发生的原因（即无甲必无乙），此事实上的原因在法律上亦为对损失应负责任的原因。只有满足此两个要件，方可认为因果关系成立，即一方损失是由另一方的缔约过失行为造成的。

4. 违反前契约义务者有过错。此为对责任方主观违法性的要求。只有一方主体于欺诈、隐瞒、胁迫等心理状态下所为的行为违反前契约义务，其才需承担缔约过失责任。缔约过失责任中的过失即为过错。

缔约一方当事人同时具备以上四个要件的，即要承担缔约过失责任。

四、缔约过失责任的具体形式

《合同法》第42、43条规定了四种需承担缔约过失责任的情形：

1. 假借订立合同，恶意进行磋商。当事人磋商缔结合同自应本着真诚促进合同成立的心态行事，而不能以订立合同为幌子，利用对方急于签订合同的心态骗吃骗喝，或名为与对方谈判，实为拖延时间，使其丧失与第三方缔约的机会。

凡有上述行为并给对方造成损失的，均产生缔约过失责任，过错方负赔偿损失责任。

2. 故意隐瞒与订立合同有关的重要事实或者提供虚假情况。在前契约义务中，缔约方的一个重要义务就是告知义务。唯有缔约各方将足以影响合同的情况如实相告，至少是不为虚假的告知，合同的成立才有坚实的基础，否则因一方隐瞒情况或提供虚假情况等欺诈行为而签订合同，对方当事人必陷入错误的认识。若因此而蒙受经济损失，欺诈方给予赔偿就为理所当然。《合同法》第42条的规定将欺诈行为限定于订立合同过程中；《合同法》第54条规定了合同成立后，受损害方得基于欺诈事实的存在主张合同的撤销，并根据《合同法》第58条，过错方应当赔偿对方的损失。这样，从合同订立直至合同成立后又被撤销的各个时间段上，缔约过失责任都得以确立。

3. 违反保密义务。此处的"密"特指商业秘密，在谈判磋商阶段，由于缔结合同的需要或相互之间的信赖关系，一方可能知晓另一方的一些技术信息与经营信息，若上述信息符合反不正当竞争法对商业秘密的界定从而属于商业秘密的话，缔约方即不得公开或为自己之利益而使用该信息。违反保密义务并给对方造成损失的，成立缔约过失责任。

4. 有其他违背诚实信用原则的行为。《合同法》第42条的此款规定为对列举不完全性的一种弥补。诚实信用原则是民法基本原则之一，具有漏洞补充的功效。在合同法领域，诚实信用原则与缔约过失责任紧密相连，为缔约过失责任的理论依据。法律的列举性规定总不能包括变动不居的社会中的所有现象，在缔约过失责任领域亦如此，由于违反前契约义务的行为种类众多，法律不可能一一列举，为了使所有违反前契约义务的行为都承担相应责任，本款的规定就显得必不可少。

五、缔约过失责任的理论意义

现代社会，经济生活成为人类生活的重心之所在，对经济生活的全面保护为法律的当然之责。合同法对当事人合意进行的经济活动进行调整，居功甚伟。然传统合同法持实证法学立场，认为合同成立之后，当事人才有合同责任可言。这种观点将合同关系从缔结前阶段及履行后阶段分裂开来，使其成为封闭体系，缔结前当事人的利益保护则不得诉诸合同法，侵权法对构成要件要求较高，对缔结合同之际当事人的保护不力，基于保护缔约方利益的现实需要，缔约过失责任应运而生。它除了在其制度领域内完善了当事人的利益保护机制外，对整个合同法的发展也起到了巨大的推动作用。由于缔约过失责任存在于契约法之中但又不依赖于作为当事人所缔结的合同，这种责任与传统的契约责任已判然有别。在缔约过失责任制度的影响下，法律的保护范围从有效成立的契约扩及整个契约过程，诚实信用成为从事契约活动的任意当事人所必须恪守的准则，缔约过失责任导致了现代契约中义务的扩张和契约责任的扩大化，对完善法律对现实的规整方面意义深远。

■思考题

1. 什么是要约？它有哪些构成要件？
2. 什么是承诺？它有哪些构成要件？
3. 合同的内容包括哪些方面？
4. 合同的生效条件是什么？

■参考资料

1. 王利明：《合同法研究》第 2 卷，中国人民大学出版社 2003 年版。
2. 陈自强：《民法讲义（1）：契约之成立与生效》，法律出版社 2002 年版。
3. 王泽鉴：《债法原理》第 1 册，中国政法大学出版社 2001 年版。
4. 杨桢：《英美契约法论》，北京大学出版社 2003 年版。
5. 陈小君主编：《合同法新制度研究与适用》，珠海出版社 1999 年版。
6. 尹田：《法国现代合同法》，法律出版社 1995 年版。
7. 吴汉东主编：《私法研究》第 1～5 卷，中国政法大学出版社 2002～2005 年版。

第三章 合同的效力

■ **学习目的和要求**

通过本章的学习，了解合同效力的含义，并对效力的分类有完整的概念；重点理解合同的一般生效要件以及欠缺生效要件的后果；对合同的特别效力要件要有比较详细的了解。

第一节 合同的效力概述

合同的效力，又称合同的法律效力，它是指已成立的合同将对合同当事人乃至第三人产生的法律后果，或者说是法律拘束力。合同能够产生法律拘束力，并非直接来源于当事人的意志，而是来源于法律的赋予，因为只有当事人的意志符合国家的意志和社会利益时，国家才赋予当事人意志以拘束力。[1] 可见，合同的效力是立法者意志对当事人合意予以评价的结果。当法律对当事人合意予以肯定性评价时，发生当事人预期的法律后果，即合同有效；当法律对当事人合意给予全然否定性评价时，则发生合同绝对无效的后果；当法律给予当事人合意相对否定性评价时，发生合同可撤销或效力未定的法律后果。合同法正是从这种意义上将第三章冠名为合同的效力的。

民法上将法律主体的行为分为事实行为和法律行为（包括准法律行为）。事实行为的效力由法律直接规定。对于法律行为的效力，法律只作间接规定，即法律只规定法律行为生效要件，符合该要件的，产生当事人预期的法律效果，即有效；不符合法律规定要件的，则又分为三种法律后果：无效、可撤销和效力待定。合同作为最主要的法律行为，当然得符合这一理论体系的要求。

如果将合同的效力作更广义的理解，它还涉及对第三人的效力，即一般情况

---

〔1〕 参见王利明：《合同法研究》第 1 卷，中国人民大学出版社 2002 年版，第 492 页。

下任何第三人不得侵害合同债权，以及债务人怠于行使到期债权损害债权人债权时，债权人可行使代位权的情形。本章所称的效力只作狭义的界定，即合同是否符合法律规定的生效要件及其法律后果。

已成立的合同在效力上是生效、无效、可撤销抑或效力未定，其衡量的标准是法定的生效要件。合同只有符合法定的生效要件，才能受到法律保护，并能产生当事人预期的法律后果，这便是合同的生效。因此，合同的生效是合同效力的表现之一。这也从一个侧面说明了合同的成立与合同的生效是两个不同的概念。合同的成立是研究一个合同法律关系产生的过程以及一个合同关系是否存在的问题。一般认为，合同的成立是一种事实判断，其以当事人的合意为必要条件，判断的依据是合同当事人意思表示行为的事实构成；而合同的生效则是一种价值判断，反映了立法者的意志对当事人合意的干预，这种干预以生效要件的形式表现出来。可以说，合同的成立是判断合同是否生效的前提条件，如果合同尚未成立，则不存在衡量其是否生效的问题。而合同成立后，能否产生合同当事人预期的法律后果，则要看该合同是否符合法定生效要件。符合法定生效要件，则该合同生效，其约定的义务对合同当事人便具有了法律拘束力，此时如当事人违反了合同义务则要承担违约责任。故有法谚曰："依法成立之契约，于当事人之间犹如法律。"

《民法通则》第 85 条规定："……依法成立的合同，受法律保护。"《合同法》第 44 条第 1 款规定："依法成立的合同，自成立时生效。"其立法意旨经解释也可理解为：已成立的合同符合法定生效要件，即受法律保护。但其表述确有问题，因为"依法成立"按语法上来讲，只能将"依法"理解为"成立"的限定语，即成立的依法，或曰合同的成立符合了法定的要求——成立要件，满足了合同当事人意思表示行为的事实构成的要求。据此并不能被理解为：已成立的合同符合法定生效要件。可见，合同法虽然科学地区分了合同成立与合同生效，但在用语上还有迁就民法通则既定用语之嫌，在一定程度上致使民法通则关于法律行为制度难以厘清不成立和无效之区别的弊端未能完全根除。其实，法国民法典也存在同样的问题。该法典第 1108 条就将"承担义务的当事人的同意"这一合同成立要件作为合同生效要件，法国学者卡尔波尼埃就依其传统的分类方法将合同的无效分为"不成立"、"绝对无效"与"相对无效"三类。而绝大部分法国学者将无效分为"绝对无效"与"相对无效"两类，将属于"不成立"的几种合同归于绝对无效合同中，并未将不成立与无效从其原因上区分开[1]。总体而

---

[1]　参见尹田：《法国现代合同法》，法律出版社 1995 年版，第 196～197 页。

言，合同法认识到合同成立与合同生效的区别，并分章对两者作出了明确规定，与民法通则相比具有了显著的进步，有助于根据不同的情形而赋予合同成立与合同生效不同的法律后果，并采取不同的补救措施。

第二节 合同的生效要件

依《民法通则》第 55 条和《合同法》第 44 条的规定，已成立的合同要产生当事人预期的后果，则须满足法定的生效要件。合同的生效要件可分为一般生效要件和特别生效要件。一般生效要件是所有合同生效均必须满足的基本条件；特别生效要件则是某些合同除满足一般生效要件外，还须满足法律特别规定或当事人特别约定的要件方能生效的条件。依照现行合同法规定，从理论上可将合同的一般生效要件归纳为如下方面。

一、当事人缔约时有相应的缔约能力

所谓缔约能力，是指合同主体据以独立订立合同并独立承担合同义务的主体资格。从事合同行为的主体可分为自然人、法人及非法人团体。依据不同的主体和不同的合同，法律对其资信状况、认知能力、独立承担责任的能力有不同的要求。对这些不同的主体资格要求，在德国民法典创设民事行为能力制度之后，该制度便已为大陆法系普遍接受。然而，民事行为能力制度在规定不同主体资格的共性的同时，忽略了合同主体的特殊性，它并非是衡量合同主体是否具备相应缔约能力的唯一标准。

民法通则将自然人分为完全民事行为能力人、限制民事行为能力人和无民事行为能力人三种类型。《合同法》第 9 条规定，当事人订立合同，应具有相应的民事权利能力和民事行为能力。完全民事行为能力人具有完全的民事行为能力，其可以自主进行各种民事活动，具有完全的缔约能力。限制民事行为能力人根据民法通则的规定仅能从事与其年龄、智力状况相适应的民事活动，《合同法》第 47 条第 1 款也规定限制民事行为能力人可以订立"纯获利益的合同或者与其年龄、智力、精神健康状况相适应"的合同，可见，限制民事行为能力人并非完全不具备缔约能力，而只是仅具有受限制的缔约能力。根据民法通则的规定，无民事行为能力人从事民事活动须由其监护人代理，故按通常理解，无民事行为能力人均不能成为合同主体。但根据《最高人民法院关于贯彻执行〈中华人民共和国民法通则〉若干问题的意见（试行）》第 6 条的规定，无民事行为能力人、限制民事行为能力人接受奖励、赠与、报酬，他人不得以行为人无民事行为能力、限制民事行为能力为由，主张以上行为无效。可见，无行为能力人订立的自己纯获利益的合同如接受赠与，当然有效。

根据《民法通则》的规定，我国民法肯定法人具有民事权利能力和民事行为能力，该法第42条明确规定："企业法人应当在核准登记的经营范围内从事经营。"因而法人无疑具有缔约能力。所谓的非法人团体是指不具有法人资格但却可以自己的名义从事民事活动的组织，如法人的分支机构、合伙企业等。我国合同法虽然对非法人团体的合同主体地位作出了规定，但却未明确其缔约能力。但根据民事诉讼法的规定，非法人团体具有诉讼主体资格。当前，学界一般主张，在权利能力和行为能力上，非法人团体与法人并无实质的差别，其差别主要体现在有关民事责任的承担方面，即非法人团体不能独立承担民事责任，如非法人团体不能清偿债务，则应由设立该组织的法人或者合伙人、投资人等负责。因此，非法人团体亦具有缔约能力。

合同主体希望合同生效，其缔约能力还须与其订立的合同"相应"。前述限制民事行为能力人能够独立订立合同的相应缔约能力就是一例。此外如从事外贸进出口合同业务的企业，须取得国家批准的外贸经营资格。前者是相对完全民事行为能力人的一种降低标准的要求，后者则是对民事行为能力的进一步要求，反映了国家对一些特殊行业当事人资格的限制。

还需说明的一点是，合同当事人须在缔约时具备相应的缔约能力。所谓"缔约时"是指合同成立之时。如果当事人缔约时不具备相应的缔约能力，待缺乏相应缔约能力的障碍消失后，在合同履行期到来之前，尚须经追认方能使合同生效。例如，限制民事行为能力人订立的合同在其取得或恢复民事行为能力后，该合同并非当然生效，而只有在对合同进行追认后方可使合同生效。

二、意思表示真实

合同成立虽然也对当事人的意思表示有所要求，但其侧重点在于当事人间的意思表示是否一致，至于当事人作出的意思表示是否真实则在所不问。而合同的生效则对已达成一致的意思表示作出进一步的要求，即当事人的意思表示必须真实。依传统民事法律行为理论对意思表示真实的理解，当事人的效果意思与表示行为一致即为真实。换言之，当事人的内在意志和外在意思一致即为真实。此一界定虽然非常容易理解，但在操作层面上却难以把握。一旦合同当事人就意思表示是否真实发生分歧，作为非合同当事人的法官（或仲裁员）要判断当事人意思表示的真实性殊为不易。因为，毕竟法官对当事人的内在意志的了解仅能从外在的表示意思和其他证据加以判断。而这种判断并不必然与当事人缔约时的真实想法相符。故在判断意思表示是否真实方面有三种学说：①意思主义，即以意思表示人的内心的意思为准，强调意思表示的成立，必须有内心的效果意思的存在为基础，否则外部的表述无依据，应不发生法律上的效力，以保护意思表示人。[1] 该观点要求法官穷尽一切可能探究当事人的真实想法，此法难以达成且不经济。②表示主义，即以意思表示人的外部表示为准，因其内心效果意思难以查知，故应从其外部表示推知效果意思的存在，赋予法律上效力，以保护相对人的信赖及交易安全。[2] 但仅以当事人的外在表示意思作为判断意思表示是否真实的唯一依据，并不追究当事人的内心真实想法，其结果往往与当事人真实意志大相径庭，易造成冤假错案，也不可取。③折中主义，即或以意思为主、表示为辅或以表示为主、意思为辅，希望以此适当调和意思表示人与相对人的利益，并维护交易安全。[3] 此为判断意思表示是否真实所通常采用的方法。

在一般情形下，意思表示人通过表示行为表达于外部的意思与其内心效果意思是一致的，但有时也会出现内心真实的效果意思与表达于外部的意思不相符的情况。为了操作上的方便，民法理论还从逆向思维方式给意思表示不真实的情形加以归纳。意思表示不真实又称为意思表示瑕疵，依瑕疵是否基于表意人自身的原因，又可分为意思与表示不一致和意思表示不自由两种类型。

意思与表示不一致，又称为意思表示欠缺。它是指表意人因故意或怠于注意或认知能力的局限而使得意思表示与效果意思不一致。故意的意思与表示不一致主要表现为真意保留、通谋和伪装三种；怠于注意或因认知能力的局限而导致的意思与表示不一致，表现为错误和误解。我国法律对真意保留未作出明文规范，但在理论上学者认为，真意保留的效力，原则上有效，但相对人明知意思表示人的外部表示与真意不符则无效。[4]

意思表示不自由，则是因为外力干涉而致的表意人违背自己真实意志的意思表示。这主要表现为因受欺诈、胁迫及不当影响而为的意思表示。根据《合同法》第 52 条的规定，一方以欺诈、胁迫的手段订立合同，损害国家利益的，合同无效；根据《合同法》第 54 条第 2 款规定，一方以欺诈、胁迫的手段或者乘人之危，使对方在违背真实意思的情况下订立的合同，受损害方有权请求人民法院或者仲裁机构予以变更或者撤销。

三、不违反强制性法律规范及公序良俗

合同不违反强制性法律规范及公序良俗，是其生效的一个重要条件。如果说前述两个要件欠缺还可经补正或转换等手段使合同有效的话，此要件的欠缺则确

---

[1]　参见王泽鉴：《民法总则》，中国政法大学出版社 2001 年版，第 353 页。
[2]　参见王泽鉴：《民法总则》，中国政法大学出版社 2001 年版，第 353 页。
[3]　参见王泽鉴：《民法总则》，中国政法大学出版社 2001 年版，第 353 页。
[4]　参见梁慧星：《民法总论》，法律出版社 2011 年版，第 177 页。

定地使合同无效。各国立法大都如此规定。这一点，又称为合同的目的及内容适法性原则。

法律规范分为强制性规范和任意性规范。前者又分为强制不作为规范（又称禁止性规范）和强制作为规范（又称命令性规范）。这类规范，不允许当事人违反，否则将导致法律的全然否定性评价，如不得从事毒品买卖。任意性规范又称授权性规范，并不要求当事人执行，它只不过为人们提供一种可供选择的行为模式，如《合同法》第12条关于合同条款的规定。这类规范，如果当事人未依此行事，并不必然影响合同效力。相反，依法律补缺性规定，该合同依然可有效履行。如当事人对履行地约定不明，则可依《合同法》第61、62条的规定履行。应当指出的是，根据最高人民法院关于合同法适用作出的司法解释，《合同法》实施以后，人民法院确认合同无效，应当以全国人大及其常委会制定的法律和国务院制定的行政法规为依据，不得以地方性法规、行政规章为依据，而且作为认定合同无效的法律规范必须是"强制性规定"，且仅限于效力性强制性规定。

除了以强制性规范对合同的内容进行限制之外，我国合同法还以公序良俗原则来规制合同的内容。公序良俗原则，在大陆法系也成为各国公认的民法基本原则，该原则在合同法的具体反映即为合同生效要件中作为禁止违反之要件。我国《民法通则》第7条规定："民事活动应当尊重社会公德，不得损害社会公共利益，扰乱社会经济秩序。"《合同法》第7条规定："当事人订立、履行合同，应当遵守法律、行政法规，尊重社会公德，不得扰乱社会经济秩序，损害社会公共利益。"依民法理论解释，此条款便是我国合同法中的公序良俗原则的依据，只是由于我国现行法深受苏联民事立法与民法理论的影响，没有在法律中使用公序良俗的表述。公序良俗原则是民事立法基于社会本位考虑，对当事人合同自由的一种限制，也是处理涉外合同关系中对抗和排除外国法适用以及参加国际公约对某些条款予以保留的一个基本原则，同时它还成为法官自由裁量的基本依据。

另应注意，我国《合同法》第10条对合同形式作出了强制性规定，即合同如不具备法定形式，则合同无效。但《合同法》第36条又规定："法律、行政法规规定或者当事人约定采用书面形式订立合同，当事人未采用书面形式但一方已经履行主要义务，对方接受的，该合同成立。"尽管该规定是关于合同形式对合同成立的意义，但从中反映出我国合同法在合同形式方面采取了较为宽松的态度。而且合同法促使合同成立，也是为了尽可能使合同最终有效，以便促进鼓励交易目的的实现。因此，在合同欠缺法定形式时，不能被简单地视为违反了法律的强制性规定，从而认定该合同无效。

四、标的的确定和可能

通常，当事人订立合同，其效果意思大都希望合同得以履行。而合同能否履行，首先要看合同的标的是否确定，其次要看标的有没有履行的可能。否则，合同关系的存在就成为不必要。合同标的的确定，是指合同标的在合同成立时已确定或处于将来履行时可以确定的状态。所谓"处于可以确定的状态"，包括合同约定了将来确定标的的方法；或者依照法律补缺性规定补充当事人意思不足而可以确定合同的标的；或者依交易习惯和商业惯例可以确定合同的标的；或经法官、仲裁员对合同的解释能够确定合同标的。

标的的可能，是指合同标的客观上有实现的可能。客观上不可能实现的标的，民法理论上称之为标的不能。此种情形，按标的不能的原因和后果的不同分为以下几种：

1. 事实不能与法律不能。前者又称自然不能或物理不能，即依客观规律不能实现；后者指因法律禁止性规定而不能。此两种情形下，合同当然无效。

2. 自始不能和嗣后不能。前者又称原始不能，即标的在合同成立之时就不存在实现的可能；后者又称后发不能，指合同成立之时，标的尚存实现之可能，于合同成立后因故不能实现。前者是合同无效之原因，后者不影响合同的生效，但可构成合同解除的原因。

3. 全部不能或部分不能。合同标的全部无实现之可能，合同当然无效。部分不能则其后果不能一概而论，原则上部分不能导致合同全部无效，但除去该无效部分后其余部分仍然可以有效的，则产生部分无效的后果。

4. 客观不能与主观不能。前者指非因人为原因而致不能；后者则指因当事人自身原因而致不能。原始客观不能则合同无效，后发客观不能，则成为合同解除原因。主观不能，一般由当事人承担违约责任，但在相对人知其不能时，则该合同无效。

5. 永久不能与暂时不能。永久不能指合同成立之时标的永无实现之可能，合同无效。暂时不能指不能之情形是暂时的，在履行之前不能的情形可以消除。暂时不能不是此处所谓的标的不能，其不影响合同的效力。

第三节 合同欠缺生效要件的法律后果

尽管合同是当事人间的合意，反映了当事人的目的，但该合同只有在不违反法律要求时才具有法律效力，才受法律保护。当合同存在违反法律要求的因素时，法律就会作出不同程度的否定性评价，或不让合同径行生效，或令其当然无效。合同的生效要件就是法律对合同生效的基本要求，如果合同欠缺（不符合）合同的生效要件，合同的效力就会受到影响。我国合同法将合同欠缺不同生效要件的法律后果分为三种类型：合同的无效、合同的可撤销及合同的效力未定。

一、合同的无效

合同无效，是指合同因欠缺合法性这一生效要件而致合同当然不发生效力。换言之，该类合同绝对无效、自始无效、确定无效。故这里所称之无效，是狭义的无效，不包括合同事后被撤销或被解除后的无效，也不包括效力未定的合同未补正导致的无效。对于无效的合同，任何人都可以主张无效，法院也可以依照职权主动宣告该合同无效。对于无效合同，当事人也不能通过某种行为使其有效。

导致合同绝对无效的原因主要有：

1. 合同违反强制性法律规定和公序良俗。此类合同因完全违背立法本意，损害社会公共秩序和善良风俗道德，其危害性大，从而招致法律全然否定性评价，故其绝对无效。

2. 合同标的不能确定。合同标的无法确定，更遑论履行，此类合同即便成立，也无存在的必要。故使其无效，应属当然。

3. 合同标的不能。依前述，标的事实不能，自始不能，永久不能及全部不能之合同，无存在之必要，当然无效。

4. 当事人恶意串通损害国家、集体或第三人利益的合同。此类合同行为属民法理论中通谋行为之一种。主要指缔约者恶意成立合同损害合同当事人或第三人利益的行为。该行为应该具备两个方面的要件：①在主观方面，当事人恶意串通，希望通过订立合同损害国家、集体或者第三人的利益。这种串通既可以是明示的，也可以是默示的。②就客观方面来看，合同必须损害国家、集体或者第三人的利益。这种利益的损害既可以表现为国家、集体或者第三人既有利益的损失，也可是应该增加的利益没有得到增加。

5. 以合法形式掩盖非法目的。以合法形式掩盖非法目的，又称为隐匿行为，是指当事人以表面合法的行为来掩盖其非法目的，或者说行为在形式上合法，而其根本目的却是非法的。如以赠与合同的形式掩盖行贿之实。可见，在此种情形下，合同成为当事人实现非法目的的一种工具，其内容实质上已经违反了法律的强制性规定，故应当认定该合同无效。

此外，《合同法》第52条规定，一方以欺诈、胁迫的手段订立合同，损害国家利益的，该合同亦属于无效合同。

二、合同的可撤销

所谓可撤销的合同，是指合同当事人的意思表示存在瑕疵，致使该合同有效与否，取决于有撤销权的一方当事人是否行使撤销权的合同。享有撤销权的一方当事人被称为撤销权人。合同的撤销制度与合同的无效制度一样，均体现了法律对合同效力的干预，但可撤销的合同赋予当事人对合同作出否定性评价的选择权，体现了法律对当事人的自由意志的尊重。

可撤销的合同，在撤销权人行使撤销权之前，合同对当事人仍有效力。而在该当事人行使撤销权之后，则该合同无效，且无效溯及合同成立之时，故合同被撤销后和当然无效的法律责任大致相同，都是相互返还财产、赔偿损失。

撤销权，是指撤销权人依其单方意思表示使可撤销的合同溯及既往地消灭的权利。撤销权通常由因意思表示不真实而受损的一方当事人享有，如欺诈、胁迫行为中的受害人。撤销权本质上是一种形成权。根据民法通则与合同法的规定，撤销权只能以诉讼方式行使，即可撤销合同并不能通过拥有撤销权的一方当事人向对方发出撤销合同的意思通知的方式加以撤销，而是必须以撤销权人向法院或仲裁机构提出请求的方式为之，由法院或仲裁机构审查撤销权是否存在，只有在符合条件时，撤销权行使的效力才能发生。

撤销权的享有具有一定的期限和限制条件，《合同法》第 55 条规定有下列情形的撤销权消灭：①具有撤销权的当事人自知道或者应当知道撤销事由之日起 1 年内没有行使撤销权的；②具有撤销权的当事人知道撤销事由后明确表示或以自己的行为放弃撤销权的。前一项规定对撤销权规定了除斥期间。后一项规定，赋予了享有撤销权的当事人一种选择的自由，当事人可自行决定是否行使撤销权。当事人可以明示的方式放弃撤销权，也可因撤销权人在对方催告时的沉默使撤销权消灭。此外，当事人既可向法院或仲裁机关主张撤销合同，也可主张对合同的变更。当事人请求变更的，法院或仲裁机关不得撤销该合同。

根据合同法的规定，合同的撤销事由有以下方面：

1. 欺诈。所谓欺诈，是指行为人故意隐瞒与订立合同有关的重要事实或者提供虚假情况而使对方作出错误意思表示订立合同的行为。

构成欺诈须具备以下要件：①须有欺诈行为。在合同订立过程中，一方当事人故意告知对方虚假情况，或者故意隐瞒真实情况，诱使对方当事人作出错误意思表示的，可以认定为欺诈行为。大陆法系民法认为，只有当事人在法律上、合同上或交易习惯上有告知义务时沉默才构成欺诈。这可以作为我国在认定故意隐瞒真实情况是否构成欺诈时的参考。②行为人须有欺诈的故意。这里所称故意，主要是虚构事实的故意和隐瞒真相的故意。如果一方当事人向相对方陈述某种事实时，对于所陈述的事实的真伪性不能作出准确的判断，仍然以真实的事实向相对方作出陈述，以至于因该事实并非真实而使相对方陷入错误，也应当认定该当事人具有欺诈的故意。[1] 至于欺诈方是否有为自己或第三人取得财产上利益的故意则在所不问。③须使对方陷入错误。对方陷入错误主要是反映对合同内容及

---

〔1〕 参见王利明：《合同法研究》第 1 卷，中国人民大学出版社 2002 年版，第 641 页。

其重要情况发生认识上的错误。如果该当事人对合同的内容未发生认识错误或者发生的错误不是因欺诈行为造成的，则不构成欺诈。④受欺诈方因错误而作出意思表示并订立合同。受欺诈方因欺诈行为陷入错误但未基于该错误作出意思表示而成立合同，则应当认为因欺诈行为与受欺诈人作出的不真实的意思表示之间不存在因果关系而不构成欺诈。

把因欺诈成立的合同列为可撤销合同，是大陆法系的通常做法。在合同法的起草过程中，有些学者认为合同法应当坚持《民法通则》关于因欺诈而订立的法律行为绝对无效的规定，另一部分学者则坚持大陆法系的通常做法。《合同法》的规定显然是想兼顾两种主张。《合同法》第52条第1款将以欺诈的手段订立的损害国家利益的合同列为当然无效的合同，而《合同法》第54条第2款又将以欺诈的手段使对方违背真实意思订立的合同列为可撤销合同。其实这种做法大可不必，且逻辑混乱。如果合同损害国家利益（或曰社会公共利益）的，不论订立合同的手段如何，皆属无效，这一点已由《合同法》第52条第4款所吸收，并无单列为一款的必要。如果因欺诈订立的合同不损害社会公共利益而仅损害受欺诈人的私人利益，受欺诈人如果认为受欺诈导致的损害不大或懒得计较时，他便可放弃撤销权而使合同有效，除非该合同还损害公共利益或第三人利益。如果将该类合同作当然无效处理，不仅损害当事人决定合同是否有效的选择权，有时还会给欺诈人以庇护。例如，甲欺骗乙，说乙祖传的古画是赝品，而以低价购得，甲后来发现该画确为赝品。如果以当然无效处理，甲可以欺诈为由主张合同当然无效，而无效的后果是相互返还，欺诈人可收回其价金。果真如此，合同法就有保护恶意当事人而被视为"恶法"之嫌。此理同样适用因胁迫、乘人之危订立的合同。

2. 胁迫。所谓胁迫，是指行为人以正在实施的或将来实施的危害使相对人发生恐惧而接受胁迫人的条件订立合同。

构成胁迫须具备以下要件：①胁迫人须有胁迫的故意，即以危害使对方发生恐惧的意思和迫使对方因此订立合同的意思。胁迫的故意不要求胁迫人有通过胁迫行为为自己牟利的意思。②胁迫人实施了胁迫行为。以给受胁迫人及其亲友的生命健康、荣誉、名誉、财产等造成损害，或者以给法人的荣誉、名誉、财产等造成损害为要挟，迫使受胁迫人作出违背真实的意思表示的，可以认定为胁迫行为。胁迫行为包括两种情形：其一表现为正在实施的危害，如刀架在对方脖子上的威胁；其二表现为将来实施的危害，威胁"现在不答应，将来会如何如何"。③须受胁迫人因胁迫而发生恐惧。这里不仅排除了受胁迫人未发生恐惧不构成胁迫之情形，还说明如果胁迫与恐惧之间无因果关系也不构成胁迫。注意的是，因胁迫行为针对的是特定的当事人，故对于该胁迫行为即使一般人不会感到恐惧，但受胁迫人感到恐惧的，也不影响胁迫的构成。④胁迫行为是非法的。胁迫行为的非法性，在传统民法上具体有三种形态：一是手段的不法，即如果胁迫的手段是法律所禁止的，则可以表明胁迫存在非法性；二是目的的不法，即胁迫人的目的是为了胁迫他人订立法律禁止的合同，以追求非法的利益；三是手段与目的结合的不法，即手段与目的分别看来均属合法，但结合在一起将迫使相对方订立违背其真实意志的合同，故亦构成不法。[1] 根据《合同法》的规定，以胁迫的手段订立的损害国家利益的合同为无效的合同，如以胁迫的手段使对方违背真实意思订立的合同并未损害国家利益的，则为可撤销合同。

3. 乘人之危。所谓乘人之危，是指行为人利用对方窘迫或危难之处境，迫使其违背其真实意思而订立合同的行为。《最高人民法院关于贯彻执行〈中华人民共和国民法通则〉若干问题的意见（试行）》第70条规定："一方当事人乘对方处于危难之机，为牟取不正当利益，迫使对方作出不真实的意思表示，严重损害对方利益的，可以认定为乘人之危。"

构成乘人之危须具备以下要件：①对方当事人处于窘迫或危难境地。所谓窘迫或危难境地，是指急欲避免或免除重大不利的状态，除包括经济上的窘迫外，也包括生命、健康等危难。②行为人利用此情形向对方提出苛刻条件。如果行为人对对方处于窘迫或危难境地并不知情，即使在订立合同的过程中提出了苛刻的条件，对方也接受了该条件，也不能据此认定构成乘人之危。③相对人被迫接受该条件，作出不真实意思表示。④相对人遭受了不利。乘人之危订立的合同一般都造成双方当事人之间的利益失衡，其中处于危难处境中的当事人的利益严重受损。

4. 重大误解。所谓重大误解，是指当事人为意思表示时，因自己的过失对涉及合同法律效果的重大事项发生认识上的显著错误而使自己遭受重大不利的法律事实。

构成重大误解须具备以下要件：①表意人作出了意思表示并成立了合同。如果仅有理解或认识上的错误，并未为意思表示，或者表意人虽然作出了意思表示但未成立合同，则不称其为误解。②表意人的表示行为与其效果意思不一致。正是因为表意人是在误解的情形下作出意思表示，故该意思表示并不是表意人的内心真意，故属于不真实的意思表示。③误解是表意人自己的过失所致，或是因表意人的误认而致。如果是表意人故意使表示行为与效果意思不一致，则是真意保留，不构成误解；如果误解是外力影响所致则由欺诈、胁迫等原因吸收。④表意

---

[1] 参见王利明：《合同法研究》第1卷，中国人民大学出版社2002年版，第646~647页。

人的不知或误认是对合同重要事项的误解，并在结果上使自己遭受重大不利。对合同一般事项的误解以及结果上只有轻微的不利，不构成重大误解。所谓对合同重要事项的误解，主要包括对合同性质、合同当事人、合同标的的品种、质量、规格和数量等的误解。

具体而言，重大误解包括以下类型：其一，合同性质的误解。如误将保管作为赠与，误以借贷作为赠与等。这种误解往往会给误解人造成重大不利。其二，对合同当事人的误解。如将甲误认为是乙而与之订立合同。这类误解如果发生在委托等以信用为基础的合同中，或者发生在赠与、无偿借贷等以感情及特定关系为基础的合同中，或者发生在演出、承揽等以特定人的技能为基础的合同中，则往往对误解人造成重大不利。其三，对合同标的的误解。如对合同标的物的品种、规格、数量等的误解，也会使合同目的落空，致误解人遭受重大不利。对订立合同的动机产生了误解是否构成重大误解应区别不同情形对待：一般情况下，误解人订立合同的动机为何，相对人难以了解，故而不构成重大误解，但如果当事人在意思表示中将动机明确表达出来，并作为合同内容的一部分时，对动机的误解也构成重大误解。

此外，重大误解是因误解人自己的过错造成的，对方并无过错，故考虑到善意相对人的利益，对重大误解不能一概予以撤销。此类合同的撤销与否，还应根据交易习惯、商业常识由法官依公平原则自由裁量。否则，重大误解会成为当事人规避正常商业风险的借口。

5. 显失公平。所谓显失公平的合同，是指合同双方当事人的权利与义务明显不对等，使一方遭受重大不利的合同。

如果考虑到造成合同显失公平的原因，则有欺诈、胁迫、重大误解、乘人之危、不当影响等。显然，从立法本意来看，既然显失公平与上述原因并列为合同可撤销事由，则不能认为只要结果显失公平就直接适用显失公平的规定，而抹杀其他可撤销事由存在的必要。所以，这里所称的显失公平是在无其他可撤销事由适用的情况下结果上的显失公平。而且，根据《最高人民法院关于贯彻执行〈中华人民共和国民法通则〉若干问题的意见（试行）》第72条的规定，造成显失公平的原因应当是"一方当事人利用优势或者利用对方没有经验"。在合同法起草的过程中，草案第三稿曾给显失公平加上"一方利用优势或对方没有经验"这一主观要件，但最终没被采纳。不过，并不能据此认为合同法中规定的显失公平的合同不需要"一方利用优势或对方没有经验"这一主观要件，因为合同是法律行为的一种，在合同法未具体规定的情况下，应当适用有关法律行为的规定，而"一方当事人利用优势或者利用对方没有经验"是认定显失公平的法律行为的主观要件，其当然也为认定显失公平的合同的主观要件。

构成显失公平的合同在具备主观要件后，在客观上对是否构成显失公平的结果的判断也非易事。公平与否，本是价值判断的问题，而价值判断历来就有主观价值论和客观价值论两种标准。客观价值论主要适用于劳动产品交易的情形，如果考虑到当事人的喜好和交易时的环境，客观价值论就成了跛脚理论。同样一瓶矿泉水，在平常和在沙漠中作为活命的稀缺资源时的价值就不可同日而语。再比如在拍卖中，就很少存在显失公平的问题，此时主观价值论更具有解释力，主观价值论主要以当事人的主观喜好为判断标准。显失公平是公平原则在合同法适用过程中的具体反映，也是公平原则的当然内容。公平与否其标准本是非常抽象的，法官自由裁量权是免不了的。

此外，应当指出，《合同法》第 54 条规定的是"在订立合同时显失公平"，从而将判断合同显失公平与否的时间点明确为订立合同的阶段，这是适用显失公平制度必须注意的一个方面。如果订立时并未显失公平，但在合同关系存续期间，由于客观情势的变化，使得合同当事人双方的权利义务明显失衡，则不属于显失公平，而是情势变更的问题。《最高人民法院关于适用〈中华人民共和国合同法〉若干问题的解释（二）》第 26 条对此作出了明确规定。

三、合同的效力未定及其补正

所谓效力未定的合同，是指已成立的合同因欠缺一定的生效要件，其生效与否，尚未确定，须经过补正方可生效，在一定的期限内不予补正则为无效的合同。导致合同效力未定的原因，概括地说主要是因为合同主体资格的欠缺所致，如限制民事行为能力人、无权代理人、无处分权人、法人代表等超越其权限订立的合同。这一类合同并无意思表示瑕疵，也不违反法律强制性规定和公序良俗，仅仅是主体资格上的欠缺，与合同制度的目的并无根本冲突，故法律对其否定性评价只是相对的，既不让其当然有效，也不让其当然无效，而是让主体资格欠缺当事人的有权表示人予以补正，使其有效。对效力未定和可撤销的合同，法律赋予了当事人选择权，但两种选择权的内容是不一样的，前者的积极追认可使合同产生有效的后果，后者的积极主张则可使合同失效；同时，两者之间的区别还在于：前者在追认前处于效力未定的状态，而后者在撤销前处于有效的状态。

在合同效力未定的情况下，补正是指有权人的追认。所谓追认，是指有权表示人承认和同意的意思表示。它是一种单方法律行为，无须相对人的同意即可发生补正的法律效力。追认一般以明示的方式作出，也可以以有权人自愿履行债务的推定方式作出，沉默不构成追认。同时，追认必须是无条件的，是对合同全部条款的承认，如果仅对部分条款予以承认，则视为新的要约，还需相对人同意方可生效。

根据《合同法》的规定，效力未定的合同主要有以下类型：

1. 限制民事行为能力人依法不能独立订立的合同。限制民事行为能力人有权订立纯获利益的合同或者与其年龄、智力、精神健康状况相适应的合同。如果限制民事行为能力人订立依法不能独立订立的合同，则该合同属于效力未定的合同，根据《合同法》第 47 条的规定，该合同须经其法定代理人追认方为有效。在限制民事行为能力人法定代理人追认之前，相对人可以催告法定代理人在 1 个月内予以追认，法定代理人未作表示的，视为拒绝追认，则合同确定无效。如果与限制民事行为能力人订立合同的相对人在订立合同时不知道也不应当知道限制民事行为能力人处于限制民事行为能力状态，而相信其具有完全的缔约资格，则该相对人为善意相对人。合同在被追认之前，善意相对人有撤销该效力未定的合同的权利。撤销应以通知的方式作出。

对于限制民事行为能力人依法不能独立订立的合同的效力的确定，还应注意两个问题：其一，根据合同法的规定，该类合同的追认权由限制民事行为能力人的法定代理人行使，但学说上一般认为，在限制民事行为能力人取得完全的民事行为能力后，也应当有权追认以使该合同为有效合同。其二，合同法对因限制民事行为能力人的欺诈而使相对人相信其有相应的缔约能力时的合同效力未作出规定，但有学者认为，此种情形下，限制民事行为能力人的利益不应受到保护，而应当保护相对人的信赖利益，即不能因限制民事行为能力人欠缺相应的缔约能力而使该合同无效。[1]

2. 无权代理人订立的合同。行为人无代理权、超越代理权或代理权终止后以被代理人名义订立合同，是效力未定的合同。尽管无权代理人未经被代理人授权，但其订立的合同却不一定都违背名义上的被代理人的利益，故合同法规定该合同非经被代理人追认，对被代理人不生效力，由行为人承担责任，而如果被代理人作出追认，则该合同有效。如果被代理人知道无权代理人以本人名义订立合同未作否认表示的，或于表见代理之情形，则无须追认，该合同当然有效。

同时，相对人也可催告本人在 1 个月内追认，本人逾期未予以追认的，视为拒绝追认，则该合同由行为人承担责任。在相对人不知并且不应该知道行为人没有代理权而与之订立合同时，该相对人也可在被代理人追认之前撤销该合同。

3. 无处分权人订立的合同。根据《合同法》第 51 条的规定，无处分权人订立的处分他人财产之合同，经过权利人追认或无处分权人在订约后取得处分权的，该合同有效；无权处分人不能取得处分权或权利人不予追认的，合同无效。《物权法》第 106 条第 1 款规定："无处分权人将不动产或者动产转让给受让人

---

[1]   参见王利明：《合同法研究》第 1 卷，中国人民大学出版社 2002 年版，第 551 页。

的，所有权人有权追回；除法律另有规定外，符合下列情形的，受让人取得该不动产或者动产的所有权：①受让人受让该不动产或者动产时是善意的；②以合理的价格转让；③转让的不动产或者动产依照法律规定应当登记的已经登记，不需要登记的已经交付给受让人。"这是关于善意取得制度的规定，可见，如果无权处分行为满足善意取得的构成要件，则不适用《合同法》第51条的规定，此时受让人取得不动产或者动产的所有权，原所有权人只能向无处分权人请求赔偿损失。

不过，在适用法律的过程中应当注意的是，根据《最高人民法院关于审理买卖合同纠纷案件适用法律问题的解释》第3条的规定，当事人一方以出卖人在缔约时对标的物没有所有权或者处分权为由主张合同无效的，人民法院不予支持；出卖人因未取得所有权或者处分权致使标的物所有权不能转移，买受人要求出卖人承担违约责任或者要求解除合同并主张损害赔偿的，人民法院应予支持。该司法解释是对《合同法》第51条的规定的补充。

4. 法定代表人越权订立的合同。《合同法》第50条规定："法人或者其他组织的法定代表人、负责人超越权限订立的合同，除相对人知道或者应当知道其超越权限的以外，该代表行为有效。"可见，法人或其他组织的法定代表人、负责人超越权限订立的合同，如相对人为善意的，则该代表行为有效；如相对人对上述超越权限订立合同的情形知道或应当知道的，该合同属于效力未定的合同，需补正方可有效。

第四节　合同被确认无效和被撤销后的法律责任

合同当然无效、被撤销后无效或未经补正的无效，都属广义的无效，其法律后果均导致合同自始无效，即无效溯及既往，自合同成立之时就无效，而非从被确认或被撤销之时起无效。正因为合同自始无效，故合同约定的义务对当事人无约束力，当事人依合同取得的财产或利益应恢复到合同成立之时的状态。如果因当事人的过错造成对方损失的，须予以赔偿，其责任类型属缔约过失责任。《合同法》第58条规定："合同无效或者被撤销后，因该合同取得的财产，应当予以返还；不能返还或没有必要返还的，应当折价补偿。有过错的一方应当赔偿对方因此所受到的损失，双方都有过错的，应当各自承担相应的责任。"此外，《民法通则》第61条也有类似规定。具体而言，合同被确认无效和被撤销后产生如下法律后果：

一、返还财产

返还财产，是指依订立的合同已交付财产的当事人，在合同被确认无效或被撤销后，有权请求对方返还财产，同时接受财产的当事人有返还财产的义务。返还财产旨在使当事人间的财产关系恢复到订立合同之前的状况。在早期罗马法的论述中，返还财产是恢复原状的措施之一，后来才独立为一种单独责任形式。

返还财产的构成要件为：①须有原物的存在。若原物已不存在或专有技术、信息资料已被知悉，返还从客观上已为不能，则只能请求赔偿损失。②须有返还的必要。若有过错的一方取得对方财产，在合同被确认无效或被撤销后，交付财产的一方对返还财产已无必要，或返还财产于双方都不经济或不必要，则可折价补偿。

返还财产的范围是一个较为复杂的问题：①返还原物的，亦应返还原物所生之孳息；②对原物有添附行为的，适用添附返还规则；③对返还财产请求权性质的不同认识也会影响到返还财产的范围。民法理论上有两种见解：其一认为它是债权性质的不当得利请求权，奉行此观点有德国民法典、日本民法典；其二认为是物权性质的物上请求权。依不当得利请求权，返还义务仅限于现在的财产，对非因其自身过错而灭失的财产可免责，不负恢复原状的义务；依物上请求权，返还义务应以对方给付时的财产为准。但依立法本意，恢复原状应以合同确认无效或被撤销后的基点，故返还财产请求权解释为物上请求权为宜。

此外，返还财产的方式有单方返还和双方返还之分。如果只有一方给付财产，则受领方有单方返还财产之义务；如果双方互为给付财产的，则双方互为返还。

二、赔偿损失

根据《合同法》第 58 条的规定，凡在主观上对合同无效或被撤销有过错的一方当事人，应赔偿因此给对方造成的损失；如果双方都有过错则适用过错相抵原则。造成损失的原因是缔约上的过失，赔偿损失也是承担缔约过失责任的方式之一。它不同于违约责任的赔偿损失，虽然两者之间关于赔偿财产损失和过错相抵的规则大体一致，但两者赔偿损失的请求权的性质是不一样的，缔约过失责任作为独立于侵权责任和违约责任之外的一种责任形式，在缔约过失造成当事人损害时，其损害赔偿的请求权也是独立的。

赔偿损失的范围包括：①缔约费用；②为履约准备所支出的费用；③受害人支出上述费用的利息损失等。

三、收归国有和返还集体、第三人

根据《合同法》第 59 条的规定，当事人恶意串通，损害国家、集体或者第三人利益的，因此取得的财产收归国家所有或者返还集体、第三人。

在合同被确认无效或被撤销以后，当事人除应承担相应的民事责任外，在特殊情况下，还应当承担行政责任和刑事责任。

第五节　合同的特别效力要件

在多数情况下，合同只要具备一般生效要件，即可产生当事人预期的法律后果。合同生效后，至合同终止之前，合同义务对当事人具有犹如法律之约束力。但合同自由原则赋予了当事人对合同效力予以限制的权利，当事人可以对合同的生效与解除、生效与终止附加条件和期限。只要所附条件和期限符合法律要求，则合同的效力就要取决于所附条件的成就与否和所附期限的届满与否。附条件和期限的合同的目的在于充分尊重当事人的自由意志，以便合同可以更好地满足当事人的需要。以下分述之。

一、附条件的合同

《合同法》第 45 条规定："当事人对合同的效力可以约定附条件。附生效条件的合同，自条件成就时生效。附解除条件的合同，自条件成就时失效。当事人为自己的利益不正当地阻止条件成就的，视为条件已成就；不正当地促成条件成就的，视为条件不成就。"根据民法理论上的认识，合同当事人可约定一定的条件作为合同生效或效力消灭的根据。前者为附生效条件的合同，后者为附解除条件的合同。

附条件的合同所附条件必须具备以下特点：①必须是将来可能发生的事实，已发生的事实或将来必然发生之事实不能作为条件；②必须是当事人约定的事实，如果在合同中约定所附条件为法定条件，则视为未附条件；③所附条件必须合法；④所附条件不得与合同的主要内容相冲突和矛盾。

附条件的合同成立之后，在当事人之间产生法律约束力，合同当事人也将因条件的成就与否享有一定的利益。为了避免一方当事人以干预条件成就与否的方式影响合同的效力，从而侵害相对方利益以使自己获得利益，《合同法》第 45 条第 2 款规定："当事人为自己的利益不正当地阻止条件成就的，视为条件已成就；不正当地促成条件成就的，视为条件不成就。"

二、附期限的合同

《合同法》第 46 条规定："当事人对合同的效力可以约定附期限。附生效期限的合同，自期限届至时生效。附终止期限的合同，自期限届满时失效。"合同效力所附的期限与条件不一样，期限的到来是必然的。故附生效期限只是对已成立合同生效时间的延缓，附终止期限是对合同效力时间的限制。

总之，特别效力要件是对合同效力的限制，但这种限制具有相对性。民法理论认为，符合成立要件与一般生效要件的法律行为不仅在法律上已成立，而且已经具备一定的法律拘束力。例如，当事人不得否认或取消该合同，不得恶意促成或阻止条件的成就。对附生效条件或附生效期限的合同，在条件成就或期限届至之前，其法律效力处于可能状态或停止状态；当事人预期的权利义务关系只有在特定要件具备时方成为现实。对附解除条件或终止期限的合同，在条件成就或终止期到来之前，合同已生效，只是合同效力的持续状态受到条件和终期的影响。

■ 思考题

1. 合同的成立和生效的区别是什么？
2. 合同的一般生效要件的设定与合同自由原则是否存在冲突？
3. 不作为（比如不告知相对人交易的背景）能构成欺诈吗？为什么？
4. 显失公平作为合同撤销的原因，与其他合同撤销原因的关系如何？

■ 参考资料

1. 《最高人民法院关于适用〈中华人民共和国合同法〉若干问题的解释（一）》。
2. 《最高人民法院关于适用〈中华人民共和国合同法〉若干问题的解释（二）》。
3. 《最高人民法院关于审理买卖合同纠纷案件适用法律问题的解释》。

第四章　合同的履行

■ 学习目的和要求

　　合同的履行是合同目的实现的根本条件，是合同效力的体现。通过本章的学习，要掌握合同履行应遵循的规则，合同履行中的各种抗辩权，以及合同履行的保全制度，以全面了解合同履行的过程。合同履行的规则是在合同履行的某一阶段需要遵守的准则。合同履行中的抗辩权主要包括同时履行抗辩权、不安抗辩权，抗辩权的规定一定程度上改变了对违约行为的认定标准。合同履行的保全实际上是广义的合同担保的一部分，它通过赋予债权人以代位权和撤销权来实现。学习本章之后，要求能熟练掌握合同履行规则的各项内容，理解抗辩权的行使与违约行为的不同，运用代位权和撤销权的基本理论分析现实的问题。

第一节　合同履行概述

一、合同履行的概念

　　合同的履行，指的是合同规定的义务的执行，任何合同规定的义务的执行，都是合同的履行行为；相应地，凡是不执行合同规定的义务的行为，都是合同的不履行。因此，合同的履行，表现为当事人执行合同义务的行为。当合同义务执行完成时，合同也就履行完毕。执行合同义务的当事人，一般情况下是合同双方当事人，但在特殊情况下也可以是合同以外的第三人。执行合同义务的行为一般情况下都表现为当事人的积极行为，如执行合同规定的交付，完成合同规定的工作等。但在特殊情况下，消极的不作为也是合同的履行，如保密义务的执行。执行合同的义务，按合同订立的要求，须是全部合同义务都应执行，这是合同的完全履行。但是，合同义务的执行有时间上的先后顺序，允许一项一项地执行，这是合同的部分履行。合同存在的客观环境的不同，有可能导致合同的部分义务无法执行，这是合同的不履行；合同当事人的主观认识并非一致，实际中有的当事人不执行合同规定的义务，这也是合同的不履行。

对于合同履行的概念，大陆法系和英美法系均规定为完成合同的行为或当事人实现合同内容的行为。

从合同成立的目的来看，任何当事人订立合同，都是为了能够实现合同的内容。而合同内容的实现，有赖于合同义务的执行。当合同规定的义务被执行时，就是合同当事人正在履行合同；当合同规定的全部义务都被执行完毕时，当事人订立合同的目的也就得以实现，合同也就因目的实现而消灭。因此，合同的履行是合同目的实现的根本条件，也是合同关系消灭的最正常的原因。有的国家立法将合同的履行规定在债的消灭之中，如《德国民法典》。

从合同的效力来看，合同是当事人就有关权利义务达成的合意。依法成立的合同，在当事人之间具有与法律相同的效力，当事人必须遵守。合同当事人对合同内容的遵守，就是对合同规定的义务的执行。因此，履行又是合同效力的基本内容。整个合同法的规定，都是为了合同内容的实现，所有的合同制度，都是为合同的履行服务的。合同订立程序，是规定合同能有效成立的程序，也就是合同能产生履行效力的前提；违约制度，就是对不履行合同行为进行法律制裁的制度。正基于此，有的国家立法是将合同的履行放在合同的效力或债的效力一章中规定的，如《瑞士债务法》。

由上可见，无论从合同的目的看，或从合同的效力看，或从合同的消灭看，合同的履行都是合同制度的中心内容，是合同法其他一切制度的最终归宿或延伸。[1]

二、合同的履行制度

合同的履行是一个过程。这其中包括执行合同义务的准备、具体合同义务的执行、义务执行的善后。在这一过程中，具体合同义务的执行是合同履行的核心内容，传统意义上的合同履行，指的就是这一阶段的合同履行。然而，为执行合同义务所作的准备和义务执行完毕后的善后义务，固然不是合同规定的义务，但因其与第二阶段意义上的合同履行具有密切的联系，也是合同履行的内容。这同时也是现代合同法发展的趋势所在。

具体合同义务的执行是要进行必要的准备的，没有必要的准备行为，往往就无法执行合同的具体义务。现代合同法的发展已充分注意到准备行为在合同履行中的地位，并赋予合同当事人以中止合同的权利。例如，《联合国国际货物销售

---

〔1〕 参见苏惠祥主编：《中国当代合同法论》，吉林大学出版社1992年版。

合同公约》第71条规定，如果订立合同后，一方当事人由于下列原因显然将不履行其大部分重要义务，另一方当事人可以中止履行义务：他履行义务的能力或他的信用有严重缺陷；或他在准备履行合同或履行合同中的行为显示他将不履行其重要的义务。《美国统一商法典》第2-609条也规定："买卖合同双方都有义务不破坏对方抱有的获得己方正常履约的期望。当任何一方有合理理由认为对方不能正常履约时，他可以用书面形式要求对方提供正常履约的适当保证，且在他收到此种保证之前，可以暂停履行与他未收所需之履约保证相对应的那部分义务，只要这种暂停在商业上是合理的。"理论上通常将这一表述作为英美法上的先期违约制度，但其从另一方面表明了立法者对合同履行的动态过程的重视。因此，执行合同义务的准备行为，也是合同履行制度的当然内容。了解合同履行制度，不能忽视这一阶段。

对于一些合同当事人来说，合同义务履行完毕，合同的目的也就实现了。这时，合同关系也已消灭，当事人之间因此失去了相互联系的依据。然而，对于另一些当事人来说，合同规定的义务履行完毕，并非万事大吉。有的合同，特别是涉及当事人某些方面的秘密的合同，如果不进行保密，对于该当事人来说，就有可能造成极大的损失，这是违反合同立法的目的的。因此，合同义务履行完毕后，当事人均应承担一些相应的不作为义务，以免给原合同当事人造成不必要的损失。此等义务虽不是合同规定的义务，但其作为法定合同义务而被设立是十分必要的。正如为合同履行进行准备的义务一样，这些义务都是法定的合同义务，是合同义务的扩张。虽然，这里的"法定合同义务"似有相互矛盾的地方，传统合同法中，法定义务和约定义务是对立的，但现代合同法中，法定义务和约定义务已有相互融合的趋势。基于对社会公共利益的考虑，国家对私法领域的某些干预就是这种融合的表现。合同法中格式合同的限制就是约定义务法定化的具体反映。因此，执行对合同进行保密等后合同义务，也是合同履行不可缺少的内容。我国《合同法》也明确规定这种义务的承担属于合同履行的当然内容，其第60条规定："当事人应当按照约定全面履行自己的义务。当事人应当遵循诚实信用原则，根据合同的性质、目的和交易习惯履行通知、协助、保密等义务。"

合同的履行过程就是由以上三个阶段组成的，这三个阶段中任一行为的发生，都是合同的履行行为。合同的履行制度，就是规范在这三个阶段中有关合同当事人行为的制度。它应包括合同履行在法律效力上的总体要求，确保合同履行的一般法律制度，合同履行中的具体规则，等等。具体表现为：合同履行的保全制度、合同履行的规则、合同履行中的抗辩等，由此构成我国合同法完整的合同履行制度。

我国合同法是将合同履行单独规定一章，这主要是强调合同履行制度的重要性，更有利于人们重视合同的履行。同时，也承认合同的履行是合同终止的最主要、最正常的原因。在《合同法》第 91 条中规定合同终止原因时，就将履行作为合同终止的第一个原因，这就是"债务已经按照约定履行"，并且规定了履行作为合同效力的集中表现。《合同法》第 44 条第 1 款规定："依法成立的合同，自成立时生效。"第 8 条第 1 款规定："依法成立的合同，对当事人具有法律约束力。当事人应当按照约定履行自己的义务，不得擅自变更或者解除合同。"可见，生效的合同，其效力的直接表现就是合同的履行。

合同的履行就是执行合同义务的行为，且是一个行为过程。在这一过程中，每一个执行合同义务的行为结合在一起，构成了一个合同履行的完整过程，这是合同的完全履行。但是，值得注意的是，合同的履行与合同的完全履行是两个不同的概念。履行强调的是行为的动作，完全履行强调的是行为的结果。固然，法律对合同履行的要求是完全履行，但我们不能把对履行的要求当作履行本身。因为，合同的部分履行也是合同的履行。

合同的履行就是合同义务的执行，而义务的执行，在传统民法理论中又被称为给付。履行与给付，虽然在用语上不同，但实质上并无差异。

合同义务的完全履行，在债法理论上又叫清偿。部分履行不能构成清偿。由此可见，履行与清偿，并不是两个相同的范畴。

合同的目的，是通过合同义务的履行达到合同当事人某种经济上的要求。合同的履行是合同目的实现的手段，合同的目的是合同履行的最终归属。

合同义务的完全履行，使得合同目的得以实现，合同关系也归于终止。但是，合同履行却不是合同终止的唯一原因，合同的解除、抵销、提存、混同、免除等，都可以导致合同的终止，使合同关系归于消灭。因此，履行与终止，也是两个不同的概念。

基于对合同履行含义的不同理解，学术界有两种不同的主张，即最后完成说和完成过程说。最后完成说认为，在合同履行期限内，当事人按合同规定，最后完成合同义务，即为合同履行，否则，为不履行。这种学说的着眼点，在于履行最后阶段的完结行为，即给付。在这里，履行、给付、清偿这三个术语，是在同一意义上使用的，把履行理解为给付、清偿。完成过程说的主要论点是，完成合同义务是一个过程，在这一过程的各个阶段，都是履行合同的必经阶段。这一学说，不是把着眼点放在履行的最后阶段，把履行简单地归结为给付或清偿，而是注重为完成合同义务所组织、实施的各种活动，同时也注重最后给付。我国合同法采取的是完成过程说，立法上规定的中止履行制度，就是完成过程说的有力证明。但是，合同法上的规定，又不全是理论中的完成过程说的全部，在某些方面与之还有差别。

　　合同履行的前提条件是合同的有效成立。合同有效成立是合同履行的根据。不是依法有效成立的合同，不受法律保护，其权利义务对双方当事人均无约束力，合同当事人也不能达到订立合同时要实现的目的。

　　作为合同效力的集中表现，合同履行制度是我国合同法中的一项重要的制度。法律对合同履行的基本要求就是全面履行。《合同法》第 60 条第 1 款明确规定："当事人应当按照约定全面履行自己的义务。"《民法通则》第 88 条第 1 款也规定："合同的当事人应当按照合同的约定，全部履行自己的义务。"这就说明，合同义务，无论是主要义务，还是一般义务，只要是合同中明确规定的，当事人都应遵守，这是合同法律效力的必然要求，也是合同法律效力的具体表现。任何合同义务的不履行，都是对合同义务的违反，都构成了违约。法律就会对违约行为予以制裁，即责令违约方承担违约责任，这是合同具有的约束力。全面履行合同义务是合同法律效力的应有之义，而不是什么"履行原则"。同样，适当履行合同义务也是合同法律效力的应有之义。适当履行，在合同法理论中又被称为正确履行，是指适当的主体，在适当的时间和地点，以适当的方式，履行适当的合同标的。在合法有效的合同中，合同的主体、合同的标的、合同义务的履行时间和地点、合同义务的履行方式等，构成合同的主要条款。法律在要求当事人全面履行合同义务的同时，还要求当事人要按照合同的规定履行合同义务。任何不符合合同规定的义务履行，都是合同的不正确履行。合同义务的不正确履行就是违约行为，依法也要承担违约责任。

　　事实上，我国的合同法并没有规定合同履行的原则，只是在"合同的履行"一章中，规定了当事人应当按照约定履行自己的义务，且应当遵循诚实信用的原则。正如上文所说的，履行合同义务是合同效力的应有之义，如果将其理解为这是合同履行的原则，事实上是降低了履行合同义务的法律效力。不免使人理解为履行合同义务仅仅只是在合同履行时要遵守，这不利于合同当事人树立"合同必须信守"的观念。而诚实信用，这一从合同法领域中产生的法律原则，已为我国民法确定为民法的基本原则，合同法作为民法的一个分支、一个主要内容，自然也要遵循诚实信用原则。因此，诚实信用原则，不仅仅在合同履行时要遵循，在合同履行后、合同履行过程中、合同履行的准备阶段，都要遵循；同时在合同订立时、在合同的不履行时，也要遵循。如果将诚实信用原则理解为合同履行的原则，势必降低这一原则的适用范围。我国《合同法》虽在"合同的履行"一章中，开始就规定当事人要按照诚实信用的原则要求履行自己的义务，但这只是强调诚实信用原则在合同履行阶段的重要性，绝不是规定合同履行的原则。因为《合同法》在其一般规定的第 6 条中就规定："当事人行使权利、履行义务应当遵循诚实信用原则。"同时，从《合同法》第 60 条规定的内容看，也不是规定合同履行的原则。该条第 2 款规定："当事人应当遵循诚实信用原则，根据合同的性质、目的和交易习惯履行通知、协助、保密等义务。"从这些义务的内容可知，它们不属于约定义务的范畴，而属于法定义务。

在我国的合同法理论中，实际履行一直被看成是一个重要的合同履行原则。所谓的实际履行，指的是"合同当事人按照合同规定的标的完成合同义务的原则"[1] 其含义被概括为两个方面：①在合同履行中，要实际履行标的，不能用其他标的代替原合同的标的；②要实际履行标的，不能以违约金或赔偿金代替履行标的。[2] 按照这一原则的含义，合同一经有效成立，不仅依合同产生双方的债权债务，而且依实际履行原则直接产生双方当事人对国家的义务，即双方当事人必须实际履行合同所规定的义务。法律不仅禁止单方面变更或解除合同，而且禁止双方协商变更或解除合同，即使在合同被违反后，也不允许以支付违约金或损害赔偿金的方式代替实际履行。事实上，这一原则剥夺了合同当事人协商变更或解除合同的权利，违反了合同法的合同自由原则。正如婚姻自由应包括结婚和离婚的自由一样，合同自由也应是合同缔结和解除的自由的总和。

强调合同的实际履行，合同自由就无法实现，或者说，无法完全实现：①按照合同标的履行，这是合同法律效力的必然要求，一旦合同当事人不按合同标的履行合同，就是违约行为，应承担相应的违约责任。这样，没有实际履行原则，按照违约责任也足以制裁不实际履行的行为；即使强调实际履行，当合同当事人不实际履行时，法律的作用也只有对不实际履行的行为施加违约责任。这同没有实际履行原则是一样的效果。②在当事人违约的情况下，强制实际履行本身就是守约方的正当权利，这同样是法律效力的作用，而不是实际履行原则的结果。即使强调实际履行的人，对一方违约而继续履行成为不必要或不可能时，也不得不承认变通履行的合理性。因此，实际履行已不应是合同履行的原则了。我国的合同法实际上已摒弃了实际履行。

合同履行的原则，按照一般的理解，是指合同履行过程中应当遵循的基本准则。首先，从上面的分析可知，人们所谓的合同履行原则，事实上都不是合同履行中独有的原则。能称得上合同履行原则的，理应是合同履行过程中独有的基本准则，如果合同的其他制度也适用，就不是合同履行的原则了，而是合同法的基本原则。基于此，诚实信用原则不是合同履行的原则。其次，合同履行原则应是法律规定的基本准则，而不应是学者理解的原则，如此，当事人在履行合同义务时，才可据以遵守。我国的合同法并没有为合同的履行单独规定所谓的原则。另

〔1〕 刘瑞复主编：《合同法通论》，群众出版社 1994 年版，第 127 页。
〔2〕 刘瑞复主编：《合同法通论》，群众出版社 1994 年版，第 127 页。

外，合同履行原则应是对整个合同履行过程都能适用的准则，如果只是在合同履行的某个阶段或某个方面适用，就不能称为合同履行原则，充其量称为合同履行的规则而已。理论上的许多合同履行原则，实际上都是合同履行中的规则。因此，在我国的合同法中，没有规定、也没必要单独规定合同的履行原则。

第二节 合同履行的规则

合同履行规则，指的是在合同履行过程中需要遵守的具体规范。规则与原则不同，规则只适用于某些特殊的场合，原则却能在一般场合中适用。规则通常表现为法律的具体规定，当事人必须严格遵守，原则却常常表现为抽象的概括，而不是具体的条文。然而，规则同原则一样，也是从具体条文中产生的，但是它与具体法律条文的联系，比起原则来说要更直接、更紧密。

合同的履行是一个过程。从履行的准备到履行完毕后履行结果的保持，每一阶段都有自己的特殊性。在为履行合同而进行准备的时候，当事人要遵守诚实信用原则，自觉执行基于诚实信用原则而产生的法定合同义务；在具体执行合同义务的时候，当事人要严格按照合同规定的要求，全面、正确地执行合同义务；在执行合同义务的过程中，如果因某些非人为的原因导致合同义务无法执行或执行代价过高的，当事人要及时变更或解除合同；在执行合同义务的过程中，如果合同约定不明的，当事人应该依法寻找合同履行的依据；当一方当事人出现违约时，另一方当事人应当根据诚实信用原则履行自己的义务；当一方当事人拒绝履行自己的义务或发生财产状况的恶化时，另一方当事人可以提出担保的要求；等等。这些都是合同履行规则所要解决的问题。因此，根据我国《合同法》的规定，合同的履行规则主要有：

一、法定义务规则

法定义务是指法定合同义务，即当事人即使在合同中没有约定，依据法律规定也应承担的义务。在合同履行的过程中，当事人往往只注意合同义务的履行，而忽视法定合同义务。这种状况容易导致合同目的的落空。在现实生活中，当事人即使严格按照合同的规定履行各自的义务，但由于合同没有约定，或者合同约定不明，有些义务的不履行往往会使整个合同无法执行。因为，对于合同当事人来说，法律对他们的要求充其量只能把他们想象为审慎的商人，而不可能将他们当成法律专家。因此，对一些可能影响合同目的实现而当事人又容易忽视的义务，法律就将其规定为当然的合同义务。我国《合同法》第 60 条第 2 款明确规定："当事人应当遵循诚实信用原则，根据合同的性质、目的和交易习惯履行通知、协助、保密等义务。"这就是法律关于法定合同义务的规定。这些法定合同义务理论上也称为合同的附随性义务。其中，存在于合同成立之前的义务称为先合同义务，存在于合同终止后的义务称为后合同义务。根据诚实信用原则，结合法律的规定，法定合同义务主要包括：

1. 通知义务。通知义务是指合同当事人应将自己履行义务的情况及时通知另一方当事人，我国《合同法》第69条关于中止履行的通知，第70条关于债权人状况变更的通知，都是通知义务的法律表现。

合同履行所要遭遇的情况是十分复杂的，对影响合同履行的事项，合同双方当事人应及时相互通知对方，以使对方采取适当的措施，顺利地履行合同或者减少损失。在合同履行的过程中，有时一方当事人已无法履行自己的义务，也不准备履行自己的义务，如果不通知对方，对方当事人仍可能继续履行合同而造成不必要的损失；有时一方当事人履行自己义务需要对方当事人的协助，如果不通知对方，对方当事人就无法协助，例如，电力供应合同的供电方需要检修线路而可能增加电力负荷时，如果不通知用电方，就有可能造成用电方电器烧坏的结果；有时一方在履行合同义务时遇不可抗力而不能按期履行时，如果不通知对方，也会给对方造成不必要的损失。现代社会的发展更显得协作的重要，合同当事人双方更应将可能影响合同履行的情况及时通知对方，这就是通知义务。至于哪些事项需要通知，哪些事项不需通知，则应按照合同的性质、目的和交易习惯来确定。

2. 协助义务。协助义务是指合同当事人应协助对方履行义务，以使合同能顺利履行的义务。合同存在的本身决定了协助义务的产生。合同是当事人双方意思表示一致的协议，合同权利是一种相对权，其实现需要对方义务人的积极协助。而义务人在履行义务时，如果没有权利人的积极协助，有时也无法履行。至少，义务的履行还需要权利人的接受履行，才能得以完成。当然，这里的协助义务是指协助对方履行合同义务的义务，与履行合同义务无关的义务，不应要求合同当事人协助。而且，协助义务也应仅限于接受履行而已，不应将对方的合同义务当作一方的协助义务来看待。否则，就会无端增加合同当事人的负担，为某些当事人不履行自己的合同义务提供借口。

3. 方便义务。方便义务是指为对方履行合同义务提供方便的义务。此项义务与前项义务即协助义务一起，理论上将其合称为协力义务。有的合同，一方义务的履行没有对方提供方便是不可能进行的，例如，建设工程合同，对于承建方来说，如果业主没有为其提供水电供应方便、临时用地方便等，其施工义务的履行就无法进行。当然，方便义务毕竟也是一种义务，也需义务方付出一定的代价，如果合同中没有规定而一方履行了提供方便的义务的，得到方便的一方理应给予一定的补偿。我国《合同法》中虽然没有明确规定这一点，但依诚实信用原则，就应是理所当然的了。

4. 减损义务。减损义务即合同法中的"防止损失扩大"，是指由于主客观的原因而使一方遭受损失时，遭受损失的一方应采取必要的措施，以防止损失的扩大。在合同履行的过程中，不可抗力的出现、一方的违约行为，都有可能给另一方当事人造成损失。在损失造成时，遭受损失的一方最有条件控制损失，如果其听之任之，本来可以避免的损失就无法得到避免，这与合同法要求的诚实信用是不符的，也与合同订立的目的不符。因此，我国《合同法》规定，对于遭受损失的一方，负有防止损失扩大的义务。

5. 保密义务。保密义务是指合同当事人负有将通过确立合同关系而了解到的对方的秘密予以保守的义务。在合同订立时，为了使对方了解和信任，一方往往要向对方展示自己的一些秘密，这些秘密主要表现为商业秘密、技术秘密等，但又绝不限于商业秘密和技术秘密。如向对方展示自己的财务记录、财产状况等。这些秘密是当事人不向社会公开的，通过一般的途径无法了解的。这些秘密对于知悉的一方来说，也许一文不值，但对于秘密方而言，往往就是无价之宝。公开这些秘密可能会给他带来巨大的损失。特别是技术性的合同，保密义务尤其显得重要。保密义务是一种消极的义务，只要求义务人消极地不作为，而不需要义务人积极行为。因此，保密义务的履行通常不会给义务人带来额外的负担。

二、正确履行规则

合同的正确履行也叫做适当履行，是指当事人应按照合同的规定不折不扣地履行合同的义务。具体说来就是，适当的主体，在适当的时间和地点，以适当的方式，履行适当的标的。正确履行在我国的合同法理论上，常被作为合同的履行原则来对待。事实上，正确履行一方面是合同法律效力在履行上的一般要求，另一方面，由于合同履行过程中的履行要素的不同，何为正确，何为不正确，法律的规定也不同。将它简单地说成合同的履行原则，并不能完整把握正确履行的内涵。正确履行规则的内容，具体反映在对合同履行要素的要求上，主要包括以下内容：

1. 履行主体正确。合同主体和合同履行主体是两个不同的概念。合同主体是合同关系的当事人，而合同履行主体则是履行合同义务和接受合同义务履行的人。合同是合同关系当事人为实现某种个体的目的而订立的权利义务关系的协议。合同的订立一般都是合同关系当事人相互信任的结果，具有一定的人身性。因此，合同义务的履行，通常情况下只能由合同关系当事人亲自进行，这才是所谓的履行主体正确。正是从这个意义上说，理论上有人将这一情况称为合同的亲自履行规则。[1] 当然，在第三人履行合同义务不损害债权人利益的时候，在第三人接受合同义务的履行不损害债务人利益的时候，第三人作为合同履行的主体也是正确的，并不因此而违反正确履行的要求。

2. 履行标的正确。合同的履行标的是指当事人执行合同义务的行为所针对的事项。合同的履行标的可以是物，可以是完成工作，可以是提供劳务。履行标的的正确就是要求当事人在执行合同义务时，要按照合同约定的标的来履行，而不得以其他标的来代替。对合同履行标的的要求，在我国合同法的理论上，常被概括为合同的实际履行原则。[2] 事实上，按照合同约定标的来履行合同义务，只涉及合同的履行标的，而不可能包括了全部的合同履行因素，不能称为合同的履行原则。在当事人能履行合同约定标的而不履行的情况下，强制履行也只是"合同必须信守"这一法律原则的自然反映，而不是什么实际履行原则的功劳。

3. 履行时间正确。履行时间正确就是要求当事人在执行合同义务时，应按照合同约定的时间进行，而不得提前履行或延迟履行。一般情况下，合同当事人约定合同义务的执行时间都是在考虑自己的实际情况后确定的，提前或延迟都会打乱当事人已有的计划。因此，法律要求合同履行的时间要符合约定。当然，履行时间正确也并非完全排除提前履行或延迟履行，法律规定在不损害债权人利益的条件下，可以提前履行。

4. 履行地点正确。履行地点正确就是要求当事人按照合同约定的地点执行合同义务。合同义务的执行地点直接关系到合同当事人实现合同目的的成本及合同目的的实现，履行地点的错误往往会使合同当事人一方订立合同的目的落空。

5. 履行方式正确。合同的履行方式是指合同义务的执行方法。一项合同义务的执行可以有许多不同的方法：款项可一次交付，也可以是分期交付；合同项下标的物的运输可以是陆路运输，也可以是水路运输；等等。履行方式正确就是要求当事人按照合同约定的方式来执行合同义务。合同约定一次履行的，债务人不得分期履行；合同约定分期履行的，当事人不得一次履行。

三、亲自履行规则

亲自履行是指合同义务要由合同债务人向合同债权人履行，不得由第三人代替。这一规则事实上是法律对主体这一履行因素的要求。其基本含义有两个方面：①合同义务只能由合同当事人的债务人亲自执行；②合同义务的执行只能向合同当事人的债权人本人进行。

---

〔1〕 陈小君、刘剑文主编：《合同法学》，武汉测绘科技大学出版社 1996 年版，第 88 页。

〔2〕 刘瑞复主编：《合同法通论》，群众出版社 1994 年版，第 127 页；彭万林主编：《民法学》，中国政法大学出版社 1997 年版，第 586 页。

通常情况下，合同当事人一方之所以选定另一方，是因为他对对方的履约能力、履约条件、履约信誉等，都有比较细致的了解。因此，合同关系实际上是一种信用关系。从合同债务人的角度来看，他既然作出了承担义务的许诺，就应亲自完成这一许诺；从合同债权人的角度看，他既然接受了债务人的许诺，就说明他相信只有该债务人亲自履行义务，才能实现他的目的。这种信用关系就决定了合同履行在一般情况下，要由合同债务人亲自执行义务，合同债权人亲自接受履行。我国《合同法》第60条规定的"当事人应当按照约定全面履行自己的义务"，实际上就包含了履行主体的约定。

当然，亲自履行规则并不绝对排除第三人的代替履行。我国合同法允许在一定条件下的第三人代替履行。债权人的代理人代替接受履行、债务人的代理人代理执行义务、债权人指定的人代为接受履行、债务转让后的新债务人履行债务等，都是第三人代替履行的情况。只要不违反法律规定，都是可以的。

四、条款约定不明的履行规则

合同条款应当明确、具体，以便合同的履行，这是各国合同法的普遍要求。但是，由于客观情况的复杂性和当事人主观认识的局限性，合同条款欠缺或条款约定不明的现象是不可避免的。在执行这些欠缺的条款或约定不明的条款时，由于理解的不同，往往容易发生纠纷，影响合同的顺利履行。为了保证这类合同的顺利履行，我国合同法规定了一系列补救性规则，这就是约定不明的履行规则。

约定不明的履行规则的适用是以合同有效为前提的。对于欠缺必要条款导致不成立的合同、欠缺必要条款导致无效的合同、欠缺全部主要条款或全部必要条款的合同，都不能适用这一补救性规则。

合同内容的欠缺或约定不明，首要的补救方法就是明确化，即将欠缺的条款补充，将不明的条款明确。这种明确化，事实上是合同解释的内容。明确化的步骤有两个：①由当事人补充；②由当事人确定。当事人补充就是由当事人通过协商的形式，就内容不明的条款或欠缺的条款签订补充协议，以便执行。当事人确定是指在不能达成补充协议的情况下，由当事人按照合同的有关条款或交易习惯来确定约定不明或欠缺的合同条款。条款欠缺或约定不明的合同，并不是没有任何条款。在当事人不能协商补充的时候，应根据已有的合同条款来确定约定不明的条款内容，如果已有的条款仍不能足以确定的，则应根据通常的交易习惯来确定。

严格说来，合同内容明确化的补救方法，仍然是当事人意思自治的方法，而不是法律补救。这是法律尊重当事人合同自由的表现。法律补救是在当事人自由补救仍不奏效的情况下适用的，其具体内容主要有：

1. 质量不明条款的履行。对于合同中有关标的的质量约定不明的，我国

《合同法》第 62 条规定，按照国家标准、行业标准执行；没有国家标准、行业标准的，按照通常标准或者符合合同目的的特定标准执行。所谓通常标准，指的是该标的物在通常流通中所适用的标准。对于标的物的质量，可以分为高级、中级和低级，通常标准应是中级的标准。根据我国的《标准化法》，产品的质量标准分为强制性标准和推荐性标准，推荐性标准自愿采用，强制性标准强制推行，对于同时存在强制性标准和推荐性标准的，通常标准指的是强制性标准；对于只存在推荐性标准的，通常标准指的是推荐性标准的平均标准。对于没有强制性标准和推荐性标准的，通常标准就是行业使用的平均标准。对于没有行业标准的，通常标准就是一般人认为合理的标准。

对于质量条款约定不明的履行，我国民法通则也有相应的规定。《民法通则》第 88 条第 2 款第 1 项规定："质量要求不明确的，按照国家质量标准履行，没有国家质量标准的，按通常标准履行。"可见《合同法》的规定与《民法通则》的规定是一脉相承的。

对于质量条款约定不明的确定，各国法律都作出了相应的规定。大陆法系国家一般以"中等品质"为标准，例如，《法国民法典》第 1246 条规定："债务人为消灭债务，并无给付最上等品质之物的义务，但亦不得给付最劣等品质之物。"《日本民法典》第 401 条也明确规定，仅以种类指示债权标的物情形，依法律行为的性质或当事人的意思，不能确定其品质时，债务人应给付具有中等品质的物。英美法系国家一般也是以"通常标准"为标准。《联合国国际货物销售合同公约》第 35 条关于"交付相符货物"的规定就是这一标准的体现。该公约规定："卖方交付的货物应适用于同一规格之货物的通常使用目的；适用于订立合同时曾明示或默示地通知卖方的任何特定目的，除非情况表明买方并不依赖卖方的技能和判断力，或者这种依赖对他是不合理的；货物的质量与卖方向买方提供的货物样品或样式相同……"

2. 价格不明条款的履行。对于价格条款约定不明的，《合同法》规定，按照订立合同时履行地的市场价格履行，依法应当执行政府定价或者政府指导价的，按照规定履行。这一规定说明，价格约定不明的，一般情况下按市场价格履行。并且有两个限制性条件，即合同履行地的市场价格和订立合同时的市场价格。市场价格有地域性市场价，有全国性市场价，有国际性市场价。就是同一品质的物品在不同的时间，其市场价也可能不同，这就是说，合同标的的价格在合同订立时和合同履行时的市场价格都不一定相同。我国《合同法》的这一规定，从根本上排除了过去在价格确定上的一些不稳定因素，比起《民法通则》的规定来说，要先进一些。《民法通则》规定的是"参照市场价格"履行。

价格约定是合同当事人的自由，如果当事人约定的是适用政府定价，履行时就按政府定价执行；如果当事人没有就价格条款进行约定，则若该合同标的的价格是应当执行政府定价的，就要按政府定价执行。当然，这里的"政府定价"无疑也是合同订立时的政府定价，而不是合同履行时的政府定价。若政府定价发生变动，则按价格变动的规则履行合同。

3. 地点不明条款的履行。合同中约定的履行地点不明确的，应根据合同的性质、标的的种类和法律规定来确定。我国《民法通则》规定，给付货币的，在接受给付一方的所在地履行，其他标的在履行义务一方当事人所在地。我国《合同法》规定，给付货币的，在接受货币一方所在地履行；交付不动产的，在不动产所在地履行；其他标的，在履行义务一方所在地履行。从这一规定可以看出，履行地点约定不明的，一般情况下都以履行义务一方所在地作为合同的履行地。但有两个例外：①货币给付；②不动产交付。前者是以接受履行的一方所在地为合同履行地，后者则以不动产所在地作为合同履行地。这是考虑到货币交付的安全性和不动产产权转移的方便性而作的规定。

4. 期限不明条款的履行。对于合同履行期限约定不明的，根据法律规定，债务人可以随时履行，债权人也可以随时要求履行，但应给对方必要的准备时间。履行期限约定不明，说明当事人随时都可以履行义务或接受义务的履行，因此，我国《民法通则》和《合同法》都规定了"随时履行"的规则。当然，这种"随时履行"应当给对方以必要的准备时间。至于何为"必要"，我们认为应与所履行义务的通常的性质相适应。例如，履行义务是交付货币的，从银行提现的时间和路途花费的时间就是必要的时间，而义务人如果没有货币还需要去寻找，这种时间就不是必要的时间了。

5. 方式不明条款的履行。我国《合同法》第62条第5项规定："履行方式不明确的，按照有利于实现合同目的的方式履行。"合同目的的实现是取决于所有合同履行因素的，在履行方式不明确时，当事人对履行方式的选择只有一个标准，这就是：是否利于合同目的实现，而不是是否有利于债权人或债务人。有的方式对债权人有利而对债务人不利，有的方式对债务人有利而对债权人不利，但只要对合同目的的实现有利，债务人都可以选择，债权人都不得拒绝。

6. 费用不明条款的履行。履行费用是指合同义务履行的费用，如运费、技术鉴定费、产品包装费等。对于履行费用约定不明确的，我国《合同法》规定，由债务人承担。这里的债务人，显然指的是产生履行费用该项义务的义务人。因为在双务合同中，合同当事人双方是互为债务人的。

五、第三人履行规则

第三人履行指的是在合同履行过程中，执行合同义务的人或接受义务履行的人不是合同当事人，而是合同当事人以外的第三人的状况。按照合同的亲自履行规则，合同义务的执行须是该合同中的义务人，接受合同义务执行结果的人须是该合同中的权利人。但是，由于每个合同当事人的主观目的的多样性、执行合同条件的多样性，当事人在订立合同时，可以将某项义务约定由第三人履行，或将某项合同权利约定由第三人享有，只要对方当事人同意，这本身就是合同的内容之一，也是合同自由原则的体现。因此，从理论上说，合同义务的第三人履行是存在的，也是合理的。如果仅仅是义务的代为履行或履行的代为接受，对合同的履行都不会产生实质性影响，更应允许存在。这种情况的履行就是代理履行。虽然，这种代理履行的后果都由合同中的权利人或义务人直接承担，但毕竟有非合同当事人参与，因而也属于第三人履行的范畴。由此可见，第三人履行的情况在现实中有两种表现：①第三人的直接履行；②第三人的代理履行。

对于代理履行，由于义务的负担、义务的执行及执行义务的结果都由原合同中的义务人承担，或义务人履行义务的后果最终都由原合同中的权利人承担，这种履行与亲自履行没有多大的区别，只是可能增加履行的费用而已。

第三人直接履行则不同。对于合同义务直接由第三人履行的，由于义务人的履约能力直接关系到义务能否顺利地履行，进而关系到合同权利人的权利能否实现，因而第三人直接履行对合同权利人的影响极大。因此，在没有合同债权人同意的情况下，合同义务是绝对不能由第三人直接履行的。合同义务的第三人履行实际上是合同义务的转让，只是这种转让是在合同订立时进行的，而不是在合同成立之后。对于由第三人直接接受履行，实际上是合同权利的让与。同样，只是这种让与是在合同订立时进行的，而非在合同成立之后。

基于这些理由，我国《合同法》在允许第三人履行时，也为第三人履行规定了必要的条件。这种条件可以简单归结为"约定"二字。同时，因第三人履行而增加的费用，该第三人是代哪一方履行的，就由该合同哪一方当事人承担此项增加的费用；第三人在履行合同的过程中违约的，违约后果就由该第三人所代为履行的合同一方当事人承担。因此，在合同履行中，不仅接受履行的人可以约定为第三人，执行合同义务的人也可约定为第三人。换言之，只要在合同中有约定，第三人就可以成为合同履行的主体，这就是第三人履行规则。我国《合同法》第64、65条的规定，就是第三人履行规则的法律依据。

六、价格变动的履行规则

价格变动的履行，是指执行政府定价的合同，在合同订立后，履行前，政府定价发生调整的，按照何种价格履行的问题。在我国的价格制度中，存在着政府定价和市场价格长期并存的局面。政府定价，是指政府强制性价格，当事人在订立合同时没有选择的余地。因而，在政府定价发生调整时，法律应规定一个公平合理的履行价格的确定方法，这就是价格变动的履行规则。根据我国《合同法》

第 63 条规定，执行政府定价的，在合同规定的交付期限内政府价格调整时，按照交付时的价格计价。逾期交货的，遇价格上涨时，按照原价格执行；价格下降时，按照新价格执行。逾期提货或者逾期付款的，遇价格上涨时，按照新价格执行；价格下降时，按照原价格执行。从这一规定可以看出，价格变动的履行规则是以执行政府定价为前提的。如果合同执行的不是政府定价，而是市场价格，则即使价格发生变动，也不能适用价格变动的履行规则。因为当事人在订立合同时，就已经清楚市场价格是经常变动的。同时，价格变动的履行规则主要涉及两个方面的内容：①合同正常履行时的价格变动履行，这时，就按照交付时的价格计价，即按照新价执行；②出现违约事项时的价格变动履行，这时，就按照不利于违约方的价格执行，即原价格对违约方不利的，就按原价格执行；新价格对违约方不利的，就按新价格执行。这其实是对违约方的一种处罚。

七、不完全履行规则

不完全履行是指当事人在履行合同时，没有按照合同约定的全部履行因素进行履行的情况。根据合同效力的要求，当事人在履行合同时，应按合同的约定完成合同的全部履行因素，不得只履行一部分，也不得分割履行。然而，合同的完全履行是一个过程，在整个履行的过程中，合同当事人各自面临的客观情况的变化，可能使合同的履行暂时不能进行，或是要一部分一部分地履行，或是要提前履行等。法律对这些情况不加考虑显然是不实际的。因此，我国《合同法》规定了在特殊情况下的不完全履行，我们把它称为不完全履行规则。这一规则主要包括中止履行、部分履行和提前履行。

1. 中止履行，是指在合同义务履行之前或履行的过程中，由于某种客观情况的出现，使得当事人不能执行合同义务而只能暂时停止的情况。我国《合同法》第 68、70 条规定的情况，都是中止履行的客观情况。

2. 部分履行，是指当事人只履行合同部分义务的情况。通常法律要求合同的履行应是全部履行，因此，对于债务人的部分履行，债权人可以拒绝接受。但是，如果部分履行不损害债权人利益的，债权人不得拒绝接受。例如，在借款合同中，债务人先归还一部分款项的，债权人不得以部分履行为由拒绝接受履行，因为这对债权人的利益不会造成损害。当然，部分履行给债权人增加的费用，要由债务人承担。

3. 提前履行，是指在合同约定的履行期限届满之前履行合同义务的情况。按照正确履行规则的要求，履行合同义务应按合同规定的时间进行，推迟或提前，对于债权人来说，都不是他希望出现的。合同债务的履行，推迟对债权人保护显然是不利的，提前一般也会给债权人造成不便。因此，一般情况下，债务人提前履行合同义务，债权人可以拒绝接受履行。但是，如果这种提前履行对债权人不会造成任何损害，债权人就不得拒绝接受履行了。

八、情势变更规则

情势变更，顾名思义，指的是构成合同基础的情势发生了根本的变化。在合同有效成立之后，履行之前，如果出现某种不可归责于当事人的客观变化会直接影响合同履行结果时，若仍然要求当事人按原来合同的约定履行合同，往往会给一方当事人造成显失公平的结果。这时，法律允许当事人变更或解除合同而免除违约责任的承担。这种处理合同履行过程中情势发生变化的法律规则，就是情势变更规则。

情势变更规则实质上是诚实信用原则在合同履行中的具体运用，其目的在于消除合同因情势变更所产生的不公平后果。自20世纪第二次世界大战后，由于战争的破坏，战后物价暴涨，通货膨胀十分严重。为了解决战前订立的合同在战后的纠纷，各国学者特别是德国学者借鉴历史上的"情势不变条款"理论，提出了情势变更规则，并被法院采纳作为裁判的理由，直接具有法律上的效力。经过长期的发展，这一原则已成为当代合同法中的一个极富特色的法律原则，为各国所普遍采用。我国合同法虽然没有规定情势变更规则，但在司法实践中，这一原则已为司法裁判所采用，[1] 也为最高人民法院所认可，此在《最高人民法院关于适用〈中华人民共和国合同法〉若干问题的解释（二）》第26条有明确规定。因此，情势变更规则，既是合同变更或解除的一个法定原因，更是解决合同履行中情势发生变化的一项具体规则。

第三节　合同履行中的抗辩权

首先，在当事人双方互负义务的合同中，如果合同没有约定义务履行的先后顺序，当一方先履行自己的义务时，对方当事人可能会不履行自己的义务而使先履行义务的一方遭受损害。虽然，这种损害可以通过违约责任的承担来补救，但当对方当事人根本没有财产可供承担责任时，补救就难以实现。况且，先履行义务的一方订立合同的目的已无法实现。其次，即使合同义务的履行有先后顺序的约定，在先履行义务的一方正在履行或还没有履行自己义务时，如果后履行义务的一方已发生不可能届时履行自己义务的恶化状况，也会给先履行义务的一方当事人带来严重的忧虑。最后，在后履行义务的一方要履行义务时，先履行义务的一方还没有履行义务的，也会导致后履行义务一方的不公平。为了解除履行合同

---

[1]《中华人民共和国最高人民法院公报》1996年第2期。

义务的当事人的忧虑，鼓励合同履行，法律上确立了履行抗辩制度。对第一种情况，赋予当事人以同时履行抗辩权；对第二种情况，赋予当事人以不安抗辩权；对第三种情况，理论上又称为当事人的后履行抗辩权或称拒绝履行抗辩权。

当然，在单务合同中，只有一方负有义务而另一方只享有权利，就不存在义务履行时的担忧问题。因此，只有在双务合同中，才存在合同履行的抗辩权。合同履行的抗辩权实际上均是拒绝履行抗辩权，后履行抗辩权实际上可归入不安抗辩权之中，因此，合同履行的抗辩权主要有同时履行抗辩权和不安抗辩权两种。

一、同时履行抗辩权

（一）同时履行抗辩权的概念

同时履行抗辩权，又称为不履行抗辩权，指的是双务合同的当事人一方，在对方当事人未为对待给付前，得拒绝自己的给付。我国《合同法》第66条规定："当事人互负债务，没有先后履行顺序的，应当同时履行。一方在对方履行之前有权拒绝其履行要求。一方在对方履行债务不符合约定时，有权拒绝其相应的履行要求。"这就是我国关于同时履行抗辩权的立法规定。

同时履行抗辩权的法律规定，主要取决于双务合同的关联性，即双务合同在成立上的关联性决定了其在履行上也具有关联性。所谓双务合同的关联性，指的是在双务合同中，一方的权利与另一方的义务之间具有相互依存、互为因果的关系。而双务合同在成立上的关联性就是，合同中双方当事人所负的债务在成立上是同时发生的，即一方债务的不成立或不生效，意味着他方债务也不成立或不生效。由此决定了在债务履行时，原则上要求双方当事人同时进行。进而言之，一方当事人只有在已履行或已提出履行给付的条件下，才能要求对方当事人履行给付。否则，自己不履行所负义务而要求对方履行义务，在法律上就有悖于公平观念。

根据同时履行抗辩权，当对方没有履行义务或履行义务不符合合同规定时，可以将自己的义务履行暂时保留。因此，同时履行抗辩权具有留置抗辩权的性质，而与留置权颇为相似。但是，这并不是说法律上设立了留置权后，就可以不要同时履行抗辩权了。事实上，留置权与同时履行抗辩权是两种不同性质的民事权利，不能相互取代，其区别主要有：①两者的根据不同。根据我国《民法通则》的规定和《物权法》的规定，留置权产生的前提是在合同当事人一方依合同约定占有对方当事人的动产，对方当事人没有支付应付款项时；而同时履行抗辩权产生的根据则是双务合同中存在的关联性，而与是否占有对方的财产无关。②两者的性质不同。留置权为法定担保物权，是直接支配特定标的物的权利，具有对抗一切人的效力；而同时履行抗辩权只是一种对抗权，不具有物权性，权利人仅能以此对抗合同对方当事人的请求权。③两者的目的不同。留置权成立的目的是担保债务的履行，在债务人不履行债务时，可以直接从所留置的财产的变价中优先受偿；而同时履行抗辩权的目的则不在于担保债务履行，而在于促使合同的履行。

（二）确立同时履行抗辩权制度的意义

同时履行抗辩权是合同法上的一项重要制度，各国立法无不加以规定。我国合同法最终确立同时履行抗辩权制度，在理论上和实践上都具有十分重要的意义：①同时履行抗辩权具有鼓励合同履行的作用。在双务合同中，当事人想要实现根据合同取得的权利，就得先履行自己的义务，否则，对方可以以同时履行抗辩权对抗履行，其合同权利也就无法实现。这样，当事人为了实现合同权利，就得积极履行自己的义务，从而促进合同义务的履行。②同时履行抗辩权具有维护交易秩序的作用。在实践中，经常出现合同当事人在对方有轻微违约时就拒绝履行自己义务，或以各种理由拒绝对方的履行的情况，这都会妨碍合同履行的顺利进行，影响正常的交易秩序。法律通过对同时履行抗辩权进行规定，从而对拒绝履行的权利行使作出严格的限制，避免拒绝履行权的滥用。

（三）行使同时履行抗辩权的条件

同时履行抗辩权的实质就是同时履行权，即要求合同另一方同时履行合同义务，其目的仍然是合同的履行。因而，理论上有将其称为"合同履行规则"的。[1] 这一实质性权利的行使的保障就是其自身含有的拒绝履行权。通过拒绝履行权的享有来促使同时履行的进行。然而，拒绝履行权一旦行使，合同也就无法继续履行，订立合同的目的也就落空了。这当然不是法律规定同时履行抗辩权所要达到的目的。理论上普遍认为，同时履行抗辩权的行使，需要符合严格的条件，这就是：

1. 须由同一双务合同互负债务。这一条件有两层含义：①双务合同；②互负债务。同时履行抗辩权是因双务合同在履行上的关联性而产生的，因此，它只适用于双务合同。非双务合同所生的债务之间不存在同时履行抗辩权，如无偿委托合同、无偿保管合同，其性质为单务合同，均不发生同时履行抗辩权。并且，同时履行抗辩权只在合同当事人互负债务的双务合同中存在，并非所有的双务合同中都有同时履行抗辩权。所谓的互负债务，是指两项债务之间具有对价关系。例如，违约金债务与主债务之间、主给付义务与附随性义务之间就不存在对价

---

[1]　陈小君、刘剑文主编：《合同法学》，武汉测绘科技大学出版社 1996 年版，第 89 页。

关系。[1]

2. 须双方互负的债务均已到清偿期。同时履行抗辩权制度的目的在于使双务合同中双方当事人的债务能同时履行，因此，双务合同中的双方债务必须具有可同时履行性。而债务的可履行性关键就在于履行期的届满。如果一项债务的履行期还未到清偿期，债务人就没有必要履行债务，债权人也无权要求债务人履行。因此，在双务合同中，如果当事人所负的债务未到清偿期，或是一方当事人的债务到期而另一方的债务还未到期，作为未到期债务的债权人，一方债务人就无权要求对方履行债务，也就不可能存在同时履行抗辩权了。同时，也只有均已到清偿期的债务，才可能是履行顺序不分先后的债务。

3. 须对方未履行债务。双务合同当事人一方在向另一方请求履行债务时，其自己所负有对价关系的债务未履行的，另一方因此可以主张同时履行抗辩权，拒绝履行债务。如果其已履行债务，则不发生同时履行抗辩权问题。不过，请求履行的一方所未履行的债务与另一方所负的债务之间若无对价关系，则另一方不得援用同时履行抗辩权。例如，有偿委托合同，委托人未偿还受托人所支出的必要费用；保管合同，委托人未赔偿保管人所支出的必要费用等，都属于违反义务的行为。但一方所违反的这些义务在本质上与他方所负债务之间不形成对价关系，这些义务只是从属性的义务，受托人及保管人都不得主张同时履行抗辩权。如果一方已经履行，只是履行不符合合同约定的，即履行有瑕疵，或是部分履行，或是迟延履行，或是不适当履行，另一方仍可主张同时履行抗辩权。但如果一方仅仅只是提出履行债务而还没有具体履行时，另一方也得主张同时履行抗辩权。

4. 须对方的对待给付是可能履行的。同时履行抗辩权设立的目的在于，通过一方可拒绝履行而促使合同双方当事人同时履行其债务。如果对方所负的债务已丧失了履行的可能性，则同时履行抗辩权的目的已不可能实现。这时，应依法律关于债务的履行不能的规定来寻求补救，而不存在同时履行的抗辩问题。因此，同时履行抗辩权只有在对方所负债务可能履行的前提下，方能行使。当然，如果对方当事人履行不能的原因是不可归责于双方当事人的，在这种情况下，如果一方提出履行的请求，另一方应提出否认其请求权的主张，而不是主张同时履行抗辩权。

同时履行抗辩权属于延期的抗辩权，不具有消灭对方请求权的效力，而仅能使对方请求权延期。

---

[1] 参见林诚二：“论附随债务之不履行与契约之解除”，载郑玉波主编：《民法债编论文选辑》中册，五南图书出版公司 1984 年版，第 866～867 页。

二、不安抗辩权

（一）不安抗辩权的概念

不安抗辩权是大陆法系国家对双务合同中义务履行有先后顺序约定的先履行义务一方当事人利益进行保护而普遍设立的一项重要的合同法制度。所谓的不安抗辩权，又称为拒绝权，是指在双务合同中，先履行义务一方在后履行义务一方的财产状况发生恶化而有难以为对待给付之虞时，有权要求对方先为对待给付或提供担保，在对方未为对待给付或未提供担保时，有权中止合同而拒绝自己的履行。由此可见，不安抗辩权有留置担保的性质，在对方履行对待给付，或提供担保之后，不安抗辩权即归于消灭。

（二）大陆法系国家的不安抗辩权制度

设立不安抗辩权，目的在于预防因情况发生变化而使先履行义务的一方当事人遭受损害，避免强行履行，从而维护交易的公平。现实中，双务合同多为义务履行的时间有先后顺序的合同，双方当事人履行义务的时间不一致，往往一方先履行给付义务而另一方后履行。因此，如何保护先履行义务一方当事人的合法权益，在法律制度的设计上就显得十分重要了。对此，大陆法系各国都普遍规定了不安抗辩权制度。但在不安抗辩权发生的条件规定上不尽相同。例如，《法国民法典》第 1613 条规定，如买卖成立后，买受人陷于破产或处于无清偿能力致使出卖人有丧失价金之虞时，即使出卖人曾同意延期支付，出卖人亦不负交付标的物的义务。但若是买受人提供到期支付的保证则不在此限。按照此条规定来看，法国民法中的不安抗辩权只限于在买卖合同中适用，且只在买受人破产或处于无力清偿状态时才能产生。《德国民法典》第 321 条规定，双务契约当事人的一方应向他方当事人先为给付者，如他方的财产状况于契约订立后显形减少有危及对待给付的请求权时，在他方未为对待给付或提出担保前，得拒绝履行自己负担的给付。可见，德国民法虽然在不安抗辩权适用的范围上规定得比法国的宽，但在发生不安抗辩权的原因上，规定得却比法国还要窄，只限于一方财产的明显减少。基于这些法律的规定，传统民法认为，不安抗辩权的发生须具备两个条件：①须在双务合同成立后对方发生财产状况的恶化；②须对方财产显形减少有难为给付之虞。[1]

关于财产状况的恶化应于何时发生，立法上基本有两种不同的规定：①于合同订立时已有财产状况恶化的状况；②于合同成立后发生财产状况恶化。德国、法国、瑞士等国的立法采取后一种规定。

---

〔1〕 王家福主编：《中国民法学·民法债权》，法律出版社 1991 年版，第 405 页。

对于财产状况的恶化应到何种程度，各国立法也有不同的主张。一种是以支付不能或准支付不能为限，《瑞士债务法》第 83 条的规定、《法国民法典》第 1613 条的规定，均是采取这种态度。另一种是以对待给付请求权因对方财产状况的明显恶化而有难以实现之虞为限，德国民法所持的正是这种观点。

在符合上述条件而对方未为对待给付或提供担保前，先为给付一方就可以拒绝自己的给付，但并不能立即解除合同。因为此时对方的"难以对待给付"只是处于担忧的状态，而不是一种实际的不能给付。对此，在德国，即使对方拒绝先行给付或提供担保，也不使其陷于履行迟延，先履行义务一方也不能因此取得合同解除权。[1]

对于双务合同中先履行义务一方利益的保护，我国立法也采取了不安抗辩权制度。《合同法》第 68 条第 1 款规定，应当先履行债务的当事人，有确切证据证明对方有下列情形之一的，可以中止履行：①经营状况严重恶化；②转移财产、抽逃资金，以逃避债务；③丧失商业信誉；④有丧失或者可能丧失履行债务能力的其他情形。

这就是我国的不安抗辩权制度的法律依据。从条文的规定上可看出，与其他大陆法系国家的规定有异。根据此条规定，在我国，不安抗辩权的发生只要符合一个条件即可，这就是《合同法》第 68 条第 1 款规定的"有下列情形之一"的条件。这种条件显然比其他国家规定的条件要宽得多。因为只要有证据证明一方有法定情形中的任何一个，另一方都有不安抗辩权。

不安抗辩权制度，本身就是一种对当事人在履行合同的过程中所生担忧进行保护的法律制度。但是，担忧在任何时候总只是一种担忧，而不是现实的违约。从合同法的立法基础来说，先行给付或提供担保毕竟不是后履行义务一方当事人的合同义务，把它加于后履行义务一方当事人本身就有些不公平。只是，法律在此是以牺牲小的不公平来确保更大的公平而已。况且，财产状况发生恶化的一方当事人在其义务履行期到来之前，还有可能恢复正常，而不安抗辩权的行使，最终必然导致合同的解除，这是与合同订立的目的相悖的。因此，各国对不安抗辩权无不规定了极为严格的条件，以免当事人滥用这项权利。然而，我国《合同法》却不仅放宽了对财产恶化程度的限制，而且连"财产恶化"的条件也突破了，包括了经营状况的恶化、转移财产抽逃资金、丧失商业信誉等。从其规定的整体来看，似乎是将"财产状况恶化"的条件转变为第 4 款规定的"丧失履行债务能力"的用语，而经营状况的恶化、转移财产抽逃资金、丧失商业信誉都是

〔1〕 参见王利明、崔建远：《合同法新论·总则》，中国政法大学出版社 1996 年版，第 356 页。

导致丧失履行债务能力的原因。固然，当事人丧失履行债务的能力，往往是由于经营状况发生严重恶化造成的。但是，当事人经营状况严重恶化等，却并不必然导致其丧失履行债务的能力。《合同法》如此规定，容易导致实践中滥用不安抗辩权的混乱局面。

在符合不安抗辩权发生的条件后，先履行义务的当事人一方取得的是中止履行合同的权利。所谓的履行中止，就是合同履行的暂时停止，或称合同义务的延期履行。一旦对方当事人履行了义务或提供了义务履行的充分保证时，不安抗辩权就归于消灭，主张不安抗辩权的当事人一方就应依合同约定履行自己的义务。因此，从权利的角度说，不安抗辩权本身只是一种拒绝履行权。通过行使拒绝履行权，以对抗对方当事人的履行请求，从而达到避免履行无法得到回报的效果。因而，理论上又有将不安抗辩权称为"异时履行拒绝权"的。[1] 我国合同法注意到了不安抗辩权的这一特点，在规定后履行义务一方丧失或可能丧失债务履行能力而另一方享有抗辩权的同时，也规定了先履行义务一方不履行义务时，后履行义务一方享有的拒绝履行权。这种权利，理论上称之为后履行抗辩权。但我们认为，该项权利不应是一项独立的权利，而是依附于违约责任之中的。《合同法》第67条规定："当事人互负债务，有先后履行顺序，先履行一方未履行的，后履行一方有权拒绝其履行要求。先履行一方履行债务不符合约定的，后履行一方有权拒绝其相应的履行要求。"当然，根据合同约定应先履行义务的一方当事人不履行自己义务时，就是违约，后履行义务一方完全可以通过违约责任的途径得到补救。似乎《合同法》的这一规定纯属多余，实际上并非如此。《合同法》的这一规定有效地弥补了违约责任制度和不安抗辩权制度的不足。因为在现实中，当一方违约而另一方并不想主张违约责任时，中止履行可以缓和当事人之间的对立，给违约方一个选择的机会，有利于合同的履行。

然而，不安抗辩权毕竟是对后履行义务一方当事人的一种额外的负担，对于先履行义务一方当事人而言，是一种拒绝履行的抗辩。在纷繁复杂的合同实务中，难免有当事人以不安抗辩权为借口撕毁合同，达到其毁约的目的，这显然与法律规定这一权利的初衷相左。为防止该项权利被滥用，我国《合同法》规定了先履行义务一方当事人应负担的两项附随性义务，即通知义务和举证义务。《合同法》第69条规定："当事人依照本法第68条的规定中止履行的，应当及时通知对方。对方提供适当担保时，应当恢复履行。中止履行后，对方在合理期限内未恢复履行能力并且未提供适当担保的，中止履行的一方可以解除合同。"这

---

[1] 刘瑞复主编：《合同法通论》，群众出版社1994年版，第133页。

是通知义务。不安抗辩权的行使，取决于权利人的意愿，不需要对方当事人的同意。法律规定权利人负担通知义务，是为了避免对方因此受到损害，同时更重要的是为对方提供及时抗辩的机会，即或证明履行能力并未丧失，或提供能够履行的担保，或及时为对待给付等。举证义务就是提出对方丧失或可能丧失债务履行能力的证据。法律不允许当事人随意借口对方不能履行合同而中止自己应先履行之给付，没有充分的证据证明对方不能履行合同而中止自己的履行的，应当承担违约责任。因此，行使不安抗辩权的一方也有主张不成立而承担违约责任的危险。

在通知中止履行之后的合理时间内，对方当事人没有恢复履行能力，也未提供适当担保的，法律规定，中止履行的一方有权解除合同。这说明，不安抗辩权的行使要求，中止履行应有一段合理的时间，而不是永无止境。至于什么才是合理时间，法律没有规定，我们认为可由当事人约定或一方提出，当事人没有约定或提出的，应根据合同的性质和当事人订立合同的目的来确定。在合同履行被中止后，对方当事人债务履行能力的恢复应由其证明，担保的提供应由其向中止履行的一方作出。在中止履行后的合理时间内，对方当事人既没有恢复履行能力，也未提供适当担保的，中止履行一方当事人就可以解除合同。当然，合同的解除也应通知对方当事人。合同解除后，对方当事人不能履行合同就成为违约行为，解除合同的一方可要求对方承担违约责任。

（三）英美法系国家的预期违约制度

在英美法系国家，有一合同法上的制度与大陆法上的不安抗辩制度相类似，这就是预期违约制度。

预期违约（anticipatory breach），也称先期违约，是指合同成立之后，履行期限届满前，当事人一方明确表示不履行合同或预期不能履行合同。英国学者特利特尔（Treitel）指出，在规定的履行期限到来之前，合同当事人一方表示将不履行，或者不可能、无能力履行，这样的行为有时被称为预期违约。[1]

预期违约制度是英美法上独有的制度，它最早来源于英国1853年的奥彻斯特诉戴纳特尔一案。在该案中，被告同意从1852年6月1日起雇用原告为送信人，雇用期为3个月。但在同年5月11日，被告表示将不履行该合同。5月22日，原告起诉要求损害赔偿。在5月22日至7月1日期间，原告找到了其他工作。结果法院判原告胜诉。这一判例开创了英国合同法上预期违约的先河，此后，英国法院一直遵循这一判例，并在长期审判实践中，形成了一整套完善的预

---

[1] 转引自韩世远、崔建远："先期违约与中国合同法"，载《法学研究》1993年第3期。

期违约制度。

英国的预期违约制度为美国立法所采纳,《美国统一商法典》第 2 - 610 条规定了拒绝履行的预期违约,第 2 - 609 条规定了预期不履行的预期违约。《联合国国际货物销售合同公约》也采纳了英美法上的预期违约制度,但其在具体内容的规定上,比起英美法判例上的规定要灵活些。公约将预期违约分为预期非根本违约和预期根本违约两种。预期非根本违约指在合同订立后,因一方当事人履行义务的能力或信用有严重缺陷,或在准备履行合同或履行合同中的行为表明他显然将不履行其大部分义务的,另一方可以中止履行其义务,但中止履行义务的一方当事人无论是在货物发送前,还是在发送后,都必须立即通知另一方当事人。如另一方当事人对履行义务提供了充分保证,则他必须继续履行义务。预期根本违约是指在合同履行期限到来之前,明显看出另一方当事人将会根本违反合同的,则当事人一方可宣告合同无效而不予履行。

根据英美法判例上确定的原则,预期违约一般可分成两种形态。一种是拒绝履行,一种是预期不履行。所谓的拒绝履行,是指在合同履行期限到来之前,当事人一方明确表示将不履行合同。由于拒绝履行只是一方当事人的表示行为,客观上是否会拒绝履行还未知晓,因而,拒绝履行必须是违法的。如果某一拒绝履行的表示是有正当理由的,就不能以预期违约来对待。同时,拒绝履行必须是清楚的、绝对的,并且会对另一方当事人从合同获得利益有着重大的影响。所谓的预期不履行,是指在合同履行期限到来之前,一方当事人有确凿证据证明另一方届时将不履行或不能履行合同的情形。

预期违约毕竟是合同履行期限还未到,其最终可能并不构成实际违约,因而与实际违约有根本的不同。这样,在违约补救的措施上,就不应简单地沿用实际违约制度了。英美法系国家长期判例的实践,形成了两个可供当事人选择的补救措施,即拒绝承认和承认。拒绝承认就是当事人一方在对方当事人有预期违约的表象时,拒绝承认为违约,等到合同履行期限届满而对方仍不履行的,就按实际违约追究对方的违约责任。对于无过错的当事人的这种选择,英国法院也是承认的。1855 年英国的"艾活里诉鲍登"一案的判决,就是这种承认的表现。[1] 这种补救方式的选择虽然可以获得更多的赔偿,但对于当事人来说,也要承担不可抗力等预期违约一方免责事项出现的风险。1855 年英国的"艾活里诉鲍登"一案中的原告,就是因在合同履行期届满前出现了战争这一不可抗力的事项而得不到任何赔偿。承认就是承认对方预期违约的存在而提起诉讼,从而及时地解除合

---

〔1〕 参见徐炳主编:《买卖法》,经济日报出版社 1991 年版,第 413 页。

同，避免更大的损失。然而，提起预期违约之诉，虽可及时解除合同，但损害赔偿与实际违约不同。因为在预期违约中，违约方侵害的只是合同当事人一方的期待利益，而没有造成实际的损害。因此，预期违约的损害赔偿要比实际违约的损害赔偿少得多。

英美法上的预期违约制度不考虑双务合同中债务履行的先后顺序，而在大陆法系债务履行没有先后顺序的双务合同中，如果发生预期违约制度中拒绝履行的情形，则同时履行抗辩制度无法予以解决。因同时履行抗辩制度是在债务履行期限届满时才能适用的，而履行期限届满后的一方明确拒绝履行，已是实际违约，要适用违约责任制度。因此，拒绝履行形态，大陆法系无相应的制度来规范。如果债务履行有先后顺序之分，先履行义务一方拒绝履行的，大陆法系的不安抗辩制度中的拒绝履行权也不能解决，因为不安抗辩制度中的后履行义务一方的拒绝履行权，也是在先履行义务一方的履行期限届满而不履行时，才能适用。后履行义务一方明确拒绝履行的，相当于其丧失或将会丧失履行债务的能力，在大陆法中可适用不安抗辩制度。当然，在不安抗辩制度中仅有财产状况恶化这一条件的国家，拒绝履行并非财产状况恶化，也就无法适用不安抗辩了。对于预期不履行的违约形态，如果是债务履行没有分先后顺序的双务合同，则既不能适用大陆法中的同时履行抗辩制度，也不能适用不安抗辩制度，因为不安抗辩制度只在债务履行分先后顺序的合同中适用。如果债务履行有先后顺序之分，预期不履行就相当于当事人将会丧失债务履行能力，可适用大陆法中的不安抗辩制度。由此可见，在债务履行没有分先后顺序的双务合同中，一方当事人拒绝履行或预期不履行的；在债务履行有先后顺序之分的双务合同中，先履行义务一方预期拒绝履行或预期不履行的；在债务履行有先后顺序之分的双务合同中，后履行义务的一方预期拒绝履行的，大陆法中的不安抗辩制度都无法涉及或无法很好地涉及。同样，英美法中的预期违约制度也仅能涉及大陆法不安抗辩制度中后履行义务一方预期不能履行的情况，对于其他丧失或可能丧失债务履行能力的情况，预期违约制度也不能解决。预期违约制度与不安抗辩制度是相互独立的，不能相互取代。我国《合同法》在规定了不安抗辩权的同时，也规定了预期违约（《合同法》第108 条）。

第四节　合同履行的保全

一、合同履行保全的概念

所谓保全，顾名思义，是通过保护而使其安全之意。合同保全是债权保全制度的基本构成部分，保全的目的是使合同债权能得到安全实现，而合同债权的实现又是以合同义务的履行为实现条件的。换言之，保全的目的就是促使合同义务的履行，通过对债务人总体财产的控制，达到督促合同债务人债务的履行。因此，合同的保全更确切地说，是合同履行的保全。合同履行的保全，就是为保护合同债权人的债权不受债务人不当行为的损害而赋予合同债权一定保护措施的法律制度。合同履行的保全制度就是由这些保护债权的措施及措施的实行构成的。

债权人权利的实现是以债务人债务的履行为条件的。当债务人不履行自己债务时，债权人有权要求强制执行债务人财产，这是债权法律效力的体现。因此，债务人的全部财产就是债务履行的最后保障，理论上称为"责任财产"。[1] 这样，债务人财产的增加或减少，都会直接影响到债权人权利的实现。为保障债权人权利的实现，法律通常赋予债权人以代位权和撤销权，以此消除对责任财产的消极影响和积极影响，克服强制执行和特别担保的不足。正是从确保合同债权实现的角度上讲，理论上通常又把以债权人代位权和债权人撤销权为基本内容的合同履行保全制度称为债的一般担保。

合同履行的保全制度由于涉及第三人，因而属于合同的对外效力。虽然，按照合同相对性原则，合同当事人无权涉及第三人，但在利益衡量上，为了保障合同债权人债权的安全，在危及债权的特殊情况下，将其效力及于第三人，是必要的。

二、债权人的代位权

（一）概念

债权人的代位权是债权人享有的，在债务人不积极行使自己的权利而危及债权人债权实现时，债权人得以自己名义代替债务人直接向第三人行使权利的权利。简言之，就是债权人以自己名义行使债务人权利的权利。权利的行使就是利益的获得，财产权利的行使就是财产的增加。当债务人享有财产权利时，债务人的责任财产就有可能增加。如果债务人对其享有的财产权利不积极行使，势必使其财产总额应增加而不增加，危及债权人债权的实现。允许债权人代替行使属于债务人的权利，就会使债务人的财产得到增加，承担财产责任的能力增强，从而达到保障债权实现的目的。

从权利行使的后果归属看，代位权行使的后果是直接由债务人承担的，这与代理相似。但是，债权人是以自己的名义而不是以债务人名义行使债务人权利的，因而不是代理。代位权的行使是以债权安全为目的，而不是对债务人财产进行扣押或就收取的债务人财产优先受偿，因而，代位权也不是优先受偿权。代位

---

〔1〕 王家福主编：《中国民法学·民法债权》，法律出版社 1991 年版，第 176 页。

权是法律为了保障债权而赋予债权人的权利，与债务人主观意志无关，因而是法定权而不是约定权，是从属于债权的一种特别权利。[1]

债权人代位权起源于罗马法中的代位请求权或称间接诉权。在罗马法中，有一代位请求权制度。其含义是指债务人不行使自己权利而将影响债权人权利实现时，债权人得以自己的名义代替债务人行使权利的权利。但是，现代意义上的债权人的代位权，却是1804年的《法国民法典》最先规定的。《法国民法典》第1166条规定，债权人得行使其债务人的一切权利和诉权，唯权利和诉权专属于债务人个人者，不在此限。这一规定对后世各国民法产生了重大影响。大陆法系国家的民法普遍规定了债权人的代位权。我国《合同法》也已正式确定债权人的代位权。《合同法》第73条第1款规定："因债务人怠于行使其到期债权，对债权人造成损害的，债权人可以向人民法院请求以自己的名义代位行使债务人的债权，但该债权专属于债务人自身的除外。"

作为债权人的一种特别权利，可以说，任何债权人在债权产生时，都普遍享有。但这并不意味着债权人在任何时候都可行使代位权。代位权的行使，通常在符合以下条件时始成立：

1. 债务人须享有对第三人的权利。由于代位权涉及第三人的权利，如果债务人不享有对第三人的权利，代位权就没有行使的目标或标的。当然，代位权的行使，在某种意义上类似于债务人的权利转让，并非所有债务人权利都能成为代位权行使的对象。同时，代位权行使的目的是增加债务人的财产总额。因此，不能增加财产的权利的行使就不能达到代位权设立的目的。基于此，专属于债务人的权利、不得转让的权利、非财产权利等，不是代位权行使的对象。能为债权人代位行使的债务人权利，通常只能是纯粹的财产权利，而且，根据我国《合同法》第73条的规定，仅限于到期债权。物权及未到期债权，都不能作为代位权标的。当然，主要为财产上所具有的权利（如显失公平的撤销权）、为取得财产权利的诉讼权利（如起诉权），理论上认为也可以作为代位权行使的对象，但司法实践中并不认可。

2. 债务人怠于行使权利。怠于行使就是债务人应当行使且能够行使而不行使的行为。这里包含两个方面的前提，即应当行使和能够行使。应当行使就是指，债务人若不及时行使其权利，权利就有可能消灭或减值。能够行使则指债务人客观上有能力行使权利，不存在任何行使权利的障碍。因此，不应当行使的权利或不能够行使的权利，债务人不行使，债权人不得代位行使；应行使且能行使

---

[1]　王家福主编：《中国民法学·民法债权》，法律出版社1991年版，第178页。

的权利，债务人不当行使，债权人也不得代位行使。否则，就构成对债务人行使权利的不当干涉。

3. 债务人已陷于迟延。若债务履行还未到履行期限，债权人权利是否能够顺利实现还难以预料，这时债务人权利的怠于行使与债权人权利的实现之间无直接关系，不能产生代位权的行使。

4. 债务人的怠于行使损害了债权人的债权。代位权的设定是以增加债务人财产进而增强债务人的责任能力为目的的，如果债务人的财产足以清偿其所有债务，债务人应增加的财产不增加甚至减少，都不会危及债权的实现，对债权无任何的损害，债权人就不得行使代位权。只有债务人的行为会损害债权时，才有对债权进行保护的必要。判定是否对债权造成损害，就是看债务人的财产是否足以为债务之清偿。如果债务人的责任财产本身已不足以清偿全部债务，则应增加而未增加财产的行为就是对责任财产的损害，进而是对债权人债权的损害。

（二）代位权的行使

债权人行使代位权，是必须以自己的名义进行的。若以债务人名义行使，就不存在代位问题，但会因此破坏代理制度的法律效力。虽然，代位权行使的结果是对所有的债权人适用，但代位权的行使范围，仅以行使代位权的债权人的债权为限。如果代位权行使的结果已足以清偿债权人的债权，债权人就不得再行使债务人的其他权利。债权人代位权的行使由于是强行代替债务人的地位而行使，没有债务人的意志在内，因此，原则上不得对债务人的债权进行任何的处分，也不得直接将行使代位权的结果归于自己，或直接实现自己的债权。债权人与债务人的债务人即次债务人没有任何法律上的关系，次债务人对债权人也就不负任何的支付义务。不管在何种情况下的履行，次债务人履行债务的结果都只能是归属于债务人，否则，就违反了债的亲自履行规则。

债权人代位权的行使方式，在立法上有两种：①直接行使方式；②裁判行使方式。裁判行使方式能够有效担保行使结果的公平，直接行使容易导致权利的滥用。根据我国《合同法》的规定，代位权的行使必须通过法院进行，即应采取裁判行使的方式。

代位权行使的效力，涉及三个方面的当事人，即债权人、债务人、第三人。对于债务人而言，代位权行使的结果是直接归属于债权人的。对于第三人而言，代位权的行使并不影响其原有的法律地位和利益，其得对抗债务人的抗辩权，均可用来对抗债权人，但对抗债务人的抗辩权不能对抗债权人代位权的行使。对于债权人而言，代位权行使的结果直接归于自己，因此，其行使代位权不得超出债务人权利的范围。对于行使代位权的必要费用是否可以从代位权行使的结果中直接扣除，法无明文规定，我们认为可以扣除。否则，对行使代位权的债权人就是不公平的,司法实践中已认可了这种费用的负担。

三、撤销权

(一) 撤销权的概念

撤销权,是指债务人实施减少财产的行为危及债权人债权实现时,债权人有请求法院撤销其行为的权利。简言之,就是请求撤销债务人行为的权利。行为一旦被撤销,就会产生恢复原状的后果,债务人可能减少的财产就不会减少,可能增加的财产还会增加,从而增加债务人责任财产的总额,增强债务人债务清偿的能力。

撤销权源于罗马法上的"废罢诉权"。由于系罗马五大法学家之一的保罗所创,故又称为"保罗诉权"。其含义是指债务人故意实施旨在减少其现有财产的行为而有害于债权人债权时,债权人有权请求撤销债务人的处分财产的行为,[1]查士丁尼的《法学阶梯》亦有详细的阐明。[2] 1804 年的《法国民法典》首先继受了罗马法上的"废罢诉权"制度,设立债权人的撤销权,后为大陆法系各国所效仿。现代各国均规定有债权人的撤销权,且分破产法上的撤销权和破产法外的撤销权。债权人的撤销权制度虽在我国的《民法通则》中没有规定,但在我国的《合同法》中得到了确立。《合同法》第 74 条第 1 款规定:"因债务人放弃其到期债权或者无偿转让财产,对债权人造成损害的,债权人可以请求人民法院撤销债务人的行为。债务人以明显不合理的低价转让财产,对债权人造成损害,并且受让人知道该情形的,债权人也可以请求人民法院撤销债务人的行为。"

(二) 撤销权的成立要件

现代立法上债权人撤销权的成立,通说认为须符合客观要件和主观要件。

1. 客观要件。客观要件指债务人客观上实施了一定的危害债权人债权的行为,理论上称诈害行为。[3] 要构成诈害行为,需要具备:①债务人实施了法律上的处分行为。处分行为分为事实上的处分和法律上的处分,债务人实施的行为若属事实上的处分,则无法撤销,非法律行为也无须撤销。②债务人的处分行为是以财产为标的的,即财产上的处分行为。非财产上的处分行为,与债务人的责任财产无关,不能撤销。这里的财产不仅限于现实的财产,对于可得的财产也包括在内,即包括到期债权等。③债务人的行为害及债权,即危及债权实现。债务人积极减少财产,如无偿转让财产;消极减少财产,如放弃到期债权、放弃债权担保、主动承担债务等,都会使债务人的责任财产减少而危及债权实现。当然,

---

〔1〕 陈朝璧:《罗马法原理》,商务印书馆 1944 年版,第 189 页。

〔2〕 [罗马] 查士丁尼:《法学总论——法学阶梯》,张企泰译,商务印书馆 1989 年版,第 201 页。

〔3〕 王家福主编:《中国民法学·民法债权》,法律出版社 1991 年版,第 183 页。

无论是积极减少财产还是消极减少财产，如果减少后的责任财产均足以清偿债务，其行为对债权人债权也不会有害。对于债务人行为害及债权的标准，立法上有债务超过和支付不能两种做法，[1] 我们认为以支付不能为优。

2. 主观要件。主观要件指债务人和第三人具有主观上的恶意，即在进行行为时明知有害于债权而仍进行。

对于主观要件的适用，应区分行为的有偿和无偿。如果债务人的行为是无偿的，则无须主观恶意的要求，只要客观要件具备即可撤销。因为，无偿行为的撤销并不损害第三人原有的其他利益。根据我国《合同法》规定，无偿行为包括无偿转让和放弃到期债权两种。主观要件的规定，只在债务人的有偿行为中适用。

在债务人的行为系有偿时，主观要件的恶意又包括两个方面：①债务人的恶意，它是撤销权成立的要件；②第三人恶意，它是撤销权行使的要件。只有债务人的恶意而没有第三人的恶意，撤销权成立但不能行使；只有第三人的恶意而无债务人的恶意，撤销权不能成立。

判定债务人的恶意，立法上有两种不同的标准，即意思主义和观念主义。意思主义认为，恶意指的是债务人在进行行为时有诈害的意思。观念主义认为，恶意指的是债务人明知其行为有害于债权人权利而仍进行。我国《合同法》以债务人是否以"明显不合理的低价"转让为依据，实属观念主义。第三人恶意的认定，仅以在同债务人进行行为时，知道债务人所为的行为有害于债权即可，即知道其以明显不合理的低价处分其财产。

符合主、客观要件的撤销权就是可行使的撤销权。撤销权的行使须是债权人以自己的名义，通过诉讼的方式在债权人的债权范围内进行。并且，须自债权人知道或应当知道撤销事由存在之日起 1 年内行使，若债权人不知或不应知道撤销事由的存在，则须自债务人进行行为之日起 5 年内行使，否则均导致撤销权的消灭。

（三）撤销权行使的效力

撤销权行使的效力就是行使撤销权产生的法律后果。这种后果具体体现在三方当事人的身上。

1. 对债务人的效力。被撤销的债务人行为自始无效，并产生无效行为的后果：已经履行行为的就返还、赔偿，没有履行的就停止履行。

2. 对受益人的效力。已受领债务人财产的，负有返还不当得利的义务，不

---

〔1〕 王家福主编：《中国民法学·民法债权》，法律出版社 1991 年版，第 184 页。

能返还财产的应折价赔偿；已支付的代价向债务人要求返还。

3. 对债权人的效力。行使撤销权的债权人应将行使所得财产加入到债务人的责任财产中，作为一般债权人的共同担保，而无优先受偿的权利；行使撤销权所支出的费用可向债务人求偿。这些费用可以包括诉讼费、律师代理费、差旅费等。

■ **思考题**

1. 合同的履行有何意义？
2. 合同履行的规则有哪些？它们在立法上规定的具体表现是什么？
3. 同时履行抗辩权的行使条件是什么？
4. 不安抗辩权的行使条件是什么？它与预期违约有什么联系和区别？
5. 什么是债权人的代位权？它的行使条件是什么？
6. 什么是债权人的撤销权？它的行使条件是什么？

■ **参考资料**

《最高人民法院关于适用〈中华人民共和国合同法〉若干问题的解释（一）》。

第五章   合同的担保

■ 学习目的和要求

　　通过本章的学习，了解合同的担保是合同权利实现的保证手段，是合同当事人履行义务的督促措施。我国《合同法》中没有规定合同的担保制度，而是由专门的《担保法》加以规定。合同的担保既有人的担保，也有物的担保。根据我国《担保法》的规定，具体的担保形式有：保证、抵押、质押、留置和定金。要求掌握各种担保形式的具体内容，并能运用具体担保形式分析实践中的问题。

第一节   合同的担保概述

一、合同担保的概念

　　合同担保是依照法律规定或当事人约定而设立的确保合同义务履行和权利实现的法律措施。

　　合同目的的实现要以合同履行为条件，履行主要是合同债务的履行。因此，合同担保首先应是债务履行的确保。在合同关系中，权利的实现有赖于义务的履行，从时间关系上看，合同义务的履行在先，权利的实现在后。当合同债务人履行自己的债务后，即使债权人不予配合，债务人还可以通过提存等制度完成自己的履行。而债务人不履行债务，债权人的权利就根本无法实现。即使债权人作出较大的努力和配合，亦是于事无补。当然，由于合同关系的相对性，合同债务的履行体现为两个过程，即债务人履行债务和债权人接受履行。这两个过程的结合是债务履行完成的必要条件。没有债权人的接受履行，债权人的债权也无法实现。因此，债务人履行债务和债权人接受履行都是为了债权的实现。合同担保的目的也应与此相适应：①确保合同债务的履行；②确保合同债权的实现。单纯地将合同担保理解为确保债务的履行或确保债权的实现，都是不全面的。

　　合同是双方当事人设立权利义务的合意，一经有效成立，对合同当事人就有相当于法律的效力。如果合同当事人不履行自己的义务，法律就要对之施加违约责任，当事人因惧怕承担违约责任，就会履行合同义务。从这个意义上说，违约责任也具有确保合同履行的作用。由于义务的履行毕竟是一种代价的付出，合同义务主体作为"经济人"[1]在没有任何压力的条件下，是不会主动付出代价的。因此，合同义务的不履行才是合同当事人的一种天然属性。然而，任由这种天然属性自由发展，合同目的就无法实现。为此，法律上就设立了担保制度，一方面克服合同当事人的天然属性，另一方面在合同义务无法履行时提供一种现实的直接补救，以使债权能够顺利实现。

　　担保是为债权实现而设立的。合同的担保制度是合同与生俱来的，可以说，有合同就有合同的担保。在古罗马法中，就有"废罢诉权"和"代位请求权"制度，它们是现代担保制度的雏形。在古代法中，人身作为担保的现象比较普遍，我国就曾有欠债不还，用子女、妻子来抵债的现象，甚至在现代社会中的一些落后的地方，还残存着用人抵债的现象。在古巴比伦，人作担保的现象更为普遍。到汉谟拉比时期，虽明令禁止终身奴役，但并未放弃人身担保的做法。《汉谟拉比法典》第 117 条就规定，因债务人无力偿债而其家属为债权人奴役的，不得超过 3 年。这种明显带有原始野蛮人烙印的做法，随着人类文明的不断演进，已为现代法律所废止，担保制度也脱离了直接以人身为担保的局限而不断完善和发达。

　　二、合同担保的分类

　　（一）一般担保和特别担保

　　从担保所确保履行的债务人债务范围来区别，可把合同担保分为一般担保和特别担保。

　　1. 合同的一般担保是对以债务人为中心形成的所有债权都具有担保作用的担保。它一般包括债务人的无限责任、债权人的代位权和撤销权。因其设立的目的是确保一般债权的安全实现，故又称债的保全、合同履行的保全。详见本书第四章第四节"合同履行的保全"。

　　2. 特别担保是针对单个债务特别设立的担保。一般担保是对所有的债权人都普遍具有的担保，债权债务实现最终取决于债务人的责任财产的多寡，通常情况下，一个债务人并非只有一项债务，而一定时期的债务人责任财产是一定的。当责任财产不足以清偿全部债务时，债权就有可能难以实现或难以完全实现。为

---

[1]　彭万林主编：《民法学》，中国政法大学出版社 1997 年版，第 18 页。

克服一般担保的不足，就须对个别债权单独设立担保，这就是特别担保。我们通常所说的合同担保，指的是特别担保。我国现行《担保法》也只规定特别担保。

（二）人保、物保、金钱担保

按担保所用的标的性质，合同担保可分为人保、物保和金钱担保。

1. 人保即人的担保，指的是以人的信誉设立的担保。当债务人不按约定履行债务时，由担保人负责清偿。在我国的担保制度中，人的担保形式主要是保证。由于人的担保也是以确保债权实现为目的的，当债务人不履行债务时，债权的实现只有通过担保人来完成。而债权的实现对于担保人来说，通常是财产责任的承担。因此，人的担保最终还是要落实到担保人的财产上。担保人信誉的好坏取决于其承担财产责任能力的大小，只是人的担保针对的不是担保人的个别财产，而是担保人的全部财产。由此可见，人的担保实质上是使履行合同的义务，扩张到第三人的一般财产之上，使合同债权人的受偿机会增多。

2. 物的担保指以物为标的设立的担保。如果债务人不履行其债务，债权人就可以通过对作为担保标的的财产进行处分而从中优先受偿。物的担保与人的担保不同，它排除了人的信誉的担保能力，而单纯以一定的财产为担保标的，一旦设定，就具有物权效力。因此，物的担保就是物权担保或称担保物权。物的担保由于是物权担保，物权法定原则在物的担保中仍然适用，这就决定了物的担保方式只能是法律规定的方式。根据我国《民法通则》及《担保法》、《物权法》的规定，物的担保形式主要有抵押、质押和留置。对于现行法律没有规定的物的担保方式，如浮动担保等，也有望通过立法来确定。

3. 金钱担保，即以金钱作为设立标的的担保。这种担保形式既不是物的担保，也不是人的担保，而是一种特殊的担保。虽然，从本质上说，金钱也是一种物，金钱担保也可归入物的担保的范畴。但金钱担保与物的担保还是存在着诸多的不同，如实现担保时，金钱无须变价。在我国的担保制度中，金钱担保最重要的形式就是定金。

（三）法定担保和约定担保

根据设立方式的不同，合同担保可分为法定担保和约定担保。

1. 法定担保是由法律直接规定而设立的担保。这种担保无须当事人的设定，只需符合法律规定的条件即可成立，是法律为某类特殊债权而设立的担保。在我国的担保制度中，仅指留置担保。

2. 约定担保就是根据当事人约定而设立的担保。在担保制度中，这种担保最为常见、最为普遍。根据我国《担保法》的规定，约定担保主要有抵押、质押、保证、定金。

（四）原担保与反担保

1. 原担保是为主合同之债而设立的担保。在设立担保的合同中，担保合同是从合同，担保所确保的债权所在的合同是主合同。为使主合同之债权实现而设立的担保，就是原担保。在只有一次担保的场合，就不存在原担保与反担保之分了。

2. 反担保就是为担保之债而设立的担保。在商业贸易中，特别是一些大型交易项目中，由于风险大，担保责任也大，即担保人承担财产责任的可能性很大，这样就很难有人愿意为之进行担保。没有担保，主合同的履行就更没有保障。在这种情况下，为了换取担保人的担保，就要为之解除可能承担担保责任的后顾之忧，而以该担保责任为担保对象设立担保是最为理想的办法，这种为担保之债而设立的担保，就是反担保。我国《担保法》第 4 条规定："第三人为债务人向债权人提供担保时，可以要求债务人提供反担保。反担保适用本法担保的规定。"

从我国《担保法》的规定上看，提供反担保的人是债务人，债务人可以委托第三人提供反担保，也可自己反担保。因为反担保的设立实质上是为担保责任进行分担。在担保责任十分繁重的合同中，反担保设立越多，每一层次担保人承担的担保责任就越小。仅限于债务人，在实践中是不易实行的。因为担保人能接受债务人的反担保，债权人就也应接受债务人的担保。债务人之所以要由第三人向债权人进行担保，往往是债务人无力自己进行担保，即使担保人接受其反担保，这种反担保也是苍白无力的。因此，对担保法的这一规定，应扩张性适用，允许债务人以外的第三人提供反担保。

在我国担保制度所确认的担保方式中，并非所有的担保方式都适宜设立反担保：①留置担保系法定担保，不能作为反担保的方式。因为反担保是约定担保。②定金虽在理论上可以作为反担保方式，但由于定金的支付会削弱债务人的债务履行能力，且定金的比例不能高于法定 20% 的幅度，实践中极少采用。实践中，反担保的主要方式是保证、抵押和质押。当然，在债务人作为反担保的提供者时，保证也不能作为反担保的方式。

反担保亦是担保的一种，属约定担保，其设立同原担保的设立一样，依约定进行。

三、合同担保的特征

1. 合同担保的从属性，是指合同担保从属于所担保的债务所依存的主合同，即主债依存的合同。合同担保的设立一般是通过约定完成的，设立担保的合同称为担保合同，担保合同与所担保的债务所在的合同之间的关系是主从关系。即合同担保以主合同的存在为前提，因主合同的变更而变更，因主合同的消灭而消灭，因主合同的无效而无效。当然，这种从属性并不排除合同担保为将来存在的主债而设立，我国《担保法》中的最高额保证、最高额抵押就是为将来存在的主债而设立的担保。但这并不能否认合同担保的从属性。

2. 合同担保的补充性，指的是合同担保一经成立，就在主债关系基础上补充了某种权利义务关系。由于这种补充性的存在，大大增加了债务人履行债务的压力，增强了债权人权利实现的可能性。当然，在主债消灭的情况下，补充的义务并不需要实际履行。因此，担保合同与其他合同不同，其所规定的权利义务并不一定要实现。

3. 合同担保的保障性，是指合同担保是用以保障债务的履行和债权的实现。此乃由合同担保制度设立的目的必然决定的。

四、我国的合同担保立法

合同担保是确保合同履行的重要制度，合同的目的和效力就是履行，因此，合同担保是与合同存在分不开的。要确立规范合同制度的法律，就离不开确立合同担保制度。

在合同担保的立法上，大陆法系存在两种不同的立法模式：①将物的担保作为担保物权统一规定在物权法中，其他担保形式则规定在债权法中，我们称之为分开式；②将合同担保看成一统一制度集中加以规定，我们称为统一式。分开式注意到了担保物权与其他担保形式在性质上的差异，而注重担保物权与其他物权的密切联系，分割了担保制度的统一而获得了物权制度的完整，有助于形成统一的物权理论。统一式注重担保制度中各种担保方式的共性即担保，而舍弃了物权制度的统一，使得整个物权制度支离破碎。法国、日本、德国等国采取的是分开式，苏联采取的是统一式。我国 1995 年的《担保法》立法沿袭的就是苏联的做法而采统一式，但 2007 年的《物权法》改变了这种做法而采分离式。

分开式和统一式可以说是各有利弊。对于立法模式的选择应是在权衡利弊的基础上进行的。分开式虽然破坏了担保制度的统一性，但在债权法的强大效力带动下，即使缺乏统一的合同担保的原则性规定，合同的履行并未受到多大的影响。

统一式虽然保持了担保制度的统一性，但长期的立法表明，并没有为担保制度总结出多少共性的规则来促进担保制度的发展。同时，在肢解物权法方面，却做得极为彻底。苏联首先是抛弃物权概念，进而对用益物权部分弃之不用，部分转换门庭，传统物权制度在此只剩下一个狭隘的所有权了。这种代价比起其所取得的有限几点担保的共性要大得多。我国物权法的出台实际上是否定了担保法的做法，因此可以肯定，在制定民法典时，分离式的担保模式将被采纳。

就我国现行的立法来说，统一的担保制度比较系统的规定始于《民法通则》。《民法通则》第 89 条规定了保证、抵押、留置和定金四种合同担保的方式，但过于原则化。为弥补其不足，1995 年 6 月 30 日通过的《中华人民共和国担保法》，再次选择了统一式的立法模式。且比苏联的统一式更有甚之。不仅将担保制度独立于民法，而且独立于合同法。在其后通过的合同法中，也没有将担保法的内容加以吸收。似乎合同担保就不是合同制度的内容一样，这不能不说是一种遗憾。物权法规定了担保物权，为今后的担保法回归开启了道路。担保法总则、保证、定金等制度在未来的立法中可以规定在债法总则或合同法总则之中。

根据我国《担保法》的规定，我国合同担保制度是由五种担保形式组成的，即保证、抵押、质押、定金、留置。合同担保制度主要就是规范这五种担保形式的法律制度。

第二节　保　　证

一、保证的概念和特征

（一）保证的概念

保证是指债务人以外的第三人为债务人履行债务而向债权人所作的一种担保。保证的目的就是确保债务人履行债务，如果不履行债务，担保人就应承担保证责任，从而使债权人的权利得以实现。因此，保证是合同担保的一种方式。在保证涉及的法律关系中，为债务人履行债务而作担保的第三人，称为保证人，被担保履行债务的债务人，称被保证人，主合同中的债权人又是保证合同的债权人。保证人在债务人不履行债务时所应承担的责任，称保证债务或保证责任。保证人与债权人根据保证合同所确定的关系称保证关系，被保证人是保证关系的关系人，而不是保证关系的主体。虽然，保证的设立一般都要有被保证人的委托，但在成立的保证关系中，被保证人是不能作为保证合同主体的。保证人与被保证人之间的关系是一种委托关系，与债权人无关，主合同中的债权人也不关心保证人和被保证人之间是何关系，因此，保证关系与委托保证关系是两个各自独立、互不关联的法律关系。将被保证人当作保证合同的关系人，是基于保证人和被保证人之间的委托保证关系而不是保证关系。那种认为保证关系是保证人、债权人与债务人之间的关系的观点是错误的。

（二）保证的特征

保证是债权人与第三人经过约定设立的一种担保方式，通常以保证合同的面目出现。这种合同与其他合同相比，具有以下几个特征：

1. 从属性。保证的从属性是指保证附从于主合同，保证因主合同的存在或将来存在而存在，因主合同的消灭而消灭。设立保证的合同是从合同，保证合同中的保证债务是从债务，保证不能与主合同分离而独立存在。

保证的从属性，通常表现在以下几个方面：

（1）存续上的从属性。保证以主合同的有效成立为其存在的前提，以主合同的存续为存续条件。主合同不成立，保证合同也不能成立，主合同成立而无效或被撤销，保证合同也无效，不存在主合同，就无保证的存在。当然，在特殊情况下，对将来存在的合同也可进行保证，但这种保证实质是附条件的保证，即以将来合同有效成立为条件，仍然不能改变保证合同的从属性。

（2）保证范围和强度上的从属性。保证的范围和强度原则上应与主合同债务相同，不得大于或强于主合同债务。由于保证设立的目的就是担保主债务的履行，大于或强于主合同债务的保证，既没有必要，也违反保证设立的本意。因此，从保证的从属性看，对于约定大于或强于主合同债务的范围和强度的，应缩减到主合同债务的程度。保证范围一般是指债务人履行债务的范围，如金钱债务的金钱数额。保证强度的决定因素则比较广泛，如债务履行期限的约定、债务利息的约定、债务责任的主观过错程度的约定等，都可构成保证的强度。

（3）移转上的从属性。即保证随主债权的移转而移转。因保证是为债务人进行的担保，目的是确保债权的实现。根据民法理论上的通常认识，债权的移转不涉及债务人问题，一般不需要债务人同意。作为从属性合同，保证人在决定是否保证时，只取决于被保证人的信任关系，而与债权人无关，即保证只负责确保债权的实现，而不管谁享有该项债权，其与所确保实现的债权是不可分离的。因此，所确保实现的债权移转，保证也随之移转。我国《担保法》第 22 条规定："保证期间，债权人依法将主债权转让给第三人的，保证人在原保证担保的范围内继续承担保证责任。保证合同另有约定的，按照约定。"

（4）变更上的从属性。即指保证随主合同债务的变更而变更。当然，这种变更只能在保证范围和强度上缩小和减少，而不能扩大或增加，因为增加意味着新的保证的设立。但是，如果约定保证仅是对主债务的特定部分进行担保的，主债务的非特定部分的变更不影响保证责任的承担。对于主合同的变更，要使得保证随之变更，须有保证人的书面同意，否则，主合同的变更将直接导致保证向消灭的议程方向变更。这种变更上的从属性同其他方面的从属性不同。我国《担保法》第 24 条明确规定了这种从属性的特殊性。

（5）消灭上的从属性。即指保证随主合同债务的消灭而消灭。例如，主合同债务因履行而消灭，保证也随之消灭。

2. 相对独立性。保证债务虽从属于主合同债务，但并非成为主合同债务的部分，在从属于主合同债务的范围内具有自己的独立性。当然，这种独立性毕竟是从属于主合同的，因而，是相对独立的。这种独立性表现在保证范围和强度、保证变更和消灭的原因、保证效力、保证合同的内容等方面。

3. 补充性。保证的补充性是指保证系对主合同债务人的债务履行能力的补充。债务履行能力可分为完全履行能力、部分履行能力和完全不履行能力。对于主债务人具有完全履行能力的，就不需要补充；而当主债务人不履行债务时，就要由保证人代为履行；主债务人部分履行时，保证人就要对没有履行的部分代为履行。事实上，就是在连带责任保证中，保证也只是起补充作用。因为连带保证责任的承担，须是在主债务人没有履行合同债务时始产生。

保证是一种典型的人保，即人的担保。从直观上看，这种担保是直接以人的信誉作标的而设立的。但是，人的信誉表现在交易上，是取决于该个人的财政的，财产的多少决定其信誉的好坏。从这个角度说，保证最终指向的还是保证人的财产，只不过是保证人的一般财产而已。

二、保证的设立

保证是通过合同约定来设立的，是一种典型的约定担保。保证的设立问题实质上就是保证合同的订立问题。

（一）保证合同

1. 保证合同的概念和性质。保证合同，指的是保证人与债权人订立的在主债务人不履行其债务时，由保证人承担保证债务的协议。

（1）保证合同是单务、无偿合同。在保证合同中，只有保证人承担保证债务，债权人不负担任何保证合同义务，因而是单务的。同时，保证人对债权人承担保证债务，债权人对此不提供相应的代价，因而，保证合同又是无偿的。在现代社会中，新出现的专门保证人如担保银行、担保公司等在充当保证人时往往收取一定的费用，但这是另一法律关系中的有偿，即保证人与债务人之间的有偿委托保证，而不是保证合同的有偿。

（2）保证合同是诺成合同，只要保证人和债权人意思表示一致就可成立。

（3）保证合同是要式合同。保证合同须以书面形式订立，口头作的保证是不应成立的。当然，书面订立的保证合同不拘泥于书面形式，它可以是单独订立一个保证合同，也可在主合同中设立一个保证条款，甚至可以是一方保证人的担保函。

（4）保证合同是一种附延缓条件的合同，保证合同中约定的权利义务，并非是在保证合同成立时就能享有或承担的。而是在担保事项出现时，才享有或承担，即债务人不履行债务时。这样，担保事项的出现就可看成是保证合同效力开始发生的条件，因而，保证合同是附延缓条件的合同。

（5）保证合同是从合同，是从属于保证所担保的债务所在的主合同而存在的。

2. 保证合同的条款。订立保证合同，一般应包括以下主要条款：①被保证的主债权种类、数额；②债务人履行债务的期限；③保证的方式；④保证担保的范围；⑤保证的期间；⑥双方认为需要约定的其他事项。

（二）保证人

保证人是为债务人履行债务进行担保的人，或保证合同中保证债务的承担者。

保证人必须是主合同债权人、债务人以外的第三人，这是由保证设立的功能所决定的。债权人不可能作为保证人，因为单方不能成立合同；债务人不能作为保证人，因为毫无意义，通过债的保全就可达到。然而，主合同以外的哪些人可以充当保证人？这事实上是保证人资格问题。一般认为，保证人须是具有代偿能力的人。所谓代偿能力，是指代为清偿债务的资格，这种资格取决于主体拥有的财产或取得财产的能力。由于保证人最终可能要为债务人代为清偿债务，如果其没有相应的财产或取得财产的能力，一旦出现债务的代为清偿时，他就无法履行。当然，对于保证人是否需具有代偿能力，各国的做法不尽相同。从国外立法来看，主要有两种不同的模式：①以德国为代表的模式，并不要求保证人须具有代偿能力；②以法国为代表的模式，要求保证人须有代偿能力。我国《担保法》对保证人资格的规定类似于法国模式。

然而，代偿能力与行为能力是两个不同的概念，有行为能力的人不一定具有代偿能力，有代偿能力的人不一定有行为能力。行为能力的有无是有法律上的标准可依的，而代偿能力的有无却取决于当事人的认识。对于没有代偿能力的人，债权人愿意接受其所作的保证，法律没有必要进行干预。而没有行为能力的人，即使其有很强的代偿能力，也不应作为保证人。因为充当保证人事实上是一种变相的财产处分行为，而处分行为须有相应的行为能力。基于这样的认识，对保证人资格进行规定的立法，即使没有特别的规定，作为保证合同主体之一的保证人应具相应行为能力也在法律行为一般要求的范围之内。代偿能力的规定，实有画蛇添足之嫌。在我国的司法实践中，也没有以代偿能力的有无作为判断保证合同效力的依据。因此，我们认为，凡具有相应权利能力和行为能力的自然人、法人和其他组织，都可作为保证人。当然，在这一条件之下，也有不能作为保证人的情况，法律应作特别的规定加以排除。

1. 国家机关不能作为保证人。国家机关（包括立法机关、行政机关和司法机关）是主要从事国家管理活动的，其财产主要来源于财政拨款，且是用以保证正常的管理活动进行的基础。如果国家机关的财产用于清偿保证债务，就会影响其公务活动的进行，削弱其应有的职能。因此，国家机关不能作为保证人。对此，我国《担保法》第 8 条已作明确的规定："国家机关不得为保证人……"这完全不是因为代偿能力，而是基于维护正常运转的职能所需。当然，作为例外，经过国务院批准，为使用外国政府或者国际经济组织贷款进行转贷的，国家机关可以作为保证人。

2. 公益性事业单位不能作保证人。公益事业单位是指其成立是以开展公益事业为目的的组织，如学校、幼儿园、医院等。由于公益事业单位是以从事公益活动为主要目的的，其所承担的角色为社会所不可或缺。充当保证人会影响其功能的发挥，损害社会公共利益。因此，我国《担保法》规定，不允许他们作为保证人。

3. 企业法人的分支机构、职能部门因其主体资格、清偿能力等方面的原因，也不宜充当保证人。我国《担保法》第 10 条也规定了这类组织不得充当保证人。

我国《担保法》规定了哪些人不能充当保证人，但对于不能充当保证人的人充当了保证人会产生什么样的后果，却没有相应的规定。我们认为，在这种情况下，保证合同应是无效的，保证人应承担无效保证合同的缔约过失责任。

对同一债务进行担保，可以是一人单独进行，也可以是一人以上。当数人对同一债务进行保证时，就是共同保证，也称数人保证。共同保证的成立，须是数人对同一债务人的同一债务履行进行的担保。因此，数人对同一债务人的不同债务进行的保证，数人对不同债务人的债务进行的保证，均不是共同保证。共同保证根据保证人承担的保证责任的不同，可分为按份共同保证和连带共同保证两种。保证人可在与债权人签订的保证合同中约定承担何种保证责任。如果没有约定的保证就是连带共同保证。我国《担保法》第 12 条的规定承认了按份共同保证和连带共同保证的存在。但在许多国家的立法中，均不承认按份共同保证而只规定了连带共同保证，如德国、法国等。

（三）保证范围

保证范围就是保证所确保履行的主债务的范围，它同时也是保证人承担义务的范围，以及保证人承担保证责任的范围。

保证范围直接关系到债权人可能实现债权的多少和保证人承担责任的轻重，因此，保证范围通常是构成保证合同的主要条款，应由当事人自由约定。

当事人没有约定而由法律规定的保证范围，称为法定保证范围，当事人没有约定范围的保证，称无限保证。[1] 根据我国《担保法》的规定，法定保证范围就是对全部主债务提供担保，具体包括以下的项目：①主债权，即保证合同成立时债权人对债务人享有的债权；②利息，包括法定利息和约定利息；③违约金；

---

〔1〕 陈本寒主编：《担保法通论》，武汉大学出版社 1998 年版，第 80 页。

④损害赔偿金；⑤实现债权的费用。

由当事人约定的保证范围，称为约定范围。当事人可以在不超过主债务的范围内自由约定保证债务的范围。可约定对主债务的全部，也可约定仅对主债务的部分承担保证责任。

当事人对保证范围的约定，一般情况下应当确定，否则就是约定不明，其保证范围就只能是法定保证范围了。但是，在特殊情况下也可允许保证范围的不确定，这就是最高额保证。所谓最高额保证，是指对于债权人的一定期间内不特定但连续发生的债权限定一个最高额，在最高额债权范围内由保证人对发生的债权额提供担保的保证。最高额保证所担保的债权是不特定的，不仅在保证合同成立时尚未发生，而且是否发生及发生几次均不确定。但是，债权的发生须是在一定期间内连续发生的，且有一个最高额限制。这就要求发生的债权须是相同性质的，或者说，须是产生于连续性的合同中。因此，不同性质的债权或非连续性合同产生的债权，都不能设立最高额保证。我国《担保法》第 14 条规定可设立最高额保证的合同仅限于"连续发生的借款合同或者某项商品交易合同"。

三、保证方式

保证方式，即保证人承担保证责任的方式。根据我国《担保法》的规定，保证的基本方式有两种，即一般保证和连带保证。

（一）一般保证

一般保证，是指保证人只承担担保上的责任而不承担主债务履行责任的保证。即当事人在合同中约定，债务人不履行债务时，由保证人承担保证责任的保证。

一般保证是当事人通过约定设立的。如果当事人在保证合同中没有约定保证人承担一般保证责任，所成立的保证就不是一般保证。

在一般保证中，保证人承担保证责任的前提有两个：①主债已经审判或仲裁，换句话说，债权人不能直接要求保证人承担保证责任，而须先通过诉讼途径向主债务人追偿；②须是先对主债务人的财产强制执行。只有主债务人的财产被强制执行后仍不足以清偿债务的，对于不足部分始能要求保证人承担。由此可见，一般保证的保证责任只能是补充责任，即补充主债务人财产的不足。而且，这种补充责任的承担方式只能是代为赔偿，而不可能是代为履行。这样的保证责任对于保证人来说，是最轻的一种。

一般保证的一个显著特征就是保证人享有先诉抗辩权。所谓先诉抗辩权，是指保证人在主合同纠纷未经审判或仲裁，并且就主债务人财产强制执行仍不能履行债务之前，有拒绝向债权人承担保证责任的权利。法律对先诉抗辩权的规定，目的就是以穷尽主债务人的财产为保证责任承担的前提。

（二）连带保证

连带保证，是指保证人与主债务人对主合同债务承担连带责任的保证。在连带保证中，当主合同债务人没有按约定履行债务时，债权人就可向债务人或保证人中任何一个要求履行债务，或承担债的不履行责任。这就意味着，一旦担保事项出现，保证责任就随即产生，保证人不能像一般保证那样享有先诉抗辩权。因此，连带保证中的连带包含着两个方面的连带：①主体连带，即保证人与主债务人连带承担责任；②责任方式的连带，即主债履行与不履行主债的责任的连带。债权人既可要求履行主合同债务，也可直接要求承担债务不履行责任。可见，在连带保证中，保证人的责任要大得多。

这种情况表明，保证人在不同的保证方式中所处的地位是不同的。因此，在订立保证合同时，应明确约定保证的方式。如果没有约定，法律规定保证人承担连带保证责任。

四、保证期间

（一）保证期间的含义

保证期间指的是保证人承担保证责任的时间范围。也就是说，在这段时间内，保证人才承担保证责任，超出这个时间段，保证人就不承担保证责任。因此可见，保证期间从保证人的角度说，它是责任免除的时间条件；从债权人的角度说，它是要求保证人承担保证责任的请求权存在的时间限制。由于保证期间直接关系到保证责任的承担与否，因而也称为保证责任期间。

保证合同是一种从合同，在主合同的债务履行期限届满之前，保证担保的事项出现与否还未能知道，即是否产生保证责任还不知道。这时，债权人对保证人的保证责任请求权还只是一种期待权，保证责任还没有产生，也就不可能存在保证责任的时间限制了。只有当主合同的债务履行期限届满，才开始出现保证责任产生的可能性。因此，主合同债务的履行期届满是保证期间存在的前提。由于不同的保证方式对于保证人的保证责任产生时间有着重大影响，由此可知，不同的保证方式，其保证期间也不相同。

保证是一种典型的约定担保，是由当事人约定设立的。保证设立的目的就是保证责任的产生，从而起到担保债务履行的作用。而保证期间是保证责任存在的时间限制，因而是保证合同中的重要内容之一。当事人在订立保证合同时应约定保证期间，如果没有约定或约定不明，就应根据法律规定确定保证期间了。

由于保证期间的经过，债权人如果不行使保证责任请求权，就会丧失该项权利，保证人因此就可免除保证责任的承担，从这一角度看，保证期间的经过可使请求权丧失，保证期间类似于诉讼时效期间。然而，诉讼时效期间有中止、中断和延长制度，而根据我国《担保法》的规定，保证期间无中止、中断和延长的规定。从这个角度看，保证期间又具有除斥期间的性质。对于保证期间的性质，理论上向来有不同看法，即有短期诉讼时效期间说和除斥期间说之争。我们认为，从法律规定的内容上及保证期间设立的目的上看，保证期间是除斥期间，而不是诉讼时效期间。因为在保证期间制度中，不存在中止、中断和延长制度，保证期间届满，债权人丧失实体权而非胜诉权。

保证期间与保证合同的诉讼时效期间是不同的。保证合同的诉讼时效期间，是保证合同纠纷所要经过的时间期间，该期间届满而债权人不行使保证责任请求权的，债权人的权利将不受法律的保护。而保证期间届满，债权人不行使保证责任请求权，债权人将丧失该项权利。保证合同诉讼时效届满前，保证期间已届满。但对于保证期间是否届满的争议，所要适用的就是诉讼时效期间了。

（二）保证期间的计算

保证期间是保证责任存在的期间，它的长短关系到保证责任的存在与否。我国法律根据不同方式的保证的特征，规定了不同的保证期间。总的来说，保证期间可有两种，即约定保证期间和法定保证期间。

约定保证期间就是由保证合同当事人在合同中约定保证责任存在的期间。这时，保证期间的长短及起算点均由当事人决定。当事人可约定短于法定保证期间，也可约定长于法定保证期间，但必须有明确的时间限制，且不得违背保证责任的性质。否则，就是没有约定或约定不明。当事人在合同中约定的保证期间短于或等于主债务履行期的，这时保证责任还没有产生，约定无效，视为没有约定；当事人在合同中约定为"直至主债务本息还清为止"等类似内容的，因无法确定"本息还清"的具体时间，视为约定不明。对于约定保证期间，其期间的起算点可由当事人任意约定。可以是在主合同债务履行期限届满前的任何一个时间，也可以是主合同债务履行期限届满后的任何一个时间。

法定保证期间就是由法律规定的保证期间。法定保证期间只有在没有约定保证期间或保证期间约定不明的情况下才会适用，它的长短及起算点因保证方式的不同而不同。一般保证责任的法定保证期间为6个月，自主合同债务履行期限届满之日起计算。一般保证中保证期间约定不明的，保证期间为2年，自主债务履行期届满之日起计算。连带保证责任的法定保证期间为6个月，自主合同债务履行期限届满之日起计算。连带保证中保证期间约定不明的，保证期间为2年，自主债务履行期届满之日起计算。可见，法定保证期间在没有约定时均为6个月，在约定不明时均为2年。其起算点一般均以主债务履行期届满日为准，只是在一些特殊场合中，起算点可能会有些不同。

（三）保证期间的法律效力

保证期间的法律效力，指的是保证期间在法律上产生的后果。保证期间的法律效力可分为积极效力和消极效力。保证期间的积极效力，指保证期间是保证责任的有效存续期间，在此期间内，债权人有权请求保证人承担保证责任。保证期间的消极效力，指保证期间届满而债权人不行使保证责任请求权的，保证人可免除保证责任。

由于保证期间是除斥期间而不是诉讼时效期间，因而在一般情况下无中止、中断、延长的制度，只要保证期间届满而债权人未行使保证责任请求权的，保证人即可免除保证责任。但是，对于一般保证来说，因在主债务履行期届满后，保证人享有先诉抗辩权，债权人此时还无法直接行使保证责任请求权；而且，在债权人先诉的情况下，须是执行主债务人财产仍不足时才有权请求保证人承担保证责任。可见，一般保证中主债务履行期届满还不直接涉及保证期间。这时的债权人诉讼或仲裁是保证责任产生的前提，可以看成是保证责任请求权行使的一种方式，因而《担保法》第25条规定可以适用诉讼时效中断的规定。但对于连带责任保证，因不受先诉抗辩权的阻碍，则无任何中止、中断的后果。

五、保证的法律效力

保证的法律效力，指保证所具有的法律约束力。法律上的约束力往往是通过对相关主体规定一系列的权利义务来体现的。保证的法律效力，主要体现在两个方面，即体现在保证人与债权人之间的关系和保证人与债务人之间的关系上。

（一）保证人与债权人之间的关系

保证人与债权人之间的关系是基于保证合同的订立而产生的。在这一关系中，从债权人方面来说，债权人既是主合同中的债权人，又是保证合同中的债权人。他对保证人享有请求承担保证责任的权利。该权利的行使以主债务人不履行债务为前提，因而是一种期待权。当保证人破产时，债权人的这一权利就可作为破产债权加入到保证人的破产财产中，参加破产分配；当保证人或被保证人恶意削弱保证人的代偿能力而危及保证责任的承担时，债权人可采取相应的法律保护措施。

对于保证人来说，当保证责任产生时，即当主债务人不履行自己的债务而产生保证责任时，保证人事实上就取得了债权人的债务人地位。因此，主债务人享有的对债权人的抗辩权，保证人可单独行使，如债权从未发生的抗辩、债权已经消灭的抗辩、拒绝履行的抗辩等。除此之外，在一般保证方式中，保证人还单独享有先诉抗辩权。

（二）保证人与被保证人的关系

保证人与被保证人（即主合同债务人）之间的关系是基于保证的设立而产生的。其设立的原因，一般是基于被保证人的委托，这时，保证人与被保证人之间的关系就是一种委托关系。特殊情况下，基于被保证人以外的原因而设立的，这时，保证人与被保证人之间的关系是一种无因管理的关系。无论是哪一种关系，保证人对被保证人都享有求偿权、代位权、除去保证责任请求权等权利。

保证人的求偿权，又称保证人的追偿权，指保证人在承担保证责任之后，有向债务人请求偿还的权利。由于保证人承担保证责任在保证合同中没有对价，而其保证责任的承担却使主债务人的债务消灭，主债务人成为实际上的保证责任承担的受益人。基于民法上的公平观念，保证人应有权追偿其为主债务人的利益而承担的责任，主债务人也有义务偿还保证人承担保证责任的支出。当然，保证人追偿的是承担保证责任的付出，因此，保证责任的承担是追偿权产生的前提。没有保证责任的承担，就不存在保证人的追偿权。当然，在特殊情况下也有例外，这就是保证人追偿权的预先行使。在债务人破产而债权人未申报债权的情况下，保证人可以以保证所担保的债权额参加债务人破产财产的分配。同时，保证人之所以享有向主债务人追偿的权利，是由于其保证责任的承担使主债务人受益，因此，保证人承担保证责任却没有使主债务人受益的，即使主债务消灭，也不产生保证人的追偿权。这时，债权人已受领的保证责任的履行，就成为没有合法原因的受领了，保证人可通过不当得利请求权向债权人要求返还。

保证人的代位权，指保证人在承担保证责任后，取代债权人地位行使原债权人的权利。保证人的代位权实质上是债权的法定移转，债权人在其债权受保证人清偿后，应将该债权让与保证人。大陆法系的传统观念认为，债权的法定移转是确保求偿权行使的方式，保证人因求偿权与依代位权而行使债权人的权利相并立，发生请求权的并存，当事人可选择其中之一而行使。我国《担保法》仅规定求偿权而无代位权，似有已为当事人选择的考虑。然而，求偿权与代位权不同，两者不能相互取代。

除去保证责任请求权，又称保证人的免责请求权，是指保证人在事由出现时，有请求主债务人免除其保证责任的权利。这些法定事由，如主债务人的财产明显减少，主债务人的住所、营业场所有变更而使对其追诉发生困难等。保证人的除去保证责任请求权是诚实信用原则在保证人与主债务人之间的关系中的体现，即主债务人负有不增加保证人的责任的义务。我国《担保法》没有规定保证人的这一权利，实为立法上的一大缺陷。

六、保证责任

（一）保证责任的概念

保证责任简单地说，就是在担保事项出现时，保证人应当承担的法律责任。保证是合同担保的一种形式，其设立的目的就是用以确保合同全程地履行，以使债权得以实现。保证担保的实质内容就是不会出现主债务人不履行债务的情况，或者说，主债务人肯定会按约定履行其债务。这是保证人对债权人所作的许诺。如果许诺不能实现，保证人就应承担相应的法律责任。正是从这个角度说，保证责任是保证人的许诺不能实现时保证人应当承担的一种法律后果。这里，债务人不履行债务就是保证的担保事项。但是，这种法律后果的承担并不是法律对保证人行为所作的一种制裁，而是保证人自己的约定，或说是其对债权人许诺的内容。保证人在保证合同中的许诺的前一部分是"债务人履行债务"，并意味着后一部分是"若不履行，保证人履行"。因此，承担保证责任又是保证合同的内容之一，是保证人在保证合同中对债权人所负的债务。只是，这种债务的产生是附条件的，以主债务人不履行债务为其成立的条件。

（二）保证责任的种类和承担方式

根据我国《民法通则》第 89 条的规定，保证责任有两种，即补充责任和连带责任。所谓的补充责任，指的是保证人承担对主债务人债务履行能力不足部分的补充义务。在这种责任中，保证人只负责对主债务人能力不足的部分进行补充，而不需独立取代主债务人。补充责任中，担保事项出现时，债权人只能先要求债务人承担不履行责任，而不能先要求保证人承担保证责任。因此，补充责任只存在于一般保证中。所谓连带责任，是指保证人和主债务人连带向债权人承担债的不履行责任。在这一保证责任形式中，当主债务人不能履行债务时，就出现债的不履行责任，这一责任就要由保证人与主债务人连带承担。也就是说，只要担保事项一出现，债权人就可向主债务人或保证人或两者同时要求承担债的不履行责任。因此，连带责任只存在于连带保证之中。

保证责任的承担方式，由于债权人请求的不同而有代为履行和代为赔偿之分。代为履行是指保证人按照主债的内容和标的，代替主债务人履行债务。代为赔偿是指保证人代替债务人承担债不履行的损害赔偿责任。在一般保证方式中，当主债务人不履行债务时，债权人应首先要求主债务人履行，若主债务人不履行债务，债权人应先请求主债务人承担债的不履行责任，以便为强制执行主债务人财产提供依据。只有在强制执行主债务人的财产仍不能实现债权时，才能向保证人要求承担保证责任。这时的债务不履行已转化为一种损害赔偿的责任，而不可能仍按原主债务内容来履行了。因此，在一般保证方式中，保证责任的承担方式只有代为赔偿，而无代为履行的适用。而连带保证方式则不同，在主债务人不履行债务时，继续履行债务仍是可能的，还能转化为损害赔偿的责任。这时，债权人既可以要求继续履行，也可要求损害赔偿。因此，在连带保证方式中，保证责任的承担方式有代为履行和代为赔偿。

（三）保证责任的免除

保证责任是基于保证合同而产生的，保证合同出现某些违反保证目的的变化情况时，就可免除保证责任。所谓保证责任的免除，是指在法律规定的事由出现时，免除保证人保证责任的承担。保证设立的目的是确保债务人履行债务，以便债权人债权的实现。如果在保证设立的过程中，或在保证成立后，出现并非以确保债务履行为目的的情况，或是违反保证人的信任关系的情况，就不应再要求保证人承担保证责任。

法律规定的保证责任免除的事由，正是考虑这两个方面的因素。根据我国《担保法》的规定，保证责任免除的法定事由主要有保证合同无效的免责、主债变更免责、抗辩权免责和物保优先免责。

1. 保证合同无效的免责包括两种情况：骗保和诈保。骗保是指主合同当事人恶意串通，骗取保证人保证的，这种情况违反保证设立的目的，保证合同无效。诈保是指主合同债权人采取欺诈胁迫等手段，迫使保证人订立保证合同的，因合同当事人意思表示不真实而无效。

2. 主债变更免责包括债权转让、债务承担和主债权债务内容变化三种。债权转让而免责，须是在保证合同中有约定，没有约定的，不能免除。债务承担又称债务移转，因债务人变化违反保证人对他的信任，应视为保证的基础已不存在而免责。主债权债务内容变化已使保证设立的基础发生变化，未经保证人同意，应视为保证合同解除而免责。对此，《最高人民法院关于适用〈中华人民共和国担保法〉若干问题的解释》第30条有不同规定。该规定认为，如果主债权债务内容的变化是"减轻债务人的债务的"，保证人仍应对变更后的合同承担保证责任；如果是"加重债务人的债务的"，保证人仅对"加重的部分"不承担保证责任。我们认为，这一解释是违反我国《担保法》第24条的规定的。

3. 抗辩权免责是指一般保证中，债权人未对债务人提起诉讼或仲裁的，保证人因行使其先诉抗辩权而免责。

4. 物保优先免责是指在有物保和保证同时存在时，物保优先。因对债权人而言，对担保人享有的物的担保的权利是物权，保证责任请求权是债权，根据物权优先原则，债务人自己提供物的担保的，债权人应先行使物权；第三人提供物的担保的，物保和人保应处于同等的地位。法律推定债权人在物的担保范围内已受清偿，受清偿的债权就无向保证人请求承担保证责任的依据，故免除保证人的责任。

保证责任免除，就意味着保证合同消灭；保证责任部分免除，该部分保证合同就消灭。可见，保证责任免除制度，是为维护保证人合法权益而设立的。

第三节　抵　押

一、抵押的概念和特征

（一）抵押的概念

抵押是指债务人或第三人不移转占有地提供财产作为债务履行担保的行为。

抵押是一种行为，抵押行为所形成的法律关系是抵押法律关系。由于抵押法律关系是以抵押权为内容的，因此，抵押法律关系也就是抵押权法律关系。在抵押法律关系中，提供财产的人，称为抵押人；提供的财产，称为抵押物；债权人享有的在债务人不履行债务时变卖抵押物，从所得价款中优先受偿的权利，称为抵押权；享有抵押权的人，称为抵押权人。抵押的目的是设定抵押权，抵押权的行使可使债权得到实现。正是基于抵押权所具有的变卖抵押物而优先受偿的内容，债权的实现才得以保障，而担心抵押物被变卖的心理顾虑，才能促使债务的履行。由此可知，起到债的担保作用的是抵押权，抵押权的设定须通过抵押行为。

对于抵押的概念，各国立法上并不一致。在英美法上，抵押是指设抵人为担保某项债务的偿还而将其不动产或动产上的利益交付抵押权人的行为。其将抵押表述为：抵押不需移转对设抵财产的占有，但设抵人必须将该项财产或其利益的权利文据交付抵押权人（债权人）。抵押可分为卖契抵押、租业权抵押和衡平法上的抵押三种类型。[1] 卖契抵押是指设抵人在不准备移转对某项财产占有的前提下，将该项财产的卖契附条件地交付债权人，并在债务人清偿债务后可重新取得对抵押财产所有权的抵押。租业权抵押指设抵人为担保债务履行而将其在不动产之上的承租权和转租权附条件地交付债权人的抵押。衡平法上的抵押是指设抵人在不移转对地产占有的前提下，将其对该地产上的衡平权利或收益附条件地交付债权人的抵押。[2] 在大陆法系国家，抵押一般是指债务人或第三人将不动产不移转占有地提供给债权人作担保。但现代各国已普遍承认动产亦可作抵押标的物。因而，抵押有广义和狭义之分，广义抵押包括普通抵押和特别抵押，狭义抵押仅指不动产抵押。我国的抵押权制度沿袭着大陆法国家抵押制度的规定，将抵押看成一种行为。但在立法上，最初却未区分抵押和质押，《民法通则》乃将两者合并规定而统称抵押。《担保法》将其分开，《物权法》也分别规定了抵押权和质权。这是适应世界立法趋势的。在我国《物权法》确立的抵押制度中，既包括不动产抵押，又包括动产抵押和权利抵押；既区分了抵押和质押，又将抵押限定为不移转标的物占有的担保，修正了《民法通则》规定中的不足。

在抵押担保中，抵押人是不需要移转标的物的占有的，抵押人仍可行使对抵押物的占有、使用、收益和有限的处分权。这样，既可以达到担保债权实现的目的，又不损害抵押物的使用价值，也没有造成抵押期间资源的闲置。对于抵押权人来说，他无须对抵押物加以保管而获得担保，减少其保管费用和责任；对于抵押人来说，可在担保财产上继续使用、收益而达到担保目的，不影响物的应有效

---

[1] 郭明瑞：《担保法原理与实务》，中国方正出版社1995年版，第79页。

[2] 郭明瑞：《担保法原理与实务》，中国方正出版社1995年版，第79~80页。

用的发挥。对于双方均是有利的。在债务人依约定履行债务的情况下，抵押物如同无权利限制一样，又可丝毫无损地恢复原有的权利状态。从债权的实现角度来看，如果债务人不履行债务，债权人就可直接变卖抵押物，以所得价款优先偿付债权，也无须担心债务人和担保人的财产状况恶化而无力清偿。这是其他任何担保形式都无法相比的。因此，抵押担保又被称为"担保之王"。

（二）抵押权的特征

抵押权虽然是一种约定权利，即通过约定设立，但具有物权特性和担保特性。抵押权的物权性和担保性的具体表现构成了抵押权的以下特征：

1. 抵押权是一种担保物权。这是抵押权的物权性，它是由抵押权的设立目的所决定的。抵押权设立的目的就是以抵押物所具有的价值对债务履行进行担保，是一种价值担保，具有担保性。另一方面，抵押权又具有显著的物权性。抵押权成立后，在担保事项出现时，抵押权人处分抵押物是无须抵押人同意或协助的，只要依法通过法院或其他有权处分机关，就可直接独立地从抵押物的变价中优先抵偿债务，实现债权，这是抵押权对抵押物变价的支配权。在抵押权人处分抵押物时，这种处分权是排除其他人干涉的；在抵押权存续期间，如果抵押人被强制执行或破产，抵押权人就可依据抵押权而优先于其他债权人受偿；在物之上同时设有几个抵押权时，抵押权设立的时间先后决定了抵押权实现的顺序，而不是平均受偿。这些是抵押权的排他性表现。这种对标的物的支配性和排他性，正是物权独有的特征。

对于抵押权的物权性或债权性，理论上和立法上始终存在着不同的认识。大陆法系国家普遍把抵押权规定在物权法中，如《德国民法典》的规定。但也有把它规定在债权法中的，如《法国民法典》就将其规定于第三编的"取得财产的各种方法"之中。我国曾有主张抵押双重性的，认为抵押权同时具有物权性和债权性[1] 然而，物权和债权是两种性质不同的民事权利，不可能同时存在于一种权利之上。两重性观点事实上是误把抵押权的担保功能视为债权性了。

2. 抵押权具有从属性。抵押权的从属性又称附从性，是指抵押权从属于被担保的债权，而没有独立存在的意义。抵押权的从属性是抵押权的担保性的具体表现。一般来说，抵押权的成立或实施，须以债权的成立和存在为前提，即使某些情况下抵押权可以用于担保未来债权，即抵押权设定在先，被担保的债权成立在后，但归根到底，没有所担保的债权，就无须设立抵押权，抵押权的最终实施，仍以有效债权存在为必备前提。同样，抵押权亦随担保的债权一同处分，它

---

[1] 转引自王家福主编：《中国民法学·民法债权》，法律出版社1991年版，第111页。

随债权的转移而转移；随债权的减少而缩小担保之范围，而不能与担保的债权分离而单独让与，或分离为其他债权进行担保；被担保的债权消灭，抵押权作为权利亦随之消灭。

3. 抵押权具有不可分性。抵押权的不可分性是指抵押权在效力上不可分，抵押担保债权及于抵押物的全部。从抵押物与债权关系来说，抵押物的全部担保债权的各部，抵押物的各部担保债权的全部；从抵押权与抵押物的关系上看，抵押权的全部存在于抵押物的全部及每一部分。这是抵押权担保性的表现。具体说来，当抵押物全部灭失或毁损，抵押权仍起担保作用；当抵押财产分割或让与时，对债权担保的效力不变，抵押权仍继续留存于分割或让与后的各项财产上。债权部分清偿时，抵押权人就剩余部分债权仍以全部抵押物行使担保权；当债权部分转让时，由债权的受让人与转让人按其债权比例共同享有一个抵押权；当债权分割时，分割后的各个债权仍受到全部抵押物的担保。

4. 抵押权具有特定性。抵押权的特定性，是指抵押权只能存在于特定的抵押物之上，且只能用以担保特定的债权。抵押权的特定性是抵押权担保性的表现。由于抵押权是以抵押物的价值来确保债权实现的，只有抵押物特定化，才能对其价值进行估计，只有特定化的物，才能进行登记公示。因此，抵押物的特定性是抵押权得以实现的必然要求。另一方面，从担保的目的来看，抵押权所担保的债权额关系着抵押物所应分担的责任，进而关系到债权人可就抵押物变价优先受偿的范围。因此，债权不特定，抵押权就起不到对特定债权进行担保的作用。

5. 抵押权具有物上代位性。抵押权的物上代位性，是指抵押权的效力及于抵押物的变形体或代位物。这是由抵押权是一种价值权所决定的，是抵押权的物权性表现。抵押权是以抵押物的交换价值来担保债权实现的，而不是抵押物的使用价值。因此，抵押物虽然形态可变，但只要其还具有交换价值，抵押物的价值就仍保留有同一性，对抵押权不产生实质性影响。抵押权的物上代位性主要发生在抵押物毁损灭失的情况下的损害赔偿，当抵押物因毁损灭失或出让而得到赔偿金、保险金或出让金时，就应优先用于清偿抵押担保的债权。

6. 抵押权具有追及性。抵押权的追及性，是指抵押物无论辗转流传到何人手里，抵押权人都可以追及抵押物而对其行使抵押权。这是抵押权物权性的表现。

二、抵押权的种类

抵押权的种类在各国立法上是不尽相同的，而且随着社会的不断发展，新的抵押形式也会不断出现。根据我国《担保法》的规定，我国抵押制度中的抵押种类主要有：

1. 不动产抵押。它是指以不动产为抵押标的物而设立的抵押。这一类是抵押中最为普遍的表现形式,很多国家甚至直接视不动产抵押为抵押。由于不动产的特殊性,即使抵押权人不对其转移占有,仍可在一定条件下径自行使抵押权,故倍受社会的欢迎,适用范围较为普遍。

2. 动产抵押。它是指以动产为抵押标的物而设立的抵押,一般不包括所有动产。我国《担保法》所规定可供抵押的动产,原则上是生产设备、原材料、半成品、产品以及具有准不动产性质的交通运输工具等重要动产。但动产抵押,仍以不转移占有为要件,否则不属于抵押而属质押了。

3. 权利抵押。它是以特定的财产权利作为抵押标的的抵押。我国《担保法》对此有明确规定。在我国,可供抵押的权利一般为土地使用权。

4. 最高额抵押。这类抵押较为特殊,它主要是比照债权额的量为其标准进行的定位。即指"抵押人与抵押权人协议,在最高债权额度内,以抵押物对一定期间内连续发生的债权作担保"。[1] 最高额抵押是一种特殊的新型抵押,与现代化经济发展相适应。虽然它在我国目前经济生活中不常见,与我国实践中银行的"滚动贷款"近似,但其制度本身的先进性、优越性,对我国正在进行的市场经济建设有较大益处。

作为一种新型的抵押类型,最高额抵押具有以下特征:①抵押担保的是将来的债权,抵押设立时债权尚未发生;②抵押担保的债权额不确定,但又设有最高额限制,而非担保的债权实际最高额;③实际发生的债权是连续的、不特定的,即债权人不规定对方实际发生债权的次数和数额;④债权人仅得对抵押财产行使最高额限度内的优先受偿权;⑤最高额抵押只需一次登记即可设置。

我国最高额抵押的适用范围,仅限于两种场合:①借款合同;②债权人与债务人就某项商品在一定期间内连续发生交易而签订的合同。

最高额抵押的效力,我国《担保法》未作明文规定,但通说认为,其抵押权人行使抵押权需以债权确定,并以已届清偿期而不得受偿为先决条件。以最高额进行抵押时,若实际发生额超过限度时,以最高额为限,超过部分,为普通债权,不得以抵押物优先受偿。实际发生额低于最高额的,则以实际发生额为限,依此对抵押物享有优先受偿权。

5. 财团抵押。财团抵押又称企业抵押,指抵押人以其所有的动产、不动产和权利为一体共同作为抵押权客体来进行的抵押,这种抵押使企业担保能力集中,以显示出的较大财力来获得相应的资金融通。我国《担保法》第34条、《物权法》第180条规定的抵押人可以用合法财产一并抵押,可解释为我国财团

---

[1] 参见《担保法》第59条。

抵押的法律依据。

6. 共同抵押。共同抵押又称总括抵押，是指为了同一债权的担保，而在数个不同的财产上设置的抵押。共同抵押不同于财团抵押，共同抵押在每一个抵押物上成立一个抵押权，抵押权为复数，其中一个抵押权实现，其他财产上的抵押权则全部消灭，而在财团抵押中，财产有多项多类，但被视为一个集合的整体，在这个一体财产上仅成立一个抵押权。共同抵押实际上可视为普通抵押的变种，与普通抵押无实质差别。我国《担保法》虽未有明文规定，但因其与担保法原则并无冲突和不利，所以，于数个财产上设定共同抵押权，在实践中应当允许。

三、抵押权的设定

（一）形式

抵押权的设定是通过抵押这一行为完成的，抵押行为的成立要以当事人双方的合意为条件，因此，抵押权的设定行为是一种约定行为，抵押担保是一种约定担保。

设定抵押权的抵押通常是以抵押合同的形式来表现的。抵押合同就是抵押人与抵押权人之间以抵押物为标的设定抵押权的合同。由于抵押权成立后具有对抗其他债权的效力，从公平角度出发，抵押合同的成立就应以一定的形式让第三人知晓。因此，抵押权的设定一般都应采取书面合同的形式。《物权法》第185条规定，"设立抵押权，当事人应当采取书面形式订立抵押合同"。当然，书面合同可以是单独订立的合同，也可是主合同中的抵押条款。没有采取书面合同形式，但抵押物或其权利证书已交给抵押权人的，可否认定抵押的成立，理论上有不同认识。由于抵押权是以不移转占有为特色的，抵押物或其权利证书已交给抵押权人的情况，恰恰说明标的物的占有已移转了。因此，将标的物移转作为推定抵押意思的存在，是不成立的。我们认为，根据我国《担保法》规定的书面形式及抵押权的特性，没有书面合同，仅有证据证明"抵押"物或其权利证书交于"抵押权人"，是不能推定抵押关系的存在的。

（二）当事人

抵押合同的主体就是抵押当事人，指抵押关系中的抵押人和抵押权人。

1. 抵押人是指以自己的财产为自己或他人作担保的人。抵押人一般为主合同中的债务人，但也可以是第三人。第三人作抵押人时，该第三人被称为物上保证人。由于抵押权的设定是一种法律行为，行为人必须具有相应的民事行为能力，因此抵押人必须是具有完全行为能力的人。限制行为能力人和无行为能力人不能作为抵押人。同时，抵押权的实现是以处分抵押物为条件的，抵押的设定最终可能涉及对抵押物的处分。因此，抵押人必须是对抵押物享有处分权的人。否则，其所设立的抵押合同无效。我国法律规定的一些不能作为抵押人的情况，正是基于对抵押人的行为能力要求和处分权要求来考虑的。例如，我国《公司法》第148条规定，公司的董事、高级管理人员不得违反公司章程的规定，未经股东会、股东大会或者董事会同意以公司财产为他人提供担保。同样，基于对处分权的要求，无处分权的人以他人财产设定抵押权的，如同将他人财产变卖一样，应属无效。但若债权人出于善意，可否善意取得抵押权？我国《物权法》第106条的规定虽然针对的是所有权的善意取得，但对抵押权的善意取得，我们认为应区分财产的动产和不动产而区别对待。如果以动产设抵押，则可适用善意取得制度而取得抵押权，如果是以不动产设定抵押权的，由于不动产系采取登记公示，因此，非经登记的处分权人设定的抵押，债权人不能善意取得抵押权。当然，如果登记上的处分权人不是真正的处分权人，则应以登记为准而善意取得抵押权。

2. 抵押权人就是在抵押合同中享有抵押权的权利人。由于抵押权的设立是为了担保债权实现的，因此，抵押权人又是主合同中的债权人。

（三）抵押合同

抵押权是通过抵押合同设定的，因此，抵押合同对于抵押权的有效、无效、抵押权的实现均具有重要的意义。订立抵押合同，一般应包括以下主要条款：①被担保的主债权的种类、数额；②债务人履行主债务的期限；③抵押物的名称、数量、质量、状况、所在地、所有权权属或使用权权属；④抵押担保的范围；⑤当事人认为需要约定的其他情况。

（四）抵押物

抵押合同的标的就是抵押人提供用以担保债权实现的财产，即抵押物。抵押合同的标的与抵押权的标的是一致的。对于可供抵押的标的物范围，各国立法不尽一致。有的国家仅限于不动产，如法国、德国、日本等；有的则不以不动产为限，如英国等。我国《担保法》和《物权法》规定的抵押物范围，既可以是不动产，也可以是动产，还可以是权利。

由于抵押权是一种价值权，因此，能够作为抵押权标的物的，必须具有以下特性：①特定性。不特定的物，抵押权人无法对之直接行使权利。②具有交换价值和可流通性。无交换价值的物不能变价，不具有可流通性的物无法变价，均无法实现抵押权的功能。③须是非消耗物。抵押权的设立并未禁止抵押人对抵押物的使用收益，消耗物经使用后将会灭失或价值减少，以之作为抵押权标的，抵押权就无法得到保障。④能够依登记或注册方式公示。因抵押权不能以标的物的占有为公示方法，因此，不能依登记或注册的方式公示的物不能作为抵押物。我国《担保法》对可供抵押的财产和禁止抵押的财产范围都作了明确规定。可供抵押的不动产主要是房屋，动产则主要包括交通运输工具、机器设备等，权利主要指土地使用权。[1] 不能设立抵押的财产主要包括不具有可流通性的财产和为公益目的而存在的财产两种。不具可流通性的财产包括权属不明的财产，被查封、扣押、监管的财产，土地所有权和集体土地使用权；为公益目的而存在的财产指以公益为目的的事业单位、社会团体的教育设施、医疗卫生设施和其他社会公益设施。[2]

对于我国《担保法》规定的可供抵押的财产范围（包括能作抵押的财产和不能作抵押的财产两个方面），我们认为有许多问题值得考虑，主要包括：①立法上既已规定了不得抵押的财产，就没有必要列举可供抵押的财产。否则，对于可供抵押的财产范围中没有列举而又不属禁止抵押财产范围的财产，当事人就无法决定其到底能不能设立抵押。②对于禁止抵押范围中列举的许多财产，规定也不尽合理。其中，土地所有权似应区分国有土地所有权和集体土地所有权而区别对待，集体土地所有权应属可供抵押的财产。公益设施的财产一律禁止设立抵押，不利于公益单位的发展，何况，公益与非公益有时难以区分，如私人诊所等，从事的是公益事业，目的却是营利。司法实践中，这一问题已有突破。《最高人民法院关于适用〈中华人民共和国担保法〉若干问题的解释》第53条规定，公益单位以其社会公益设施以外的财产为自身债务设定抵押的，人民法院可以认定抵押有效。

（五）抵押公示

公示即公开展示之意。抵押公示是指将抵押设立的情况展示于众的制度。物的公示事实上就是物的权利状况的公开展示，其方法一般有登记公示、占有公示和标记公示。登记公示指将权利状况登记在簿，以供公众查阅。占有公示即以对物的占有为该物权利归属的标识。标记公示指在物之上设立一定的标记，标明物的某种权利状况。

抵押权的设立应进行登记，此为各国立法的通例。然而，对于抵押登记的效力，却有两种不同的主张：①登记要件主义，即以登记作为抵押权成立的要件，未经登记抵押权不能成立。②登记公示主义，又称登记对抗主义，指登记不具有抵押权成立的效力，只有公示效力，未经登记的抵押权可以成立，但不得对抗善意第三人。瑞士、德国采第一种，法国采第二种。我们认为，以登记公示主义为优。因为抵押登记的最主要的目的是让公众知悉抵押物的权利状况，以免造成权利设立上的冲突。没有登记，一旦出现同一物上的权利冲突，就难以保障抵押权实现。而抵押权本身是一种私权利，是否登记应由当事人决定，登记要件主义剥夺了当事人决定权利效力的自由。

---

[1] 参见《担保法》第34条。
[2] 参见《担保法》第37条。

我国《担保法》事实上是以登记要件主义为主，以登记公示主义为辅进行规定的。须以登记为成立要件的抵押权的标的物有五大类，主要包括：①单纯的土地使用权；②建筑物；③林木；④交通运输工具；⑤企业动产。[1] 由此不难发现，须经登记始能成立抵押权的物包括了可供抵押的物的主要种类。难怪有学者疾呼，我国《担保法》关于抵押登记效力的规定是一种倒退。[2] 除这五大类财产以外的物，设立抵押时的登记仅为对抗善意第三人，而不是抵押成立的要件。[3]

我国《物权法》已修正了《担保法》的规定：不动产抵押，《物权法》采登记生效主义；对于动产抵押，《物权法》采登记对抗主义。

在我国，抵押权的登记机关因不同的抵押物而不同，没有一个统一的部门，具体为：①以无地上定着物的土地使用权抵押的，为核发土地使用权证书的土地管理部门；②以城市房地产或乡（镇）、村企业的厂房等建筑物抵押的，为县以上地方人民政府规定的部门；③以林木抵押的，为县级以上的林木主管部门；④以航空器、船舶、车辆抵押的，为运输工具登记部门；⑤以企业设备与其他动产抵押的，为财产所在地的工商行政管理部门；⑥以上述以外的其他财产抵押的，当事人自愿登记时，为抵押人所在地的公证部门。

这些能够进行抵押登记的部门有的甚至不知抵押登记为何物，也没有专门的人员主管抵押登记，往往使抵押当事人登记无门。这种状况有待在我国物权登记法律制定的过程中加以解决。

四、抵押权的效力

抵押权的效力就是抵押权成立后所产生的法律约束力。它具体表现为抵押权对与抵押权有关的权利的影响、抵押权所能担保的债权的范围、抵押权所能用以担保的物的范围，它们集中体现为抵押人和抵押权人所享有的权利义务。概括起来，可以从以下几个方面来把握：

（一）抵押权的效力范围

抵押权的效力范围，就是抵押权所能产生法律后果的范围。它主要体现在两个方面，即能够担保的债的范围和能够用以担保的物的范围。

1. 抵押权能够担保的债的范围。它涉及债权实现的大小，当事人一般都应明确约定。当事人没有明确约定的，就应按法律规定来确定。法律规定的范围就是抵押权的法定担保范围，根据我国《担保法》的规定，抵押权的法定担保范

---

〔1〕 参见《担保法》第41、42条。
〔2〕 郭明瑞：《担保法原理与实务》，中国方正出版社1995年版，第151页。
〔3〕 参见《担保法》第43条。

围包括：

（1）主债权。即原本债权，指抵押权设定时确定对之担保的主债权，一般应于抵押权设定时特定。抵押当事人没有其他约定的，应推定为抵押权设定时已经存在的债权的全部。此为法定担保范围的主要方面。当主债权为金钱债权时，仅就其数额进行抵押登记；当主债权是其他财产时，则按其估价进行登记。

（2）利息。利息是由原本债权所产生的法定孳息，包括约定利息和法定利息。

（3）迟延利息。迟延利息是债务人不履行金钱债务而应支付的法定利息，实际上是债务人不履行金钱债务的损害赔偿，无须登记而得就抵押标的物优先受偿。

（4）违约金。当事人在违约时应向对方支付的一定数额的价金。虽是事先约定，但实属违约时的损害赔偿金。

（5）损害赔偿金。它是指债务人不履行债务时应赔偿对方损失的价金。

（6）抵押权的实现费用。它是指抵押权人行使抵押权所支付的合理费用，如拍卖费用、评估费用等。

2. 能够用以担保的物的范围。它也是抵押权效力范围不可缺少的一个方面，指抵押权效力所及的物的范围。它一般包括抵押物、从物、从权利、孳息等。

（1）抵押物。它是抵押人在设立抵押权时所提供的物。

（2）从物。即抵押物的从物，指抵押物的使用不可缺少的配套之物。由于从物在没有约定的情况下，随主物的移转而移转，因此，抵押权实现时，从物也在变价范围之列。

（3）从权利。抵押物的从权利是指抵押物效用的发挥所必需的从权利，如房屋与宅基地使用权。

（4）孳息。抵押权效力对抵押物的孳息是有限制的，只限于抵押权人行使抵押权之后所产生的孳息。

（二）抵押权对相关权利的影响

抵押权的效力还表现在对与抵押权有关的权利的影响上。这种影响比较突出的是对抵押物的处分权和租赁权。由于抵押权只是对抵押物的价值权，抵押权成立后，抵押人仍可在抵押物上进行占有、使用、收益和处分。然而，抵押权毕竟是一种物权，它的存在多少会对抵押物上原有权利产生一定的影响，否则就不会对抵押人产生任何压力，也就无法起到促使债务人履行债务的作用了。其中影响最大的是抵押物的处分权和使用权。

抵押权对抵押物处分权的影响，具体表现为抵押物转让时所受到的来自抵押权的限制。这些限制包括，转让抵押物的，应征得抵押权人的同意，否则，转让行为无效。抵押人转让抵押物的价格明显低于抵押物价值的，抵押人应对低于部分提供担保，否则，转让行为无效。抵押人转让抵押物所得的款项，应用以提前清偿债务或提存。

抵押权对抵押物使用权的影响，主要表现为抵押权对抵押物出租权的影响上。抵押物可以是抵押人自己使用，也可以是抵押人以外的人使用。将抵押物出租就是他人使用的典型表现。抵押权设立后，抵押人将抵押标的物出租的，就发生了抵押权与租赁权的竞合。如何认定两者的关系，我国《担保法》未作规定。我们认为，在不影响抵押权的前提下，租赁权可有效存在，抵押权人在行使抵押权时，应照顾到租赁权。但在抵押权与租赁权发生冲突时，抵押权应优先于租赁权。我国《物权法》第 190 条规定："……抵押权设立后抵押财产出租的，该租赁关系不得对抗已登记的抵押权。"这一规定实际上就是抵押权优先的立法表现。

（三）抵押权的优先效力

抵押权的优先效力集中体现在抵押权人的优先受偿权之上。抵押权人的优先受偿权，是指抵押权人在债务人不履行债务时，有优先从抵押物的变价中受偿的权利。优先受偿权是抵押权的核心内容，是抵押权具有担保性的根本保障，因而是抵押权人的最主要权利。抵押权人的优先受偿权具体表现为：

1. 在一般情况下，抵押权人优先于一般债权人受清偿。

2. 在抵押物被查封、执行时，抵押权优先于执行权。对于抵押财产，不得为其他债权人扣押或强制执行。当抵押财产被扣押或强制执行时，抵押权人得优先行使抵押权，从其变价中受清偿。

3. 在债务人宣布破产时，抵押权优先于一切债权，抵押财产不列入破产财产，抵押权人得就抵押物于其担保的债权额范围内受清偿。

4. 顺序在先的抵押权优先于顺序在后的抵押权，先顺序抵押权人得就抵押标的物的价值优先于后顺序抵押权人受清偿。抵押权顺序相同的，抵押权人按照债权比例受偿。[1]

（四）抵押权的保全效力

抵押权的保全效力是指抵押权所具有的使抵押权人有权采取必要措施以保全抵押财产价值的法律效力。抵押权为价值权，当抵押财产价值减少时，即意味着抵押权人的抵押权受到侵害，抵押权人也就因此而享有采取必要措施以保全抵押财产价值的权利。抵押权的保全效力表现在：

1. 当抵押人的行为足以使抵押财产的价值减少时，抵押权人得请求停止其

---

[1] 参见《担保法》第 54 条。

行为；如有急迫的情事，抵押权人得自己进行必要的保全行为。抵押人使抵押财产价值减少的行为，可能是积极的行为，也可能是消极的行为。无论哪一种，只要抵押人的行为足以使抵押财产的价值减少，抵押权人就有权请求抵押人停止其行为。如抵押人不停止其使抵押财产价值减少的行为，抵押权人有权诉请法院责令其停止。如有急迫之情势，为避免抵押财产价值的灭失或减少，抵押权人还可以不经抵押人同意自己进行保全抵押财产价值的行为。其行为的费用，由抵押人负担。

2. 当抵押人的行为已经使抵押财产的价值减少时，抵押权人得请求抵押人恢复抵押财产之原状，或提供与减少价值额相当的担保。这是因为，抵押权是一种价值权，重在抵押财产价值的充实，而不在乎抵押财产物质形态的替换。

3. 抵押财产因他人行为而致使价值减少时，抵押权人有权请求抵押人另外提供相当的担保，即使抵押权人的债权未到清偿期，抵押权人也有权就赔偿金受偿。

构成抵押权上述保全效力的条件，是抵押财产价值的减少须基于抵押人或第三人的故意或过失行为。如果抵押财产价值的减少不是基于抵押人或第三人的故意行为或过失行为，而是基于不能归责于任何人的原因，则抵押权人与抵押人同受其损失。抵押人作为财产所有人受财产价值减少的损失，抵押权人的抵押权则就抵押财产价值减少部分而消灭，不能再要求抵押人另外提供担保。

（五）抵押权的物上代位效力

物上代位是指权利标的物的替换，即由一物替代权利的原标的物。这里所称的"物"，应作广义的解释，包括财产权利在内。物权的标的物为特定物，其标的物灭失，物权归于消灭，原则上不发生物上代位问题。惟包括抵押权在内的担保物权例外。抵押权为价值权，重在就标的物的价值优先受偿。因此，当抵押物毁损灭失而使抵押物的所有人获得赔偿请求权时，此赔偿请求为原抵押物的对价，抵押权可就此请求权而继续存在。在这种情况下，物的抵押变为权利质押，抵押权人可通过行使权利质权而就赔偿金优先受偿。抵押权的上述效力，即当抵押物灭失时，抵押权就抵押人所取得的赔偿金继续存在，抵押权人得就赔偿金优先受偿的法律效力，在理论上称为抵押权的物上代位效力。

抵押人因抵押物灭失而获得的赔偿请求权，得基于各种原因而发生，包括基于第三人的侵权行为致使抵押物毁损灭失而发生的损害赔偿请求权，基于保险事故而发生的保险赔偿请求权，基于公用征收而发生的补偿请求权等。后一种如我国城市小区改造中房屋所有人获得的拆迁补偿请求权。

抵押权物上代位效力发生，需要符合以下的条件：

1. 须抵押物灭失。抵押物的灭失，包括物理上的灭失与法律上的灭失，全部灭失与部分灭失。这里所说的法律上的灭失，是指基于附合、混合、加工等原因而使抵押人丧失标的物的所有权。如因抵押物转让而使抵押人失去所有权，则不发生物上代位。此时抵押人可根据抵押权的追及效力追及至抵押物的受让人而行使抵押权。抵押物因附合、混合、加工等原因而灭失者，则发生物上代位问题。抵押物部分灭失时，抵押权就未灭失部分的抵押物和已灭失部分的赔偿请求权而继续存在。

2. 须因抵押物之灭失而使抵押人获得赔偿请求权。抵押物灭失，如果抵押人不能因此而获得赔偿请求权，则抵押权消灭，不发生物上代位问题。如果赔偿责任人在支付赔偿金时，被担保的债尚未至清偿期，抵押人有权主张期待利益，请求提存赔偿金。

五、抵押权的实现

抵押权的实现是指抵押权人变卖抵押物并从抵押物的变价中优先受偿其债权的行为。抵押权的实现也称抵押权的实行，它与抵押权的行使不尽相同。抵押权的实现固然要通过抵押权的行使，但抵押权的行使不仅仅以抵押权的实现为目的。

（一）抵押权实现的条件

抵押权的实现，一般情况下应具备以下的条件：

1. 抵押权的有效存在。抵押权的实现，首先必须是抵押权有效存在，这是不言自明的。抵押权无效或不成立，就不存在抵押权，更无抵押权的实现了。

2. 须债权清偿期已届满而未受清偿。清偿期未到，债务人并无清偿的责任，债权人不能要求债务人清偿，更无以抵押物变价来清偿的权利。清偿期已到，而债务人已清偿的，债权人也无要求债务人清偿的依据。

3. 须非债权人原因而债务未受清偿。如果是债权人原因而债务人无法履行债务的，债权人无权指责债务人未为清偿。

具备以上三个条件，抵押权人就可行使抵押权以实现权利设立的目的。

（二）抵押权实现的方式

抵押权的实现，一般可通过出卖抵押物或由抵押权人折价取得抵押物的所有权。我国法律亦是如此规定。

抵押物的变卖，可有两种基本的方法，即自行变卖和法院变卖。自行变卖指由抵押关系当事人自行将抵押物变卖而不通过公力机关的方法，其又分为抵押人变卖和抵押权人变卖两种。无论是抵押权人或是抵押人变卖，均可以采用折价变卖、拍卖变卖及普通变卖的方法。法院变卖也可通过折价、拍卖、变卖来完成。根据我国《物权法》第 195 条的规定，可以认定为自行变卖优先于法院变卖原则，即当事人可以约定抵押物的变卖方法，没有约定的，应由当事人协商自行变卖，协商不成的，提请法院变卖。这是因为，抵押权属于私权，是通过当事人的约定设立的，其实现亦是当事人自己的事，法院一般不应主动干预。

在完成抵押物变卖的方式中，拍卖是最为公正的一种方式。折价变卖和普通变卖都难以最好地实现抵押物的实际价值，且容易造成对抵押人利益的损害，因而也容易产生纠纷。因此，在条件许可的情况下，应以拍卖为抵押物的变卖方式。

从抵押权实现的成本考虑，折价变卖是实现成本最小的一种，其中又以折价而为抵押权人取得抵押物所有权为更小。因此，法律规定也允许抵押权人折价取得抵押物的所有权。只是在抵押权实现的过程中，由于抵押权人所处的优势地位，可能影响到确定抵押物的价格标准，法律规定折价取得所有权须是在可以实现抵押权时进行，并且，须经抵押权人和抵押人双方协商，不能单方决定，也不能损害抵押人的其他债权人利益。因此，在抵押权人可以实现抵押权之前，约定债务人不履行债务时，将抵押物转归抵押权人所有是不允许的。这种约定，理论上称流质契约，或称抵押物代偿条款，这种约定的禁止，称为流质禁止。我国《担保法》第 40 条、《物权法》第 186 条对此有明确的规定。

在抵押权的实现过程中，当有数个抵押权同时存在于同一抵押物之上时，如何从抵押物的变价中受偿，是抵押权实现的一个重要问题。根据我国《担保法》规定，其受偿顺序应按登记优先、时间优先和按比例受偿原则划分。登记优先指在同一物上同时存在登记的抵押权和未登记的抵押权时，登记的抵押权优先受偿。时间优先是指在同一物上同时存在几个不登记或几个均已登记的抵押权时，成立在前的抵押权优先受偿。按比例受偿是指在几个成立时间相同的抵押权中，按每个抵押权担保的债权额所占的比例受偿。

六、物上保证人的权利

物上保证人是指提供抵押财产的第三人。抵押担保的功能发挥主要取决于抵押物的价值，而不关心抵押人。因此，在设定抵押时，提供财产的人可以是债务人，也可以是债务人以外的第三人。当抵押人是第三人时，其所处的地位就相当于保证。只是，保证系以保证人的信誉来担保，抵押人是以财产来担保。因而称为物上保证人。

物上保证人在设定抵押权之前，与被担保债务无任何关系。就是抵押权设立之后，也不能从抵押合同中取得任何利益。而抵押权的设立，就意味着可能会处分抵押物。当抵押权人实现抵押权而处分抵押物时，物上保证人的抵押人会无端受到财产上的损失。基于对可能造成损失的避免和对造成损失的对价，法律往往赋予抵押人以一定的权利，以保障其合法权益。这种权利主要有反担保权和求偿权。

反担保权即指要求债务人提供反担保的权利。在抵押权设立时,物上保证人有权要求债务人对抵押责任的承担提供反担保。反担保人可以是债务人自己,也可以是债务人以外的第三人。反担保的方式可以是抵押、质押、保证等。

求偿权又叫追偿权,是指在抵押权人实现抵押权时,物上保证人享有的向受益人的债务人追偿的权利。这种权利的存在,在某种程度上说是物上保证人设立抵押的保障。

七、抵押权的消灭

抵押权的消灭是指因法定原因或约定原因而使抵押权的效力终止的事实。抵押权消灭,抵押关系也消灭。抵押权消灭的原因主要有:

1. 主债务消灭。抵押权所担保的主债务消灭,抵押权就无担保的对象,丧失担保的依据,抵押就因此而消灭。

2. 抵押物灭失。抵押物是抵押权的标的,标的灭失,抵押权也就没有依存对象,因而也归于消灭。当然,由于抵押权是一种价值权,在抵押物消灭时,还会发生物上代位问题。物上代位权的产生,是抵押权效力的表现,具有物上代位可能时,就不能说抵押权消灭。因此,抵押物灭失而导致抵押权消灭的,只在抵押物灭失而没有可替代物时产生。

3. 抵押权的实现。抵押权的实现,已使抵押物消灭,故而抵押权也消灭。这时,即使实现抵押权后仍有未受清偿的债务,抵押权也归于消灭,而未受清偿的部分,已变成普通债权而不能享有就债务人财产的优先受偿权。

第四节 质 押

一、质押的概念和特征

(一) 质押的概念

质押,是指债务人或第三人将动产或权利交于债权人占有,作为债务履行担保的行为。简言之,就是设定质权担保的行为。在质押关系中,提供财产或权利的人,是出质人;享有质权的人,是质权人;提供的财产或权利,称为质物;债权人享有的在债务人不履行债务的情况下变卖质物,从所得价款中优先受偿的权利,称为质权。

我国在《担保法》颁布之前,没有单独的质权制度,《民法通则》等法律中所言抵押即包含了质押,即抵押、质押不分。现行《担保法》在中国立法史上第一次将质押从抵押中分离出来,具有十分重要的意义,主要包括:①物的分类中动产与不动产所呈现的不同经济特性和效用所使然,以不同经济特性的物进行债权担保亦应有科学的归类。②法律调整规范上的便宜性。这体现在两个方面:

一是担保物权成立时的方便，即不动产不易移转占有，构成抵押权的标的，动产移转占有便利则作为质押的标的，识别和运用将十分方便得当。二是因两种制度的标的物特性不同，成立的方式有别。宜于分别予以公示，不动产采用登记公示于他人，动产则占有交付公示于社会，从而保障物之交易的安全性，也使得两种法律关系中当事人的权利义务明确清楚。

当然，质权作为一项担保物权，势必或多或少会影响到出质人的利益，妨害质物的利用，有一定局限性。但更应看到，质押标的物主要是日常生活用品类的动产，其次是权利。对出质人来说，以这些并不能直接创造经济价值的物品来提供担保时，即可获得急需的资金，手续十分简便；对于质权人来讲，凭借质物的留置作用保障债权的实现又十分安全可靠；就权利质押而言，这类质权的标的物不存在物的利用价值，而仅有客观的交易价值，由出质人交付给质权人占有，对双方都是有利的。

质押制度，早在古罗马法和日耳曼法中就有规定。现代各国民法中也基本确立了各自的质押制度。在我国古代，规定凡以交付动产或不动产占有作为债权担保的，均称为质。两汉以后，又常常称为典或典当，可谓质、典通用，其特点均须以移转占有为标志，而不转移标的物的所有权。我国现行《担保法》所称质权，以动产和权利为标的，分为动产质权与权利质权两种。

（二）质押的特征

质权与抵押权均具有物权性，但与抵押权相比较而言，质权具有自己独特的特点。这就是：

1. 质押法律关系的客体仅限于动产和适于质押的权利，且动产与权利均具有让与性。在我国，不动产不能成为质权的标的。质物之所以须具有让与性，在于债权人有可能通过拍卖、变卖或其他形式优先受偿而实现债权。

2. 质权的设定，因移转占有而生效，这也是质权的主要内容。占有的继续又使质权得以维持，若质权人丧失对质物的占有，其质权随之消灭。占有是对物在事实上的管理，占有的移转通常被认为是通过交付实现的，即交付是转移占有的行为，非此行为，占有亦不生效力。交付方式多半有标的物的移交，即直接移转给质权人；管理权的交付，如将装有货物房间的钥匙交给质权人，以实现其对货物的管理力；交付权利凭证；交付权利的处分权，即在有关机关予以质押登记。

3. 质权的实现仅以债务人不履行债务为前提条件，当债务人不履行债务时，债权人即有权决定将质物或质权进行处分，而无须债务人的同意。而抵押权人则不享有这种对标的的独立支配权。

质权是通过质押行为来设定的，质押担保是一种约定担保。设定质权的质押行为是通过合同来表现的，设定质权的合同就是质押合同。质押合同一般应包括以下主要条款：①被担保的主债的种类、数额；②债务人履行债务的期限；③质物的名称、数量、质量、状况；④质押担保的范围；⑤质物移交的时间；⑥当事人认为需要约定的其他事项。

质押合同的标的决定着质权的类型。对于质权的类型，各国民法规定了不动产质押、动产质押和权利质押。在我国，由于传统的典权制度发挥着不动产质押的作用，且由于不动产质押越来越不适应现代商业社会的发展，我国并没有规定不动产质押。根据我国《担保法》的规定，我国质押的类型基本有两种，即动产质押和权利质押。

二、动产质押

动产质押是指债务人或第三人将动产作为标的而设定质权的行为。动产质押所设定的质权就是动产质权，它指在债务人不履行债务时，债权人享有的以该动产变价而从中优先受偿的权利。

（一）动产质权的设定

动产质权的设定是动产质权取得的方式之一。关于动产质权的取得方式，各国立法上的规定并不完全相同。概括起来，基本有两种方式，即法律行为和事件。法律行为中常见的是通过质押合同来设定动产质押的行为，其次有动产质押的遗嘱设定和让与行为，但出质人的动产在这两种情形下都须由原质权人将质物移转于新的质权人占有方可生效。因事件而取得动产质权的主要包括继承和法律规定。继承取得动产质权为各国的普遍规定，而法律规定产生的质权即法定质押只有少部分国家保留，如《德国民法典》的规定。我国《担保法》对质权的取得，仅在第64条第1款作了规定："出质人和质权人应当以书面形式订立质押合同。"可见我国是以设定行为作为取得动产质权的主要方式。

设立质权的质押合同虽不要求有特别的形式，但应以书面方式订立。质押合同不是诺成合同，即双方的意思表示并不等于生效。因为动产质权是以出质人将质物移转于质权人占有的公示方式产生公信力，所以，法律明确规定，质押合同须自合意后质物移交于质权人占有时生效，质权自标的物移转占有时设立。

动产质权的标的物应是动产，此是不言而喻的。然动产的范围十分宽泛，包括一切可移动之物，由于质权的实现须就质物的交换价值优先受偿，因此，质物须为可交易物，即法律上能够流通的动产。一般而言，质物不应包括金钱货币。

动产质押所担保的债权，在实践中最为常见的是金钱债权，也有实物债权。质押担保的范围，《担保法》第67条作了规定，包括法定范围与约定范围。质押担保的法定范围有主债权和利息、违约金、损害赔偿金、质物保管费用和实现质权的费用。如当事人在质押合同中另就法定范围选择约定或有不违背公序良俗的其他约定，可按约定的范围担保。但是，《担保法》同时也对质押合同中有关当债务履行期届满质权人未受清偿时，质物的所有权移转为质权人所有的"绝质"约定条款作出禁止性规定，这就是流质禁止。其目的是维护质权为价值权而非用益权的性质，并保护出质人的利益。因此，质押合同中的"绝质"约定条款是无效的，但这种无效只是流质条款本身的无效，而不是整个质押合同的无效。不能因质押合同中有流质条款就简单地认定整个质押合同无效。

（二）我国质权的效力

质权的效力可基本分为对内效力和对外效力两个方面。我国《担保法》主要规定了对内效力。

1. 对标的物的效力。这主要是对出质人的约束。对此有两方面的问题，质押的效力首先及于质物的本身，此自不待言，更重要的是影响到孳息问题。《担保法》第68条规定："质权人有权收取质物所生的孳息。质押合同另有约定的，按照约定。前款孳息应当先充抵收取孳息的费用。"由此可见，质押与抵押在此方面的效力有别，质物是为质权人所合法占有的，孳息乃质物所派生，承认质权人对孳息的收取权，在于充分发挥质权在担保方面对债权保障的作用。此外，孳息的收取往往需要支付一定费用。当质权人垫付了这笔费用后，也应当允许质权人从收取的孳息中首先充抵付出的费用。当然，质权人收取孳息的权利可以通过约定加以放弃，法律尊重当事人就此问题的自由。

2. 质权人的权利与义务。质权人因占有质物，所以其享有与抵押权人不完全相同的权利，但同时也须接受法律对其行为的制约。

（1）质权人的权利主要包括：①留置质物权，这是使质押得以成立的前提，占有留置物在债务人未履行清偿义务时，完全受法律保护。②优先受偿权，依照《担保法》第71条的规定，债务履行期届满质权人未受清偿的，质权人可以与出质人协议将质物折价，也可以依法拍卖、变卖质物，就其价款优先受偿。并且，优先受偿权并不影响债权人对债务人主债务的一般请求权。如质物折价或者拍卖、变卖后，其价款不足部分依法由债务人清偿。③收取孳息的权利。④请求偿还有关费用的权利。⑤转质权，在质押关系存续期间，质权人为担保自己或者他人的债务，在质物上设定新质权的行为。

（2）质权人的义务主要有：①妥善保管质物的义务。质物虽因质押设定移交至质权人占有，但出质人毕竟仍是质物的所有权主体。质权人依法负有妥善保管质物的义务，因保管不善使质物灭失或毁损的，质权人应负赔偿责任。这是为了保全质物之价值，从而维护出质人与质权人双方利益的需要。此外，根据《担保法》第69条的规定，若质权人不能妥善保管质物可能致使其灭失或毁损的，出质人可以要求质权人将质物提存，或要求提前清偿债权而返还质物。这是预防性措施，与质权人妥善保管质物的义务有密切关系。②届期返还质物的义务。当债务履行期届满，债务人已履行债务或出质人提前清偿了所担保的债权，表明质权已因债权实现而消灭，质权人应当返还质物给出质人。

3. 转质。所谓转质，指质押关系存续期间，质权人为担保自己的债务而将出质人提供的质物移转给自己的债权人占有，以此设定一个新的质权关系的行为。这一行为涉及两个债权债务关系，形成一个质物之上有两个质权并存的现象，从而产生出质人、质权人、转质权人三方主体的权利义务互动关系。从世界各国的立法上看，转质可基本分为两种：承诺转质和责任转质。所谓的承诺转质，指质权人经出质人的同意，为担保自己债务的履行，在其占有的质物上设定新质权的行为。这里的承诺就是出质人的同意。而责任转质，指的是质权人未经出质人同意，以自己的责任将质物转移给其债权人占有，从而设定新的质权的行为。我国《担保法》由于受到《民法通则》的抵押、质押不分的影响，在禁止转抵押的同时，对于转质未有明确的规定。《物权法》第217条的规定，实际上承认了转质，这与我国司法实践的做法是一致的。《最高人民法院关于适用〈中华人民共和国担保法〉若干问题的解释》第94条规定："质权人在质权存续期间，为担保自己的债务，经出质人同意，以其所占有的质物为第三人设定质权的，应当在原质权所担保的债权范围之内，超过的部分不具有优先受偿的效力。转质权的效力优于原质权。质权人在质权存续期间，未经出质人同意，为担保自己的债务，在其所占有的质物上为第三人设定质权的无效。质权人对因转质而发生的损害承担赔偿责任。"由此可知，我国法律中的转质是承诺转质，我国法律否认责任转质的存在。

（三）动产质权的消灭

动产质权的消灭有三个方面的原因：①主债权消灭，质权无条件消灭；②质权因质物的灭失而消灭；③因主体中债务人与债权人混同，债权人与出质的第三人混同而消灭质权。

三、权利质押

权利质押是指债务人或第三人以所有权以外的权利为标的作债务履行担保的行为。权利质押所产生的权利是权利质权。权利质押与动产质押有共性亦有差异。两者的主要区别在于标的物的不同。但两者都是质押的表现形式，且动产质押的适用比权利质押更为普遍，具有质押的一般特征。因而，动产质押的许多规定，对权利质押也是适用的。

（一）可供质押的权利范围

并非所有的权利都可用以设定质权，作为权利质押标的的权利须是：①财产权。只有财产权才能在质权实现时具有可变价性，非财产权不直接具有可变价性，不能作质权标的的权利。②具有让与性。质权为价值权，须有变价的可能。不具让与性的权利不能变价，不能作为质权标的的权利。③为适宜设质的权利。在我国，因无不动产质权，故不动产只能为抵押权标的。

根据我国《担保法》的规定，可供设立质权的权利有四大类：

1. 债权。债权具有明显的可转让性，是质权利最理想的形式。法律所列举的债权质权有七种两类。其中汇票、本票、支票、债券、存款单属金钱给付类债权质权，而仓单、提单则属动产给付类债权质权。

2. 依法可以转让的股份、股票。这实际上是指反映着一定财产利益的股东权，但一定须具有交换价值即可转让性，禁止或限制转让的股份、股票不能设立质权。

3. 依法可转让的知识产权中的财产权。具体是指商标权、专利权、著作权中的财产权，它们具有相当的财产价值，作为质权利的一种，也可以起到促使债务人如约如期向债权人清偿债务的目的。

4. 依法可转让的其他权利。这一类权利的确定，是考虑到除上述三类权利之外，尚存有其他依法可供质押的特定权利。这一补充性的条款也使得权利质押具有了一定的灵活性，据此，凡是具有可转让性的其他权利均可成为质权利，像公路桥梁、公路隧道或者公路渡口等不动产收益权也可以出质。

《物权法》第223条增加了一项可出质权利，即应收账款。

（二）权利质权的设定方式

权利质权的设定方式与动产质权的设定并无明显差异，当事人均是通过订立质押合同来进行的。但是，在具体的设定过程中，因质权利的不同，设定内容有些区别。

1. 债权质权的设定。根据《担保法》的规定，以汇票、支票、本票、债券、存款单、仓单、提单出质的，在合同约定的期限内将权利凭证交付给质权人之前，质押合同虽已成立，但尚未生效。在这一方面，有价证券质押合同与动产质押完全一致，即质押权自质权人占有质押标的物时方可生效。只是以汇票、支票、本票出质的标的物的占有，除了对票据的实物占有外，还须有"质押"字样的背书才能完成。

法律还规定，当出质人以载明兑现或者提货日期的汇票、支票、本票、债券、存款单、仓单、提单出质的，其兑现或提货日期先于债务履行期的，质权人可在债务履行期届满前兑现或提货，并与出质人协议将兑出的价款或提取的货物用于提前清偿所担保的债权或者向与出质人约定的第三人提存。这样做，无论对质权人还是对出质人都是有利的。

2. 股权质权的设定。股权表现为股份和股票，以股份、股票设质的，就是股权出质。根据《担保法》的规定，股票质押合同是一种特别的要式合同，也就是说，以依法允许转让的股票出质的，出质人与质权人应当订立书面合同，并且须经各证券登记机构办理出质登记，此质押合同自登记之日起生效。可见，股份、股票质押合同的成立有效与有价证券质押合同是不同的，是否办理出质登记就是一个重要的差别。股权质权的设立必须登记，有价证券出质有的可以交付凭证而设立。

登记后，证券登记机构应对出质股票严加监控。"股票出质后，不得转让，但经出质人与质权人协商同意的可以转让"，[1] 这是对出质人自行随意转让出质股票权的限制，说明处分股票权在出质后已归出质人和质权人共同享有。例如，转让后所得价款的处理方法，依法一是提存，二是清偿债务，《物权法》第226条将"提前清偿债务"放在优先的位置，然后才是"提存"。

此外，以有限责任公司的股份出质的，适用《公司法》股份转让的有关规定，质押合同自股份出质记载于股东名册之日起生效。

3. 知识产权质权的设定。在知识产权上设定质权，《担保法》没有规定交付权利凭证的方法。因为交付知识产权的有关凭证并不可靠，可能会发生出质人背地侵犯质权人权利的事情，所以，《担保法》特别规定，以依法可以转让的商标权、专利权、著作权中的财产权出质的，出质人与质权人应订立书面合同，并向有关管理部门办理出质登记，通过合同和登记，由出质人承诺对其权利的处分权在一定条件下由双方共同行使。知识产权出质后，出质人不得转让或者许可他人使用，除非经出质人和质权人协商同意，但转让费、许可使用费亦必须用于提前清偿债务或者提存。

4. 应收账款出质。根据《物权法》的规定，以应收账款出质的，须订立书面合同。质权自信贷征信机构办理出质登记时设立。

第五节　留　　置

一、留置的概念

所谓留置，是指债务人不履行到期债务，债权人有权扣留已经合法占有的债务人的动产，并在经过一定的宽限期债权仍得不到实现时，依法从该动产优先受偿的一种债权担保方式。

留置这种担保方式，其核心在于债权人依法享有的留置权，即债权人因一定

---

[1] 参见《担保法》第78条。

债权关系占有债务人的动产，在基于该动产所发生的债权未得清偿前，得留置该动产作为担保的一种权利。享有留置权的债权人为留置权人；留置权人所担保的债权为留置债权；被留置的动产为留置物。

二、关于留置权的立法体例

1. 债权留置权制度。这种立法体例以《德国民法典》为代表，认为留置权仅具有债权效力，或系债权效力的延伸。《德国民法典》第273、274条规定，债权人在相对人未为履行前，得拒绝自己对相对人所负之给付。据此，债权人在债务人履行债务前，对已占有的债务人的动产有拒绝给付的权利，但无直接支配的权利。同时，债权人依债的关系应负的对待给付义务也得以拒绝，该权利为基于债权效力而衍生的抗辩权。法国民法则更直接地把它定性为双务合同中的同时履行抗辩权。

2. 物权留置权制度。这种立法体例以《瑞士民法典》为代表。现瑞士民法所谓的留置权，是指在物与债权有牵连关系时，债权人在其债权受清偿前得留置该标的物，且在一定条件下，有变价权和优先受偿权。物权留置权被认为是一种独立的物权，留置权有直接支配留置物的效力并可以对抗留置物的所有人和第三人。日本民法也确认留置权为一种独立的担保物权，但留置权人并不享有优先受偿权，且留置权的标的物不以动产为限，不动产也可以为留置权的标的物。

3. 英美法系留置权制度分为普通法上的留置权和衡平法上的留置权及海上留置权三种。其中普通法上留置权与大陆法系中德国民法的规定相类似，不包含就留置物变价受偿的债权留置权。衡平法上留置权和海上留置权则具有物权性质。

4. 我国的留置权制度。在我国，《物权法》第十八章明确留置权为担保物权的一种，根据该法规定，我国的留置权目的不仅仅在于通过留置债务人之物，促使债务人如期履行债务，更重要的是，它赋予了留置权超越债权抗辩权的效力，即留置不仅对债务人施加压力，更着眼于留置物的价值，通过变价从中优先受偿，使得债权的实现有了第二种途径而更有保障。这也是物权留置权制度优于债权留置权制度之所在。

三、留置权的性质

留置权具有两层效力，其第一层效力表现为债权人对债务人这一占有物返还请求权的拒绝权，第二层效力表现为债权人对逾期未得清偿的债权可就留置物优先受偿。显然，留置权具有担保物权之有条件处分担保物的权利。留置权是担保物权的一种，具有其他担保物权的共性，如从属性、不可分性、物上代位性。同时，留置权也有自身的特殊性，这也是其独立为担保物权之一的原因。

1. 留置权是法定的担保物权。留置权是依法律规定而产生的担保物权。在具备《物权法》第 230、231 条规定的条件时，留置权当然产生。它不像抵押权和质权是由当事人之间的合意而产生的，但在英、美、法等国，也有依合意成立的情形。

2. 留置权与原始债权的牵连性。留置权作为担保物权，必然是从属于主债权的从权利，留置权的标的物与原始债权的标的物具有同一性。若债权人的债权，并非基于留置物上的关系而产生，即若为另一法律关系，不得留置其物。例如，修理工为甲修理自行车，在修理费未受偿之前，可留置该自行车；但甲另欠修理工的借款，为另一法律关系，其发生与自行车修理无牵连关系，不得以借款未还而留置自行车。但是，根据《物权法》第 231 条的规定，企业之间留置的，债权人留置的动产与债权可以不属于同一法律关系。

3. 留置权的成立与存续均以占有为要件。无论是成立还是存续，留置权人均须占有动产，该占有不同于质权的占有，质权占有源于当事人约定，且占有物非债的标的物，留置权占有依债的性质而产生，债的标的物由债权人占有。留置权人非基于留置权而享有占有权，而是基于占有而成立留置权，故留置权因占有的丧失而消灭。

4. 留置权效力的双重性。留置权人在债权受清偿之前，可留置标的物并有继续占有的权利，该权利可对抗债务人转让该标的物的权利和债务人返还标的物的请求权。质权虽有同样效力，但质权不得对抗对自己有优先权的债权人。留置权系在一定条件下就留置物的优先受偿权，其第一重效力为留置权为标的物的留置，第二重效力方为处分留置物并从中优先受偿权。

四、留置权的成立

留置权是基于法律规定而发生的一种担保物权，是法定担保物权的一种，故留置权不依当事人之间的合意而产生，不适用时效取得（我国民法尚未规定时效取得制度）。留置权可分为一般留置权和特殊留置权。一般留置权的成立要件如下：

（一）积极要件

所谓积极要件，即留置权成立必须具备的条件，或应具备的法律事实。

1. 须债权人占有属于债务人的动产，此为留置权的成立及存续要件，因留置权是基于债权人对标的物的占有而产生。留置权人的占有，既可为直接占有，也可为间接占有，还可利用辅助人占有；既可为单独占有，也可为共同占有，而共同占有以债权人与第三人对标的物的占有为限。

留置权人占有的标的物以动产为限。瑞士民法中留置权的标的物不仅包括动产，也包括有价证券。我国《民法通则》没有对法律关系客体明文划分种类，但《物权法》对质押的规定显然把动产和有价证券区分开来，即有动产质押和权利质押之分。但就留置权制度来看，作为留置财产的动产若不包括有价证券，则甚为不妥，例如，将无记名证券交保管人保管，在保管费未依合同支付之前，保管人理应留置该证券。

占有物是否以流通物为限《物权法》也未作规定。但虑及留置权的最原始或最主要的功能在于留置，促使债务人履行债务，而变价受偿为次要作用。非流通物无法变价，但仍可发挥留置作用，促使债务人履行债务。因此，留置不应仅限于流通物。

大陆法系有关理论一般均主张，债权人占有债务人的动产须属债务人所有，我国《物权法》第230条也肯定之，但理论上认为，留置权的标的物既可以是债务人的动产，也可以是第三人的动产。[1]

2. 须债权的发生与留置的动产有牵连关系。债权的发生与留置的动产有牵连关系，是指债权的发生和留置物有关联。例如，加工费之债权是由加工物的加工而产生。至于如何确定两者之间有牵连关系，立法及学说不一，大致有两种：①债权与债权牵连说，此说认为，留置权对于相对人的债权，与相对人对于债权请求交付该物的债权，须同出一个法律关系。双务合同的对等给付，即为有牵连关系。此说承袭罗马法（诈欺）抗辩权，不认为留置权为物权，故此说与我国法律的规定不同，不采用。②债权与物牵连说。此说认为，留置物为债权发生原因，为有牵连关系，至于有无对等给付在所不问，此说又分为一元论、二元论。一元论又称直接原因说，认为债权与物之间须有因果关系，便可认定占有物与债权有牵连关系。二元论又称间接原因说，认为债权与占有物之间，包含直接原因和间接原因两种情形。至于牵连关系发生原因，依上述学说，既可为合同，也可为侵权行为。我国《担保法》则将此限定为合同，如该法第82、84条即如是规定，这与《担保法》立法目的仅限于促进资金融通和商品流通即交易关系有关。不过，我国《物权法》适应社会经济发展的需要，拓宽了留置权担保债权的范围，不再将受担保的债权限于合同之债，无因管理、不当得利、侵权行为等债之债权人均可享有留置权。

3. 须债权已届清偿期。占有标的物的债权人的债权尚未届履行期，而占有物的返还义务先届履行期的，如仍可留置该物，其结果则是，债务人的债务尚未到清偿期，而因其物被留置而间接地被强制履行，这显然有违公平原则。故为体现公平，留置权的发生，以债权已届清偿期为要件，而不以债务人的迟延履行为必要。而《物权法》第230条第1款将此要件表述为：债务人不履行到期债务，

---

[1] 参见梁慧星、陈华彬：《物权法》，法律出版社2007年版，第372页。

债权人可以留置已经合法占有的债务人的动产。不履行到期债务，只能是延迟履行，即债务人迟延履行是留置权成立的先决条件。

已届清偿期不仅是留置权行使要件，也是其发生要件，这与其他担保物权不同。债务已届清偿期为抵押权、质权的实行要件，而非其成立要件。债权关系当事人未定履行期，或期限约定不明的，以债权人催告而届清偿期，但催告之时应给对方必要的准备时间。当然，如果债权人受领迟延，则不得主张留置权。

（二）消极要件

所谓消极要件，是指对留置权成立的限制因素。如果仅具备前述的积极要件，却违反下列情形的，不能成立留置权。

1. 动产的留置须不违反公序良俗。动产的留置，如违反公共秩序或善良风俗，不得为之。因市场经济社会中，公序良俗原则有维护国家社会一般利益及一般道德观念的重要功能，被称为民法中至高无上的基本原则。维护公共秩序和善良风俗比保护单个债权人利益更为重要，故动产的留置如违反该原则则无效。例如，留置的动产足以造成债务人公法上的障碍，或债务人维持其生活、职业所必需的动产，基于公序良俗原则，不得留置，前者如留置债务人的身份证、工作证、毕业证、考试成绩证书等，后者如留置债务人赖以生活的炊具或残疾人的拐杖、轮椅等；再如尸体，尸体运送人不得就运费留置，这也基于公共秩序和道德要求而排除留置。根据《物权法》第 233 条的规定，留置财产为可分物的，留置财产的价值应当相当于债务的金额。

2. 动产的留置不与债权人所承担的义务相抵触。这里所指债权人所承担的义务，包括债权人应先于自己债权受偿前返还标的物的义务，或依债务人的批示应由债权人将标的物交付第三人的义务。如债权人有上述义务，则因先履行自己义务而丧失占有，当然，不得留置标的物。再者，债权人不得为了行使留置权，而不履行其他义务。例如，运送人不得为了留置而不履行将标的物运抵目的地的义务，而只能将标的物运抵目的地之后，在运费受偿之前留置标的物。因为债权人只有履行了合同的其他义务（除交付标的物义务之外的义务）之后，才享有债权。再如，代理商或经纪人，受委托出卖某物品，在履行了出卖该物品的义务以后，才能享有代理费受偿的权利。因此，留置权不得与债权人所承担的义务相抵触。

3. 须动产的占有非因侵权行为而取得。法律赋予留置权人占有债务人财产的权利，是为了保障其合法债权的实现。因此，债权人占有留置物应基于合法的原因。若基于侵权行为占有债务人动产，即便占有人基于该动产而取得了债权，也将因对该动产的占有为不法占有，而不能导致留置权的成立，相反还要承担侵权之债务。

4. 须债权关系当事人无排除留置的特约。依《物权法》第 232 条的规定，当事人可以约定不得留置的物。如当事人有排除留置权的特约则债权人不得就标的物行使留置权。这是合同自由原则的体现，是法律对当事人权利的尊重。

五、留置权的效力

法律为贯彻设定留置权制度的宗旨，必然要赋予依法成立的留置权以法律效力。法律通过界定留置权的效力范围，设定留置权人和债务人权利义务来达成此目的。

（一）留置权效力的范围

1. 留置权所担保债权的范围。留置权所担保债权的范围，又称留置担保的范围。一般来说，只要是与留置物有牵连关系的债权，均属于留置权担保的范围，具体而言，包括主债权及利息、违约金、损害赔偿金、留置物保管费用和实现留置权的费用。

2. 留置权标的物的范围。《物权法》关于留置标的物的范围的规定仅抽象为动产，根据该法的立法体例，似乎排除了将有价证券作为留置物的可能，但就实践来看，将有价证券纳入此处的动产较为合理。根据民法对物之分类理论，留置标的物应为留置动产本身及其从物、孳息、代位物。从物从属于主物，留置物若为主物，依担保物不可分原则，从物应为留置权效力所及。因留置权以占有标的物为成立要件，故对从物也应以占有为限。留置标的物应及于孳息，《物权法》第 235 条对此持肯定态度。留置权为物权，其效力应及于因留置物灭失、毁损所得的赔偿物，即代位物。

（二）留置权对留置权人的效力

1. 留置权人的权利。

（1）占有留置物的权利。留置权人在债权未受偿之前，有留置标的物的权利。留置权人对标的物的留置为继续占有权利，如果债权未受清偿，债务人要求返还留置物时，其有权拒绝。在留置权人占有留置物期间，若发生留置物被侵夺的情形，留置权人可基于占有权而请求侵夺人返还。若占有因此而恢复，则视为占有未丧失，留置权得以继续。

（2）对留置物孳息的收取权。留置权人基于对留置物的留置权，而衍生收取标的物自然孳息和法定孳息的权利，但留置权人并不因此取得孳息的所有权，而仅取得就其孳息优先受偿的抵偿权。《物权法》第 235 条规定，留置权人有权收取留置财产的孳息，该孳息应当先充抵收取孳息的费用。一般认为，收取的孳息在先充抵收取孳息的费用后如有剩余，则可依次充抵原始债权利息和原始债权。

（3）对留置物的保管使用权。留置权人应以善良保管人的注意，保管留置物，此为留置权人的义务，故留置权人原则上对留置物无使用权。但为保管留置物的必要，而使用留置物，则为法律允许。留置权人超过保管的必要限度使用留置物，如导致债务人损害的，则应承担赔偿责任；如因该使用获得利益的，则应将该利益返还给债务人。

（4）必要费用的求偿权。留置权人因保管留置物，收取孳息所支出的必要费用，有请求债务人偿还的权利。必要费用，指为保存及管理上所不可缺少的费用，如将牛作为留置物时的饲养费。若留置权人支出的费用超出保管留置物的必要，则不得求偿。

（5）对留置物优先受偿的权利。这是留置权人依法实行留置权，以留置物的价值优先满足债权的权利。

2. 留置权人的义务。

（1）对留置物的保管义务。留置权人应以善良保管人的注意义务保管留置物，这是基于留置关系必然产生的义务。留置权人是否以善意的心态对待，或曰留置权人是否尽到一般保管人应尽的注意，客观上，取决于留置权人是否实施了必要的保管措施。例如，留置权人对留置物的天然孳息应适时收取，若怠于收取，致孳息灭失或贬值的，则视为未尽注意。《物权法》第234条明确规定："留置权人负有妥善保管留置财产的义务；因保管不善致使留置财产毁损、灭失的，应当承担赔偿责任。"

（2）不得擅自处分留置物的义务。留置权系担保物权，其主要功能在于担保债权的实现。虽然留置权人有在一定条件下处分留置物而从中受偿的权利，但其处分权能是不完整的。除满足上述条件下行使留置物的变价受偿权外，留置权人未经债务人的同意不得擅自出租留置物，也不得以之为其他债权提供担保。留置权人违反上述义务，债务人可以请求消灭留置权，如造成债务人损害的，还可以对留置权人提起损害赔偿之诉。

（3）返还留置物的义务。在留置权所担保的债权消灭时，无论债权基于何种原因而消灭，留置权人均负有将留置物返还给债务人或其他有权受领人的义务。根据《物权法》第240条的规定，债务人有权为留置权人另行提供担保，如留置权人接受债务人另行提供的担保的，其也有义务返还留置物。

（三）留置权对债务人的效力

1. 处分权。留置物虽已脱离债务人的占有，但债务人并未丧失对留置物的所有权，故债务人仍可自由处分标的物，但这种处分并不影响留置权。这表现为：留置物的所有权，因继承等法定事件而移转于承受人的，其承受人同时也承担被担保债务，故留置权关系续存于留置权人与新所有人之间。留置物的所有权，因债务人单方面的法律行为（如赠与、遗赠）移转于受让人的，其受让人同时也承担被担保债务。留置权关系继续存在于留置权人与新所有权人之间。留置物所有权在让与时，如债务人与第三人合意而移转于受让人的，因第三人同时承担债务而使留置权关系继续存在。留置物所有权的让与，如受让人不承担债务的，留置权效力是否及于受让人？可以认为，如受让人为善意，不知标的物的权利瑕疵而受让所有权的，依善意取得制度，可取得留置物所有权，但附随债务应一并承担，留置权关系得以在留置权人和新所有权人之间续存，至于受让人履行债务后，当然成为代位债权人向原债务人追偿。

2. 对留置物另设抵押权。因债务人未丧失对留置物的所有权，故其可请求债权人返还留置物而对另一债权设定抵押权。

六、留置权的实行

所谓留置权的实行，是指留置权成立后，经过合理期间，债务人不履行债务又不提供相当的担保，留置权人将留置物折价，或拍卖、变卖并从所得价金中优先受偿的法律行为。

留置权的实行，是物权留置权制度赋予债权人实现债权的第二途径，是留置权第二重效力的体现。对于留置权的实行，我国《物权法》第236～238条有较为细致的规定。根据该规定：①留置权人与债务人应当约定留置财产后的债务履行期间；没有约定或者约定不明确的，留置权人应当给债务人2个月以上履行债务的期间，但鲜活易腐等不易保管的动产除外。债务人逾期未履行的，留置权人可以与债务人协议以留置财产折价，也可以就拍卖、变卖留置财产所得的价款优先受偿。留置财产折价或者变卖的，应当参照市场价格。②债务人可以请求留置权人在债务履行期届满后行使留置权；留置权人不行使的，债务人可以请求人民法院拍卖、变卖留置财产。③留置财产折价或者拍卖、变卖后，其价款超过债权数额的部分归债务人所有，不足部分由债务人清偿。

留置权实行的程序及实质要件有：债权届满清偿期而未受清偿。这是留置权实行的首要条件。债权的清偿期源于当事人的约定，如未约定或约定期限不明，债权人随时可要求债务人履行债务，但应给债务人必要的准备时间。已届清偿期而债权未受偿，债权人应通知债务人并告知宽限期。关于宽限期的确定，《物权法》规定了两种方式：①双方当事人约定债务履行期间；②在没有约定或约定不明确时，留置权人应该给债务人不少于2个月的宽限期，并通知债务人在此期限内履行债务。若债务人在宽限期内，未清偿债务，也未提供相当的担保，可实行留置权。

应注意的是，同一动产上已设立抵押权或者质权，该动产又被留置的，留置权人优先于抵押权人或质权人受偿。

七、留置权的消灭

留置权是为促进债务履行以实现债权而由债权人依法设立的。若债权得以实现或债权以其他方式得到担保，则留置权随之失去了存在的基础或必要，理应消灭。

留置权作为担保物权的一种，其将因物权及担保物权共同的消灭事由的发生而消灭，其也有自身特殊的消灭原因。具体而言，留置权消灭的原因有：①留置权因标的物灭失、被征用、被抛弃等原因而消灭。②留置权因被担保的债权的消灭而消灭。③留置权因留置权人丧失对留置物的占有而消灭。留置权因丧失占有而消灭，并非是绝对的终局消灭，若在一定期间或一定条件下恢复占有的，仍可恢复对占有物的留置权。④留置权因债权清偿期延缓而消灭。留置权以债权已届清偿期为成立要件。当满足上述条件成立留置权后，当事人又合意延缓清偿期的，则原已成立的留置权因丧失债权已届清偿期这一要件而消灭。但这种消灭为暂时的，若延缓的清偿期又届至，则留置权又成立。⑤留置权因债务人另行提供担保而消灭。留置权的设立目的在于担保债权实现。若债务人为债权的清偿另行提供担保，债权因此得以巩固，留置权即告消灭。《物权法》第240条对此提出一更严格的要求，即债务人另行提供的担保须为债权人接受。这样，《物权法》将留置权与另行提供担保的优劣比较权赋予了债权人。

第六节　定　金

一、定金的概念和种类

定金，是合同当事人约定一方在合同订立时或在合同履行前预先给付对方一定数量的金钱，以保障合同债权实现的一种担保方式。

定金这种担保方式，其内涵、外延以及功能直接受现行法的影响。大陆法系不同国家的民事立法对定金的类别及功能各有取舍，概括地说，主要涉及下列种类的定金：

1. 立约定金。即在订立主合同之前交付的定金，其目的在于担保将来正式订立主合同。

2. 证约定金。即以定金的交付作为合同成立的证明。《法国民法典》如是规定。

3. 成约定金。即以定金的交付作为主合同成立的条件。实质上，成约定金只不过是附条件的合同所附的成立要件。

4. 违约定金。即以定金作为不履行合同的赔偿。

5. 解约定金。即以定金作为保留主合同解除权的代价，交付定金的当事人可以牺牲定金达到解除合同的目的。

二、定金的性质

《民法通则》第89条第1款第3项规定："当事人一方在法律规定的范围内

可以向对方给付定金。债务人履行债务后，定金应当抵作价款或者收回。给付定金一方不履行债务的，无权要求返还定金；接受定金的一方不履行债务的，应当双倍返还定金。"《担保法》第89条也如此规定。由此可知，我国现行法所称的定金兼有证约定金和违约定金的功能。我国《最高人民法院关于适用〈中华人民共和国担保法〉若干问题的解释》对立约定金、成约定金、违约定金和解约定金均给予了认肯。当然，合同当事人约定定金的类型时，只要该约定不违反法律强制性规定，应从其约定。此为合同自由的当然内容。

定金作为一种债权的担保方式，也具有其他担保方式的共性，即从属性。定金合同的有效以主合同的有效为前提。主合同无效时，定金合同也无效，但定金合同无效的，主合同并不因此无效。

定金还具有实践性。定金合同的成立不仅要有当事人的合意，而且应有定金的现实交付方能成立。虽有设立定金担保的合意，并未实际交付定金，不能产生定金的效力。故《担保法》第90条规定，定金合同从实际交付定金之日起生效。关于定金的交付时间，如系证约定金通常在主合同成立之时交付，以起到证明主合同成立的作用；违约定金则可在主合同成立之时交付，也可在主合同成立之后、履行之前交付。

至于定金合同成立的形式，依《担保法》第90条的规定，必须以书面形式订立。因此，定金合同是要式合同。

三、定金的效力

定金的效力因定金的种类不同而不同。在我国现行法上，定金主要具有以下效力：

1. 说明主合同的存在。一般情况下，定金的给付说明定金合同的当事人之间存在主合同关系，否则，定金合同就无存在的必要。既然定金合同成立，说明其担保的主合同是存在的。定金的证明力一般情况下仅限于此，但不能从定金的给付推知主合同的全部内容。所以证约定金，在证明力上是有限的。

2. 订立主合同的担保。《最高人民法院关于适用〈中华人民共和国担保法〉若干问题的解释》第115条规定，当事人可以约定以交付定金作为订立主合同担保。

3. 主合同的成立或生效要件。《最高人民法院关于适用〈中华人民共和国担保法〉若干问题的解释》第116条规定，当事人可以约定以交付定金作为主合同成立或者生效要件。不过，给付定金的一方未支付定金，但主合同已经履行或者已经履行主要部分的，不影响主合同的成立或者生效。

4. 解除合同的条件。《最高人民法院关于适用〈中华人民共和国担保法〉若干问题的解释》第117条规定，定金交付后，交付定金的一方可以按照合同的约定以丧失定金为代价而解除主合同，收受定金的一方可以双倍返还定金为代价而解除主合同；对解除主合同后责任的处理，适用《合同法》的规定。

5. 定金罚则。定金对债权的保障功能主要体现为定金罚则。即给付定金的一方不履行合同义务时失去定金；接受定金的一方不履行合同义务时，双倍返还定金。

四、定金的限制

定金罚则的适用往往会导致一方当事人的重大不利，如定金过高则接受方双倍返还的负担过重，或使给付方重大获利。此情形有违民法公平原则，也违反民事责任以补偿为主的原则。故《担保法》第 91 条对定金的数额进行了限制，不得超过主合同标的额的 20%。而且，《最高人民法院关于适用〈中华人民共和国担保法〉若干问题的解释》更是明确规定，当事人约定的定金数额超过主合同标的额 20% 的，超过的部分，人民法院不予支持。此外，实际交付的定金数额多于或者少于约定数额，视为变更定金合同；收受定金一方提出异议并拒绝接受定金的，定金合同不生效。

因当事人一方迟延履行或者有其他违约行为，致使合同目的不能实现的，可以适用定金罚则。当事人一方不完全履行合同的，应当按照未履行部分所占合同约定内容的比例，适用定金罚则。但应该注意的是，根据《合同法》第 116 条的规定："当事人既约定违约金，又约定定金的，一方违约时，对方可以选择适用违约金或者定金条款。"此规定也说明，违约责任不宜强调惩罚性，如果依定金条款所负的责任畸高，则可请求法院或仲裁机关酌减。

■思考题

1. 什么是合同的担保？合同的担保有哪些具体的形式？
2. 合同的担保有哪些特征？
3. 什么是保证？保证责任有什么内容？
4. 什么是抵押？抵押的效力有哪些？
5. 什么是质押？质押有哪些种类？
6. 什么是留置？留置权的成立条件是什么？
7. 什么是定金？定金责任的内容是什么？
8. 抵押权、质权与留置权同时存在时，哪种权利优先？为什么？

■参考资料

1. 《中华人民共和国担保法》。
2. 《最高人民法院关于适用〈中华人民共和国担保法〉若干问题的解释》。
3. 《中华人民共和国物权法》。

第六章　合同的变更和转让

■ **学习目的和要求**

　　通过本章的学习，掌握合同内容变更的特征、方式和法律后果，了解合同主体变更的主要方式。学习重点在于债权转让制度的价值和相关概念的区别，以及合同法对债权转让的限制和一般效力条款的规定。熟悉债务移转的基本概念以及与相关制度的区别，把握不同方式的债务移转所引起的法律后果；对债权债务概括移转的不同方式及其相应法律效力的规定有一定理解。

　　广义的合同变更包括合同内容变更和合同主体变更两种情形，故而《合同法》将它们一同放在本章中规定。但这二者实则差异颇大，合同内容的变更指合同主体保持不变而改变合同的具体内容；合同主体变更又称为合同转让，指在不改变合同内容的情况下变动合同的债权人或债务人。从原有的《涉外经济合同法》立法体例来看，是将合同内容的变更与合同的转让分章规定的，可见过去立法是在狭义上使用合同变更的概念。而《合同法》的体例安排表明立法已采纳广义合同变更的概念。为了有所区别，将内容变更称为合同的变更，即狭义合同变更；将主体变更称为合同的转让，包括债权转让、债务移转及债权债务的概括移转三种情形。

　　《民法通则》第91条对于合同的转让规定得较为粗略而且不尽合理，难以适应市场经济的需要。《合同法》对此予以了纠正，较为详细地规定了合同转让的各种情形及其效力，为解决司法实践中的相关问题提供了法律依据。

第一节 合同的变更

一、合同变更的概念和特征

（一）合同变更的概念

合同变更，指有效成立的合同在尚未履行或未履行完毕之前，由于一定法律事实的出现而使合同内容发生改变。如增加或减少标的的数量、推迟原定履行期限、变更交付地点或方式等。

按照合同法的基本原理，合同一经有效成立即具有法律效力，当事人不得擅自对合同的内容加以改变。但是，这并不意味着在任何情况下法律都一概不允许变更合同。①根据合同自由原则，当事人如果协商一致自愿变更合同内容，法律一般对此不作硬性禁止。②合同尚未履行或尚未全部履行之前，如果由于客观情况的变化，使得继续按照原合同约定履行会造成不公平的后果，那么，变动原合同条款、调整债权债务内容显然也有必要。

（二）合同变更的特征

1. 合同变更须以有效成立的合同关系为前提。合同变更制度设立的目的就在于改变正在发生法律效力的合同对当事人的拘束，如果当事人之间自始并未成立有效的合同关系或原合同关系已经终结，那么也就意味着当事人之间根本不存在任何约束，无须变更。

2. 合同变更的对象是合同内容。本书合同变更系采狭义，故不包括合同主体的变更。同时合同内容的变更仅指非要素变更，而不包括所有合同要素的变更。所谓要素变更，是指构成合同内容的标的改变，它既包括标的种类的改变，如将钢材买卖改为水泥买卖，又包括合同性质的改变，如借用改为租赁。涉及合同要素的条款变更则成立合同更新，除此之外，合同其他内容的变更则属于非要素变更，包括履行期限、地点、交付方式、标的数量、价格、利息、担保、违约金及合同所附条件的变动等。非要素变动才为合同内容变更，其仅就变更之部分发生原债权债务关系消灭的效力，而原附着于合同关系上之权利及瑕疵继续存在，并对债权之担保权及抗辩权等从权利亦不产生影响；反之，若为要素变更，则发生截然不同之更新的效果，即附着于原债权之上的担保权、撤销权、违约金、利息债权及抗辩权均随原债消灭。可见，区分要素与非要素变更的实际意义很大。我国《合同法》在合同内容的变更是否仅指非要素变更的问题上缺乏规定，今后应该予以明确。

3. 合同变更因为一定的法律事实而发生。既存的合同关系因其有效成立而具有法律效力，欲对其加以变更也必须具有合法的根据，即具备符合《合同法》

规定的能够引起合同关系变更的客观事实。依照《合同法》的有关规定，这些客观事实包括：

（1）当事人双方协商一致。当事人在任何情况下都可以协商一致修改原合同，此为合同自由原则的体现。因此任何国家的合同法都将当事人双方的合意作为引起合同变更的重要法定事实。

（2）法定情况的出现引起合同的变更。引起合同变更的这种情况比较复杂，散见于《合同法》不同章节的一些条款规定之中，如《合同法》规定当事人对行为内容有重大误解或合同显失公平可引起合同变更；客运合同中，旅客可变更运送时间，货运合同托运人可变更货物到达地；等等。

特别值得说明的是，现行《合同法》第五章只规定了当事人双方协商一致变更合同的情况。理由在于：其他原因引起的变更，在程序、效力等方面与协议变更存在许多差异，难以概括规定于同一章之中。

二、合同变更的方式

引起合同变更的法律事实不同，则合同变更所适用的方式也不同。根据法律的规定，合同变更的方式主要有以下两种：

（一）合意

以这种方式变更合同实质上就是成立新合同以取代旧合同，故而合意变更合同的程序，应该遵循合同订立时的要约承诺规则，而且变更后的合同内容欲发生法律效力，也应符合合同的生效要件。此外，根据《合同法》第77、78条的规定，协议变更合同还应特别注意把握如下两点：

1. 当事人对合同变更的内容约定不明确，推定为未变更。换言之，如果变更合同的意思表示没有达成一致，则原合同继续有效，当事人仍应按原协议执行。

2. 当事人就变更合同内容协商一致后，如果法律、行政法规规定变更合同应当办理批准、登记等手续的，必须依照规定办理相关手续才能发生变更的效力。[1]

（二）法院或仲裁机关的裁决

通过这种方式变更合同具体包括以下几种情形：

---

[1]《最高人民法院关于适用〈中华人民共和国合同法〉若干问题解释（一）》第9条规定："依照合同法第44条第2款的规定，法律、行政法规规定合同应当办理批准手续，或者办理批准、登记等手续才生效，在一审法庭辩论终结前当事人仍未办理批准手续的，或者仍未办理批准、登记手续的，人民法院应当认定该合同未生效；法律、行政法规规定合同应当办理登记手续，但未规定登记后生效的，当事人未办理登记手续不影响合同的效力，合同标的物所有权及其他物权不能转移。合同法第77条第2款、第87条、第96条第2款所列合同变更、转让、解除等情形，依照前款规定处理。"

1. 因情势变更的出现，当事人一方可提出延期履行或部分履行的变更要求，但他并不享有单方变更合同的权利。因为情势变更的情况比较复杂，对合同履行的影响可能是全部的或永久的，也可能是局部的或暂时的，为避免出现债务人以此为借口逃避合同拘束的情况，应由法院或仲裁机关从维护双方当事人利益的角度出发，根据一方当事人的请求并结合情势变更对合同履行影响的程度，作出相应的变更裁决。

2. 因可归责于债务人的事由而致原合同没有履行，可以适用裁决的方式予以变更。例如，《民法通则》第 108 条规定，暂时无力偿还的债务，可以由法院裁决分期偿还。

3. 重大误解或显失公平的合同，可裁决变更。根据《合同法》第 54 条规定，对于重大误解、显失公平和一方以欺诈、胁迫的手段或者乘人之危损害另一方利益的合同，当事人一方可向法院或仲裁机关提出变更的请求，由法院或仲裁机关依法作出变更的裁决。

三、合同变更的效力

1. 就合同变更部分发生债权债务关系消灭的后果，同时，原合同未变更部分仍保持原有的状态。

2. 合同变更仅对未履行部分发生法律效力，对已履行部分没有溯及力，当事人不得主张对已履行完毕的债权债务关系按变更后的内容重新履行。

3. 合同变更不影响当事人要求赔偿损失的权利。[1] 合同无论是协议变更还是法定变更，对于合同的变更给一方当事人造成损失的，应该按照当事人的协议或者法律的规定予以赔偿，并不因为变更了合同而免除责任人的责任。

4. 主合同变更对担保责任产生相应的影响。我国《担保法》第 24 条规定："债权人与债务人协议变更主合同的，应当取得保证人书面同意，未经保证人书面同意的，保证人不再承担保证责任。保证合同另有约定的，按照约定。"因为主合同的变更可能产生两种情况：①该变更减轻了主债务人的债务，从而减轻了保证人的债务；②该变更增加了主债务人的债务，从而增加了保证人的负担。如果两种情况都适用这一规定，则显得不合理。因此，《最高人民法院关于适用〈中华人民共和国担保法〉若干问题的解释》第 30 条指出："保证期间，债权人与债务人对主合同数量、价款、币种、利率等内容作了变动，未经保证人同意的，如果减轻债务人的债务的，保证人仍应当对变更后的合同承担保证责任；如果加重债务人的债务的，保证人对加重的部分不承担保证责任。债权人与债务人

---

[1] 《民法通则》第 115 条规定："合同的变更或者解除，不影响当事人要求赔偿损失的权利。"

对主合同履行期限作了变动，未经保证人书面同意的，保证期间为原合同约定的或者法律规定的期间。债权人与债务人协议变动主合同内容，但并未实际履行的，保证人仍应承担保证责任。"

第二节　债权转让

一、债权转让的概念

（一）债权转让的含义

债权转让又称为债权让与，指不改变合同的内容，债权人通过与第三人订立合同的方式将债权移转于第三人。其中债权人称为让与人，第三人称为受让人。

债权转让制度的形成经历了一个漫长的演变过程，在早期的罗马法中，因为特别强调债的人身特性，视债权为连接特定的债权人与债务人的"法锁"，故绝对禁止债权人出让债权。到了查士丁尼时代，这种僵硬的规则已不能适应迅速发展的贸易的需要，逐渐开始允许债权人委托受让人为自己的利益向债务人行使诉权，这样间接地达到债权转让的目的。但这种权宜之计仍不能真正实现债权移转，因为一方面，债务人可能在诉讼之前已向债权人为清偿，从而使受让人得到债权的愿望落空；另一方面，在债权人死亡的情况下，由于委托随死亡而消灭，受让人亦不能以债权人的名义向债务人主张权利，使债权得到实现。为了弥补这些弊端，罗马法完全破除旧的原则，承认独立的债权转让制度。可见，债权转让是应债权资本化和自由流通的要求而产生的。近代各国的民事立法对这一制度几乎都予以了承认。《合同法》通过第79～83条的规定使我国的债权转让制度更加完善。

（二）债权转让和相关概念的区别

1. 债权转让和清偿代位。债权除了基于债权人与债务人的合意而发生移转外，还可以根据法律的直接规定发生移转的后果，此为法定债之移转，又称为清偿代位。例如，根据《民法通则》第87条的规定，连带债务人清偿完毕全部债务后，取得原债权人对其他连带债务人的求偿权。《民法通则》第89条第1项还规定，保证人替主债务人清偿债务后，取得对主债务人的求偿权。

债权转让和清偿代位虽然都发生债权移转的后果，但二者区别很大：①这两种制度设立的目的不同。债权转让制度设立的目的主要在于满足债权人自由处分债权的愿望；而清偿代位设立的目的主要在于保证特定的第三人在替债务人清偿完债务后获得求偿权。②产生根据不同。债权转让根据债权人与第三人自愿的意思表示而发生；清偿代位根据法律的直接规定而发生，与当事人的意思无关。③债权转让中的受让人可以是合同以外的任意第三人；而代位人只能限于就原债履行有利害关系的第三人，即原债务得到履行，代位人由此可以获得法律上的利益。如连带债务人、合伙人、保证人、物上保证人。④在债权转让中，受让人依照其与让与人之间的约定取得债权的一部或全部；但在法定的债权移转中，代位人按照法律规定的限额取得相应数额的债权，即代位人以其清偿部分为限获得债权。⑤债权转让中，让与人对债权的存在负瑕疵担保责任；在法定代位中，原债权人对代位人不负此担保责任。⑥在债权为部分让与时，作为从权利的担保权应按债权之移转部分移转于受让人，这时，原债权人与受让人对于此担保权应按各自享有的比例平等分享；在代位人仅为部分清偿时，虽然代位人亦取得部分之担保权，但此担保权之行使次序应在原债权人之后，即原债权人可优先行使担保权。这是代位不得有害于债权人利益的原则使然。[1] 基于这些原因，大陆法系国家一般都将依合同原因与依法律原因发生的债之移转区分开来，在不同的章节中分别予以规定。我国《合同法》遵循了这一做法。

2. 债权转让与债权人交替之更新。在大陆法系中，广义合同变更与大陆法系一些国家的民法中所规定的债的更新制度相类似。所谓债的更新或称更改，是指当事人消灭原债权债务关系而成立新的债权债务关系的合意。一般包括三种情况，即债权人交替而更新；债务人交替而更新；债务内容之要素发生变更而更新。债的更新制度最初来源于罗马法，后为近世一些大陆法系国家所效仿，在法国、日本、意大利等国的民法中都有关于债的更新的规定。更新发生原合同关系完全消灭同时新合同关系产生的后果。而合同变更仅改变部分债权债务关系或变更合同之债权人或债务人，原债继续存在并保持同一性。故更新为债消灭的原因。从我国现行民法规定来看，未设更新制度，同时在民法理论上，学者也认为没有规定更新之必要。但我们认为此种观点有待商榷，从合同自由原则出发，应该承认更新制度的价值及它与合同变更在一定意义上的区别。

就债权人交替之更新而言，它与债权转让颇相类似，都会发生债权人变更的后果。但是，债权人交替之更新，是指债权人变更的同时债务内容也发生变更的情形，两者的差别显著：①债权转让是在不改变债的内容的前提下变更债权人，所以，原债权的性质、内容、所附着的瑕疵以及从权利等原有状态均保持不变，连同原债权一并移转至新债权人；债权人交替之更新不仅债权人改变，而且原债权亦已消灭，新债权人享有的债权与原债权是不具有同一性的两个债权。②债权转让只需让与人与受让人达成一致协议，无须征得债务人的同意；债权人交替更新则除新旧债权人合意外，还以征得债务人同意为必要。例如，甲建材公司与乙

---

[1] 裴丽萍："论债权让与的若干基本问题"，载《中国法学》1995 年第 6 期。

公司签订钢材买卖合同一份。后来，乙公司将合同转卖给丙，通知甲按原合同规定向丙交付钢材，此即为债权转让。假设丙并不需要钢材，而是需要水泥，经三方当事人协议，由甲改向丙交付水泥，以此替代对乙的钢材交付，此时就成立债权人交替之更新。

二、债权转让的限制

在现代交易社会，债权本身即具有财货之功能，因此它有自由流通的要求。设立债权转让的目的，就在于尊重债权人对于债权的自由处分权，增强债权的利用价值。但债权在本质上是特定债权人对债务人请求为一定给付的请求权，故在债权转让过程中，不能置债务人的利益于不顾。因此，各国法律从保护债务人的目的出发，对债权转让予以一定的限制，我国《合同法》的规定亦不例外。《合同法》第79条明文规定，下列债权不得转让：[1]

1. 根据合同性质不得转让的债权。此类不得转让的债权包括：①基于特定的身份关系发生的债权，如抚养费、赡养费之请求权。②基于信赖关系而发生的债权，如委托人对于受托人之债权、接受特定医疗服务之债权、定作人对于承揽人之债权等，但是，这类债权经过债务人明确同意后，也可以转让。

2. 按照当事人约定不得转让的债权。一些债权虽然合同性质允许转让，但是，如果债权人与债务人在合同中特别约定不得转让，那么，债权人不得将债权让与他人。大陆法系一些国家的法律规定，当事人之间的这种特约不得对抗善意第三人。即受让人如果不知或不应该知道不得让与的约定而接受债权转让的，那么转让对受让人有效，而债务人由此造成的损失仅能要求原债权人负违约责任。我国《合同法》对此例外没有规定，实际运用中能否作此解释有待探讨。

3. 依照法律规定不得转让的债权。某些债权关系到国家及社会的公共利益，因而法律禁止转让或规定转让须经有关部门批准。

当事人若违反上述规定，以法律禁止的债权作为让与标的，一般会引起合同无效的后果。

三、债权转让的形式

债权转让是通过让与人和受让人签订转让合同的形式进行的。就转让合同而言，只需让与人和受让人意思表示一致即可成立。但是，由于转让合同仅为让与人和受让人之间的关系，缺乏公示性，难为债务人及债务人以外的第三人知晓，故不利于保护受让人、债务人利益以及交易安全。为克服这一弊端，当事人对债权转让合同的形式应特别予以注意，最好采用书面形式，若原债权有证明文书，

---

[1] 《合同法》第79条规定："债权人可以将合同的权利全部或者部分转让给第三人，但有下列情形之一的除外：①根据合同性质不得转让；②按照当事人约定不得转让；③依照法律规定不得转让。"

应将让与事实记载于其中，以防止发生不必要的纷争。

四、债权转让的法律效力

债权转让使让与人和受让人之间产生法律关系，并由此牵涉到债务人对谁履行的问题。所以，债权转让的法律效力应涉及让与人、受让人以及债务人三方面，《合同法》第80~83条对此分别予以了规定。

（一）债权转让的对外效力

债权转让对于债务人的效力，理论上称其为债权转让的对外效力。《合同法》第80条规定："债权人转让权利的，应当通知债务人。未经通知，该转让对债务人不发生效力。债权人转让权利的通知不得撤销，但经受让人同意的除外。"由此规定得知：

1. 债权转让以通知债务人为对其生效的要件。因为债权经让与人和受让人达成一致协议即移转于受让人，此时债权虽然发生变动，但由于转让合同没有公示性，债务人无从知晓，因而可能仍然对让与人履行合同。若债权转让的效力于转让合同成立时也对债务人发生，则意味着债务人因不知债权已移转的事实而对让与人为履行的行为无效。此结论对债务人而言，无疑有失公平。因此，从保护债务人利益出发，各国民法均另行规定债权转让对债务人的生效要件。

从大陆法系主要国家的民法规定来看，生效要件的规定各有不同。第一种为让与通知生效，即债权转让须经让与人或受让人通知债务人，始对债务人发生债权转让的效力。例如《法国民法典》第1690条、《日本民法典》第467条即作此规定。第二种为债务人同意生效，即债权转让须经债务人同意，方对其发生法律效力。我国《民法通则》第91条采用这种规定，明令债权转让须经债务人同意并不得牟利，这条规定在民法理论界遭到一致反对，在民事审判中，海南省高级人民法院亦通过对第91条进行限缩解释的方式突破了这一限制。[1] 原因如下：①禁止债权人通过让与债权牟利，不符合债权转让制度的本质。债权既然是一种无形财产，理应允许债权人通过转让而获取其交换价值。②债权转让尽管使债权人发生变更，但由于债的内容不变，所以一般对债务人利益的影响并不大，无须取得他的同意。③如果债权转让必须取得债务人同意才生效，则此制度可能会因为债务人任意不同意而形同虚设，难以保障债权的自由流通性。因此，合同法摒弃了《民法通则》第91条的规定，转采通知生效规则，即债权转让经让与人或受让人通知债务人，始对债务人生效。

2. 债权转让的通知既可由让与人，也可由受让人作出，均以通知到达债务

---

〔1〕"镜威公司诉梁金福船舶抵押债权转让合同纠纷案"，载《最高人民法院公报》1999年第1期。

人的时间为生效时间。不过，从保护债务人履行安全出发，受让人为让与通知时，应提出取得债权的证据，如转让合同、转让公证书等，否则，债务人可拒绝对受让人履行。相反，如让与人为转让通知，则可不拘任何形式。但是，因为让与人对债务人所为的通知，令债务人更加信赖，故《合同法》第 80 条第 2 款特别规定，除非经过受让人同意，债权人转让权利的通知不得撤销。作此规定的目的在于加强对受让人及债务人利益的保护。

同时，根据《票据法》的有关规定，证券化债权的转让不以通知债务人作为对其生效的要件，并且票据债务人不能以自己与发票人之间存在的抗辩事由对抗持票人。其理由主要在于：与民法上的指名债权相比较，票据具有高度的商业流通性，票据转让中的受让人难以就票据形式知晓其复杂的关系，若不将票据债务人对于前手的抗辩权予以切断，使其不能对抗后手，则票据难以迅速流通。所以，对于票据债权的转让优先适用《票据法》的规定符合特别法优于普通法的一般适用原则。

3. 债权转让对于债务人的效力。其效力内容主要包括：

（1）债务人应对受让人承担履行义务，同时，根据《合同法》第 82 条的规定，债务人收到债权转让通知后，对让与人所享有的抗辩权仍可对受让人主张。这些抗辩权包括债权不成立、无效抗辩，同时履行抗辩或不安抗辩，债权已消灭之抗辩，诉讼时效已过之抗辩，等等。债务人抗辩权的规定体现了法律对债务人利益的着重保护。因为债权转让原则上无须经债务人同意，如果法律不规定债务人对受让人继续享有抗辩权，债务人则会因为债权转让而恶化其地位。另外，债权转让仅改变债权主体，不改变债权内容，若原债权含有瑕疵，那么，这种瑕疵必定会随同债权移转于受让人，因此，债务人仍得以对让与人提出的抗辩向受让人提出。但债务人向受让人提出的抗辩事由以接到债权转让通知时为限，否则，将有损受让人利益。

（2）债务人收到债权转让通知时，对让与人享有到期债权的，仍可依照有关抵销的规则向受让人主张抵销。此为《合同法》第 83 条所规定，结合有关抵消的条文规定，债务人对受让人的此项抵销权必须符合三个要件：①债务人收到债权转让通知前，对让与人已有债权存在；②债务人对让与人债权的履行期先于或与转让之债权同时到期；③债务人主张抵销的两个债权属于同种类债权。如果债权种类不同，则应经与受让人合意才得以抵销。

反之，债务人未收到转让通知前，对让与人所为的法律行为均有效，意即债务人若仍以让与人为债权人，对其为履行、抵销等法律行为时，其行为后果受让人同样应予以承受。受让人不得以债权已经移转给自己为由，向债务人要求履行，而只能以不当得利为由，要求让与人返还。

（二）债权转让的对内效力

债权转让发生于让与人及受让人双方当事人之间的效力。此为债权转让的对内效力，《合同法》第81条规定："债权人转让权利的，受让人取得与债权有关的从权利，但该从权利专属于债权人自身的除外。"此条规定略显单薄，现结合学理上的有关见解说明如下：

1. 债权及其从权利从让与人移转至受让人。债权转让合同一经成立，受让人便取得受让的债权。[1] 同时，由于从权利一般为行使和实现债权的不可缺少的条件，根据"从随主"原则，附着于债权的从权利一并移转于受让人。这些从权利包括担保权、利息债权、违约金债权、损害赔偿请求权、选择权等。但是，与让与人有不可分离关系的权利不在此限，例如解除权、撤销权等形成权。

2. 让与人须对受让人承担相关的义务。包括：告知受让人关于主张债权所必要的一切情况，特别是合同书中记载不明的有关事项，如债务人的住所、履行方法等。让与人还应将债权的证明文件、占有的质物交付受让人。因债权转让而增加的债务履行费用亦应由让与人承担。此外，根据诚实信用原则，让与人有义务提供受让人行使债权所需要的一切必要的合作。

3. 让与人对出让的债权负有权利瑕疵担保责任，即保证债权有效存在并不会受到追索。若因为债权存在瑕疵而使受让人受到损失时，让与人要承担相应的赔偿责任。但是，如果受让人在接受转让时，明知权利有瑕疵的，则让与人可免于承担此责任。

4. 除非让与人和受让人有明确约定，否则，让与人对债务人的履行能力不负担保责任。

（三）司法审判中应予注意的问题

1. 债权转让的对外效力和对内效力的发生条件不同，前者以通知债务人为要件，后者不以通知债务人为必要。最高人民法院有关"佛山市顺德区太保投资管理公司与广东中鼎集团有限公司债权转让合同纠纷案"的民事判决书［（2004）民二终字第212号］，其裁判摘要认为："债权人转让权利的，应当通知债务人。未经通知的，该转让对债务人不发生效力，债务人享有对抗受让人的抗辩权，但不影响债权转让人与受让人之间的债权转让协议的效力。"[2]

2. 债权人转让合同权利后，债务人与受让人之间因履行合同发生纠纷诉至

---

[1] 裴丽萍："论债权让与的若干基本问题"，载《中国法学》1995年第6期。

[2] 载《最高人民法院公报》2005年12月13日。

人民法院，债务人对债权人的权利提出抗辩的，可以将债权人列为第三人。[1]

第三节　债务移转

一、债务移转的概念

债务移转又称为债务承担，是指在不改变债的内容的前提下，债务人将合同债务全部或者部分移转给第三人。包括债务全部移转的免责的债务承担和债务部分移转的并存的债务承担两种形式。"债务人将合同的义务全部或者部分移转给第三人的，应当经债权人同意。"此即为《合同法》第 84 条所规定的债务承担制度。

债务承担不同于前述由第三人履行的合同。虽然二者在外表上颇为相似，但却存在着显著的区别，主要表现为：

1. 债务承担中，债务承担人具有合同当事人的地位，成为合同的主体。而由第三人负担的合同中的第三人只是债务人的履行辅助人，并不是合同的当事人。

2. 在债务承担的情况下，债务承担人已成为合同关系的当事人，与债权人产生直接的权利义务关系。当他不履行合同义务时，债权人可以直接请求其履行或承担违约责任。如果债务全部移转至第三人，原债务人已从合同关系中退出，当债务承担人不履行债务时，债权人再也不能要求原债务人履行或承担违约责任。但在由第三人履行的合同中，第三人不履行或不完全履行合同的行为，均由债务人承担责任，债权人也只能向债务人而不能向第三人请求承担责任。

3. 设立方式不同。债务承担要经过债权人、债务人和债务承担人三方协商一致，否则，不发生债务承担的效力。而由第三人履行的合同，从债权人方面而言，他只需和债务人约定即可，无须和第三人达成协议。换言之，第三人代替债务人负担履行义务，是基于他和债务人之间的合同，与债权人并无直接的关系。

总之，由于这两种制度存在着本质的不同，所以在适用中要特别注意区分，不可混淆。

二、免责的债务承担

免责的债务承担，是指第三人代替原债务人负担全部债务，原债务人完全脱离债务关系。此即为狭义的债务承担，实质就是指债务的全部移转。在债务承担法律关系中，接受移转债务的第三人成为新债务人，又称为承担人。

---

〔1〕《最高人民法院关于适用〈中华人民共和国合同法〉若干问题的解释（一）》第 27 条。

（一）免责的债务承担方式

1. 债权人与第三人订立债务承担合同。按照这种方式移转债务，其债务于承担合同成立时移转于新债务人，原债务人即被免除债务。可见这种方式实际上包含了债权人对原债务人免除债务的行为，所以，采用这种方式时遵循债务免除的一般规则，通知债务人即发生债务承担的效力，这是各国合同法确立的一般规则。但是，在学理上另有一种观点认为，采用这种方式移转债务应该征得债务人的同意才能发生效力。[1] 我国《合同法》没有明确规定债权人与第三人订立债务承担合同的债务移转形式，今后应予以完善。

2. 债务人与第三人订立债务承担合同。[2] 第三人与债务人订立合同移转债务，必须经过债权人的同意才发生债务移转的效力。因为对债权人来说，债务人的资信状况是债权实现的重要条件。如果不经债权人同意即移转债务，就可能及债权人的利益。所以，在未取得债权人同意的情况下，债权人有权拒绝第三人的履行，同时有权追究债务人相应的违约责任。有学者认为在债权人不同意的情况下，债务承担合同自动转变为由第三人履行的合同。[3] 此种观点不符合当事人真正的意思表示，有强加债权人接受第三人履行之嫌，故难言妥当。

免责债务承担一经债权人同意，即发生债务移转的法律效力，承担人取代原债务人成为新债务人。但是，依据法律、行政法规的规定，债务移转应当办理批准、登记手续的，办理批准、登记手续后，债务移转才能生效。

（二）免责债务承担的效力

根据《合同法》第85、86条的规定，免责债务承担发生债务全部移转的法律效力，内容具体包括：

1. 新债务人可以享有原债务人对债权人的抗辩权。[4] 例如甲将向乙支付货款的义务转移于丙。而因为乙所交付的货物存在严重的质量瑕疵，甲因此对乙享有延期支付货款的同时履行抗辩权。甲将义务移转于丙后，丙同样享有此项抗辩权。但是，抗辩权必须发生在债务承担前，而且，专属于原债务人的抗辩权，新债务人不得享有。如新债务人不得以属于原债务人的债权对债权人主张抵销；不得以合同的解除权、撤销权对抗债权人。

---

〔1〕 王利明：《违约责任论》，中国政法大学出版社1996年版，第437~438页。
〔2〕 《合同法》第84条规定："债务人将合同的义务全部或者部分转移给第三人的，应当经债权人同意。"
〔3〕 史尚宽：《债法总论》，中国政法大学出版社2000年版，第708页。
〔4〕 《合同法》第85条规定："债务人移转义务的，新债务人可以主张原债务人对债权人的抗辩。"

2. 债务移转时尚未产生的从债务，随主债务移转于新债务人。[1]如利息债务、损害赔偿之债。但在债务移转前已经产生的从债务，除当事人有特别约定外，不随同主债务移转于新债务人。此外，专属于原债务人的债务也不得随同主债务移转。例如，甲向乙借款 2 万元，同时甲允诺还钱时替乙作画一幅以表感谢。后来，甲将归还欠款的义务移转于丙，但作画之义务显然具有人身属性，不能随同移转。

3. 新债务人不得以对抗原债务人的事由对抗债权人。否则，债权人的利益会因为债务移转过程中的不确定因素而受到损害。例如，甲欠乙 5 万元货款，后来甲与丙约定，由丙用欠甲的 5 万元借款归还甲对乙所欠的货款，乙对此表示同意，由此甲的债务移转于丙。但是，甲与丙之间的借款合同后来被判定无效，于此情况下，丙同样要对乙履行债务。因为债权人的利益不得因债务移转以外的原因而受到影响。我国《合同法》没有对此进行规定，《德国民法典》第 417 条第 2 款规定的"承担人因其承担债务所生的与原债务人之间的法律关系，不得对抗债权人"，可资立法借鉴。

4. 由第三人为债权设定的担保，除担保人继续同意担保外，因债务移转而消灭。但附着于债务之上的留置权以及新债务人自己为债务设定的担保物权理应继续存在。

三、并存的债务承担

并存的债务承担，即第三人加入债务关系与原债务人共同负担同一内容的债务，而原债务人并不脱离债务关系。追根究底，并存的债务承担就是债务的部分移转。

并存债务承担的最大特点在于：由第三人加入债务人一方成为新债务人，使原来的单数主体之债转变为债务人为多数的复数主体之债。因此，在并存的债务承担中，债权人与债务人之间的关系以及各债务人之间的关系，应适用多数主体之债的一般规则处理，具体如下：

1. 若原债务为可分之债，并且新债务人与原债务人约定按照各自的份额分担债务，债权人亦表示同意，则此并存的债务承担应按照按份之债来处理，即新债务人与原债务人对债务承担按份责任，债权人只能要求他们按照各自的份额履行义务。

2. 若债的性质为不可分之债，或者承担人与债务人并未约定按照确定的份额分担债务，则承担人加入债的关系后，作为新债务人，与原债务人共同对债务

---

[1]　《合同法》第 86 条规定："债务人转移义务的，新债务人应当承担与主债务有关的从债务，但该从债务专属于原债务人自身的除外。"

承担连带责任。债权人与债务人之间、连带债务人之间的关系应适用《民法通则》第87条关于连带债务的规定予以调整。

司法审判中应予注意，《最高人民法院关于适用〈中华人民共和国合同法〉若干问题的解释（一）》第28条规定："经债权人同意，债务人转移合同义务后，受让人与债权人之间因履行合同发生纠纷诉至人民法院，受让人就债务人对债权人的权利提出抗辩的，可以将债务人列为第三人。"

第四节　债权债务的概括移转

一、债权债务的概括移转的概念

债权债务的概括移转又称为概括承受，指合同的当事人一方将自己的权利义务概括地移转给第三人。如经济生活中出现的企业整体变卖即发生概括承受的法律后果。

总体而言，债权债务的概括承受包括根据当事人合意而发生的合同承受，以及根据法律规定而发生的企业合并、财产继承两类。基于不同的原因而发生的概括承受，其差别在于：①合同承受中的承受人为任意第三人；法定的概括承受，其承受人为法定第三人。②合同承受须取得承受人及合同另一方当事人的同意，而法定的概括承受无须征得承受人同意，并且对合同另一方当事人为通知或公告即生效力。基于这些不同，各国民法都将二者分开规定，我国立法亦同。《合同法》在第88、89条规定的是合同承受，另以第90条专门规定当事人合并、分立后权利义务的移转，以示区别。

二、合同承受

合同承受又称为合同转让，指合同的当事人一方经他方当事人同意，通过与第三人订立合同，将其合同当事人地位转让给第三人。

《合同法》第88条规定："当事人一方经对方同意，可以将自己在合同中的权利和义务一并转让给第三人。"据此规定，合同承受的法律要件包括：

1. 合同承受必须经合同当事人一方与第三人达成一致协议，并取得合同另一方的同意。因为概括承受包含了债务的移转，所以，若未经过合同另一方的同意，转让无效。

2. 被转让的合同应为双务合同。单务合同的一方不存在概括的债权债务，故不发生概括移转。

3. 依照法律、行政法规必须采取特定形式的，合同转让时应遵循法律的规定。

合同承受实为债权移转和债务移转同时发生，因此，《合同法》第89条规定，合同承受的法律效力适用有关债权移转和债务移转效力的规定。但是，须加注意，合同承受并非债权移转和债务移转的简单相加。在合同承受中，第三人完全取代了合同一方，成为新的合同当事人，所以，第三人的地位优于单纯之合同债权受让人或债务承担人。故而，与合同命运相关的形成权，如解除权、撤销权，全部都移转于合同承受人，原合同当事人一方完全退出合同关系。另外，合同当事人一方经对方同意将其在合同中的权利义务一并转让给受让人，对方与受让人因履行合同发生纠纷诉至人民法院，对方就合同权利义务提出抗辩的，可以将出让方列为第三人。[1]

三、法定的概括移转

《合同法》第 90 条的规定仅包括当事人合并、分立所引起的债权债务的概括移转。分述如下：

1. 当事人订立合同后发生合并的，由合并后的法人或者其他组织行使合同权利、履行合同义务。当事人不得以合并为由，请求变更或解除合同。

2. 当事人订立合同后分立的，如果债权人和债务人就债权债务的分配已有约定，则按当事人的约定来处理债权债务关系；如果当事人没有约定，则分立后的法人或者其他组织对合同的权利和义务享有连带债权，承担连带债务。分立后的当事人不得以名称、组织机构或经营范围的变更为由，拒绝接受合同权利或义务。

法律规定当事人合并的、分立后，原有的债权债务一并概括移转于新的当事人，作此规定的目的在于避免与当事人有合同关系的第三人的利益因此受到损害，保护交易安全。

根据国外民事立法的规定及学理上的共识，法定的债权债务转让和概括移转准用关于债权让与、债务承担以及合同承受的效力规定，适用中可资参考。

■思考题

1. 根据我国《合同法》的规定，分析合同合意变更方式及其相应的法律后果。
2. 我国《合同法》规定的合同主体变更的形式有哪些？
3. 我国《合同法》规定的债权转让的限制有哪些？
4. 试比较合同债权让与与债务承担的区别与联系。

■参考资料

1. 郑玉波：《民法债编各论》下册，三民书局 1981 年版。

---

[1] 《最高人民法院关于适用〈中华人民共和国合同法〉若干问题的解释（一）》第 29 条。

2. 史尚宽：《债法总论》，中国政法大学出版社 2000 年版。

3. 王利明、崔建远：《合同法新论·总则》，中国政法大学出版社 1996 年版。

4. 王利明：《合同法研究》第 2 卷，中国人民大学出版社 2003 年版。

5. 崔建远主编：《合同法》，法律出版社 2010 年版。

6. 韩世远：《合同法学》，高等教育出版社 2010 年版。

第七章　合同权利义务的终止

■ **学习目的和要求**

　　通过本章的学习，把握《合同法》规定的终止的含义和终止原因；全面理解合同解除的概念、方式和效力，特别是法定解除权的内容规定；熟悉掌握抵销、提存、免除和混同的概念、特征和相关的《合同法》条文规定。

第一节　合同权利义务的终止概述

　　合同终止，即由于一定的法律事实的发生，使合同所设定的权利义务在客观上已不再存在。质言之，合同关系归于消灭。

　　从整个合同法制度上概括合同终止的原因，大致可分为三类：①根据当事人的意思所致，例如债权人单方免除债务人的债务，当事人协商一致解除合同。②基于合同的目的已经达到，例如清偿、混同。③由于法律的直接规定。如合同无效、被撤销。《合同法》第91条将这些原因细分为：

　　1. 债务已经按照约定履行。这是合同终止的最主要、最正常的原因，在当事人双方均严格按照合同约定和法律规定履行了债务的情况下，债权债务得到清偿，合同绝对消灭，不会由此产生新的债权债务。大陆法系称此为清偿，清偿即能达到消灭债权效果的给付。与履行系同义语，区别仅在于，履行是从合同效力的角度而言的，清偿是从合同消灭的角度出发所作的描述。因此，履行规则和清偿规则是相同的。因为《合同法》已于第四章中对履行规则作了较为详细的规定，所以，在本章中，《合同法》没有重新规定清偿规则，以使法律简约。

　　2. 合同解除。大陆法系将合同解除作为对违约的一种补救方法，视为一种特殊的合同责任。[1] 所以，合同解除制度仅限于一方行使解除权的解除，在性

---

〔1〕　周林彬主编：《比较合同法》，兰州大学出版社1989年版，第322页。

质上有别于引起合同消灭的正常原因，故此合同解除不属于合同消灭制度的范畴。但在我国以往的合同法理论以及立法实践中，从来都以解除权解除和协议解除为合同解除制度的必要组成部分，并且认为合同解除是一项独立的法律制度，原三大合同法对合同解除都加以专门规定即是明证。在《合同法》起草的数稿中，曾有建议草案一稿对大陆法的解除制度予以了全盘接受，但这种做法遭到了理论界及司法界的反对，认为协议解除合同已为民众所接受，不应轻易废止。因此，1999 年颁布的《合同法》在解除制度的设计上：一是遵循了中国合同法的习惯做法，坚持将协议解除纳入解除的规定中；二是对两大法系已日臻成熟的有关解除权制度予以了吸收，使解除权的法条规定得以完善。进一步地，将解除制度作为合同终止的原因予以定位，使协议解除和解除权解除统一于引起合同消灭的结果之上，二者在性质上的差异由此得到调和。这种立法体例安排可谓最佳选择。[1]

3. 债务相互抵销。

4. 债务人依法将标的物提存。

5. 债权人免除债务。

6. 债权债务同归于一人。

7. 法律规定或者当事人约定的其他情形。

在大陆法系的民事立法和理论中，债的终止与消灭是具有不同含义的两个概念。终止一般是指继续性合同的当事人一方所作的合同效力向将来消灭的意思表示，又称为告知或终止权，与合同解除权性质基本相似。而合同消灭主要指导致合同关系必然消灭的五种情况，即清偿、抵销、提存、免除和混同，不包括合同的解除和终止。在英美法系，似乎既无合同终止又无合同消灭的术语，而是将合同解除作为合同消灭的同义语使用，而且合同解除包括了合同因履行而解除，因当事人的协议而解除，因当事人一方通知对方而解除，因债权人认可对方违约而解除，因意外事件不能履行而解除五种原因。[2] 暂且撇开称谓上的区别不论，仅从实质内容来看，英美法合同消灭制度的规范范围比大陆法更为宽泛。

从我国原有三大合同法的规定来看，只有《涉外合同法》第 31 条对合同终止作了如此规定："有下列情形之一的，合同即告终止：①合同已按约定条件得到履行；②仲裁机构裁决或者法院判决终止合同；③双方协商同意终止合同。"

---

[1]　梁慧星先生持批评的观点，认为现在的合同法用终止来表示消灭，将终止与狭义的解除两种情况合在一起叫做解除，由于概念上的不清楚，造成了法律条文在逻辑上的混乱。梁慧星："合同法的成功与不足（上）"，载《中外法学》1999 年第 6 期。

[2]　董安生等编译：《英国商法》，法律出版社 1991 年版，第 148～163 页。

此条中，已将"终止"一词作为消灭的替代语，并且所列举的合同消灭原因比大陆法系等规定得更多，说明我国在此问题上的立场已开始倾向于英美法系。

虽然在统一合同法的起草过程中，对此问题的处理曾一度又回归到大陆法系等的做法，[1] 但最终《合同法》还是放弃了采用单一模式的打算，吸收了两大法系的精华，构建出从内容到形式都别有新意的合同终止制度。其主要特征为：①在名称上，启用了与两大法系全然不同的"终止"一语来指代合同的消灭，使这一制度与两大法系的区别从名称上便可一望而知。②终止意味着最广泛意义上的合同消灭。既包括法定原因，又包括当事人约定的原因；既包括正常履行所致，又包括违约解除所引起；等等。③规定了合同终止的一般效力，特别对合同终止后的后契约义务进行了明文的规定。[2]

第二节　合同的解除

一、合同解除的概念

（一）合同解除的含义

1. 广义的合同解除，是指在合同有效成立后，没有履行或履行完毕之前，当事人双方通过协议或者一方行使解除权的方式，使合同关系提前消灭。它包括双方协议和单方行使解除权解除两种情况。《合同法》规定的合同解除即为广义。

2. 狭义的合同解除，仅指单方行使解除权的解除，即当事人一方行使法定的或约定的解除权，使合同效力归于消灭。从大陆法系国家对合同解除制度的规定来看，系采狭义，即将合同解除仅仅视为一方行使解除权的单方行为，合同的协议解除被排除于解除制度之外，理由在于：协议解除合同是合同自由原则的应有之义，无须再另设条款予以规定。而英美法上的合同解除有两种含义，在广义上与合同消灭是同义语，就其狭义而言，则相当于大陆法系的合同解除。[3] 《合同法》关于合同解除的含义及立法体例与两大法系均有一些不同，具有中国特色。

（二）合同解除的特征

1. 合同解除的对象是已有效成立的合同。合同解除制度设立的目的，在于

---

[1] 参见"中华人民共和国合同法（建议草案）"，载梁慧星主编：《民商法论丛（第4卷）》，法律出版社1996年版，第439页。

[2] 参见《合同法》第92条、《最高人民法院关于适用〈中华人民共和国合同法〉若干问题的解释（二）》第22条。

[3] 周林彬主编：《比较合同法》，兰州大学出版社1989年版，第323页。

提前消灭已生效的合同关系。若当事人之间的合同关系并未成立或者已正常履行完毕，则无须解除；再者，合同成立后，若欠缺有效条件而绝对无效，或具备可撤销的原因，则应分别适用无效合同和可撤销合同的有关规定，也不得适用合同解除的规定。申言之，合同解除制度与合同无效、可撤销制度在适用对象、程序以及法律后果方面都存在着重大的差别，不可混淆。

2. 合同解除必须要通过当事人的解除行为。所谓解除行为，就是合同当事人使合同关系消灭的法律行为。根据《合同法》的规定，解除行为包括协商一致解除合同的双方行为和行使解除权解除合同的单方行为两种。据此，附解除条件的合同解除严格来说不属于解除制度的范畴。因为附解除条件的合同，当其解除条件成就时，合同效力当然且自动消灭，不再需要借助当事人的任何行为。因此，附解除条件的合同不应纳入解除制度中规定。

（三）相关概念辨析

在把握合同解除制度时，应对《合同法》规定的不同解除概念进行辨析，否则，难免在适用上造成混乱。

1. 协议解除与约定解除。《合同法》第93条第1款规定："当事人协商一致，可以解除合同。"第2款规定："当事人可以约定一方解除合同的条件。解除合同的条件成就时，解除权人可以解除合同。"这一条前款规定的是合同的协议解除，后一款规定的是合同的约定解除。从表面上看，协议解除与约定解除都要通过当事人的协商来达到解除合同的目的，但二者在实质上迥然有别。协议解除是当事人双方以一个新合同来解除原合同，解除合同的协议成立，则立即发生合同解除的效力；约定解除是当事人双方约定，赋予合同一方或双方以解除权。但约定解除权发生后，并不必然发生合同解除的结果，因为享有解除权的当事人可以根据自己的意愿不行使解除权或明确表示抛弃解除权，从而继续维持合同的效力。概言之，协议解除是以协议直接使合同解除，而约定解除仅以协议约定在一定条件下发生解除权。

2. 附解除条件的合同解除与约定解除。如前所述，附解除条件的合同解除不包含在合同解除制度的范畴内，但它与约定解除有相似之处，即解除条件均由当事人约定，故不可不对二者进行区分。二者的不同表现在：附解除条件的合同，在所附条件成就后，发生合同自然失效的后果；约定解除，即在合同中约定一定的解除条件，解除条件成就后，则解除权发生，但合同并不当然失效，故约定解除又称为解除权保留。

3. 法定解除与约定解除。法定解除与约定解除合称为有解除权之解除。二者的主要区别在于：①法定解除中的解除权的发生条件是由法律直接规定的。《合同法》第94条规定的法定解除条件为：因不可抗力致使不能实现合同目的；

在履行期限届满之前，当事人一方明确表示或者以自己的行为表明不履行主要债务；当事人一方迟延履行主要债务，经催告后在合理期限内仍未履行；当事人一方迟延履行债务或者有其他违约行为致使不能实现合同目的；等等。而约定解除权的发生条件是双方当事人商定的，例如，甲雇请乙开车，同时约定，若甲日后自己拿到驾驶执照，则有权解聘乙。此即为约定解除权。②法定解除权的行使、效力和消灭均由法律详加规定；约定解除权的行使、效力和消灭都依当事人的约定，只有在当事人对此无约定或约定不明时，才准用法定解除权的有关规定。

二、合同解除的方式

根据《合同法》的规定，合同解除的方式包括双方协议解除和单方行使解除权解除两种。分述如下：

（一）双方协议解除合同

协议解除合同，一般是在合同有效成立后，由于新情况的出现，当事人双方都希望解除合同。或者，虽然没有出现什么变故，但当事人对履行原合同都失去了兴趣，自愿解除合同。无论因为什么原因，这些都纯属当事人之间的事情，根据合同自由原则，法律应予以允许，并且对协议解除合同不多加干预，由当事人自己商定解除的程序、时间、方式以及后果。在当事人没有约定或约定不明时，可参照合同的成立及生效规则进行认定。故此，《合同法》对这种解除方式的规定予以省略。

（二）单方行使解除权

单方行使解除权包括法定解除权和约定解除权两种情形。其中，约定解除权的发生原因、行使方式及存在的期限都由当事人商定，只有在当事人没有约定时，才适用法律规定调整。因此，《合同法》规范的重点在于法定解除权。以《合同法》规定为据，仅着重说明法定解除权的要点。

1. 法定解除权的发生原因。即由法律直接规定的解除权的行使条件。根据《合同法》第94条的规定，具体包括：

（1）因不可抗力致使不能实现合同目的。所谓不可抗力，是指不能预见、不能避免并且不能克服的客观情况。根据法律的规定，发生不可抗力时，受不可抗力影响的一方当事人可以免去履行的义务及损害赔偿责任。但是，免责并不影响另一方当事人解除合同的权利。换言之，在发生不可抗力的情况下，受损方虽不能要求对方履行和赔偿损失，却可以要求解除合同。应该强调的是，并非一旦存在不可抗力而导致不能履行的情况就可以解除合同，解除合同的权利最终取决于不可抗力对履行合同的影响程度。只有在不可抗力已使债务人不能履行主债务，或者合同虽然还能够继续履行但履行已使债权人失去订立合同的预期目的的情况下，债权人方才有权单方解除合同。原《经济合同法》第26条、《技术合同法》第24条以及《涉外经济合同法》第29条均以不可抗力作为解除权发生的条件，但对解除合同的限制条件都规定为"全部义务不能履行"，比较而言，《合同法》"不能实现合同目的"的限制性规定更完善。

（2）债务人预期违约。合同有效成立后至合同约定履行期限届满前，一方当事人明确肯定地向另一方当事人明示其将不按约定履行合同义务，或者一方当事人的自身行为表明其将不能依照约定履行合同义务，此即为预期违约。这一制度源于英美法系，我国原有的合同法规定中，都未明确承认此制度。但是，《联合国国际货物销售合同公约》第72条承认了这一制度。鉴于我国已是该公约的成员国，更因为这一制度规定的合理性，所以《合同法》通过第94条的规定，首次明确接受了预期违约制度。

根据《合同法》第94条的规定，在履行期限届满之前，当事人一方明确表示或者以自己的行为表明不履行主要债务的，另一方有权解除合同。债权人凭借此条规定所赋予的权利，就可以在对方明显地将会违反合同主要义务时，立即采取措施，提前解除合同，而不必非要等到履行期到来后再亡羊补牢，这样对债权人利益的保护更充分。

（3）债务人迟延履行。在构成债务人迟延履行的情况下，《合同法》第94条第3项和第4项区分了经催告的解除和无催告的解除两种不同的解除方式。依照《合同法》第94条第3项，即使债务人构成迟延，债权人也应该先催告债务人履行并给予其合理的宽限期，待合理期限经过，债务人也仍然未为履行，债权人才能行使解除权。依照《合同法》第94条第4项，债务人只要构成迟延，债权人即可以行使解除权，无须经过催告。适用《合同法》第94条第3项行使解除权的要件为：①债务人迟延履行主要债务。对此处"主要债务"宜结合个案具体的情况予以判断，可以从宽解释为包括附随义务和从义务，否则，对债权人解除权的限制过于严苛。②债权人已催告债务人并给予宽限期。③宽限期过后，债务人仍然未履行债务。若债权人未明定宽限期，法官可以依据客观情况予以确定一个合理期限作为债务人履行债务的期间。适用《合同法》第94条第4项行使解除权的要件为：①债务人已经构成迟延。②债务人的迟延致使债权人订立合同的目的落空。即债务人的迟延履行产生了实质上使债权人订立合同所期望得到的主要利益丧失的严重后果，这种情况大多发生在以定期行为[1]作为合同内容的合同履行之中。所谓定期行为，指根据合同性质或者当事人的意思表示，债务必须于特定期间内履行，否则其合同目的无法达成。例如某歌唱家的演出、葬礼

---

[1]　黄立：《民法债编总论》，中国政法大学出版社2002年版，第523页。

用花圈的提供、翻译的现场口译等行为即属此类。对于定期行为以外的债务，在当事人一方发生迟延履行义务时，法律并不允许对方立即解除合同，因为解除合同对债务人而言，往往会因为准备履行的费用和已经完成的给付得不到补偿而造成严重的损失。因此，从权衡双方当事人利益的角度考虑，在一方发生履行迟延时，另一方应该给对方一定的宽限期，催促对方在宽限期内完成履行。宽限期内，受损方不得解除合同，对违约方延期履行的损失则可以请求赔偿。待宽限期结束后，违约方仍未履行合同时，受损方就可以行使解除合同的权利。

（4）当事人的其他根本不履行行为。此为不完全履行发生合同解除权的规定。所谓不完全履行，即债务人虽然以适当履行的意思进行了履行，但履行不符合法律的规定或合同的约定。依此规定，债务人违反合同规定的质量、数量、履行地点等条款，致使债权人订立合同的目的不能实现，则债权人有权单方主张解除合同。

（5）法律规定的其他解除合同的情形。既包括《合同法》分则中规定的一些具体合同的法定解除权，如委托合同当事人的单方解除权，也包括其他法律、行政法规中所规定的合同法定解除权。

从《合同法》对上述法定解除权的规定中不难发现，我国法定解除权的发生均以"不履行主要债务"或"不能实现合同目的"为前提条件。由此证明，英美法上"根本违约"的观念已被引入我国合同法，应予以特别关注。

据学者考证，根本违约是从英美法系国家的合同判例中产生的一种特殊违约形态。之所以以根本违约作为解除合同的限制条件，是因为解除合同致使交易不能实现，对不履行方而言，是一种非常严厉的制裁措施。而一桩交易的流产，不仅会给合同当事人带来损害，同时也会造成社会资源的极大浪费。总之，轻易解除合同的行为有违公平和效益的观念，应借助根本违约制度予以合理的限制。正是这一制度存在的基本价值，使《联合国国际货物销售合同公约》第 25 条对此予以了接受，并将根本违约作为一项基本的法律术语。[1]《国际商事合同通则》第 7·3·1 条也用"根本不履行"来表述这一概念。我国原《涉外经济合同法》第 29 条的规定已体现出根本违约的思想，但并未明确使用这一用语。根据《联合国国际货物销售合同公约》第 25 条的规定，根本违约的含义为：如一方当事人违反合同的结果，使另一方当事人蒙受损害，以至于实际上剥夺了他根据合同规定有权期待得到的东西，即为根本违反合同。根本违反合同的判断标准有两条：①以一方的违约行为对另一方所造成的损害结果为准，如果违约严重影响债

---

〔1〕　叶林：《违约责任及其比较研究》，中国人民大学出版社 1997 年版，第 203～204 页。

权人订立合同所期待的利益，即可认定为根本违约。②以违约方对此违约结果的预知这一主观状态为构成条件。若违约方预先并不知道其违约行为的严重结果，则也不构成根本违约。而能否预知应以一个同等资格、通情达理的人处于相同情况作为参照系，予以认定。鉴于这两条标准仍然具有很大的弹性，《国际商事合同通则》第7·3·1条第2款进一步列举了五种根本不履行的具体情况，包括：不履行实质性地剥夺了另一方期待的利益；不履行的是合同的实质内容；不履行是违约方的故意；等等。商事合同通则与销售合同公约的不同之处在于，前者判定是否构成根本违约时，既考虑违约人所违反的合同义务的性质，即不履行的是否为合同的实质内容，同时又考虑违约的后果，要求不履行已剥夺了另一方期待的利益。[1]

从《合同法》第94条的条文表述中可明显看出，在制定根本违约的判断标准时，主要参考了《国际商事合同通则》第7·3·1条第2款，并在此基础上进行了改进，去掉了判定根本违约的主观标准。作这一修改的原因在于，违约方是否预见到其行为的严重后果这一事实，难以为债权人所证明，所以不足为凭。

根据《合同法》的规定，根本违约的含义可概括为：一方当事人的行为违反了合同的主要义务，或使另一方当事人订立合同的目的难以实现，即为根本违约。据此，根本违约的判定标准为：

（1）违约方的违约行为违反了合同的主要义务。无论预期违约，还是实际违约，只要违反合同的主要义务，即为根本违约，可导致合同的解除。例如，买卖合同的卖方拒绝交货或者交付的货物严重不符合质量要求，即为违反主要义务的行为，买方可主张解除合同。

（2）违约行为致使另一方订立合同的目的不能实现。实际生活中，违约行为形态形形色色，或完全拒绝履行，或违反履行期限、质量要求等，但不论是违反合同哪一条款，不论是重大违约还是轻微违约，甚至也不论是否因为不可抗力所致，只要不履行造成受损方订立合同时所预期的目的落空，则他有权解除合同。

上述两项标准相辅相成，违反主要义务是根本违约的表现形式，使另一方订立合同的目的不能实现是根本违约的必然结果。双重标准的采用，使根本违约行为的判断较为容易。

合同法在法定解除条件中引进根本违约制度，其意义在于限制解除权的滥用，避免轻易解除合同给不履行方造成重大损害，以此达到平衡双方当事人利益

---

〔1〕 对外贸易经济合作部条约法律司编译：《国际商事合同通则》，法律出版社1996年版，第156～160页。

并鼓励交易的目的。

2. 法定解除权的行使方法。根据《合同法》的一般原理，解除权依照权利人单方的意思表示就可以发生解除合同的效力，所以，解除权在性质上属于形成权。但是，依照法律规定，当事人在行使解除权时，应遵循一定的程序和方法，具体为：

（1）一方行使解除权解除合同，必须通知另一方当事人。自通知到达对方时合同解除，解除合同的通知不得撤销。

（2）法律、行政法规规定解除合同应当遵循特别程序的，应当依照规定办理批准、登记等特别手续，否则，不发生解除的效力。

另外，学理认为，根据解除权行使不可分原则，如果解除权人为数人时，解除的意思表示一般应由全体解除权人作出。

3. 解除权的消灭。解除权的行使会导致合同关系消灭的结果，因此与相对人的利益息息相关，若使解除权在法律上永久存在，必然会给相对人带来不利，故而《合同法》从保护相对人利益出发，规定解除权应于一定情况发生时归于消灭。《合同法》第95条[1]规定的解除权消灭原因有：

（1）法律规定或当事人约定的解除权行使期限届满。

（2）解除权期限未确定的，相对人催告解除权人后，解除权人在催告期限或合理期限内未行使解除权的，解除权消灭。此处的合理期限如何计算，《合同法》没有明确规定，《最高人民法院关于审理商品房买卖合同纠纷案件适用法律若干问题的解释》根据《合同法》第94条的规定，作出的解释是：法律没有规定或者当事人没有约定，经对方当事人催告后，解除权行使的合理期限为3个月。对方当事人没有催告的，解除权应当在解除权发生之日起1年内行使；逾期不行使的，解除权消灭。学者认为，有关合同解除权的除斥期间都可以类推此规定适用。[2]

既然解除权为权利人享有的形成权，解除权人明确表示抛弃解除权，当然也引起解除权消灭的结果。但是，当解除权人为数人时，抛弃的意思表示应由全体解除权人共同作出才有效。

三、合同解除的效力

根据《合同法》第97、98条的规定，合同解除产生合同关系消灭的一般法

---

〔1〕《合同法》第95条："法律规定或者当事人约定解除权行使期限，期限届满当事人不行使的，该权利消灭。法律没有规定或者当事人没有约定解除权行使期限，经对方催告后在合理期限内不行使的，该权利消灭。"

〔2〕崔建远："解除权问题的疑问与释答（上篇）"，载《政治与法律》2005年第3期。

律后果，具体表现为：

1. 解除合同双方当事人将来履行和接受履行的义务。此效力后果，《合同法》第97条表述为：合同解除后，尚未履行的，终止履行。

2. 合同已经履行的，根据履行情况和合同性质，当事人可以要求恢复原状。合同解除前已经履行的部分是维持现状还是恢复原状，根据合同性质及履行情况而定。某些合同解除后不产生恢复原状的效力，这些合同具体包括：①继续性合同。所谓继续性合同，在大陆法上是指债务不能一次履行完毕，必须持续履行方能完成的合同。如租赁合同、加工承揽合同、建设工程合同以及大部分以提供劳务为标的的合同。②履行已持续一段时间的合同。虽然合同在性质上不属于继续性合同，但如果履行已延长了一段时间，那么，解除效力仅从解除时发生，已经履行完毕的维持原状不变。如甲与乙约定，由甲为乙提供3年的零件供应。2年后，甲转产另一种零件，于是合同解除。这时，甲不得请求乙返还全部已付货款。此两类合同解除之所以难使它发生恢复原状的后果，原因在于：合同债务人向受领人履行后，其给付即为受领人所消费或被物化，难以恢复原状或者恢复原状会使善意第三人的利益受到损害。所以，不可适用恢复原状的处理方法。但是，按照该条规定，仍允许以其他补救措施和赔偿来代替恢复原状的适用。除根据合同性质及履行情况不可适用恢复原状的情况外，合同解除后，当事人互负恢复原状的义务。所谓恢复原状，即当事人互相返还已受领的给付。适用中应注意把握三点：①返还的范围包括原物、同种类物，以及占有使用期间所获得的利益，如利息、孳息。②在所受领给付为劳务或者消耗物时，则应负担折价返还义务。③当事人相互负返还义务的，应同时履行，并可准用同时履行抗辩权的规定。

3. 合同解除不影响当事人请求赔偿损失的权利。合同解除后能否请求赔偿损失，大陆法系主要国家的民事立法传统上有两种不同的做法：①排斥主义，即规定当事人在解除合同时不能同时请求损害赔偿；若请求损害赔偿则不能解除合同。解除合同和损害赔偿二者互相排斥，不能并存。原因在于：选择合同解除则使合同关系溯及至成立时消灭，因不履行合同而产生的损害赔偿随之失去存在的基础，所以二者只能择一而行，如《德国民法典》原第325、326条的规定持这种观点。但是，2002年德国债法修订后改变了原条文规定，即规定解除合同与损害赔偿并不相互排斥。这样，排斥主义的做法就成为屈指可数的立法例。②并存主义，规定当事人可以同时请求解除合同和赔偿损失。但采此种做法的国家在损害赔偿范围上又有区别。根据《法国民法典》第1184条以及《日本民法典》第545条的规定，赔偿范围仅包括债务不履行所造成的损失，因为此种损失在合同解除前就已经存在，不因合同解除而丧失。但是，《瑞士债务法》第109条规定，赔偿范围仅包括信赖利益损失，不包括债务不履行的损失。其认为既然合同因解除而消灭，则无不履行责任的存在基础。我国从原有合同法规定到现行合同法的规定，法律一直坚持第二种做法，承认解除合同与损害赔偿可以并存。但对于损害赔偿的范围，立法却未予以明确。学者在此问题上存在不同主张，有观点认为，应包括不履行合同义务所致的损失和恢复原状所致的损失，但不包括可得利益的损失。[1] 另有观点认为：解除合同所要求的损害赔偿范围包括信赖利益、可得利益和固有利益，但是，在具体适用中应该区分不同情况予以调整，以免对损害进行重复填补。若法院支持可得利益，则不可同时支持信赖利益，因为信赖利益作为可得利益的成本支出已为可得利益所包含，故只能择一请求，且信赖利益赔偿额以可得利益为限。固有利益与可得利益赔偿可同时请求，固有利益赔偿额不以可得利益为限。计算损害赔偿额时，还应该按照损益相抵规则扣除解除权人从解除合同中所获取的利益。合同解除后的损害赔偿范围有待合同立法进一步明确。

4. 合同解除不影响合同中有关结算和清理条款的效力。此为《合同法》第98条的规定。学者认为，合同中约定的违约金条款、定金条款、预定的损害赔偿金计算方法条款即属于此结算和清理条款，不因为合同解除而归于消灭，这些条款继续有效，仍可以作为处理善后事宜的依据。[2] 因此，合同解除的后果，还包括了违约金的适用。然而，司法实践中，在合同解除后果是否包括违约金责任的问题上却出现不一致甚至完全相左的判决，[3] 表明在此问题上仍然存在争议。

对于合同解除的上述诸种效力后果，在德国和日本合同法理论上存在不同的解释，代表学说主要有：直接效果说、间接效果说和折中说。直接效果说认为，合同因解除而溯及既往地消灭，合同解除如同合同自始不存在，从而尚未履行的债务归于消灭，已经履行的部分发生返还请求权。间接效果说认为，合同解除并不消灭债的关系，只不过是阻止合同已经发生的效力，从而对于尚未履行的债务

---

[1] 王利明、崔建远：《合同法新论·总则》，中国人民大学出版社1996年版，第478页。

[2] 韩世远：《合同法学》，高等教育出版社2010年版，第280页。

[3] 参见最高人民法院法发〔2009〕40号《关于当前形势下审理民商事合同纠纷案件若干问题的指导意见》第8条后半段："合同解除后，当事人主张违约金条款继续有效的，人民法院可以根据合同法第98条的规定进行处理。""桂冠电力与泳臣房产房屋买卖合同纠纷案"，载《最高人民法院公报》2010年第5期，其裁判摘要为：《中华人民共和国合同法》第97条规定："合同解除后，尚未履行的，终止履行；已经履行的，根据履行情况和合同性质，当事人可以请求恢复原状、采取其他补救措施，并有权要求赔偿损失。"合同解除导致合同关系归于消灭，故合同解除的法律后果不表现为违约责任，而是返还不当得利、赔偿损失等形式的民事责任。

发生拒绝履行的抗辩权，对于已经履行的债务发生新的返还请求权。折中说认为，对于尚未履行的债务自解除时归于消灭，对于已经履行的债务并不消灭，而是发生新的返还请求权。直接效果说曾为我国合同法理论所主张，随着德国债法对合同解除损害赔偿的承认和其理论对直接效果说的冷淡，这一学说在我国也受到质疑，折中说和间接效果说得到学者的支持,[1] 为我国合同法解除效力规范提供了更契合法律规定的解释论基础。

四、解除权异议

解除权依照权利人单方的意思表示，向对方直接要求解除合同时，相对人就解除权的成立、行使或者效力后果提出不同意见，此为解除权异议。根据《合同法》第 96 条第 1 款后半段的规定："对方有异议的，可以请求人民法院或者仲裁机构确认解除合同的效力。"但是，相对人对解除合同提出异议必须在约定的异议期限内提出，当事人没有约定异议期限，应该在解除合同通知到达之日起 3 个月内向法院起诉，否则，法院不予支持。[2]

第三节 抵 销

一、抵销的概念

抵销，指两人互负给付种类相同的债务时，双方各以其债权充当债务之清偿，而使自己的债务与对方的债务在对等数额内相互消灭。

抵销有广义与狭义之分。广义的抵销包括依法律规定产生以及依当事人合意产生两类，前者为法定抵销，后者为合意抵销。根据合同自由原则，合同抵销的构成要件、效力等方面的内容均由当事人商定，法律无须多加过问。因此，法定抵销才是法律规范的重点。

各国民法大多以抵销作为债的一种消灭原因，主要出于对抵销作用的共识。因为：①抵销可以免去双方相互给付之费用和麻烦，使债的清偿更为便捷；②抵销可使债权人更为迅速地获得债权满足。尤其在债务人破产时，债权人可主张抵销，直接免去自己的对待给付，从而使自己处于优先受清偿的地位，故而我国《破产法》第 40 条规定，债权人在破产申请受理前对债务人负有债务的，可以向管理人主张抵销。出于同一理由，《合同法》第 99、100 条分别规定了法定抵销和合意抵销。

---

〔1〕 韩世远：《合同法学》，高等教育出版社 2010 年版，第 274 页；马俊驹、余延满：《民法原论》，法律出版社 2007 年版，第 606～607 页。

〔2〕 参见《最高人民法院关于适用〈中华人民共和国合同法〉若干问题的解释（二）》第 24 条。

二、法定抵销

(一) 法定抵销的含义

法定抵销是指两人互负给付种类相同的债务，且债务均已届清偿期，一方主张以自己的债权与对方的债权按对等数额消灭的单方意思表示。其中，用作抵销的债权称为主动债权或自动债权，被抵销的债权称为被动债权。例如，甲欠乙房租 1 万元，乙欠甲诉讼费 2 万元，双方结算时，甲主张从诉讼费中抵销所欠房租，乙只需交付剩余 1 万元诉讼费。甲的诉讼费请求权为主动债权，乙的房租请求权为被动债权。

(二) 法定抵销的构成要件

据《合同法》第 99 条规定，[1] 法定抵销的构成要件为：

1. 须两人互负债务。即债权人和债务人之间相互存在对待之债，可供抵销之用，并且主动债权和被动债权均为合法有效。因此，无效债权、已撤销之债权、所附条件未成就之债权等，均不得为抵销。

2. 须双方债务种类相同。依此要件，抵销通常适用于货币以及同种类之债的消灭。以特定物为标的的合同债务，一般不适用抵销的方法。因为以标的种类相同的债务为抵销，债务人的需要均可获得满足。如果双方债务标的种类不同，表明双方需求各异，如果抵销，则使一方或双方当事人的特定需要难以满足。

3. 须双方债务均届清偿期。抵销实际上就是相互履行，如果以已届清偿期的主动债权与未届清偿期的被动债权为抵销，无异于强求对方提前履行。所以，仅在期限利益专为债务人所设时，债务人才得以未届清偿期的主动债权与对方已届清偿期的被动债权为抵销，因为债务人自己可以主动放弃期限利益。但是，依照破产法的有关规定，破产债权人所享有的债权，无论是否已届清偿期，均可抵销，此为特别法规定的适用抵销的例外情况。

4. 须债务之性质可以抵销。学理上称此为抵销的消极要件，即为抵销的禁止性规定。根据《合同法》第 99 条的规定，按照合同的性质和依照法律的规定不得抵销的合同债务，当事人不得主张抵销。禁止抵销的债务具体为：

(1) 合同性质决定不得抵销的债务。某些合同债务由其性质决定必须实际履行，否则，就不能实现当事人订立合同的目的。不作为债务、约定应向第三人为给付的债务即为此类性质的债务。例如甲与乙在所订立的货运合同中约定，由乙向丙交货。那么，乙不得以甲欠自己的货款为据，向丙主张抵销，并拒绝向丙

---

〔1〕《合同法》第 99 条规定："当事人互负到期债务，该债务的标的物种类、品质相同的，任何一方可以将自己的债务与对方的债务抵销，但依照法律规定或者按照合同性质不得抵销的除外。当事人主张抵销的，应当通知对方。通知自到达对方时生效。抵销不得附条件或者附期限。"

交付货物。因为若允许乙以所负有的向第三人为给付的债务为抵销，必定会使第三人利益遭受不测之损害。

（2）法律规定不得抵销的债务。主要包括：①禁止强制执行的债务。例如，《民事诉讼法》第243、244条规定，被执行人及其所负担家属的生活必需费用不得强制执行。所以，列入此范围内的债务，如工资、抚恤金、抚养费等，不得用于抵销。此为保证债务人及其亲属生存之必需。②故意侵权行为所引起的债务，债务人不得主张抵销。例如，甲欠乙1万元借款，意欲赖账。乙为逼迫甲还债，将甲打伤，为此乙应支付甲医疗费6千元，但乙不得以此向甲主张抵销所欠借款。因为若允许乙为抵销，无异于纵容其故意侵权行为，有悖于公序良俗。

（3）当事人特别约定不得抵销的债务。对于依照《合同法》第99条的规定可以抵销的到期债权，当事人约定不得抵销的，人民法院可以认定该约定有效。[1] 根据合同自由原则，若当事人特别约定排除适用抵销的方式消灭债权，那么即使到期债权符合法定抵销的构成要件也不得予以抵销。

（三）抵销权的行使方法

抵销要件具备，当事人双方都取得抵销权，但如果当事人不行使抵销权，也不当然发生抵销的后果。因为抵销权在性质上属于形成权，由自动债权人一方向对方作出抵销的意思表示即可发生法律效力，无须对方同意。

法律予以特别强调的是抵销权的行使方式。根据《合同法》第99条规定，自动债权人一方应当通知被动债权人一方。自通知到达对方时，发生抵销的效力。抵销的通知不得附条件或期限。因为附条件或期限，会使抵销的效力难以确定，会因此害及他人利益。

依据学理上的看法，抵销属于以意思表示为要素的单方法律行为，因此适用民法关于法律行为以及意思表示的规定。据此，抵销权行使时还要求抵销人具有行为能力。[2]

（四）抵销的效力

抵销使双方对等数额的债权因抵销而消灭。尚未抵销的部分，债务人仍继续负有履行义务。按照理论上的一致见解，抵销具有溯及力，溯及至抵销权成立之时。因此，抵销权成立时所产生的债务（包括利息、违约金、损害赔偿金）均可一并抵销消灭。

对于抵销的性质，学理上存在不同的看法。[3] 有人认为抵销为清偿或特别清

---

〔1〕　参见《最高人民法院关于适用〈中华人民共和国合同法〉若干问题的解释（二）》第23条。
〔2〕　王利明、崔建远：《合同法新论·总则》，中国人民大学出版社1996年版，第650页。
〔3〕　王家福主编：《中国民法学·民法债权》，法律出版社1991年版，第202页。

偿；有人认为抵销与留置权、质权性质相同；还有人认为抵销是为法律所许可的债权人自助方法；等等，众说纷纭。其实，抵销是具有独特功能的债的消灭原因。

三、合意抵销

合意抵销即根据当事人之间的协议消灭相互间所负的债务。《合同法》第100条规定："当事人互负债务，标的物种类、品质不相同的，经双方协商一致，也可以抵销。"此即为合意抵销的明文规定。

合意抵销是合同自由原则的应有之义，法律不应禁止。合意抵销的发生条件、法律后果都应该遵从当事人的意思表示。当事人可以以协议排除法定抵销要件、效力以及其他限制条件的适用。所以，虽然债务种类、品质及履行期限不同，只要当事人愿意，也可以予以抵销。

合意抵销是以抵销合同的形式进行的，抵销合同的成立及效力应该符合合同法有关合同成立以及生效的一般规则。

第四节　提　　存

一、提存的概念

提存，是指债务人将无法清偿的标的物交给提存机关保存，由此消灭债的行为。在提存关系中，将标的物交付提存的债务人称为提存人，提存之债的受领人为提存受领人，由国家设立接受并保管提存物的机关为提存机关，交付保管的物为提存物。

提存制度设立的目的，主要在于保护债务人的利益。因为在实际生活中，时有债权人无正当理由拒绝受领或迟延受领的情况发生，出现这种情况时，债务人的债务就无法履行，合同关系也难以消灭，并且债务人仍要继续受债务拘束，随时处于准备履行的状态，这对债务人非常不利。为此，各国民法均设立提存制度，以提存作为债的消灭原因，使无辜的债务人通过提存从债务约束中解脱出来。《合同法》颁布前，《最高人民法院关于贯彻执行〈中华人民共和国民法通则〉若干问题的意见（试行）》第104条、《经济合同法》第19条都明文规定了提存。特别值得一提的是，司法部1995年6月2日专门发布了《提存公证规则》。此规则将提存区分为以消灭债务为目的以及以担保为目的两种类型，但因为以担保为目的的提存，在提存原因、效力等方面与合同消灭的提存有不同，二者不可相提并论。所以，《合同法》规定的提存不包括以担保为目的的提存，担保提存应适用我国《担保法》第49、70、77、78条等相关的法律条款。此处主要讨论作为合同消灭原因的提存制度。

对于提存的性质，学理上存在不同的看法，代表性的观点主要有两种：第一种观点认为，提存为公法上的关系，因为提存机关是国家的行政司法机关，它依法赋有的接受、保管以及发还提存物的义务为公法上的义务。第二种观点认为，提存是民事合同关系，如同铁路运输合同的承运人对他人亦负有订立合同的义务，但运输合同不失为私法上关系一样，提存机关虽然负有保管提存物的法定义务，但这并不影响他与提存人之间关系的性质。[1] 第二种观点颇为合理，原因在于：①提存所产生的保管关系，完全是私法上的保管关系。②提存产生清偿的私法上的效果。因此，今后提存制度的发展不应该强调管理，而应该加强提存机关的服务色彩。

二、提存的要件

债务提存须满足的法定条件即为提存的要件，一般应包括：

（一）须有合法的提存人

《合同法》对此未作明文规定，根据《提存公证规则》的有关规定，提存人是对提存受领人负有履行义务的人，包括债务人本人及其合法的代理人、作为合同履行人的第三人。

（二）提存之债真实、合法，并且提存标的与债的标的物相符

要求提存的债在性质上是真实、合法的，否则，提存有违国家、社会以及第三人利益。为防止提存损及债权人利益，交付提存的物必须是原债的标的物，而非替代物。

（三）须有合法的提存原因

根据《合同法》第 101 条的规定，具体包括：

1. 债权人无正当理由拒绝受领。主要指债权人客观上能够接受却不予接受履行。债权人无正当理由拒绝受领应包含迟延受领的情况，债权人迟延受领，经债务人催告后仍不接受，债务人也可以将标的物提存。

2. 债权人下落不明。主要指债权人不能确定、地址不详、失踪后未确定财产代管人等情况。

3. 债权人死亡或丧失行为能力而未确定继承人或监护人。

4. 法律规定的其他情形。此为引致条款，使其他法律、行政法规规定的提存取得适用的依据。

（四）提存的标的物符合要求

根据《合同法》第 101 条第 2 款的规定[2]，标的物必须是适于提存的物。

---

〔1〕 史尚宽：《债法总论》，中国政法大学出版社 2000 年版，第 792 页。
〔2〕《合同法》第 101 条第 2 款规定："标的物不适于提存的或者提存费用过高的，债务人依法可以拍卖或者变卖标的物，提存所得的价款。"

依此规定，交付提存的物可以是动产，也可以是不动产，一般有货币、各种有价证券、贵重物品等。对于不适于提存的鲜活物品及不宜长期保存的物品，提存人可以拍卖或变卖标的物，提存其价款。对于提存费用过高的标的物，也可依此办法办理。[1]

符合以上提存要件，提存人应按法定提存程序办理提存手续，包括填写申请表，向提存公证机关提交有关材料。提存公证机关对申请材料进行审查后，作出予以提存或不予提存的决定。

三、提存的效力

提存涉及三方当事人，即提存人（债务人）、提存机关和提存受领人（债权人），因而提存的法律后果涉及三方面，分述如下：

（一）在提存人与提存机关之间

根据《提存公证规则》的规定，我国的债务提存机关为公证处。提存人按照法定条件申请提存并由提存机关审查接受后，在提存人与提存机关之间产生如下法律效力：

1. 在提存人与提存机关之间产生向第三人履行的保管合同关系，除当事人另有约定外，在提存性质许可范围内适用有关保管合同的法律规定。如提存机关应妥善保管提存标的物，对于不宜长期保管和已超期保管的物品，提存机关有权拍卖，保存其价款。

2. 提存物交付提存后，原则上提存人不得取回提存物，但根据《提存公证规则》第26条的规定，两种情况除外：①提存人凭法院生效的判决、裁定或者提存之债已经清偿的公证证明，可以取回提存物。②提存受领人以书面形式向公证处表示抛弃提存受领权的，则提存人可以取回提存物。在提存人取回提存物的情况下，视为未提存。提存物的孳息归提存人所有，由此产生的费用由提存人承担。提存人未支付提存费用前，提存机关有权留置价值相当的提存物。

（二）在提存人与提存受领人之间

即在债权人与债务人之间所产生的提存法律后果。根据《合同法》第102、103条的规定，主要为三点：①自提存之日起，债权人与债务人之间的合同关系消灭，债权人不得再向债务人请求履行合同，此为提存主要法律效力之所在。②标的物提存后，债务人应当及时通知债权人或者债权人的继承人、监护人。但债权人下落不明的除外。③标的物提存后，提存物上所附着的利益以及意外灭失的风险由债权人承担。此规定表明，提存人已成为提存物的所有人及风险负担

---

[1] 参见《最高人民法院关于适用〈中华人民共和国合同法〉若干问题的解释（二）》第25条。

人。所以，标的物的孳息由债权人所有。

（三）在提存受领人与提存机关之间

提存于债权人和提存机关之间所产生的法律效力表现为：

1. 提存机关取得对提存物占有的权利，同时负有妥善保管提存物并及时通知债权人领取的义务。

2. 提存机关应按法定或约定的条件给付提存标的物，未按法定或约定条件给付提存物给当事人造成损失的，提存机关负有连带赔偿责任。提存机关不得挪用提存物，否则，应承担相应的法律责任。

3. 在法定的领取期限内，债权人有权随时领取提存物及其孳息。但债权人对债务人负有到期债务的，在债权人未履行债务或提供担保前，提存机关根据债务人的要求有权拒绝其领取请求。

4. 债权人领取提存物时，应当向提存机关支付提存费用。

5. 债权人从提存之日起，5 年内不领取提存物的，失去提存物的所有权。提存机关在扣除提存费用后，将提存物或相应价值上交国家所有。

第五节　免　　除

一、免除的概念

免除是债权人以消灭债权为目的而抛弃债权的单方法律行为。

因为债权人抛弃债权而使债务人的合同义务无须履行，故免除为合同的消灭原因。《合同法》第 105 条规定："债权人免除债务人部分或者全部债务的，合同的权利义务部分或者全部终止。"据此可知，免除的法律特征为：

1. 免除为单方法律行为。债权作为一种无形财产，可由债权人本人任意抛弃，无须债务人同意，所以，免除可根据债权人单方的意思表示而发生效力。免除作为单方法律行为，适用法律行为成立、生效等规则，如债权人须具备相应的行为能力，意思表示真实，可以附条件和期限，可以进行代理，等等。

虽然大陆法系各国和地区均以免除为债的消灭原因，但不同国家和地区的立法对免除行为的性质有不同的规定。以德国民法典和瑞士债务法为代表的立法规定免除为契约，须经债务人的同意，如此规定的理由主要在于尊重债务人的意思，以防债权人滥用权利。但日本民法以及我国台湾地区现行"民法"却规定免除为单方行为，因为债务人因免除而得到利益而非受有损害，故没有征得其同意的必要。况且，免除若以征得债务人的同意为必要，在债务人不同意时，就会发生债权人不得抛弃债权的结果，这一结论显然有悖常理。有鉴于此，合同法采用了第二种立法例。

2. 免除为无偿行为。债权人抛弃债权，无须债务人支付相应的对价。虽然免除的原因或为有偿或为无偿，如以债权赠与对方而为免除、以债权作为对待给付而为免除等。但无论原因性质如何，不影响免除本身的无偿性。并且学理上认为，免除为无因行为，不因原因行为的撤销或无效而受到影响。

3. 免除的意思应当向债务人明确表示或通知债务人，但此意思表示无须采用特定形式，口头或书面方式均可。应予注意的是，免除的意思表示一旦作出，即不得撤回。

二、免除的效力

合同关系依债权人免除的意思发生全部或部分消灭的后果，附属于主债权的从债权也随同消灭。

第六节　混　　同

一、混同的概念

混同，即发生债权与债务同归于一人的事实，致使合同关系消灭。例如企业合并，第三人同时继承债权人的债权和债务人的债务都为混同。

因合同必须要有双方当事人的参加才能成立，债权与债务归并于一人，则必然导致合同关系消灭。此为混同作为合同消灭原因的理由。

二、混同的效力

混同发生合同债权债务关系绝对消灭的法律效力，但《合同法》第106条强调规定"涉及第三人利益的除外"。理论上一般认为，涉及第三人利益的除外情况包括：①合同债权为第三人权利的标的，从保护第三人权益出发，混同不发生债权消灭的结果。例如，甲以对乙所享有的债权交付丙为质押。若日后甲与乙合并，为保护质权人丙的利益，则此已交付质押的债权不得消灭。②合同债权的实现与第三人有利害关系，债权亦不得因混同而消灭。例如，甲和乙对丙享有连带债权，甲与丙后来发生合并，但因此连带债权的实现关系到乙的利益，所以，不得因混同而消灭。

此外，还存在法律特别规定混同不产生债的消灭效力的例外情况。例如，《银行结算办法》（现已失效）第14条曾规定，商业汇票，在票据未到期前依背书的方式转让的，票据上所记载的债权债务即使归于一人，票据仍然可以继续流通，即票据所载的债权债务不因混同而消灭，这是为保证票据流通性的需要所作的特别规定。

■思考题

1. 我国合同法规定的终止制度的特征有哪些?
2. 我国合同法规定的合同终止原因有哪些?
3. 找出我国合同法规定的有关合同解除的条文规定,并对它们予以理解和比较。
4. 我国合同法规定的法定解除条件有哪些?
5. 合同解除后会产生哪些法律后果?

■参考资料

1. 郑玉波:《民法债编各论》下册,三民书局 1981 年版。
2. 史尚宽:《债法总论》,中国政法大学出版社 2000 年版。
3. 王利明、崔建远:《合同法新论·总则》,中国政法大学出版社 1996 年版。
4. 王利明:《合同法研究》第 2 卷,中国人民大学出版社 2003 年版。
5. 崔建远主编:《合同法》,法律出版社 2010 年版。
6. 韩世远:《合同法学》,高等教育出版社 2010 年版。

第八章 违约责任

■ 学习目的和要求

　　通过对本章的学习，掌握违约责任的概念、特征，归责原则；违约行为的各种形态；违约责任的构成要件及免责事由；违约责任的体系及其相互关系。

第一节 违约责任的概念和特征

一、违约责任的概念

　　根据《合同法》的规定，违约责任是指合同当事人不履行合同义务或者履行合同义务不符合约定时所承担的法律后果。违约责任，在《民法通则》中被称为违反合同的民事责任，在《合同法》中得以明确规定。违约责任在英美法中通常被称为违约的补救，而在大陆法系中则被包括在债务不履行的责任之中，或被视为债的效力的范畴。

　　根据私法自治原则，当事人在自主、自愿的基础上通过平等协商订立合同之后，就应当自觉履行合同所约定的义务，恪守合同。正如《法国民法典》第1134条所规定的：依法成立的契约在缔结契约的当事人间有相当于法律的效力。但是，受限于主观或客观情况，在实践中不可避免地存在着合同当事人一方或双方违反合同义务的情况。若放任当事人违反合同义务，无疑是对双方当事人"合意"的否定，是对产生法律约束力的合同的否定。因此，法律设立违约责任制度，在债务人不履行或不适当履行合同义务时，则该义务将在性质上转化为一种强制履行的责任，从而使合同所产生的债权得以实现。可见，合同当事人的合意能够产生法律约束力是以违约责任制度的存在为前提的，只有强制性的违约责任才能将当事人的"合意"作为一把"法锁"来约束当事人自己，才能有效地实现合同目的，保障合同得到正确履行，从而弥补因违约给对方造成的损失，维护正常的社会经济秩序。由此可见，违约责任是合同法的核心内容，也是我国民事责任制度的重要组成部分。

二、违约责任的特征

违约责任作为一种民事责任，它既与刑事责任、行政责任截然不同，又与其他民事责任有别。除具有民事责任的一般特征之外，违约责任还具有独有的特征：

（一）违约责任以合同有效成立为前提

违约责任产生的基础是双方当事人之间存在合法有效的合同关系。若当事人之间不存在有效的合同关系，则无违约责任可言。

合同责任和合同义务是两个既有区别又有联系的概念，都以合同有效成立为前提。合同义务是由合同产生的债务人应为的作为或不作为，其实质是法律通过合同对债务人形成的一种具有强制力的约束。而合同责任则是对债务人所为的违反这种约束的行为所要求承担的法律后果。合同义务是发生合同责任的必要前提，合同责任则是违反合同义务的必然后果。两者之间存在一种因果关系，违约责任正是违反合同义务的行为所应承担的法律后果。

（二）违约责任的确定具有相对的任意性

合同法以任意性规范、倡导性规范为主。这是由合同自由原则和民事责任的"私人性"所决定的。因此，违约责任的确定，除法律强制规定外，当事人可以在法律规范的指导下，通过合同加以确定，从而有别于确定方式和范围一般由法律直接规定的侵权责任。法律允许合同当事人自主、自愿约定各自的权利义务，同时也允许当事人通过合同预先约定违约形态、违约金的数额幅度、损害赔偿的计算方法，甚至在不违反法律强制性规定的前提下约定限制乃至免除责任的事由，当事人还可以通过合同约定排除相关法律规范的适用。此为我国《民法通则》第112条、《合同法》第114条所明定。这充分表明，违约责任的确定具有一定的任意性。但是，违约责任的确定所具有的任意性是相对的，而强制性则是绝对的。当事人一旦就确定违约责任达成合意，即产生法律效力，从而具有强制力；同时这种约定也不能否定和减弱违约责任的强制性，而且在当事人订立的违约责任条款有失公平时，法律也会加以干预。因为如果违约责任失去强制性，则债务也会就失去对当事人真正的约束力，当事人约定的各种条款，包括违约责任条款，也都失去了应有的约束力，合同目的也必将落空。

（三）违约责任具有补偿性

违约责任作为民事责任的一种，主要是一种财产责任，一方当事人违反合同义务会给另一方造成财产损失。而追究违约责任的目的，主要是弥补或补偿因违约行为而给合同债权人所造成的财产损失。现代民法彻底否认了古代法中对违约当事人实施人身自由限制乃至人格减等的责任。从我国《合同法》所确认的违约责任方式来看，无论是强制实际履行，还是支付违约金、赔偿金，或者采用其他补救措施，无不体现出补偿性。这是合同法平等原则的具体体现。一旦一方当事人违反合同义务，使合同关系遭到破坏，双方当事人的利益失去平衡时，法律通过违约责任的方式，要求违约方对受害人所遭受的损失给予充分补偿，填补损害，以平衡双方当事人的物质利益关系。所以，我国《合同法》第113条明确规定，违约方给对方造成损失的，损失赔偿应相当于因违约所造成的损失。

（四）违约责任具有相对性

违约责任的相对性，是指违约责任只能在特定的当事人之间即合同关系的债权人和债务人之间发生，合同关系以外的第三人不负违约责任，合同当事人也不对第三人承担违约责任。这体现了合同的相对性原理。

违约责任的相对性是由合同义务的相对性决定的。合同关系只存在于特定主体之间，其权利义务也主要是对合同当事人产生约束力，合同当事人无权为他人设定合同义务。因此，违约责任只能由债务人向债权人承担，不得将责任转嫁给他人。即使是债务人因第三人的行为造成债务不能履行时，债务人仍应向债权人承担违约责任；债务人只能在承担违约责任后向第三人追偿。《合同法》第121条明确规定："当事人一方因第三人的原因造成违约的，应当向对方承担违约责任。当事人一方和第三人之间的纠纷，依照法律规定或者按照约定解决。"同时，债务人不仅对自己直接实施的违约行为承担违约责任，而且对其代理人或其他债务履行辅助人实施的违约行为也应承担违约责任。这是因为代理人或其他债务履行辅助人是依债务人意思行事的，法律后果也归于债务人，并不具有独立的法律地位，而非违约责任相对性的例外。

第二节 违约责任的归责原则

一、归责原则的概念

归责原则是确定行为人承担民事责任的根据和准则，是贯穿于整个民事责任制度并对责任规范起着统帅作用的法律原则。

民事责任的认定必须遵循一定的归责原则。作为民事责任的违约责任，自然也必须依其归责原则确定构成条件、举证责任、免责事由、损害赔偿的范围等。因此，正确规范违约责任的归责原则对于构造违约责任制度的内容具有决定性作用。

二、关于违约责任归责原则的争论

在我国，对于违约责任的归责原则，法学界历来存在争议。一种观点认为，我国违约责任的归责原则是过错责任原则。这种主张的法律依据便是已经废止的《经济合同法》第 29 条以及《涉外经济合同法》第 19 条的规定。根据《经济合同法》第 29 条的规定，只有违反经济合同一方或双方主观上存在过错时，才应承担民事责任，"无过错则无责任"。另外一种观点认为，我国违约责任的归责原则应为无过错责任（或称严格责任）原则，即合同当事人只要有违约行为便应承担违约责任，而不考虑违约方主观上是否存在过错。也就是说，过错不属于违约责任的构成条件，即使是无过错也不影响违约责任的承担。这种观点认为，"无过错则无违约"是对我国原《经济合同法》的误解，这必然在司法实践中造成违约者不受法律追究的现象。而《民法通则》第 106、111 条对违约责任的规定，未强调违约方因过错违约才承担民事责任，同时《民法通则》第 106 条所指的过错责任，仅仅是指过错侵权责任，而非违约责任。还有一种观点认为，根据我国现行法律及其司法解释，违约责任的归责原则应以过错责任原则为主，无过错责任原则（严格责任原则）为补充。

从 1999 年正式颁布实施的我国《合同法》的规定来看，我国违约责任的归责原则明显是严格责任原则。根据《合同法》第 107、121 条的规定，只要当事人不履行合同义务，就应承担违约责任；即使这种违约行为是由于第三人的原因造成的，也不能免除违约方应向对方承担的违约责任。

三、严格责任原则

严格责任，又称无过错责任，是指违约发生以后，确定违约当事人的责任，应主要考虑违约的结果是否因违约方的行为造成，而不考虑违约方的故意和过失，不以过错为承担违约责任的要件。也就是说，违约方是否有过错，在所不问，只要违约方不履行合同义务，不管其主观上是否有过错均应承担违约责任。

严格责任以违约方的违约行为与违约后果之间的因果关系为要件。从举证责任来看，只要能够证明某一违约后果系违约方不履行合同或者不完全履行合同的行为引起，即可要求违约方承担责任。而过错责任中的过错是一种主观的心理活动，是违约方实施违约行为时的心理状态，且此种心理状态作为局外人是无法考查的。显然，过错责任不利于受害方举证，进而不利于追究违约方的责任。但是，确立严格责任只要求受害方就违约行为与违约结果间的因果关系举证。而因果关系是客观的，举证就很容易做到。因此，在举证方面，严格责任优越于过错责任。

或许，有学者仍坚持违约责任的归责原则为过错责任原则，只是强调过错责任实为过错推定责任，即将违约方是否有过错的举证责任，反致给违约方，由违约方负责举证。这种观点，仍是受我国原来三大合同法影响的产物，仍认为过错为违约责任的构成条件。尽管作为一种心理状态的过错的举证及质证比较困难，但也并非完全不能证明。如果违约方能够证明自己主观上无过错的话，就仍然可以免责，无须承担责任，从而损害受害方的利益。相比之下，严格责任原则不要求违约方有过错，主观上没有过错也不影响违约责任的承担，因此也不同于过错推定责任原则。

实行严格责任原则，并非意味着在任何情况下，只要债务人不履行合同债务，就必然承担违约责任。我们还应结合违约责任的免责事由综合考察。若违约方具备免责事由，则仍可部分或全部免除其责任。

四、《合同法》分则中关涉过错的问题剖析

在《合同法》分则中，多处使用"故意"、"重大过失"、"过失"、"过错"等主观心理上的概念，并规定因这些主观因素，当事人一方承担或不承担民事责任。而这些概念均属于传统民法中的过错范畴。那么，违约责任的严格责任原则与这些规定是否冲突呢？我们认为，要回答这一问题，首先要对合同法分则中的具体条款作具体分析。

纵观合同法分则，关涉过错问题的条款可归纳为两大类：

1. 因一方过错造成对方损害的，应承担损害赔偿责任。这种情形又可分为两类：①因故意或重大过失造成对方损害的，违约方才承担损害赔偿责任。此类情形主要体现在赠与合同、无偿保管合同、无偿委托合同等无偿合同中。[1] 在这些合同中，由于赠与人、保管人、受托人只承担义务，而不享有权利，因此，从公平原则考虑，从平衡当事人利益出发，这些当事人违约时一般不应该承担责任。只有在其主观有故意或重大过失的情况下，违约方才承担因违约行为而给对方造成的损失。之所以法律要求违约方因故意和重大过失行为而承担责任，是因为这两种过错表明当事人主观上存在恶意，超出了这类合同对义务人优待的限度，严重违反合同义务，因此理应受到法律的制裁。②因过错造成对方损害的，违约方应承担损害赔偿责任。这种情形主要体现在运输合同中，根据《合同法》第303条的规定，在旅客运输合同中，对旅客自带物品的损失，承运人只在有过错的条件下才承担损害赔偿责任。《合同法》第320条规定，因托运人托运货物时的过错造成多式联运经营人损失的，托运人应承担损害赔偿责任。

对于这两种情形，要求违约方有过错才承担民事责任，并不是对我国合同法所确认的严格责任原则的否定，而应看做法律对于特殊合同、当事人的权利义务及其民事责任的特殊规定，是严格责任原则的一种例外，也是对严格责任原则的一种补充。

---

[1]　参见《合同法》第189、191、374、406条。

2. 因对方过错造成的损失，违约方可不承担责任。这种情形主要体现在《合同法》第302、311、425条等条文中。《合同法》第302条规定，旅客的伤亡，若证明系旅客故意、重大过失造成的，承运人不承担赔偿责任。第311条规定，因收货人的过错造成托运货物损毁的，承运人不承担赔偿责任。第425条规定，若居间人故意隐瞒与订立合同有关的重要事实或者提供虚假情况，损害委托人利益的，委托人不承担支付报酬的责任。从上述条文可以看出，由于对方过错，造成某种损失，违约方是不承担责任的。但是，在这里，并非是依据违约方无过错，才允许其不承担责任。也就是说，不能将违约方有无过错作为违约方是否承担违约责任的构成条件；而是在这种情形下法律赋予违约方以抗辩权。违约方可以证明该违约后果系对方过错行为所致，而与自己的违约行为无关。即违约方的违约行为与违约后果之间没有因果关系，因而不应承担违约责任。

第三节 违约行为及其具体表现

违约责任的归责原则，决定着违约责任的构成条件。在我国，违约责任的归责原则为严格责任原则，只要违约方违反合同义务且不具备法定或约定的免责事由，不管其在主观上是否存有过错，违约方均应承担违约责任。因此，对违约责任的构成条件的认定，只要认定违约方是否客观上存在违约行为便可以了。

一、违约行为的概念和特征

（一）违约行为的概念

违约行为，是指合同当事人违反合同义务的行为。违约行为之实质在于非法侵害合同所产生的债权，其违法性表现在行为人违反受法律保护的合同义务。

（二）违约行为的特征

违约行为作为一种民事违法行为，它与侵权等民事违法行为相比较，有两个显著的特征：

1. 违约行为以成立且生效的合同为前提。违约人和受害人为合同关系的双方当事人，违约人具有特殊身份，即为合同关系的债务人。只有当事人之间存在合同关系，承担合法的合同义务时，才可能产生违约行为。如果当事人之间不存在合同关系，不存在合同义务，尽管行为人的行为违法，损害他人的利益，其行为性质只能是侵权。如果当事人之间存在合同，但因其本身属无效合同，尽管有违反所谓合同规定的"义务"的行为，亦不构成违约行为，而应按法律直接规定的无效合同的法律后果处理。

2. 违约行为所侵犯的对象，只能是对方当事人依据合同而产生的债权，即当事人违反合同义务。当然，存在合同义务并不当然产生违约行为，如当事人依合同约定履行其义务，则双方合同关系消灭，谈不上违约。只有当事人违反其应承担的合同义务时，才产生违约行为。因此，违约行为并非直接表现为对法律强制或禁止性规范的违反，而是表现为违反由法律所认可并予以保护的由当事人约定而产生的合同义务。

二、违约行为的具体表现

违约行为依其具体违反合同义务情形的不同，可分为如下几种违约形态：

（一）预期违约

1. 预期违约的概念。预期违约是指在合同履行期限到来之前，当事人一方明确表示或者以自己的行为表明不履行合同的行为。预期违约，最早来源于英国法庭的判例，即 1853 年奥彻斯特诉戴纳特尔案，后被英美法系国家广泛采纳，并形成一项制度。履行期限到来之前的不履行合同义务的行为，同样使得合同目的落空，合同债权人的债权不能实现，破坏了交易秩序，侵害了债权人的利益。因此，我国《合同法》第 108 条在借鉴英美法中行之有效的预期违约制度的基础上作出明确规定。

2. 预期违约的特征。作为一种独特的违约行为形态，预期违约具有如下特征：①违约行为发生在履行期限到来之前，因此违约方并非实际违约，而是一种违约的危险，仍属不履行的违约行为的一种特殊形式。②预期违约的类型包括明确表示和以自己行为表明两种情形。明确表示即明示毁约，指债务人在合同履行期到来之前，明确向对方作出不履行合同义务的意思表示的行为。以自己行为表明不履行合同即默示毁约，是指债务人在合同履行期到来之前，通过自己有目的意义的行为，可以推导出其根本无履行合同义务的意愿，如一物多卖、转移财产、抽逃资金等行为。③对预期违约，守约方享有选择权。依据《合同法》第108 条，守约方可以采取积极措施，在履行期限届满之前要求违约方承担违约责任，而违约方无权以履行期限尚未到来为由进行抗辩。守约方也可采取消极等待方式，待履行期限届满，追究违约方实际违约的违约责任。

（二）不能履行

不能履行是指合同债务人事实上已经不可能实际履行债务。从广义上说，不能履行的原因是多样的，可以是债务人或者债权人的原因，也可以是双方当事人以外的原因，在理论上被称为主观不能和客观不能；可以是合同成立之时，也可以是合同成立之后。不能履行合同义务，在理论上被称为自始不能和嗣后不能。此处的不能履行是指除了自始客观不能以外的其他不能履行类型，主要是债务人的行为所致。根据传统理论和立法，自始客观不能往往导致合同无效，不过随着理论的更新和立法的现代化，国际商事立法及德国债法现代化法已经放弃这一主张。债务人不能履行债务，债权人可以解除合同，并追究债务人的违约责任。

（三）迟延履行

迟延履行，是指债务人在合同履行期限届满后未履行债务的违约行为。

构成迟延履行的要件有：①存在成立且生效的合同，即存在有效的债务；②债务人能够履行，如果不能够履行，则构成另外一种违约行为类型——不能履行；③债务履行期限已过而债务人未履行，这是迟延履行的核心要件；④债务人未履行债务无正当理由，迟延履行行为构成违约行为进而要求债务人承担违约责任，须以债务人无免责事由为前提。

债务人迟延履行是指合同规定的履行期限届满，或者在合同未约定履行期限时，债权人指定的合理期限届满，债务人仍的未履行债务。根据《合同法》的规定，债务人迟延履行的，应承担迟延履行的违约责任；承担对迟延后因不可抗力造成的损害的赔偿责任；若迟延后的履行，对于合同债权人无利益的，债权人可拒绝接受履行，并由债务人承担不履行的违约责任。

需要说明的是，债权人迟延受领，是否属于违约行为，在学界存有争议。我国学界的通说认为，债权人迟延是对受领这种不真正义务的违反，不属于合同履行期限届满而未履行债务的违约行为。

（四）瑕疵履行

瑕疵履行是指债务人履行的标的不符合合同约定的质量标准。它可分为违约瑕疵和损害瑕疵。所谓违约瑕疵，是指债务人履行的标的物仅在品种、规格、技术要求等方面不符合合同的约定，尚未由于其质量瑕疵造成他人人身或财产损害。对于违约瑕疵，债权人可依《合同法》第111条的规定，根据标的的性质以及损失大小，合理选择要求债务人承担修理、更换、重作、退货、减少价款或报酬等违约责任。所谓损害瑕疵，又称为加害履行或瑕疵结果损害，是指债务人因交付的标的物的缺陷而造成他人人身、财产损害的行为。根据《合同法》第112条的规定，债务人由于交付的标的物内在缺陷而给债权人造成人身或合同标的物以外的其他财产的损害时，债务人还应承担损害赔偿责任。

（五）不适当履行

这里的不适当履行，是指除瑕疵履行之外的，债务人未按合同约定的标的、数量、履行方式和地点而履行债务的行为。主要包括：一是部分履行行为，如交付标的物在数量上不足；二是履行方式不适当，如依约应一次性履行而分期履行；三是履行地点不适当，即未在合同规定的履行地点履行；四是其他违反附随义务的行为，如违反告知义务。

第四节 免责事由

根据《合同法》的规定，免责事由分为法定事由、免责条款和因法律有特别规定三种。若在合同的履行过程中，出现上述任一事由而导致合同不能履行、迟延履行或不能完全履行的，将免除债务人的部分或全部责任。

一、法定事由——不可抗力

（一）不可抗力的概念和范围

不可抗力是违约责任免责的法定事由。所谓不可抗力，依据《合同法》第117条第2款的规定，"是指不能预见、不能避免并不能克服的客观情况"。也就是说，不可抗力是合同订立后发生的，当事人订立合同时不能预见且不能避免和不能克服的导致合同不能履行或不能适当履行的客观现象。一般地说，不可抗力的范围包括三类：

1. 自然灾害。在我国，自然灾害是典型的不可抗力。尽管随着社会科学技术的进步，人类正逐步提高对自然灾害（如台风）的预见能力，但是人类仍无法抗拒它。而且在现实生活中，自然灾害严重影响着人们的生活和生产，阻碍着合同的履行。因此，将自然灾害作为不可抗力是合理的。

2. 政府行为。合同当事人往往很难预见政府的政策、法律或行政措施的变化，若当事人在合同签订之后，政府颁布新的政策、法律和行政措施，导致合同不能履行，应免除债务人不履行合同的责任。政府行为作为不可抗力，在法学界有争议。但从国内和国际交易情况来看，因政府行为导致合同不能履行，一般均按不可抗力处理，而免除债务人的违约责任。如政府颁布封锁禁运法律导致合同的不能履行。

3. 社会异常事件。社会异常事件主要是指阻碍合同履行的一些偶发事件，如战争、罢工、骚乱等。尽管这些事件仍属于社会中人为的行为，但对于合同当事人来说，在签订合同时，是无法预见的，事件发生后，当事人也是无法避免和克服的，因而，也应属于不可抗力。

（二）不可抗力的法律规定

规定不可抗力为违约责任的法定免责条件，是现代各国法律的通例。《法国民法典》第1148条规定："如债务人系因不可抗力或事变而未履行给付或作为债务，或违反约定从事禁止的行为时，不发生赔偿损害的责任。"我国《民法通则》第107条、《合同法》第117条对此都作了明确规定。

值得注意的是，不可抗力的法律后果并不当然都是全部免除违约责任。而应视不可抗力的影响程度和给合同债务人造成的困难程度来分别处理。如果不可抗力已使合同债务人的履行成为不可能，则应解除双方当事人的合同关系，并免除违约方的违约责任；如果不可抗力只造成合同债务人的履行部分不能，则应变更合同关系，免除违约方的部分违约责任；如果不可抗力仅造成债务人履行债务的暂时困难，则可要求债务人迟延履行，但免除其迟延履行的违约责任。

另外，根据我国《合同法》的规定，遭受不可抗力的合同一方当事人应将不可抗力的事实及时通知对方当事人，并应提供有关机构关于不可抗力的有效证明。如果当事人怠于实施这些行为，造成对方当事人损失的，仍应承担违约责任。同时，债务人迟延履行后发生不可抗力的，不能免除责任。合同成立前发生的不可抗力，同样不影响债务人履行债务。

二、免责条款

（一）免责条款的概念

免责条款是合同双方当事人在合同中约定一定的事由或条件，当违约符合所约定的事由或条件时，可免除违约方的违约责任。由此可见，免责条款并非产生于法律的直接规定，而是双方当事人通过事先协商在合同中设定，是合同法中当事人意思自治原则的体现。合同法是一种倡导性法律规范，任意性规范甚多，合同又是双方当事人在平等地位的基础上自主、自愿设立的。法律既然允许双方当事人在合同中为自己设定权利和义务，毫无疑问，也应允许双方当事人对违约责任的承担范围和方式以及免责条件进行约定。只要这种约定不违背法律，不损害社会公共利益和公序良俗，则应有效。双方当事人可依据此免责条款，免除违约方应承担的违约责任。

（二）免责条款的法律规定

法律承认免责条款的效力，是基于"契约自由原则"和民事责任的"私人性"。但是，要发挥免责功能，免责条款必须订入合同，作为合同的组成部分。那么，如何认定免责条款是否已订入合同呢？在英国法和德国法中有三个标准，即签名、提请注意和系列交易。

在我国，一般认为，在个别商议合同中，只要根据合同法关于要约和承诺的一般理论，考查当事人对免责条款是否合意即可。但是，在大量使用免责条款的格式合同中，如何认定免责条款是否已订入合同则相对困难。根据《合同法》第39条规定，采用格式条款订立合同的，提供格式条款的一方应当遵循公平原则确定当事人之间的权利和义务，并采取合理的方式提请对方注意免除或者限制其责任的条款，按照对方的要求，对该条款予以说明。由此可见，我国采用提请注意的方式。

提请注意必须在合同订立前进行，其方式应依交易的具体环境，以个别提请注意为原则，公开张贴公告为例外。但不管哪种方式，提请注意所使用的语言文字必须清楚明白，足以令相对人注意免责条款。提请注意的合理程度应以一般公众的注意为标准。一般地说，免责条款越特别，越不同寻常，越出人意料，所需要提请注意的程度就越高。若相对人对提请注意的事项不理解，格式合同的提供者还应耐心细致、简单明了地作出解释，直到相对人完全理解为止。

在现代社会里，格式条款的使用者往往是经济强者，尤其是垄断或准垄断集团；而条款的接受者则往往是消费者。为了保护消费者权益，维护合同公平正义，各国法律又毫无例外地对免责条款进行控制。

我国《合同法》第40、41、53条分别对免责条款作出了限制：①提供格式条款一方免除其责任、加重对方责任、排除对方主要权利的，该条款无效；②免除造成对方人身伤害或免除因故意或重大过失造成对方财产损失的责任的免责条款无效；③对格式条款有两种以上解释的，应当作出不利于提供格式条款一方的解释。格式条款和非格式条款不一致的，应当采用非格式条款。

可见，我国合同法在立法上和司法要求上对约定免责条款进行了控制。但是，这是远远不够的，我们还应采取行政措施，如建立免责条款使用的审查机构，推动消费者保护组织监督对免责条款进行控制，运用多种手段，协调发挥，综合调控，构造出我国控制免责条款的完整的、行之有效的模式，以维护消费者的权益。

三、因法律的特别规定

这是指除不可抗力之外，法律有特别规定的免责条件的，一旦发生违约又符合该条件时，可免除违约责任。例如，《合同法》第311条规定，在符合法律和合同规定条件下的运输，由于货物本身的自然性质或合理损耗的原因造成货物毁损、灭失的，承运人不承担违约责任。

第五节　违约责任的承担方式

违约行为的复杂性决定了承担违约责任的方式的多样性。根据《合同法》第107条的规定，违约责任的承担方式主要有如下几种：

一、支付违约金

（一）违约金的概念

违约金是指合同当事人在合同中约定的，在合同债务人不履行或不适当履行合同义务时，向对方当事人支付的一定数额的金钱。违约金作为违约责任的方式，直接来源于双方当事人在合同中的约定，若当事人在合同中未约定违约金条款，则不产生违约金责任。

（二）违约金的效力

违约金的效力因违约金的性质不同而有异。一般地说，违约金可分为惩罚性违约金和赔偿性违约金。

1. 惩罚性违约金是指由合同约定或法律规定，由合同违约方支付一笔金钱，作为对违约行为的惩戒。东欧诸国法律多采用此类性质的违约金。依此，合同债务人违约后，债权人除请求支付违约金外，还可请求违约方继续履行合同或赔偿损失。即可发生多种违约责任方式的并用。

2. 赔偿性违约金是指合同双方当事人预先估计的损失赔偿总额。违约方承担违约金后，不再承担继续履行合同或赔偿损失的违约责任。英美法系国家只承认赔偿性违约金，而否认惩罚性违约金。法国、德国等国的民法典多采用赔偿性违约金原则。例如，《法国民法典》第 129 条规定："违约处罚条款为对债权人因主债务未履行而受损害的赔偿。"

在我国，关于违约金的性质和效力一直存在着分歧。之前由于 20 世纪 50 年代受苏联民法影响较大，多数学者认为违约金兼有惩罚性和赔偿性。事实上，惩罚性违约金有悖于民法和合同法的补偿性原则。现在，随着市场经济的建立，随着国际贸易往来的日益发展，我国合同法确立了违约金的赔偿性，即除合同当事人另有约定外，违约金应视为预定的违约赔偿金，债权人请求债务人支付违约金时，不得同时请求债务人继续履行合同或者赔偿损失。《合同法》第 116 条还明确规定，当事人约定违约金，又约定定金的，一方违约时，对方可以选择适用违约金或者定金条款。但是，依据《合同法》第 114 条第 3 款的规定，当事人就迟延履行约定违约金的，违约方支付违约金后，还应当继续履行债务。这是违约金责任的一种例外。

（三）违约金的数额及增减

由于支付违约金并不以有损害事实为要件。因此，对于违约金的数额，应由双方通过协商在合同中约定，一般地说，合同当事人可在合同中对将来可能出现的违约情形作出具体分析后，约定一个固定的总额；也可就合同未履行部分的价值总额约定一个违约金比率。但不管采取哪种方法，违约金的约定应合法、合理。如果约定的违约金低于或过分高于违约行为所造成的损害，当事人可请求人民法院或仲裁机构增加或适当予以减少。如果合同债务人已经履行部分合同债务，则应相应减少违约金。有关违约金数额增减的规定是坚持公平原则的具体体现。

根据《最高人民法院关于当前形势下审理民商事合同纠纷案件若干问题的指导意见》的规定，对于双方当事人在合同中所约定的过分高于违约造成损失的违约金或者极具惩罚性的违约金条款，人民法院应根据《合同法》第 114 条第 2 款和《最高人民法院关于适用〈中华人民共和国合同法〉若干问题的解释（二）》第 29 条等关于调整过高违约金的规定内容和精神，合理调整违约金数额，公平解决违约责任问题。对于违约金数额过分高于违约造成损失的，应当根据《合同法》规定的诚实信用原则、公平原则，坚持以补偿性为主、以惩罚性为辅的违约金性质，合理调整裁量幅度，切实防止以意思自治为由而完全放任当事人约定过高的违约金。《最高人民法院关于适用〈中华人民共和国合同法〉若干问题的解释（二）》第 28、29 条规定，请求人民法院增加违约金的，增加后的违约金数额以不超过实际损失额为限；增加违约金以后，当事人不得再请求对方赔偿损失；当事人主张约定的违约金过高请求予以适当减少的，人民法院应当以实际损失为基础，兼顾合同的履行情况、当事人的过错程度以及预期利益等综合因素，根据公平原则和诚实信用原则予以衡量，并作出裁决；当事人约定的违约金超过造成损失的 30% 的，一般可以认定为"过分高于造成的损失"。

人民法院根据《合同法》第 114 条第 2 款调整过高违约金时，应当根据案件的具体情形，以违约造成的损失为基准，综合衡量合同履行程度、当事人的过错、预期利益、当事人缔约地位强弱、是否适用格式合同或条款等多项因素，根据公平原则和诚实信用原则予以综合权衡，避免简单地采用固定比例等"一刀切"的做法，防止机械司法而可能造成的实质不公平。

在违约方以合同不成立、合同未生效、合同无效或者不构成违约进行免责抗辩而未提出违约金调整请求的，人民法院可以就当事人是否需要主张违约金过高的问题进行释明。人民法院要正确确定举证责任，违约方对于违约金约定过高的主张承担举证责任，非违约方主张违约金约定合理的，亦应提供相应的证据。合同解除后，当事人主张违约金条款继续有效的，人民法院可以根据《合同法》第 98 条的规定进行处理，认定合同中结算和清理条款有效。

二、损害赔偿

（一）损害赔偿的概念

损害赔偿是指因合同一方当事人的违约行为而给对方当事人造成财产损失时，违约方向对方当事人所作的经济补偿。

损害赔偿责任方式，具有典型的补偿性。它以违约行为造成对方财产损失的事实为基础。没有损害事实则谈不上损害赔偿。这是损害赔偿不同于违约金的根本所在。同时，根据《合同法》的规定，违约方承担损害赔偿责任后，便不再承担违约金责任；反之，违约方承担违约金责任后，便不再承担损害赔偿责任。两者不可并用。

（二）损害赔偿的范围

损害赔偿的范围可依合同当事人的事先约定。若合同当事人在签订合同时，事先约定了损害赔偿金数额，或者损害赔偿金数额的计算方法，则应依其约定支付赔偿金，当事人在约定损害赔偿金数额或损害赔偿金数额的计算方法时，应充分考虑签订合同的客观情况，并应充分估计到违反合同将会带来的损失。

如果合同当事人对损害赔偿数额或损害赔偿数额的计算方法未进行约定，一般来说，赔偿损害的范围应包括违约行为给对方当事人所造成的财产直接损失和间接损失。

所谓直接损失，是指因违约行为而造成对方当事人现有物质财富的减损，如造成财物毁损、灭失和费用支出等。间接损失，是指因违约行为而造成对方当事人未来可得利益的丧失，如利润损失等。间接损失所丧失的利益只具有可能性，当事人能否取得取决于一定的条件。因此，对间接损失既不能象征性地赔偿，也不能漫无边际地赔偿。一般地说，当事人的某种将来利益，若违约行为不对其内在产生条件进行破坏的话，在正常情况便能取得，这种利益可作为间接损失。

损害赔偿的范围包括直接损失和间接损失，已被国际社会所接受。例如，《德国民法典》第 252 条规定，赔偿包括实际损失（直接损失）和可得利益（间接损失）；《美国统一商法典》规定，在赔偿中包括附带的损失（直接损失）和间接的损失。《联合国国际货物销售合同公约》第 74 条规定："一方当事人违反合同应负的损害赔偿额，应与另一方当事人因他违反合同而遭受的包括利润在内的损失额相等。"对此，我国《合同法》第 113 条也有类似规定。

值得注意的是，损害赔偿只限于财产损失，原则上不包括非财产损失，即精神损害。同时，对财产损失，若法律有赔偿范围或赔偿限额的规定，应依法律规定确定赔偿金数额。

（三）损害赔偿的确定规则

违约方因违约行为给对方当事人造成财产损失时，应全部赔偿该损失，这是损害赔偿责任的一般要求，即全部赔偿原则。但由于违约行为的复杂性，法律有必要对损害赔偿额设定一些具体规则以保证规则的统一适用。

在当前市场主体违约情形比较突出的情况下，要准确认定违约行为所导致的可得利益损失。《最高人民法院关于当前形势下审理民商事合同纠纷案件若干问题的指导意见》第三部分规定，可以根据交易的性质、合同的目的等因素把可得利益损失主要分为生产利润损失、经营利润损失和转售利润损失等类型，并使用相应的计算标准。生产设备和原材料等买卖合同违约中，出卖人违约所造成的买受人的可得利益损失通常属于生产利润损失。承包经营、租赁经营合同以及提供服务或劳务的合同中，一方违约所造成的可得利益损失通常属于经营利润损失。先后系列买卖合同中，原合同出卖方违约所造成的其后的转售合同出售方的可得利益损失通常属于转售利润损失。

在计算和认定可得利益损失时，应当综合运用可预见规则、减损规则、损益相抵规则以及过失相抵规则等，从非违约方主张的可得利益赔偿总额中扣除违约方不可预见的损失、非违约方不当扩大的损失、非违约方因违约获得的利益、非违约方因有过失所造成的损失以及必要的交易成本。存在《合同法》第113条第2款规定的欺诈经营、《合同法》第114条第1款规定的当事人约定损害赔偿额的计算方法以及因违约导致人身伤亡、精神损害等情形的，不宜适用可得利益损失赔偿规则。

1. 可预见规则。即损害赔偿额不得超过违约方在订立合同时依当时已经知道或理应知道的事实和情况，预见到或者应当预见到的因违反合同可能造成的损失。

可预见规则的理论依据是意思自治原则。合同是双方当事人自主、自愿签订的，以当事人的主观意思为基础，当事人只能受其订立合同的意思范围所约束，承担责任同样也不能超越其意思表示范围，否则不符合合同的本旨。如果违约造成的损失超出了当事人依据订立合同时的情况和事实能够做出的预见，让其承担该损失就违背了意思自治原则。可预见规则的作用就在于减轻交易风险，维护公平。《合同法》的基本任务之一便是鼓励交易，保护交易安全。而在市场经济中，交易难免存在风险，如果风险出乎当事人的意料而让当事人承担由此导致的损失后果，则不利于鼓励当事人交易，也不利于衡平当事人之间的物质利益关系，违背公平原则。

据以判断是否预见到或者应当预见到的依据是违约方在订立合同时已经知道或者理应知道的事实和情况。已经知道是指确实知道或实际知道，如债权人明确告知违约可能造成的损失后果。理应知道则是一种推定，即不管违约方如何推脱不知道，也不管事实究竟如何，法律均视为其知道。如一般人都会知道的事实，根据违约方的身份、职业而应该知道的事实，则推定其知道。由于是否知道关涉当事人的心理状态，而对于该心理，局外人无法知晓，若要判断之，必须结合日常生活常识、交易习惯和职业要求等客观标准来衡量。在此，我们应注意区分通常情形下的预见与特别情况下的预见，对前者明确以债权人信息披露义务是否履行为准予以认定。可预见性规则的内容应明确规定为损害的类型而非损害的程度。因为违约方预见损害的程度不好量化，而使得根据可预见规则确定的可得利益难以确定。

可预见规则是限制包括直接损失和间接损失在内的损害赔偿总额的规则，但其不适用于约定损害赔偿。

2. 减损规则。即一方违约后对方未尽防止损失扩大的义务，对于扩大的损失不再享有赔偿请求权。《合同法》第119条第1款规定："当事人一方违约后，对方应当采取适当措施防止损失的扩大；没有采取适当措施致使损失扩大的，不得就扩大的损失要求赔偿。"

减损规则最早产生于英国，后不仅在英美法系而且在大陆法系均被普遍采用，其理论基础是诚实信用原则，追求的是经济效益。依诚实信用原则，减轻损失是受害方的义务，这种义务被视为一种不真正义务或者间接义务，违反之同样承担责任。同时，减损规则不但是对债务人利益的维护，也是对社会整体利益的维护，避免社会财富的减少。

减损规则的适用条件有两个：①存在着违约损失和损失扩大的事实。从性质上来讲，这两种损失均是违约的结果，而不是受害方的行为造成的，受害方只是没有阻止这些损失的扩大，属于不作为。②受害方未采用适当措施。在这里，一方面要求违约行为发生后，受害方要采取措施避免损失扩大；另一方面又要求采取的措施要适当。何为"适当措施"？其标准十分抽象，很不确定，需要法官根据个案具体情况作出具体分析。一般地说，受害方没有义务用自己的金钱去冒险，或者采取会危害自身财产、人身、商誉的措施。应根据合理人的标准进行判断，即人们处理同类情况通常采取的普通措施，且在经济上是合理的。如停止履行、采取相应替代措施等。

3. 过失相抵规则。在大陆法系有过失相抵规则，即双方当事人因过错违反合同义务，则根据双方过错大小分担责任，又称混合过错。需要说明的是，过失相抵规则中的过失，有别于违约责任构成要件和违约责任归责原则中的过错。这是因过失相抵规则是损害赔偿领域中的规则，而过错责任原则中的过错是决定违约责任是否成立的要件，发生的阶段不同。同理，过失相抵规则与严格责任原则也不矛盾。

所谓过失相抵，就是当事人双方都存在违约责任，而根据各自应负的责任确定赔偿责任和赔偿范围。"过失相抵"只不过是一种形象的说法，并非双方当事人的责任相互抵销，而是依据双方当事人违约责任的大小、轻重、主次，分别承担责任。所以，我国《合同法》第120条规定："当事人双方都违反合同的，应当各自承担相应的责任。"

过失相抵规则适用的最终结果，与减损规则一样，使违约方承担的损害赔偿额减少。但其与减损规则的根本区别就在于适用的前提不同。减损规则只是一方存在着违约行为，另一方没有善尽防止损害扩大的法定义务；而在过失相抵规则中，双方当事人均存在违约行为，由于双方违约行为造成某一损害结果。

4. 损益相抵规则。即受害人基于损失发生的同一原因而获得某种利益时，在其应得的损害赔偿数额中，应扣除其所获得的利益部分。

损益相抵规则的源流可溯及至罗马法。后德国、日本等大陆法系国家的民法典或者民法解释均承认该规则。我国《民法通则》和《合同法》未明确规定该规则。但是，基于民法、合同法的诚实信用原则和公平原则以及民事责任的补偿性，应该承认该规则，即违约方应赔偿其违约行为而给受害方造成的"净损失"（或称"真实损失"）。只有这样才符合民法所贯彻的禁止不当得利思想。基于禁止不当得利思想，损害赔偿的宗旨是填补损失，赔偿应与损害大小一致，受害方不得因损害赔偿而比损害发生前的财产状况更优越，而只能是回复损害发生前的同一状态。适用损益相抵规则必须注意因果关系。即违约行为不仅给受害方造成了损失，又为受害方带来了收益，损害和收益是同一违约行为的不同结果。这种利益包括：①因违约而避免的费用，如因违约停工不支付的工资等；②因违约而避免的损失，如标的物价格在不断下跌等。

在认定可得利益损失时的举证责任分配方面，违约方一般应当承担非违约方没有采取合理减损措施而导致损失扩大、非违约方因违约而获得利益以及非违约方亦有过失的举证责任；非违约方应当承担其遭受的可得利益损失总额、必要的交易成本的举证责任。

三、继续履行

继续履行是指由法院或仲裁机关作出要求实际履行的判决或下达特别履行命令，强迫债务人在指定期限内履行合同债务，又称为实际履行。

继续履行尽管未增加债务人的负担，但它是通过法律规定的强制手段，迫使债务人履行其债务，具有对债务人惩戒的性质，因而不失为一种违约责任的承担方式。

继续履行应具备如下条件：

1. 须有合同债权人的请求，法院或仲裁机关只有根据合同债权人的申请，才能作出继续履行的裁决。若没有合同债权人的申请，法院或仲裁机关不得主动为之。

2. 债务履行仍有可能，即合同债务人具有实际履行合同的能力，若债务人不具有实际履行的能力，则不能作出继续履行的裁决。

3. 有继续履行的必要，即继续履行符合债权人的需要，且不损害社会公共利益和公序良俗。

4. 法院认为可以适用继续履行，即法院或仲裁机关依据合同的性质和强制的手段认为可继续履行。如果强制合同债务人实际履行费用过大或依合同性质不宜实际履行时，不得作出继续履行的裁决。如劳务合同继续履行将会限制债务人人身自由，则不适用继续履行的责任方式。

根据《合同法》第110条规定，当事人一方不履行非金钱债务或者履行非金钱债务不符合约定的，除法律上或者事实上不能履行，债务的标的不适于强制履行或者履行费用过高，以及债权人在合理期限内未要求履行外，对方可以要求继续履行。

四、其他补救措施

其他补救措施，是指《合同法》第 111 条所规定的情形，即"质量不符合约定的，应当按照当事人的约定承担违约责任。对违约责任没有约定或者约定不明确，依照本法第 61 条的规定仍不能确定的，受损害方根据标的的性质以及损失的大小，可以合理选择要求对方承担修理、更换、重作、退货、减少价款或者报酬等违约责任"。理解该条文时，我们应当注意：

1. 它适用于债务人履行债务的标的不符合合同所约定的情形，属于瑕疵履行的范畴。

2. 它适用于对违约责任当事人事先未约定或约定不明确，事后又未达成补充协议进行约定，且依据合同有关条款或者交易习惯不能确定。

3. 对于条文中所列举的修理、更换、重作、退货、减少价款或报酬等补救措施，在适用时没有先后顺序，而是赋予受损害方以选择权，由受损害方根据标的性质以及损失的大小，合理地进行选择。

4. 根据《合同法》第 112 条的规定，受损害方在要求违约方采取合理的补救措施之后，若仍有其他损失的，还有权要求违约方赔偿损失。

第六节　责任竞合

一、责任竞合的概念

竞合，是指由于某种法律事实的出现，而导致两种或两种以上的权利产生，使这些权利之间发生冲突的现象。责任竞合作为法律上的竞合的一种类型，它既可以发生在同一法律部门内部，如违约责任和侵权责任的竞合；亦可发生在不同的法律部门之间，如侵权责任与刑事责任、行政责任的竞合。本节所讨论的责任竞合，是指民事责任上的竞合，即侵权责任和违约责任的竞合问题。

民事责任源起于行为人的行为对法定的或约定的义务的违反，由于某种违反义务的行为，在民法上常常符合多种民事责任的构成条件，从而在法律上导致多种责任形式并存和相互冲突，此种现象通常被称为"责任竞合"。从权利人（受害人）的角度来看，因不法行为人的行为的多重性，使其具有因多重性质的违法行为而产生的多重请求权。因此责任竞合常常被称为请求权竞合。

责任竞合具有如下特点：

1. 责任竞合因某个违反义务的行为引起。在民法上，有义务才有责任，责任乃是违反义务的结果，行为人虽有义务，但他正确履行义务，不产生责任后果，更不产生责任竞合现象。责任竞合的产生是因一个违反义务的行为所致，数人共同实施同一不法行为，也视为一个行为。一个不法行为产生数个法律责任，是责任竞合构成的前提条件，若行为人实施数个不法行为，分别触犯不同的法律规定，并符合不同的责任构成要件，应使行为人承担不同的法律责任，而不能按责任竞合处理。

2. 某个违反义务的行为符合两个或两个以上的责任构成要件。这就是说，行为人虽然仅实施了一种行为，但该行为同时触犯了数个法律规范，并符合法律关于数个责任构成要件的规定，由此使行为人承担一种责任还是数种责任的问题，需要在法律上确定。从司法实践上看，一种行为符合数个责任构成要件，既可能是因为行为本身的复杂性所致，亦可能是因为法律规定本身的交叉所引起的。不论出于何种原因，此种现象完全不同于行为人实施数个行为而造成不同损害的情况。

3. 数个责任之间相互冲突。这里所说的相互冲突，一方面是指行为人承担不同的法律责任，在后果上是不同的。另一方面，相互冲突意味着数个责任既不能相互吸收，也不应同时并存。所谓相互吸收，是指一种责任可以包容另一种责任，在某些情况下，运用赔偿性违约金可以包含损害赔偿责任。所谓同时并存，是指行为人依法应承担数种责任形式。如返还原物后不足以弥补受害人的损失的，还应要求不法行为人承担损害赔偿责任。若数种责任是可以相互包容和同时并存的，则行为人所应承担的责任已经确定，不发生责任竞合的问题。数个责任之间相互冲突，还意味着受害人只能择一而进行请求，不能进行双重请求，以防其不当得利。

责任竞合不同于责任聚合。责任聚合，是指不法行为人实施某一种违法行为，将依法承担多种责任，受害人亦将实现多项请求权。例如，某人的行为构成对他人名誉权的侵害，行为人应承担消除影响、恢复名誉、赔礼道歉、赔偿损失等多种责任形式。在责任聚合的情况下，使行为人承担多种法律责任形式，乃是法律为保护受害人的利益、制裁不法行为而特别作出的规定。承担的多种责任形式，都是行为人的不法行为的结果。当然，如果不同的责任形式之间是相互排斥、不能并存的，亦可形成责任竞合现象。如不法占有他人的财产后造成财产的毁损灭失，是应使行为人以替代的实物返还财产，还是应以金钱作出全部赔偿，这两种责任是相互排斥的，在此情况下，应按责任竞合处理。

二、责任竞合的原因

侵权责任与违约责任是两类基本的民事责任。两者之间既有共性，又有个性。然而，由于民事关系的复杂性、民事法律行为性质的多重性，使两类责任不可避免地发生竞合。具体来讲，发生责任竞合的原因大致如下：

1. 合同当事人的违约行为同时侵犯了法律规定的强行性义务，如保护、照顾、通知、忠实等附随义务或其他法定的不作为义务。在某些情况下，一方当事人违反法定义务，同时违反了合同担保的义务，如出售有瑕疵的产品致人损害。

2. 在某些情况下，侵权行为直接构成违约的原因。这即是所谓的"侵权性的违约行为"，如保管人依保管合同占有对方的财产以后，非法使用对方的财产，造成财产毁损灭失。同时，违约行为也可能造成侵权的后果，这即是所谓"违约性的侵权行为"。例如，供电部门因违约中止供电，致对方当事人的财产和人身遭受损害。

3. 不法行为人实施故意侵犯他人权利并造成对他人损害的侵权行为时，在加害人和受害人之间事先存在着一种合同关系。这种合同关系的存在，使加害人的损害行为不仅可以作为侵权行为，也可以作为违反了当事人事先规定的义务的违约行为。

4. 一种违法行为虽然只符合一种责任要件，但是，法律从保护受害人的利益出发，要求合同当事人根据侵权行为制度提出请求和提起诉讼，或者将侵权行为责任纳入合同责任的运用范围。例如，现代《产品责任法》取消了传统的"合同相对性"规则的限制，允许因产品瑕疵遭受损害的合同当事人和第三人向加害人（无论与其有无合同关系）提起侵权之诉，或者提起违约之诉。根据德国法上的"附保护第三人作用的契约"的规定，合同当事人以外的第三人在因产品瑕疵受害以后，也能主张合同的权利。《民法通则》第 122 条也允许因产品质量不合格造成损害的受害人向与其没有合同关系的产品制造者或销售者提起侵权之诉。

三、责任竞合的处理原则

在责任竞合的情况下，不法行为人的违法行为的多重性必然导致双重请求权的存在，即受害人既可以基于侵权行为提起侵权之诉，也可以基于违约行为提起违约之诉。不承认双重请求权的存在，则无所谓竞合问题，而承认双重请求权的存在，则必须承认受害人可以在两种请求权中作出选择，一项请求权的行使受到阻碍，可以行使另一项请求权。如果受害人只能依法行使一项请求权而不能自由选择请求权，则意味着禁止竞合而不是承认竞合。当然，受害人虽能选择请求权，却不能在法律上同时实现两项请求权，因为实现两项请求权意味着受害人将获得双重赔偿，这对于不法行为人来说，将使其负有双重赔偿责任，显然有失公平；而对于受害人来说，则因为他获得双重赔偿而得到一笔本不应得的收入，从而将产生不当得利。基于这一原因，各国法律都否认了受害人可以实现两项请求权的主张。因此，承认竞合的必然结果只能是允许受害人选择请求权。

从以往我国的司法实践来看，在多重违法行为产生以后，受害人只能按照既定的方式提起诉讼和请求，人民法院在审理民事案件时，对于"侵权性的违约行为"和"违约性的侵权行为"，一般都按违约行为处理，而对于一些已经发生责任竞合的案件（如交通事故和产品责任案件等）都是按侵权行为处理，基本否定责任竞合。这种措施的优点在于减少了法院在援引法律、确认责任等方面的麻烦。但由于严格限制了当事人选择请求权的自由，所以在许多情况下并不利于对受害人利益的保护，如违约行为造成另一方当事人的人身伤害。在此情况下，如果完全按照违约行为处理，则因为合同责任主要限于保护当事人的财产利益而难以保护受害人的人身利益，使受害人的人身伤害难以得到补偿。因此，《合同法》在第 122 条明确规定，因当事人一方的违约行为，侵害对方人身、财产权益的，受损害方有权选择依照本法要求其承担违约责任或者依照其他法律要求其承担侵权责任。同时又在第 113 条第 2 款规定，经营者对消费者提供商品或者服务有欺诈行为的，依照《中华人民共和国消费者权益保护法》的规定承担损害赔偿责任。

允许受害人选择请求权，是否使民法关于责任的规定完全变成了任意性规范呢？允许合同当事人提起侵权之诉，是否只是基于一方要求解决合同问题从而不符合双方的意愿呢？回答是否定的。因为允许受害人选择请求权，虽然强调并保护了一方的意愿，但并没有造成不利的结果。尽管民法关于责任的规定，特别是侵权行为责任的规定大多是强制性规定，都是不允许当事人排斥适用的，但是不管受害人如何选择请求权，都不会免除加害人所应负的法律责任。允许合同当事人提起侵权之诉，是因为不法行为人所实施的违约具有损害他人的故意和损害后果，因此应借助侵权责任，对其予以制裁。显然，这是符合民法保护主体权利和制裁不法行为人的目的的。法律责任作为制裁措施，本身并不是违法行为乞求的，在责任竞合的情况下，加害人可以承担这一种或那一种责任，由受害人选择行使请求权，选择对其更有利而对加害人更不利的方式提起诉讼和请求，充分尊重了受害人的意愿和权利，即使加重了不法行为人的责任，这种责任也是不法行为人依法应承担的。

■思考题

1. 试述违约责任的归责原则。
2. 简述违约行为的各种形态。
3. 简述违约责任的构成要件。
4. 简述违约责任的责任体系。
5. 试述违约金、定金、损害赔偿金的适用关系。

■**参考资料**

1. 郑玉波：《民法债编总论》，中国政法大学出版社 2004 年版。
2. 崔建远：《合同责任研究》，吉林大学出版社 1992 年版。
3. 王利明：《违约责任论》，中国政法大学出版社 2003 年版。
4. 韩世远：《违约损害赔偿研究》，法律出版社 1999 年版。
5. 葛云松：《期前违约规则研究：兼论不安抗辩权》，中国政法大学出版社 2003 年版。

第九章　合同的解释

■ 学习目的和要求

　　通过本章的学习，掌握合同解释的含义和目的；通过了解解释学及其一般历史发展、法律解释学的含义及特征，进而理解合同解释的含义、特征，掌握合同解释的各种方法。

第一节　合同解释的必要性

　　实例：张三因急用向朋友李四借了现金人民币 5000 元，手书借条一张为凭。过了一段时间，张三偿还给李四现金人民币 3000 元，并手书便条一张，曰："还欠款 3000 元。"又过了一段时间，张三以现金人民币 2000 元交付李四，以清偿余款。但李四却说张三尚欠 1000 元未清偿。张三遂向李四索要便条，李四出而示之，曰："白纸黑字，明明白白你自己写的'还（hái）欠款 3000 元'。"张三夺过便条一看争辩道："白纸黑字，明明白白我自己写的'还（huán）欠款 3000元'。"于是双方发生争执，朋友反目。都是一字多音多义惹的祸！

　　作家流沙河也发现了一个有趣的有关人类巧玩语言文字概念的问题，他在《Y 先生语录》一书中写道："再冷也叫温度。再干也叫湿度。再短也叫长度。再薄也叫厚度。再矮也叫高度。再浅也叫深度。再淡也叫浓度。再软也叫硬度。再稀也叫密度。再慢也叫速度。"[1] 引而申之或推而广之，我发现还有诸如：再暗也叫亮度，再直也叫角度，再模糊也叫清晰度，再简单也叫难度，再浑浊（黑暗、不公开）也叫透明度，再窄（狭）也叫宽度（广度），再杂也叫纯度，误差再大也叫精度或准确度……

　　这些情形引致我们不禁要问，既然合同是当事人之间通过意思联络而产生的

---

[1]　流沙河：《Y 先生语录》，四川人民出版社 1994 年版，第 155 页。

具有约束力的合意，为什么还会出现"理解有争议"呢？合同是由人类这种复杂的高级动物签订的一种协议，其使用的工具主要是语言。然而语言是陷阱，同时也是机会。[1]

我们知道，合同的形式有：口头合同、书面合同、部分口头与部分书面合同以及行为默示合同。不论采用何种形式，合同都不可避免地涉及应用语言。尽管行为默示合同对双方当事人而言，其要约与承诺是无声的、沉默的，但一旦发生争议则依然要依赖语言、借助语言来沟通、化解冲突与分歧。因此，合同不仅提供机会，同时又设置了陷阱。

诚然，合同的当事人是法律意义上的人，即民事主体，简言之，包括自然人、法人以及所谓第三主体（合伙）。然而，真正具有表意能力或言说能力的只有生物学意义上的人——自然人。尽管学理上推定法人、合伙具有表意能力，但事实上还是由自然人来思维与表述的。法人、合伙只不过是自然人实现其营利目的一种框架或手段而已。而人类的思维与表述是以符号为载体进行的，因此人类是一种符号的动物（animal symbolicum）。[2] 卡西尔认为，"人之为人的特性就在于他的本性、丰富性、微妙性、多样性和多面性"[3] 人类使自己被包围在语言的形式、艺术的想象、神话的符号及宗教的仪式之中，从而使自己远离了实在。正是这些来源于内在的纠缠与外在的追逐，使人类远离了一个单纯的物理宇宙，而陷入符号宇宙的生活。

合同条款的一般要求是：明确，简单明了；避免条款之间的矛盾；避免毫无意义的空话。合同从来都不奢望以精妙的语言形式或文字技巧来描述当事人的意愿，合同只是期望以精当的法律术语规定当事人之间的游戏规则。那么，合同所刻意追求的"明确"又是何物呢？学理上，所谓合同条款的明确，是指条款要达到无须当事人双方再进一步协议的程度。但是，事实上，绝大多数合同或多或少存在意思表示不明确甚至缺漏。由于语言符号不是数学符号，它存在词不达意、言不尽意的缺陷。[4] 成语"只可意会，不可言传"表述的就是语言所存在的尴尬和缺陷。如果语言是精确的数学工具的话，那么我们人类的文化就太可怜了。[5] 语言缺陷（语句模糊与语句歧义）是造成合同意思表示不明确或缺漏的首要原因。此外，当事人驾驭文字的能力和法律知识的低下，双方当事人受领能

---

〔1〕 梁治平编：《法律的文化解释》，生活·读书·新知三联书店 1998 年版，第 25 页。

〔2〕 ［德］恩斯特·卡西尔：《人论》，甘阳译，上海译文出版社 1985 年版，第 34 页。

〔3〕 ［德］恩斯特·卡西尔：《人论》，甘阳译，上海译文出版社 1985 年版，第 15 页。

〔4〕 胡基："合同解释的理论与规则研究"，载梁慧星主编：《民商法论丛》第 8 卷，法律出版社 1997 年版，第 28 页。

〔5〕 ［英］丹宁勋爵：《法律的训诫》，群众出版社 1985 年版，第 10 页。

力的差异，缔约环境与履约环境的差异与分离等原因，也会导致合同意思表示不明确或缺漏。

有鉴于此，当事人通常约定：未尽事宜，双方协商解决。不论当事人之间是否如此约定，这种现象本身揭示了当事人对合同条款的某种怀疑态度。合同是对将要发生的交易行为的预测，这种游戏规则只是对将要进行的比赛所进行的大致框定，而不能穷尽所有可能性。因此，当事人的怀疑态度起源于对将来的交易环境的不安或不信任，这也是对语言本身的怀疑。因此"明确"顶多只是严格意义上的大致明确。

总之，人的不完善决定了语言本身的开放性、兼容性。从模糊学的角度看，人的局限性决定了一切陈述都是支离破碎的、不完整的。如果一定要对任何一个语词进行界定，那么结论肯定是：解说该语词的可能性是无限的。尽管合同条款之语词处于特定的合同之中，但是在该约定合同中会有此条款与彼条款之分别，彼此之间就会产生不同语境。词语是有限的，而语境则是无限的。一个特定的语词甚至一个特定的法律术语，也会因为语境之不同而产生歧义。因此，当事人不可避免地会产生对合同理解的争议，那么，解释合同即为题中应有之义。

第二节 合同解释的含义

一、解释学的一般历史发展

所谓解释，又称诠释（interpretation），含有分析、阐明、说明、注解之意。[1]"解释的技艺原是一门古老的艺术。所有的古代文明中的解经人各以其独特方式发展了自己的解释学。"[2] 如中国的训诂学，作为汉语独特的语言学和语义学体系，就是研习、训释三坟五典八索九丘的解码程序。在西方，一切学问的源头都是从古希腊哲学、罗马法或基督教义开始的。罗马法解释学（jurispruden-tia）的发展导源于《十二表法》的制定。[3] 如果务实的罗马人没有创造出罗马法供后世学者玩赏的话，所谓的罗马文明早就被淹没在希腊文明的波涛之中了，那么，罗马人给后世的印象顶多不过是一个好战的士兵和勤劳的农民。尽管日耳曼人野蛮地摧毁了罗马大厦，但是拉丁文却成了传教的媒介，罗马法术语与研究方法成为探究《圣经》的钥匙。在古希腊、古罗马文化的背景下，曾经有过研究《圣经》、解释宗教问题的释义学（exegesis）和研究古典文献、解释问题的文

〔1〕 中国社会科学院语言研究所词典编辑室编：《现代汉语词典》，商务印书馆1982年版。
〔2〕 梁治平编：《法律的文化解释》，生活·读书·新知三联书店1998年版，第12页。
〔3〕 梁慧星：《民法解释学》，中国政法大学出版社1995年版，第5页。

献学（philology），这就是西方传统的解释学。

Hermeneutics（解释学），其语词源于希腊语 Hermes（赫尔墨斯）[1] 神话中的赫氏是个多才多艺的传奇者，他是众神的使者，掌管多项技艺与职业，传说他首创字母。这个能言善辩的家伙当然也是一个解释者。现代意义的解释学产生于 19 世纪上半叶。被称为"解释学之父"的德国宗教哲学家施莱尔马赫（F. Schleiermacher，1768～1834 年）将传统的解释学改造成为一门普遍的学问，一门教人避免错误和获致正确理解的学问，即转变成哲学认识论和方法论。到 19 世纪末，狄尔泰（W. Dilthey，1833～1911 年）将施氏的神学诠释学进一步推向普遍化、理论化。然而，施氏、狄氏所开创的事业仍被哲学界称为"古典解释学"。

现代的解释学是马丁·海德格尔（M. Heidegger，1889～1976 年）创始的。古典解释学与现代解释学的界碑以由单纯的认识论、方法论转向本体论为标志。海德格尔对以前的解释学进行了梳理与总结，他认为，以前人们只是从解释者与被解释的对象的关系来研究解释和理解，因此这种解释学只是认识论和方法论，而并非本体论。他认为，"存在"的问题比"存在者"的问题更为根本，"存在"的问题是哲学的最根本的问题。在《存在与时间》一书中，他侧重从存在的本体论来研究人的"理解"。他说，"理解的前结构"是本体性结构。他在《通向语言之路》一书中指出，即使是作为本体论问题的存在之理论也离不开语言的理解，因此"语言是存在的寓所"。他的这一理论为伽达默尔和利科进一步发展。

汉斯—乔治·伽达默尔（Hans - Geog Gadamer）继承了海德格尔的思想。他通过《真理与方法》一书向人们阐释，解释学首先是本体论，它所要回答的根本问题是"理解何以可能"。以这个问题为出发点，解释学不应研究具体领域的理解和解释问题，也不应单纯为各门精神科学提供方法论的指引，而应研究解释者的存在方式以及理解本身。由于历史性是人类生存的基本事实，因此，无论是解释者还是对象的"本文"都内在地镶嵌于历史之中。而试图完全超越历史是不可能的，因而也就不可能完全避免理解的历史性。那么，理解的历史性就决定了理解必然带有"成见"（或"前见"或"前理解"）。同理，任何企图超越或排除"成见"的想法本身就是一种"成见"或带有"成见"，因此，完全客观的理解是不可能的。基于此，人们必须承认存在着合理的成见这一事实。合理的成

---

[1] 梁德润编著：《希腊罗马神话和〈圣经〉小辞典——附英法西俄名称索引》，外语教学与研究出版社 1982 年版，第 63 页；荷马史诗《伊利亚特》和《奥德赛》中记述了赫氏的英雄故事，参见［希］荷马：《伊利亚特》，陈中梅译，花城出版社 1994 年版，第 28 页；参见［希］荷马：《奥德赛》，陈中梅译，花城出版社 1994 年版，第 2 页。

见是理解的不可缺少的前提，既不能消除，也不应消除。伽达默尔认为，解释是一种"视界融合"，而语言则是理解的普遍媒介。

保尔·利科（Paul Ricoeur）批判地发展了海德格尔和伽达默尔的解释学观点。他首先批判了他们不探讨方法论而直接探讨"定在"的本体论观点。利科认为，应将解释学作为一种本体论，但它成为本体论最合适的道路是从语言的解释开始的，由语义学阶段而至反思阶段，进而最后达至存在阶段。他强调，要理解"定在"，必须首先从语言出发，但不能停滞在古典解释学那种仅对语言进行注释和训诂的层面上，而要将现代解释学本体论与现代认识论尤其是符号学的方法结合起来，通过研究语言去超越语言，最终达到对存在本身的理解。

利科从费迪南·德·索绪尔（Ferdinand de Saussure，1857～1913年）所创立的结构主义语言学那里汲取了丰富的营养。索绪尔将语言和言语区分开来，这是现代语言学和语言哲学的一个重大成就，这也是结构主义的重大贡献。语言具有符号性、任意性及共时性，它是一个完整的符号系统，是语词和语义之间的关系构成的一个静态的网络系统或结构；而言语则是由人说出来或写出来的具体的话语之集合。利科指出，尽管解释学亦涉及语言问题，但其着重点在于探究活生生的言语；只有当语言通过人们的具体陈述（说或写）从而转变为言语时，才能与世界、与人的存在经验发生联系，才能构成人类经验的基本条件，才能有意义。利科的解释学得到了结构主义的强大支援。

然而，实用主义对解释学持批评态度、不信任的怀疑甚至敌意。查理·桑德尔斯·皮尔士（Charles Sanders Peirce，1839～1914年）这位实用主义哲学的奠基者，就曾提出关于符号"无限衍义"（unlimited semiosis）的观念。皮尔士反对"无限衍义"的方法，他指责这种方法不仅导致概念意义的混乱，而且危害着整个人类思维的健康发展。当代符号学家艾柯（Umberto Eco）有针对性地指出，从"无限衍义"这一观念并不能得出诠释没有标准的结论。他说："说诠释（'衍义'的基本特征）是潜在的、无限的，并不意味着诠释没有一个客观的对象，并不意味着它可以像水流一样毫无约束地任意'蔓延'。"[1] 尽管艾柯的这一以水为例的比喻并不确切，[2] 但是他认为诠释是有章可循的。通过耐心地叙述"作者意图"、"诠释者意图"与"本文意图"，艾柯确定了诠释与过度诠释的界限，他甚至指出：过度诠释实质上是不足诠释或武断诠释。

---

〔1〕 ［意］安贝托·艾柯等：《诠释与过度诠释》，王宇根译，生活·读书·新知三联书店1997年版，第28页。

〔2〕 我们知道，在一般情况下，由于地心引力的原因，水是由高处往低处流动的，除非有一股力量超过地心引力而造成水往上升，如龙卷风（俗称龙吸水），因此，水流乃至水的蔓延都不是毫无约束的。

二、法律解释学的含义

一般解释学（哲学意义上的）无疑是法律解释学的基础，尽管法学与哲学同样是古老的学问或技艺。罗马法在鼎盛时期，法学家主宰着法律进化的进程。法学家就是法律解释学家。正是由于一群以法律为业的法学家的努力工作，才会塑造出精致的法律、繁荣的法学和法治的国度。当法学家隐身寺院、《国法大全》被束之高阁时，那个时代一定不需要法律解释学，或者干脆迷失了解释的客观对象，因此也就没有以法律为业者。中世纪需要的是宗教教义解释学。因为打开天国之门的钥匙掌握在教士手中，所以俗人需要神职人员传达上帝的旨意或者解释上帝的最高指示。罗马法的复兴再一次使法律解释学冲破了黎明前的黑暗，精致的法律之日冉冉升起。

然而用今天的标准看，古代的法学只能被看做是技艺。当孟德斯鸠在《论法的精神》中说"法是由事物的性质产生出来的必然关系"时，研习法律的技艺才走上科学的轨道。一般解释学的方法论、认识论渗入法学，促成了现代法律解释学的形成。很快地，法律解释学显现了其与一般解释学的差别。尽管法律解释学与文献解释学和宗教释义学共同构成一般解释学的历史渊源，但相对于一般解释学而言，法律解释学具有其本身的特性：①解释对象；②解释目的；③法律解释所特有的功能；④立法目的在法律解释上所处的重要地位。[1] 由此可知，法律解释学是以法律文本为解释对象，以正确、公允、适用法律为目的，通过合理解释弥补法律漏洞，探求立法宗旨的科学。简言之，法律解释学是解释法律的科学。法律解释是法律实践的过程，而法律解释学则是探讨这一过程的社会法则，并为将来的法律实践提供方向和指南。

法律解释所针对的解释对象是制定法，解释者的任务是寻找立法者的意图。在解释一项法律时，解释者考虑的只是立法者一方面的意图，尽管立法者往往是一个由多人组成的委员会，但众多成员的相互妥协所产生的结果（法律）却是共同意志的表现。一个立法委员会通常被简单推理视为单方面。而在解释一份合同时，解释者都要考虑合同双方当事人的意图——双方的意图，因此"意见一致"是解释合同时所常用的法律格言。也就是说，所谓合同解释，是探求双方当事人的意图是否一致的过程。通常，解释不得不根据当事人双方意图的外在表述来进行判断——这种意图是依靠他们使用的书面语或者口语的语句来传达的。这样，又回到了语言含义的问题上。[2] 研究当事人的言语是解释合同的起点。

---

〔1〕 梁慧星：《民法解释学》，中国政法大学出版社1995年版，第148～149页。
〔2〕 ［英］丹宁勋爵：《法律的训诫》，群众出版社1985年版，第30～31页。

三、合同解释的含义

合同解释有广义、狭义之分。广义的合同解释包括确定合同成立与否、确认合同之性质、发掘合同默示条款或暗含条款以及明确合同条款的含义；而狭义的合同解释只是确定合同条款的含义。由此可见，广义的合同解释的对象范围宽于狭义的合同解释的对象范围。

从解释主体来看，当事人对合同各执己见、难见分晓之时，终会诉诸法庭以求止争，结果法庭之解释定当取代或覆盖当事人之不同看法，因此，民法上所谓合同解释即法庭所作的解释。[1]

从解释的目的来看，合同解释在于探求当事人在意思表示中所表示的真实意思（合致或真实同意）。

从历史的角度来看，合同解释的基础与前提在于合同自由原则的树立。而合同自由原则势必导致优势一方当事人滥用缔约自由对劣势一方施加经济胁迫。在某种程度上，标准合同无疑是对合同自由的挑战与嘲弄。这也是合同解释所面临的新课题。

1. 判断合同的成立。当事人订立合同可以选择不同的形式，口头形式、书面形式、部分口头部分书面形式或者行为默示形式。在一般情况下，合同的成立不受合同形式的制约。除非法律另有规定，则另当别论。

合同有效成立的要素除了合同应当具有适当的形式外，还包括下列要素：①要约与承诺；②两个或两个以上的缔约主体；③就合同主要条款达成合意。

2. 判断合同的生效。合同生效意味着对当事人具有法律拘束力。合同生效的要件包括：①依法成立；②缔约资格；③委托与代理的合法性；④意思表示真实；⑤合同内容合法。

3. 确定合同类型。从分类学的角度看，用不同的标准可以将合同分成不同类型：①双务合同与单务合同；②有偿合同与无偿合同；③有名合同与无名合同；④诺成合同与实践合同；⑤要式合同与不要式合同；⑥主合同与从合同；⑦本约（本合同）与预约（预备合同）；⑧利己合同与利他合同。

4. 确定合同的性质。确定此合同与彼合同，正如刑法中区别此罪与彼罪一样重要。买卖合同是一切合同中最重要的合同。当货币发明之后，一切合同都可以从买卖合同中寻求参照与支持。充分认识买卖合同就可以辨清其他合同的面目。买卖合同一词通常包括两个含义：实际销售与同意销售。买卖合同的要素是：①买方与卖方；②货物所有权；③货物；④价格。在买卖合同中，货物所有

---

〔1〕　梁慧星主编：《民商法论丛》第 6 卷，法律出版社 1997 年版，第 539 页。

权之移转与金钱给付是相对应的。下列合同应与买卖合同相区分：

（1）易货交易合同。尽管在这种合同中存在着移转标的物所有权，但是交易双方不是买卖关系；而在买卖关系中，买方必须支付金钱，或者支付部分金钱、交付部分货物，但是支付金钱处于支配地位。即使在易货交易中可能存在一方对他方的金钱补偿，但那绝不处于支配地位。

（2）承揽合同。在这种合同中，承揽人与定作人之间也存在移转标的物（定作品即工作成果）与金钱（不是价金而是酬金）给付这种对待给付关系，但是承揽人所提供的技能处于主导地位，所移交的工作成果处于次要地位，因此在承揽关系中，定作人花钱"购买"的是承揽人的技能。

（3）租赁合同。在租赁合同中，出租人将租赁物移交给承租人占有、使用、收益，承租人也支付金钱（租金）。但是，租赁合同的关键所在是租赁物（标的物），其所有权未发生移转，因此承租人在租期内要尽善良管理人之义务，妥善保管、维护租赁物，否则要承担损害赔偿之责任。若租期届满，则要完璧归赵。当然，若双方当事人同意移转标的物之所有权，那么租赁合同则转变成买卖合同。

（4）赠与合同。在赠与合同中，赠与人将其财产无偿给予受赠人，受赠人则表示愿意受领赠与的财产。在这种情况下，财产所有权亦能发生移转，但是，对于赠与人而言是无偿地付出，没有真实价值的回报；而对于受赠人而言则是无偿地获得，无须作出回报。不论赠与人是否附有条件，赠与合同是一种单务合同。

5. 确认合同默示条款（暗含条款）。所谓默示条款或暗含条款，是当事人双方已经默示了的条款，即双方已经取得了一致，只是没有以明示的形式明确表达出来。通常，默示条款是通过合同的其他明示条款、当事人的行为或者法律的规定推导出来的。尽管它没有被明确表述，但它是暗含在当事人意图之中的。推定默示条款涉及如下几点：①该默示条款是实现合同商业作用所必不可少的，即只有推定其存在，合同才能实现其功能。②该条款对于经营习惯而言是不言而喻的，即该条款的内容实际上是公认的商业习惯或经营习惯。③该条款是合同当事人过去交易的惯有规则，即该当事人双方在以前的合同关系中始终存在着同样的内容。④该条款实际上是某种特定的行业规则，即某些明示或约定俗成的交易规则在行业内具有不言自明的默示效力。上述几类默示条款具有某些共性，即它们的成立最终有赖于通过司法裁判来确定，故又称为推定的默示条款。与之相对应的有法定的默示条款，它是指直接根据法律推定而形成的默示条款，亦即只要符合法定条件，可直接视其为合同条款。[1]

6. 明确合同条款含义。所谓明确合同条款含义，就是狭义的合同解释，即意思表示的解释，换言之，即对于意思表示内容含义所作的解释。[2] 合同解释的类型包括：①阐明解释；②补充解释；③修正解释。[3] 不同类型的合同解释能够获致不同的解释目的，诸如使当事人之意思表示趋向合理化。

7. 格式条款的解释。《合同法》第 39 ~ 41 条对格式合同、格式条款作出了规范性规定。第 41 条规定："对格式条款的理解发生争议的，应当按照通常理解予以解释。对格式条款有两种以上解释的，应当作出不利于提供格式条款一方的解释。格式条款和非格式条款不一致的，应当采用非格式条款。"

由于格式合同在形式及内容的平等协商性等方面较普通合同有特殊性，因而在解释上亦有特殊性。格式合同的解释必须遵循以下原则：①以合理的客观性标准解释的原则；②统一解释原则；③限制解释原则；④调和解释原则。[4]

格式合同是标准合同制度的产物，在学理上，它又可分为示范合同和附意合同。前者是指根据法律和惯例而确定的具有标准格式和条款的各类合同，如公司章程等；后者是指经济实力较强的一方当事人预先规定了一定格式和内容的合同文件，并凭借其经济实力强加于对方的合同。[5] 在附意合同中，双方当事人之间客观而明显地存在着优势与劣势的差别。

《合同法》第 41 条至少为我们提供了解释格式合同的三个法定标准：①应当以通常理解予以解释。什么是通常理解？它的含义应当而且必须并非专家意见或见解而是大众化常识，倘若不存在大众化常识可供参照，则以最接近大众化常识去合理解释。②存在两种以上解释时，选择不利于提供格式条款一方的解释。③格式条款和非格式条款不一致时，应当采用非格式条款。这一法定解释标准告诉我们，非格式条款的效力优于格式条款。而今，我国《合同法》明文规定，非格式条款优于格式条款。

8. 免责条款的解释。关于免责条款应与其他条款是一体解释还是分开而独立解释，存在抗辩说与界定说之争。问题是由于格式合同被广泛采用，加之格式条款的提供者每每基于"优越交涉地位"而滥用免责条款，因此，解释免责条款不仅应适用一般合同解释原则，还要适用格式合同解释之原则。此外，免责条

---

〔1〕 董安生等编译：《英国商法》，法律出版社 1991 年版，第 53 ~ 55 页。

〔2〕 梁慧星主编：《民商法论丛》第 6 卷，法律出版社 1997 年版，第 539 页。

〔3〕 徐涤宇："论合同的解释"，载梁慧星主编：《民商法论丛》第 8 卷，法律出版社 1997 年版，第 711 ~ 719 页。

〔4〕 王利明、崔建远：《合同法新论·总则》，中国政法大学出版社 1996 年版，第 498 ~ 501 页。

〔5〕 董安生等编译：《英国商法》，法律出版社 1991 年版，第 52 页。

款的解释还应当遵循下列原则：①免责条款不得违反合同主要目的之解释原则；②不得将"免责条款之合意"视为"自由冒险"的解释原则；③非为企业合理化经营所必需的免责条款应从严规制的解释原则；④个别商议免责条款应优先于格式免责条款的解释原则。[1]

第三节　合同解释的方法

《合同法》第 125 条第 1 款规定："当事人对合同条款的理解有争议的，应当按照合同所使用的词句、合同的有关条款、合同的目的、交易习惯以及诚实信用原则，确定该条款的真实意思。"据此，合同的解释方法包括：①文义解释；②整体解释；③目的解释；④习惯解释；⑤公平解释（《合同法》通过时删除了"草案"拟定的这种方法）；⑥诚信解释。[2]

一、文义解释（文言解释）

合同的解释，应从文义解释入手。文义，就是文字词句的意义。所谓文义解释，又称语义解释，是指通过对合同所使用的文字词句（言语）的含义的解释，以探求合同所表达的当事人的真实意思。也就是说，合同必须按照其本身的条文、文字去解释，即合同的含义所反映的当事人意愿，只能从合同文字中去寻找。简言之，既然订约双方这样写了，法律就推定他们是这样想的。毕竟合同文字就是用来代表订约方的想法的，当事人不能事后说，合同虽然是这样写的，但我实际上不是这样想的。如果真是那样的话，等于是该当事方写错了，而这令对方也被误导了，法院不会接受他这种争辩。法院所能做的，就是纯粹在合同文件中确定出双方的意愿，根据合同这样写，就认定订约方的意愿即是这样。至于订约方心里是否另有想法，法院不会也不应该去追究。[3] 因为法官或仲裁员的职能只有解释而不是重写（rewriting）合同，除非涉及默示条款（implied terms）。[4]

然而，文义解释并不是指机械地死抠字眼。例如，某个报纸上曾经报道，说是合同双方约定的价款是 1 万元，结果合同书上却误写作 1 元，法院即按价款 1 元进行判决，这当然是错误的。显然，这个判决的法官不懂什么叫文义解释。[5] 立法确立文义解释原则和方法，旨在避免发生一种危险，即如果去接受双方各自

〔1〕 王利明、崔建远：《合同法新论·总则》，中国政法大学出版社 1996 年版，第 501～503 页。
〔2〕 梁慧星主编：《民商法论丛》第 6 卷，法律出版社 1997 年版，第 539～543 页。
〔3〕 杨良宜：《国际商务游戏规则——英国合约法》，中国政法大学出版社 1998 年版，第 308 页。
〔4〕 杨良宜：《国际商务游戏规则——英国合约法》，中国政法大学出版社 1998 年版，第 390 页。
〔5〕 梁慧星："统一合同法草案讲座"，载河南省高级人民法院经济庭：《1996 年经济审判新法培训班讲座》，第 43 页。

订约时的不同想法，与合同上文字不一致，会带来另一争议，即根本没有合同存在，因为双方没有"想法一致"（meeting of minds 或 ad idem）。[1] 我们知道，当事人双方没有"想法一致"，则双方仍被视为在谈判阶段，有效合同尚未产生。合同解释是为了判明双方共同的真实意思，解释合同要尽量支持合同文件（construction in favour of supporting the document），[2] 而不是为了否定或推翻一个合法成立的合同。当然，机械地死抠字眼是不顾笔误或舌误（口误）并非当事人真实意思的表现，是对文义解释的错误认识。文义解释包括对合同条款误述（笔误、舌误等）进行必要的修正，以恢复当事人的真实意思。

尽管法官可以认为有水平有经验的人，如从事国际贸易或国际航运者，不会是词不达意的人，但是法官同时也知道当事人不可能订立一份天衣无缝的合同书。从现实上讲，订约方是什么样的人都有的，各人的水平有高有低，尤其在法律方面。毕竟法律是一门相对复杂的社会科学，不少人会有欠缺，否则也就不需要有律师这个行业了。[3] 因此，对于合同双方所订的条文、文字的严谨性，有时不应太过苛刻。当事人体现在合同中的那种精明是合理的精明，而不是极端的精明。[4]

既然解释合同要依合同本身的文字（words），那么这些合同中的文字又应如何释义呢？通常，解释者都应采用文字本身最平易（plain）、普通（ordinary）或通俗（popular）的涵义，也就是按通常语义解释合同文字（adoption of the popular meaning of words），除非有特别的证据表明文字应按其专门或特殊的含义去理解。例如，根据行业的习惯，结合上下文，或者为能有效反映当事方的直接意愿需要采用文字中与通常语义不同的特别含义。另外，如果按文字通常含义去解释，会导致与整个合同的其他部分明显背离或不一致（absurdity or inconsistency），或者会加给订约方某些非他们所合理期望的责任时，文字通常的含义有时会被摒弃，但这应尽量避免。[5] 一般人所订合同也会使用法律术语，而法律术语来源于法律，而法律是社会生活的规范，系为全体社会成员而设定，且法律概念本来多取自于日常生活用语，如人、动物、胎儿、货物等，但日常生活用语成为法律专门名词术语后，即有特殊意义而与日常生活用语不同，则应按法律上的特殊意义解释，例如，"善意"一语，非指"慈善心肠"，而指"不知情"；"危

---

〔1〕　杨良宜：《国际商务游戏规则——英国合约法》，中国政法大学出版社 1998 年版，第 310 页。

〔2〕　杨良宜：《国际商务游戏规则——英国合约法》，中国政法大学出版社 1998 年版，第 340～359 页。

〔3〕　杨良宜：《国际商务游戏规则——英国合约法》，中国政法大学出版社 1998 年版，第 354～355 页。

〔4〕　杨良宜：《国际商务游戏规则——英国合约法》，中国政法大学出版社 1998 年版，第 354～357 页。杨良宜先生中肯地批评了中国新的《仲裁法》，并提出了建设性的修改建议。

〔5〕　杨良宜：《国际商务游戏规则——英国合约法》，中国政法大学出版社 1998 年版，第 315 页。

险负担"一语，非指自然意义的危险，而是指"价金损失"。[1]

解释合同并非易事，因此，也不会是纯粹按照字面去解释。如前例中所述将价金"1 万元"笔误为"1 元"的案件中，某法官硬解释为"1 元"并作出判决则是有害的，不仅武断而且无知。我们知道，一般的合同是有因行为，它有别于票据行为，后者是无因行为，票据的文义解释就是按照票载文句理解，而不论是否将金额写错，这是由票据的无因性特征所决定的。在解释合同时，特别是当合同文字上有不明确之处或某字有多音多义等，便要去找出订约时的环境、合同本身的意图、订约方是什么人，并综合考虑订约时的语境，以期协助解释。要强调的是，进行文义解释时应探求双方当事人共同的真实意思，如果合同所使用的某个词句不当或不准确，不应受该不当词句的拘束，则应以双方共同的真实意思为准。

《法国民法典》第 1156 条规定，解释契约时，应寻究缔约当事人的意思，而不拘泥于文字的字面意思。《德国民法典》第 133 条规定，解释意思表示，应探求当事人的真实意思，而不得拘泥于所用的词句。《瑞士债务法》第 18 条第 1 款规定，判断契约应就其方式及内容，注意当事人一致之真实意思，不得着重于当事人误解或隐蔽真意所用之不当文字或语句。我国台湾地区现行"民法"第 98条规定，解释意思表示应探求当事人之真意，不得拘泥于所用之词句。我国《合同法》第 125 条确立了文义解释，但并没有吸收立法机关委托学者起草的《合同法建议草案》对文义解释所作的规定，解释合同应探求当事人共同的真实意思，不得拘泥于所用之词句。

然而，仅以文义解释往往难以确定合同条款的真实意思，且文义解释容易拘泥于合同所用文字，导致误解或曲解当事人的真实意思，因此，须与其他解释方法结合运用。

二、整体解释

合同文本具有整体性，各条款之间具有相关性。所谓整体解释，也可称关联解释，是指对合同各个条款作补充解释，以确定各个条款在整个合同中所具有的正确意思。在合同解释中，具体文字的解释毕竟只是一个微观的组成部分，要真正达到把握合同条文所反映的当事人意愿这一目的，还要从宏观出发，综合考虑整个合同的各条条文。亦即要将合同作为一个整体去解释，参考合同的前后文去确定某项具体条文、语句的意思，尽量给合同的每个部分、每条条文予以准确含

---

[1] 梁慧星："统一合同法草案讲座"，载河南省高级人民法院经济庭：《1996 年经济审判新法培训班讲座》，第 84 页。

义，否则就违反了不该随意删除合同内容的原则。[1] 法官或仲裁员在解释合同书、合同条款时，不仅要对单个条文、字句进行解释，而且要将整个合同作为一个整体来确定其每个条款的含义，甚至可以用不同的条款相互进行解释。例如，合同关于价格的约定不清楚，意思无法判断时，解释者可以利用合同中明确的质量条款来解释价格条款，若约定的质量为上等，则可以据此解释价格也是上等，若质量为中等，即可解释价格也是中等。反之亦然，也可以用价格条款来解释质量条款，若关于质量的约定不明，那么合同规定的明确的价格条款就是解释质量条款的参照物。显然，整体解释方法反对抓住合同中某个条款、词句孤立地进行解释。[2]

合同必须整体解释的原则，实际上还涉及合同中各相关条款间的协调（reconciliation）及超越（prevailing）问题。因为，在解释某条具体条文时，要顾及整个合同的其他有关条文，如果前后有矛盾、有冲突，自然就会引出条文优劣、如何协调取舍的考虑了。就合同解释中处理条款间效力比较、优先超越（prevailing overriding）的问题，《英国合同法》认为，局部的、范围较窄的条文超越普遍的、范围较广的条文；手写打字条款优于印就条款（written, typed clauses prevail over printed clauses）。但是，有时要判定两条冲突条款之间谁优先、谁超越也并非易事，往往有一些灰色地带（border line）会导致判案不稳定。[3] 在这种尴尬的情况下，法官或仲裁员必将应用其他解释方法。

《法国民法典》第 1161 条规定，契约的全部条款得互相解释，以确定每一条款从整个行为所获得的意义。我国《合同法》也确立了整体解释原则。

三、目的解释

所谓目的解释，是指解释合同时，若合同所使用的词句或某个条款可能作两种或两种以上解释时，应采取最适合于合同目的的解释。

《法国民法典》第 1158 条规定，文字可能有两种解释时，应采取适合于契约目的的解释。第 1157 条规定，如一项条款可能有两种意思时，宁可以该条款可能产生某种效果的意思理解该条款，而不以该条款不能产生任何效果的意思理解该条款。《联合国国际货物销售合同公约》第 8 条规定，为本公约的目的，一方当事人所作的声明和其他行为，应依照他的意旨解释，如果另一方当事人已知道或者不可能不知道此一意旨。

---

[1] 杨良宜：《国际商务游戏规则——英国合约法》，中国政法大学出版社 1998 年版，第 321 页。

[2] 梁慧星："统一合同法草案讲座"，载河南省高级人民法院经济庭：《1996 年经济审判新法培训班讲座》，第 44 页。

[3] 杨良宜：《国际商务游戏规则——英国合约法》，中国政法大学出版社 1998 年版，第 321～328 页。

当事人缔约必有其目的，该目的为当事人真实意思之所在，是决定合同内容的指针。因此，解释合同自应符合当事人所欲达成之目的。若当事人意思表示的内容前后矛盾或暧昧不明，应通过解释使之协调明确，以符合当事人之目的。当合同所使用的文字或某个条款有两种相反的意思时，自应采取其中最适合于当事人目的的意思。必须强调，所谓当事人目的，是指双方当事人共同目的或者至少是为对方当事人已知或应知的一方当事人目的。若属于对方不可能得知的一方当事人目的，自不得作为解释之依据。[1]

四、习惯解释

所谓习惯解释，是指合同所使用的文字词句有疑义时，应参照当事人的习惯来解释。在日常生活中，同一名词、同一概念，在不同的语境下表达不同的含义，在不同的地域有不同的叫法，指称不同的事物。在不同的行业中，同一名词有不同的意思、不同的习惯用法。因此，在解释合同、解释某个词语的正确意思时，应参照当事人的习惯。这里所谓习惯，应包括双方习惯、行业习惯、当地习惯等。

《法国民法典》第1159条规定，有歧义的文字依契约订立地的习惯解释之。第1160条规定，习惯上的条款，虽未载明于契约，解释时应用以补充之。《德国民法典》第157条规定，契约应依诚实信用的原则及一般交易上的习惯解释之。《美国统一商法典》第1-205条也规定行业习惯得作为解释合同的依据。《联合国国际货物销售合同公约》第8条规定，在确定一方当事人的意旨或一个通情达理的人应有的理解时，应适当地考虑到与事实有关的一切情况，包括谈判情形、当事人之间确立的任何习惯做法惯例和当事人其后的任何行为。第9条规定，双方当事人已同意的任何惯例和他们之间确立的任何习惯做法，对双方当事人均有约束力。除非另有协议，双方当事人应视为已默示地同意对他们的合同或合同的订立适用双方当事人已知道或理应知道的惯例，而这种惯例，在国际贸易上，已为有关特定贸易所涉同类合同的当事人所广泛知道并为他们所经常遵守。[2] 我国《合同法》确立了该种解释方法。

习惯解释的依据在于，人们的行为除受法律的支配外，往往还受习惯的支配。因此只要地方习惯、行业习惯并不违反法律强行性规定和公序良俗，应可作为解释法律行为当事人真实意思的依据。[3]

---

〔1〕 梁慧星主编：《民商法论丛》第6卷，法律出版社1997年版，第540~541页。
〔2〕 梁慧星主编：《民商法论丛》第6卷，法律出版社1997年版，第541页。
〔3〕 梁慧星主编：《民商法论丛》第6卷，法律出版社1997年版，第542页。

五、公平解释

所谓公平解释，是指解释合同应当遵循公平原则，兼顾当事人双方的利益。在合同所使用文字词句，有两种不同含义时，若是无偿合同，应按对债务人义务较轻的含义解释；反之，若是有偿合同，则应按对双方均较公平的含义解释。如果属于依一方当事人单方面决定的定式合同条款所订立的合同，在有歧义时，应按对决定条款一方不利的含义解释。

《法国民法典》第 1162 条规定，契约有疑义时，应作不利于债权人而有利于债务人的解释。《南斯拉夫债务法》第 101 条规定，解释合同应符合公平原则，遇有歧义时，如属无偿合同，应按对债务人义务较轻的含义解释；如属有偿合同，则应按对双方均较公平的含义解释。我国《民法通则》规定公平原则为民法基本原则，解释合同当然也应遵循。但我国《合同法》没有进一步确立之。《英国合同法》中有一所谓"针对规则"（contra proferentem rule），该规则是指如果一条条款定得含糊（ambiguity），那么对含糊处就要作出不利于试图依赖该条款得益的一方（the party relying on the clause）的解释。这里除了包含"条款明确性"原则的精神外，还基于这样一个理由，即定约方必须对令其得益的含糊表达（ambiguities in expression）负责，他不能利用这种含糊不明来诱导对方相信条文、文字是这种意思，而反过来却希望法院（或仲裁庭）在解释条文文字含义时采用更有利于他的另一种意思。因为这种取巧有违公道合理的精神，因此，法院就要严格针对，遇有条文含糊，就要作出对试图依赖该含糊条文得益的一方不利的解释。令合同当事人得益的条文的最明显例子莫过于那些旨在开脱某方本应承担的合同义务或法律责任的免责条款了。因此，免责条款稍有含糊，就要作出对被免责方不利的解释，从而使其不能免责。[1]"针对原则"的精神还突出表现为，如果合同条文，尤其是免责条款中的文字有两种或两种以上都讲得通的解释，那么法院会取对条款得益方最不利的解释。公平解释体现现代民法的公平原则，在很大程度上，它体现了对经济上处于劣势地位的一方当事人特殊保护的公平精神。

六、诚信解释

所谓诚信解释，是指解释合同应遵循诚实信用的原则。诚信原则有"帝王条款"之美称，但是它是个不确定概念。而正是由于它的不确定性，才能最终解释人类行为的丰富性、微妙性、多样性、多面性以及复杂性。《德国民法典》第 157 条规定，契约应依诚实信用的原则及一般交易上的习惯解释之。日本最高裁

---

〔1〕 杨良宜：《国际商务游戏规则——英国合约法》，中国政法大学出版社 1998 年版，第 377 页。

判所昭和 32·7·5 判例：所谓诚实信用原则，已广泛适用于债权法领域，它不仅适用于权利行使和义务履行，也应成为解释当事人缔约目的所适用的基准。《联合国国际货物销售合同公约》第 7 条规定：在解释本公约时，应考虑到本公约的国际性质和促进其适用的统一以及在国际贸易上遵守诚信的需要。[1]

■思考题

1. 为什么合同需要解释？
2. 什么是合同的解释？
3. 格式合同解释的法定标准是什么？
4. 免责条款的解释应该怎样进行？
5. 合同解释有哪些方法？

■参考资料

1. 梁慧星：《民法解释学》，中国政法大学出版社 1995 年版。
2. 〔德〕卡尔·拉伦茨：《法学方法论》，陈爱娥译，商务印书馆 2003 年版。
3. 杨仁寿：《法学方法论》，中国政法大学出版社 1999 年版。
4. 梁治平编：《法律解释问题》，法律出版社 1998 年版。
5. 张志铭：《法律解释操作分析》，中国政法大学出版社 1999 年版。
6. 陈金钊：《法律解释的哲理》，山东人民出版社 1999 年版。
7. 王泽鉴：《法律思维与民法实例》，中国政法大学出版社 2001 年版。
8. 杨良宜：《国际商务游戏规则——英国合约法》，中国政法大学出版社 2000 年版。
9. 〔美〕波斯纳：《法理学问题》，苏力译，中国政法大学出版社 1994 年版。
10. 黄茂荣：《法学方法与现代民法》，中国政法大学出版社 2001 年版。
11. 徐国栋：《民法基本原则解释——成文法局限性之克服》，中国政法大学出版社 1992 年版。
12. 〔德〕汉斯－格奥尔格·加达默尔：《哲学解释学》，夏镇平、宋建平译，上海译文出版社 1994 年版。

■案例分析[2]

1993 年 5 月 19 日，上诉人陕西省机械进出口公司（以下简称"供方"）与被上诉人陕西省石油化工物资供销公司经营部（以下简称"需方"）签订了 93004 号工矿产品购销合同。合同约定，供方向需方供给热扎低碳钢板 5000 吨；产地波兰；每吨单价（西安车板交货价）

---

〔1〕　梁慧星主编：《民商法论丛》第 6 卷，法律出版社 1997 年版，第 543 页。
〔2〕　梁慧星："统一合同法草案讲座"，载河南省高级人民法院经济庭：《1996 年经济审判新法培训班讲座》，第 45 页。

4205 元，总额按商检后的实际重量乘以西安车板交货价，"交（提）货时间及数量"栏内写明："1993 年 7 月 5 日前到上海港报关、商检后交货"，"交（提）货地点、方式"栏内写明："中国储运总公司西安公司石家街仓库，西安车站 201 专线"，由供方负担国内运输责任及费用，如国内运输出现丢失，需方应在 20 日内提出索赔单，由供方向有关单位索赔；合同签订后 3 月内需方向供方交付定金 600 万元，货到上海港商检后由供方出示铁路运输货单，5 日内需方向供方支付所剩余款。违约责任：①货到后需方不得退货，否则不退定金；②货不能于 7 月 5 日按时到港，供方向需方按定金以日息 0.1% 计算赔偿；③见铁路货票后需方不能于 5 日内付款，需方向供方按运单数量乘以西安车板交货价为计算金额以日息千分之一计算赔偿；合同有效期为 1993 年 5 月 19 日~1993 年 8 月 30 日。

　　合同签订后，需方于 1993 年 5 月 22 日将定金 600 万元付给了供方，因供方未能在 7 月 5 日前将货物运抵上海港，需方于 7 月 6 日以此为由口头要求解除合同。供方未予同意。7 月 9 日，需方又以同样理由书面通知供方终止合同，并要求双倍返还定金、支付违约金。7 月 10 日，供方复函不同意解除合同。7 月 25 日，钢材运抵上海港。8 月 4 日，首批钢材运抵西安石家街仓库。8 月 5 日，需方以供方未按期将货物运抵上海港为由，向西安市碑林区人民法院提起诉讼，诉请解除合同。8 月 24 日，供方将钢材全部运抵西安石家街仓库。供方委托陕西省进出口商检局进行检验。8 月 25 日，商检局出具了商品检验证书。8 月 28 日，供方三次通知需方，货物已全部运抵西安石家街仓库，要求需方 5 日内付清其余货款，并附有铁路运输货票、铁路运输单、海运提单和商品检验证书的复印件。同日，需方复函：纠纷已交法院解决。至 8 月 30 日合同有效期届满，需方仍拒付货款，拒收货物。8 月 31 日，需方向法院申请撤诉，并于同日向陕西省高级人民法院提起诉讼，其请求未变。供方反诉：货物迟延抵达上海港是因为台风等不可抗力。7 月 5 日是到港时间，不是交货时间，进出口公司按合同履行了义务，需方应支付货款、接受货物并赔偿损失。

　　问：本案应该运用哪些合同解释方法以正确认定交货地点和交货时间？

分 论

第十章 买卖合同

■ 学习目的和要求

通过本章的学习，掌握买卖合同的含义、要素、特征，进而理解合同解释的含义、特征、种类，掌握买卖合同的效力，分清特种买卖（买回、试验买卖、样品买卖、分期付款买卖、拍卖），识别和区分买卖合同与互易合同。

第一节 买卖合同概述

一、买卖合同的含义

买卖合同是商品交换的基本法律形式，是日常生活中最常见的法律行为之一。但在各国立法上及学者著述中，何为买卖合同，其规定或见解并非同一。概括起来有两种：①买卖合同是买卖财产所有权的合同，依此合同，一方当事人应移转财产所有权于另一方当事人，另一方当事人则应向其支付价款。该种意义上的买卖合同，将买卖仅限于实物买卖，而不及于无形的权利买卖。英美法、联合国国际货物销售合同公约即采此意。②买卖合同是买卖财产权（包括所有权和其他财产权）的合同。依此合同，一方当事人应将财产所有权或者其他财产权移转于另一方当事人，另一方当事人则应向其支付价款。这种意义上的买卖合同与第一种相比，其区别仅在于其标的物范围较第一种扩大，除实物之外，其他具有经济价值的财产权利亦可为买卖的标的物。大陆法系国家或地区多采此意，如日本、德国、法国、意大利等国和我国台湾地区。

在我国，实际生活中虽然既存在财产所有权的买卖，也存在无形的财产权利的有偿转让，如股票、债券的买卖，版权、商标权、专利权、合同权利、土地使用权等的有偿转让，但是我国习惯将前者作为买卖（虽没有使用买卖合同一词，而使用购销合同等，但实质上是买卖），对于后者不作为买卖，称有偿转让。融原三大合同法于一体的我国《合同法》坚持了此做法，该法第130条规定，买卖合同是出卖人移转标的物所有权于买受人，买受人支付价款的合同。可见，我国对买卖合同采纳第一种含义。

在买卖合同中，有移转财产所有权义务的一方当事人，称出卖人，也叫卖方，负有支付价款义务的一方当事人，称为买受人，也叫买方。

二、买卖合同的要素

（一）当事人

出卖人和买受人是买卖合同的当事人。民事主体只有在具备一定的资格时，才能充任买卖合同的当事人。

1. 出卖人。出卖人应对买卖之标的物具有处分权，此为各国和各地区之通例。何为有处分权？我国《合同法》第132条解释为，出卖的标的物属于出卖人所有或者有权处分，如拍卖人、财产的经营权人、担保物权人（如抵押权人、留置权人等）。出卖人应对买卖标的物具有处分权，此为原则。该原则有无例外，即就他人之物或权利进行买卖是否亦为有效，立法例有不同。法国民法认为无效。罗马法、德国民法、日本民法、瑞士民法、我国台湾地区现行"民法"认为有效，但当出卖人不能从权利人处取得物或权利而移转于买受人时，则因主观的给付不能应负损害赔偿责任。[1] 我国《合同法》对此无明文规定，依法无明文禁止仍可以为之之法理，为维护意思自治原则及交易安全，对此应作与我国台湾地区现行"民法"、德国民法、日本民法等相同之解释。我国《物权法》对此予以承认，规定了善意取得制度。《物权法》第106条规定，无处分权人将不动产或者动产转让给受让人的，所有权人有权追回；除法律另有规定外，符合下列情形的，受让人取得该不动产或者动产的所有权：①受让人受让该不动产或者动产时是善意的；②以合理的价格转让；③转让的不动产或者动产依照法律规定应当登记的已经登记，不需要登记的已经交付给受让人。同时《物权法》第108条规定，善意受让人取得动产后，该动产上的原有权利消灭，但善意受让人在受让时知道或者应当知道该权利的除外。同时值得注意的是，我国《最高人民法院关于审理商品房买卖合同纠纷案件适用法律若干问题的解释》规定，商品房出卖人未取得商品房预售许可证明，与买受人订立的商品房预售合同，应当认定为无效，但是在起诉前取得商品房预售许可证明的，可以认定有效。可见，关于出卖

---

〔1〕　史尚宽：《债法各论》，中国政法大学出版社2000年版，第4页；梅仲协：《民法要义》，中国政法大学出版社1998年版，第330页。

人资格的认定，还需要灵活把握。

2. 买受人。买受人原则上应为除标的物所有人之外的任何人。这是由买卖的性质所决定的。但某些立法例上该原则亦有例外：①买受人就自己所有之财产权自为买卖，应为无效（因为在出卖人方产生客观的履行不能），但不尽然：若买受人仅在利用买卖方法，取得或维持标的物之占有，而将所有权归属问题悬置的，如故主买回被盗之物，则有效；买受人利用买卖方法，免去物上负担，如抵押物或质物之所有人，在拍卖程序中，应买其物，为有效。[1] ②在拍卖中，拍卖人对于其经营的拍卖物，不得应买，亦不得使他人为其应买。但在法律上，拍卖人或其使用人，虽为拍卖之应买，并非绝对不生效力，如其应买取得拍卖委任人及其他竞买人的同意，则仍属有效。[2]

（二）标的物

凡法律、行政法规不禁止或限制转让的财产权（物、其他财产权），均可为买卖的标的物。

如前述，对何种物可充当买卖合同的标的物，有两种立法例，产生了两种不同的买卖合同概念（广义和狭义）。值得注意的是，无形的财产权并非等于无形物，采广义的买卖合同概念之立法例，尽管其将无形之财产权亦作为买卖的标的物，但并非都把其标的物扩大到所有的无形之物。例如，我国台湾地区把有偿的供用电之约定不认为是买卖合同，但准用买卖之规定。同样，在采狭义之买卖合同概念之立法例，虽将无形之权利的有偿转让排除在买卖概念之外，但也并不等于其将所有的无形物均排除在外。如我国多数学者就把电的有偿供用称为买卖合同，同时合同法也将供用电合同与使用水、煤气、热力合同列为同一种类合同，也可见其实际上视其为买卖合同。立法上没有将它们直接纳入买卖合同篇名下，主要因为当事人履行义务的持续性。

作为买卖合同的标的物，一般为买卖合同成立时已存在之物，但并不限于此，将来可以获得之物，亦可为买卖的标的物，如期货买卖即是如此。

（三）价金

对于买卖合同，买受人之义务为给付价款。自罗马法以来，其价款应以金钱（货币）充任，谓之价金。该金钱货币既可是国内法定货币，亦可是外币。但于后种情形时，应遵守国家有关外币管理的规定。

---

〔1〕 史尚宽：《债法各论》，中国政法大学出版社 2000 年版，第 4 页；梅仲协：《民法要义》，中国政法大学出版社 1998 年版，第 330～331 页。

〔2〕 梅仲协：《民法要义》，中国政法大学出版社 1998 年版，第 332 页。

不仅如此，在罗马法上，价金还应具有确定、真实及公平三种特性。[1] 现代民法对此多予以修正：①对于确定，现只要求可以确定，不要求必须确定。②对于真实，其意在于，在买卖中必须有一方以支付价款作为对方移转所有权之对价，且该意思是确实存在而非虚假的。它反映了买卖合同与无对价之合同（如赠与）及虽有对价但并非以价金表现的其他合同的区别，是其必备的要素。该特性为现代民法无保留地吸收。③对于公平，在罗马法是对因双方当事人利益对峙而可能产生的不诚实行为的防止，为平衡双方利益之举。它反映了作为商品交换之买卖合同的等价有偿性，与现代民法之诚实信用原则相符，因而亦被吸收。价金之公平本质上是对意思自治原则的补充。此为解释价金公平之准据。依此而言，价金不必与标的物的真正价格同一或近于同一，亦不要求均衡，只要当事人对于价金之约定是出于真意，即使其与真正价格相差至巨，亦为合法。如以极高或极低于标的物之真实价格买卖而变相赠与（当事人真意以此方法为赠与，而非以此方法规避法律），仍为合法之买卖。但为了杜绝绝对意思自治的流弊，现代民法多禁止暴利行为或规定于有显失公平之情事时，买卖合同当事人有撤销权。

买卖合同的要素，既反映了法律对买卖合同的要求，又反映了买卖合同区别于其他合同的某些属性。

三、买卖合同的特征

（一）买卖合同是双务有偿合同

买卖合同是出卖人和买受人均负有义务的合同，因而为双务合同。在出卖方，其义务为移转财产所有权（狭义的买卖合同）或者其他财产权（广义的买卖合同）；在买受方，其义务为支付价款（价金）。出卖人和买受人各自所负义务，互为对价，买卖合同又表现为有偿合同。

移转财产所有权（狭义买卖合同）和支付价金是买卖合同的基本特征，是其区别于其他合同的基本点：①买卖合同以标的物之实物性（狭义买卖合同），将买卖合同与其他有偿转让其他财产权的合同区别开来，如我国之土地使用权出让、转让合同，商标专用权使用许可合同等，它们都是独立的有名合同，不属于买卖合同之列。②买卖合同另一标的物之抽象性（货币作为一般等价物之属性），使买卖合同与以货换货的互易合同相区别，也使其与无对价之赠与及虽有对价但却不表现为价金之消费借贷相区别。

（二）买卖合同为诺成合同

出卖方和买受方只要就买卖之标的物及其数量达成一致，合同即成立，无须

---

〔1〕　梅仲协：《民法要义》，中国政法大学出版社 1998 年版，第 331 页。

当事人为实物或金钱之交付，因而其为诺成合同。

（三）买卖合同为不要式合同

商品经济要求商品交换或流转迅速快捷，作为商品交换基本法律形式的买卖合同也必须顺应这一要求。因而在立法上，买卖合同原则上为不要式，只要出卖方和买受方就买卖之标的物及其数量达成一致，合同即成立、生效。至于该意思以何种形式表现出来，则在所不问，除非法律基于特别之理由作出了特别之规定或者当事人就此作出了特别之约定。

不动产之买卖，依各国法律一般须登记，所有权才发生移转。这是否是将不动产买卖作为一种特殊的要式性买卖的表现呢？本人认为买卖合同是一种债权合同，其成立生效只以双方当事人意思表示一致为准，过户之登记仅为债权履行行为（在不承认物权行为国家之称谓）或物权行为之要件。我国《物权法》第15条规定，当事人之间订立有关设立、变更、转让和消灭不动产物权的合同，除法律另有规定或者合同另有约定外，自合同成立时生效；未办理物权登记的，不影响合同效力。换言之，过户登记是所有权移转之生效要件，当事人不办理过户登记手续并不影响买卖合同的成立或生效。此点在两重或多重买卖中表现得最充分、明显。出卖人在两重买卖下，将标的物过户给第二个买卖人，也并不影响第一个买卖合同的成立及有效。

（四）买卖合同为有因合同

买卖合同由两组权利义务关系组成：①出卖人之移转所有权或其他财产权的义务及买受人请求其移转之权利；②买受人支付价款之义务及出卖人请求其支付之权利。这两组权利义务相互牵连，相互依存互为条件或因果。出卖人自愿承担移转财产所有权或其他财产权之义务，其目的在于获取价金；同理，买受人自愿承担支付价金之义务，其目的在于获得标的物所有权或者其他财产权。任何一方当事人的给付，均为对方当事人给付的原因或交易之目的。依此而言，有偿合同必为有因合同。由此，买卖合同为有因合同。

四、买卖合同的种类

买卖合同除具有上述共性外，还具有丰富的个性，对于其个性的揭示，构成买卖合同的分类。

（一）一般买卖与特种买卖

这是依据法律有无特别规定划分的。凡适用法律对于买卖合同的一般规定的买卖，即称为一般买卖；法律对其有特别规定的买卖，称为特种买卖，又称为特别买卖。此处所谓法律是指民法，采狭义；还有一种广义的法律，包括民法以外的法律，其所规定的买卖亦可称为特种买卖。我国合同法规定的特种买卖有分期付款买卖、样品买卖、试用买卖、拍卖、连续交易的买卖、房屋买卖等。特种买卖适用法律的特别规定，无特别规定的，于其个性要求之外，适用一般买卖之规定。

（二）现货买卖与期货买卖

这是依据买卖合同成立时标的物是否已现实存在划分的。买卖合同成立时标的物已现实存在的买卖，为现货买卖；反之为期货买卖。

（三）即时买卖与非即时买卖

这是依据买卖合同成立时给付是否即刻清偿完结划分的。买卖合同成立时即刻清偿完结的买卖，称为即时买卖。这也就是日常生活中常见的一手交钱，一手交货的买卖。即时买卖属现货买卖。买卖合同成立后，当事人不即刻清偿的买卖，为非即时买卖。非即时买卖不同于期货买卖。

非即时买卖，根据不同的标准可作进一步的划分。依据其有无履行期限的约定，可分为定期买卖（期货买卖为其典型）与不定期买卖。依据当事人履行债务的顺序，其又可分为先付买卖与信用买卖。先付买卖，指买卖合同成立时，买受人即刻支付价款，日后卖方才移转财产所有权的买卖。又称其为预约买卖或预付款买卖或前金买卖。预约买卖与买卖的预约不同，预付款买卖与附定金的买卖不同。信用买卖是指出卖方于合同成立时即刻移转标的物所有权，而买受人日后才支付价款的买卖。若买受人应于日后一定期限内一次性清偿价金的，则又称为赊欠买卖；若买受人日后应分期支付价款的，则又称为分期付款买卖。

（四）任意买卖与强制买卖

这是依据买卖是否依当事人自愿而进行划分的。凡当事人完全依照自己的意思而进行的买卖，为任意买卖，又称自由买卖。大多数买卖为任意买卖。凡非当事人自由决定而是在受强制的情况下进行的买卖，称强制买卖。强制买卖在我国大致有两种情形：①强制收购。这是对民事不法行为的一种行政制裁措施。②强制执行的拍卖。

（五）非竞争买卖与竞争买卖

这是依据合同的订立是否依要约承诺的一般过程划分的。凡出卖人与买受人一对一地依要约承诺的一般程序而订立的买卖合同，为非竞争买卖；竞争买卖则指多个意欲购买的人，集中于一特定场所或不集中于一特定场所而竞相向出卖人报价，由出价最高者与出卖人成交的买卖。

（六）一时买卖与持续买卖

这是依据买卖合同中的义务是否可一次清偿完结划分的。凡出卖人可一次性进行给付，而无损于买受人需求之满足的，即为一时性买卖。至于是否实际地要求出卖人一时性地进行给付，则在所不问。因而分批交货合同和分期付款合同仍为一时性买卖合同。在现实生活中，买受人对某些物的需求是持续性的，是随着时间的推移而不断产生的，如对水、电、煤气、热力等的需求；其利益的满足也需要出卖人持续性地进行给付，而不能一次性进行（虽然从标的物的性质上看可如此），否则买受人的利益需求得不到很好的满足，有悖于买受人订立该种合同的目的。这样的合同，即为持续性买卖合同或连续性买卖合同。

第二节　买卖合同的效力

买卖合同的效力，即买卖合同有效成立后所发生的法律后果。其表现为当事人所享有的权利和承担的义务。买卖合同为双务合同，双方当事人互为权利义务主体。此处鉴于权利与义务的对应性，仅从买卖合同当事人各自所负的义务角度阐述其效力内容。

一、出卖人的义务

（一）交付标的物

1. 所谓交付标的物，即移转标的物之占有。在此项义务中，值得注意的是：交付的方式、交付的时间、地点、交付之标的物的状况等。出卖人只有依照合同的约定或法律要求的交付方式、时间、地点、标的物的状况等交付标的物，才算履行了交付标的物之义务，否则就是违约。

2. 交付的方式。交付有现实交付和拟制交付两种。前者指出卖人将对标的物的事实上管领控制力实际地移转给买方，即将标的物实际移转给买方，由买方对标的物直接占有；后者指将对标的物的管领控制权移转于买方，以代替物的实际交付。具体包括简易交付、占有改变、指示交付等。

3. 交付的时间。依我国合同法，标的物交付的时间依据下列方法确定：①合同有约定的，依照合同的约定。如果合同约定交付期间的，则出卖人可在该期限内的任一时间交付，但在交付前应通知买受人（《合同法》第 138 条）。②合同没有约定或约定不明确的，则当事人可事后以协议补充；当事人不能就此达成协议的，则依照合同有关条款或交易习惯确定（《合同法》第 61、139 条）。③适用第二种方法仍无法确定的，则出卖方可随时交付标的物或买受人可随时请求出卖人交付，但应给对方以必要的准备时间（《合同法》第 62 条第 4 项）。

出卖人应在交付时间内交付标的物，否则构成违约。出卖人不交付标的物，构成债务不履行；迟于交付时间交付的，构成履行迟延；提前交付的，应取得买受人的同意，否则买受人可拒收。

4. 交付的地点。与交付时间一样，交付的地点亦与买受人的履行利益相关，同时与标的物的风险移转相关联。根据我国合同法，交付地点依下列方法确定：①合同有约定的，依照合同的约定。②当事人未约定或者约定不明确的，事后当事人可以协议补充；若不能达成协议，则依照合同有关条款或者交易习惯确定。③依第二种方法仍无法确定的，标的物需要运输的，出卖人应当将标的物交付给第一承运人以运交给买受人；标的物不需要运输的，出卖人和买受人在订立合同时知道标的物在某一地点的，该地点为交付地；不知道标的物在某一地点的，以出卖人订立合同时的营业地为交付地（《合同法》第141条）。

出卖人应在约定或规定的地点交付标的物，不得擅自变更交付地点，否则不能视其交付标的物之义务已履行。

5. 交付标的物的范围、状况及数量等。①买卖的标的物有从物的，出卖人的交付义务及于从物。②作为满足需求之手段的买卖合同，买受人需求的，必定是具备一定质量（价值、效用）的标的物。由此，出卖人交付的应是符合约定或该类物通常应具有的价值或效用的物。换言之，在交付标的物之义务上，产生了出卖人的另一项极重要的义务——物之瑕疵担保义务——出卖人对其所提供的标的物，应担保其具有依通常交易观念或当事人的意思认为应当具有的价值、效用或品质。如果出卖人违反或未履行此项担保义务，则应承担民事责任，此责任称为物之瑕疵担保责任。物之瑕疵担保责任与另一瑕疵担保责任——权利瑕疵担保责任，构成了完整的瑕疵担保责任。

6. 物之瑕疵担保责任。

（1）物之瑕疵担保责任的性质。物之瑕疵担保责任发端于罗马法上大法官的告示，并为近代诸民法典所继受。因而，近代物之瑕疵担保责任深受罗马法的影响。由于罗马法的物之瑕疵担保系针对（奴隶和家畜等）特定物买卖，近代立法大多亦规定，在特定物买卖中，卖主只有依标的物现状交付标的物之义务，而无交付无瑕疵之标的物之义务。卖主只要交付了标的物，即使有瑕疵，也完成了履行义务，不构成债务不履行问题。但买卖契约为有偿契约，卖主交付标的物是因为买受人支付了对价之故，在卖主交付的标的物有瑕疵时，买受人的利益必会受到损害。这有悖于公平原则。为此，在此情形下，法律对出卖人特别科以瑕疵担保责任，以资救济。而在种类物买卖，由于仅指定了种类，当出卖人交付的标的物不符合当事人约定的品质时，出卖人可用另外的符合合同规定的种类物交付。因此，只要出卖人交付的标的物不符合契约的品质要求，即构成债务不履行责任。这即是说，在种类物买卖中，出卖人负有交付无瑕疵之标的物之义务。法律这般规定无非表明，物之瑕疵担保责任是一种法定责任，只适用于特定物买卖，不适用于种类物买卖。传统的民法学说着重于对法律规定注释般地理解，因此承袭了这一观点，该观点长期以来居于通说的地位。之后，法定责任说受到了债务不履行责任说的挑战。债务不履行责任说认为，不论特定物买卖还是种类物买卖，出卖人均负有交付与价金相当之标的物的义务。当出卖人交付的标的物有瑕疵时，不分标的物种类，出卖人均负有债务不履行责任和瑕疵担保责任。瑕疵担保责任为债务不履行责任之一种，是关于买卖的特则；当两者发生抵触时，则应适用瑕疵担保责任。债务不履行责任说一经提出，得到越来越多学者的支持，在德国、日本等国逐渐取代了法定责任说的地位而成为通说，我国合同法亦采此观点。物之瑕疵担保责任亦为一种无过错责任，物之瑕疵担保责任的成立以标的物有瑕疵为核心要素，不要求出卖人对该瑕疵的存在有过错。

（2）物之瑕疵担保责任的构成要件。按各国之立法及学说，物之瑕疵担保责任之成立须具备多个要件：

第一，标的物须有瑕疵。此为物之瑕疵担保责任成立的关键。在物之瑕疵担保责任形成、发展的历史过程中，衡量买卖标的物是否有瑕疵有两种标准——客观标准和主观标准。按客观标准，所交付之标的物不符合该种物所应具备的通常性质及客观上应有之特征时，即具有瑕疵。按主观标准，所交付之标的物不符合当事人约定的品质，致灭失减少其价值或效用时，即具有瑕疵。[1] 罗马法及英美普通法原来采客观标准，将瑕疵理解为关于标的物的性质和实体的东西，一切对于买主有价值的性质之欠缺。近代诸国民法典极少数仍采客观标准，绝大多数在坚持客观标准的基础上加入了主观标准，[2] 我国合同法即是如此。英美法虽无一般的瑕疵概念，但其规定买卖标的物应具备一般的使用目的（商销性担保），若当事人对标的物约定特殊的使用目的，则标的物也应具备此特殊的使用目的（目的性担保）。概括起来，各国法所指物之瑕疵有四种情形：①买卖之物具有灭失或减少其价值之瑕疵，所谓价值，指客观的交换价值。②买卖之物具有灭失或减少其通常效用之瑕疵。所谓通常效用，系指一般交易客观上应有之使用价值。③买卖之物具有灭失或减少契约预定之效用。所谓契约预定之效用，系指买卖标的物在一般交易上未必有此效用，当事人特以契约约定的效用。④买卖之物欠缺所保证的品质。所谓品质，系指构成标的物价值及效用的一切法律与事实关系，因此，当事人约定出售之房屋必须冬暖夏凉时，若不具此性质者，即欠缺所保证之品质。[3] 一般认为标的物数量的超过与不足不为瑕疵，只有当标的物之数量之短少影响到其价值、效用时，才构成瑕疵。因此当出卖人交付的标的物超过约定数量时，买受人可以拒收多交的部分，也可以接收多交的部分，若接收的，应按合同的价格支付价款（《合同法》第162条）；当出卖人交付的标的物

---

〔1〕 王泽鉴：《商品制造人责任与消费者之保护》，正中书局1979年版，第14页，转引自梁慧星："论出卖人的瑕疵担保责任"，载《比较法研究》1991年第3期。

〔2〕 梁慧星："论出卖人的瑕疵担保责任"，载《比较法研究》1991年第3期。

〔3〕 王泽鉴：《民法学说与判例研究（3）》，中国政法大学出版社1998年版，第122～123页。

短少且不构成瑕疵时，买受人应当接受，对于少交之部分，另行请求出卖人承担不履行或迟延履行的违约责任。

第二，标的物瑕疵须于买卖标的物危险移转于买受人时业已存在，至于该瑕疵是于买卖契约成立时已存在，抑或是于买卖契约成立后始存在，则在所不问。其目的在于给予出卖人以合理机会补救或除去给付之前物上存在的瑕疵。

第三，买受人善意且无重大过失。按此要件，买受人应在契约成立时不知物有瑕疵或者瑕疵于契约订立后危险负担移转前始存在，出卖人才负瑕疵担保责任；若买受人知道物有瑕疵，仍订立买卖契约的，则出卖人不负瑕疵担保责任（此处所谓知道，指确定地知道而非怀疑）。因为买受人明知而买，法律无特加保护之必要。买受人对物之瑕疵确定不知，然而其不知是因其重大过失所致者，出卖人亦不承担瑕疵担保责任。因为重大过失几乎等于故意，对这种对自己之权益漫不经心者，法律亦无特加保护之必要。但是，若出卖人对标的物之品质有特别保证或者告知瑕疵之义务而未履行的，即使买卖人有重大过失，出卖人亦应负瑕疵担保责任。因为于此情形，出卖人的行为较之于买受人的行为更具有可罚性。

第四，买受人须适时地履行瑕疵通知义务。关于瑕疵通知义务，各国立法例存有分歧：在大陆法系国家，一般说来，采民商分立主义的国家区别商人间的买卖和非商人间的买卖，仅对商人间的买卖适用通知义务；采民商合一主义的立法，则不问是商人间的买卖还是非商人间的买卖，同样适用通知义务。我国合同法即属之（《合同法》第158条）。在英美法上，通知义务不分商人间买卖或非商人间买卖，一律适用。

对于瑕疵通知义务的履行，理论上认为，对于能依通常检查方法发现瑕疵者，买受人应在受领标的物后一段合理的时间内为之；对于不能依通常检查方式发现的隐蔽瑕疵，在日后发现的合理时间内亦应履行通知义务。我国合同法未采用此种区分对待方法，而是规定买受人收到标的物后应当在约定的检验期间内检验，没有约定检验期间的应当及时检验，出卖人应当提供据以检验的必要的技术资料；买受人应当将在检验期间内（当事人约定有检验期间的）发现或者应当发现标的物的数量或者质量不符合约定的情况，在合理期间内通知出卖人，但不得超过自标的物收到之日起的2年；如果对标的物有质量保证期的，应当在保证期内作出通知，不受上述2年期间的限制；如果出卖人知道或者应当知道提供的标的物不符合约定的，买受人不受上述规定的通知时间的限制（《合同法》第157、158条）。我国合同法的这一规定甚为合理，主要在于：首先，它谨慎地处理了作为履行瑕疵通知义务的基本前提——瑕疵发现问题（主要为应当在何时发现瑕疵）。在此问题上，考虑到实际情况的复杂性（如表面瑕疵与隐蔽瑕疵不同的发现方法和时期），对此立法上没有作出硬性的规定，而是用具有灵活性的原则性规定解决，给实际操作部门留有了必要的空间。其次，由于瑕疵通知以瑕疵发现为前提，因此，法律对于买受人履行瑕疵通知义务提出时间要求，以安定交易和稳定社会经济秩序时，应当考虑到两个时间——发现瑕疵所需时间和进行瑕疵通知所需时间。对此，我国合同法区分得甚为明确。给予买受人进行瑕疵通知的时间亦较为合理（合理期间），同时又兼顾了交易的安定，对于那些不及时检查标的物以发现瑕疵从而通过履行瑕疵通知来维护自己权益的买受人不再给予保护（瑕疵发现及通知期间最长不超过收到标的物之日起的 2 年或质量保证期间）。

对于在规定时间内不履行或怠于履行瑕疵通知义务的，各国法律均规定，买受人丧失瑕疵担保请求权（《合同法》第158条）。

（3）物之瑕疵担保责任的效力。对此，各国规定不尽相同，但大同小异，无外乎赋予买受人减价、瑕疵修补、解除契约、赔偿损失等权利。

上述几项权利之相互关系。一般而言，买受人非同时享有上述几种权利，其中有的是并存的关系，有的是相互排斥的关系；并且它们各自适用于不同的瑕疵担保责任情形。例如，《德国民法典》规定，在出卖人应负瑕疵担保责任之场合，买受人可以就解除契约或减少价金择一行使；在标的物缺少所保证的品质或出卖人故意不告诉买受人标的物存在瑕疵，买受人可以不解除契约或减少价金而请求不履行的损害赔偿。此处的损害赔偿按照学者的解释为履行利益或固有利益的损害赔偿。其他情形，买受人无损害赔偿请求权，仅在解除契约时有对契约费用的赔偿请求权。德国因受罗马法影响之故，未规定买受人有瑕疵修补请求权，但若买受人对此有约定的，买受人则可不解除契约或减价而请求修补瑕疵；在种类物买卖中，买受人还有请求交付无瑕疵之物的权利。《法国民法典》规定，在出卖人负瑕疵担保责任时，买受人有解除契约或价金减额请求权；契约解除时出卖人的赔偿责任则区分善意出卖人和恶意出卖人而有不同规定：在出卖人为善意时（即不知标的物有瑕疵），则其仅返还价金并赔偿因买受契约而支出的费用；当出卖人明知标的物有瑕疵时（恶意出卖人），除返还其收取的价金外还应赔偿买受人的全部损失。法国的判例学说认为，一切制造者和职业卖主对瑕疵产品的出售均为恶意。《日本民法典》规定，在出卖人负瑕疵担保责任时，若瑕疵修补能达到契约目的的，买受人仅能请求损害赔偿而不得解除契约；在标的物隐含瑕疵不能使契约目的达到时，买受人才可解除契约。但《日本民法典》有其与众不同之处：它不承认买受人有价金减额权。

我国民法规定，出卖人负有物的瑕疵担保责任时，依照下列方法处理：①对此责任当事人在合同中有约定或事后达成协议的，按照当事人的约定或协议处理；②没有约定的，按交易习惯处理；③无前述两情形的，买受人享有瑕疵除去或补正请求权（包括修理、更换）、减价请求权、解除合同（退货）的权利及损害赔偿请求权等。买受人并非同时享有这几种权利。买受人应根据标的物的性质及损失的大小，在上述几种权利中合理选择行使。其中赔偿损失的范围包括履行利益的损失和固有利益的损失（《合同法》第 111、155 条）。依英国法，买主一旦接受了货物，则仅有价金减额及损害赔偿请求权，不能解除契约；而美国法除规定价金减额及损害赔偿请求权外，还承认买主可解除契约。至于损害赔偿的范围，两国相同：适用普通法中违反契约的一般原则，包括履行利益及积极侵害债权所生之损害（即对买受人的人身或瑕疵物之外的其他财产的损害）。

（4）物之瑕疵担保责任是否为一强行性规定？物之瑕疵担保责任，按传统民法观点为一种法定责任，但又并非法律的强行性规定。因此，有些国家规定，当事人得以特约免除、限制或加重该种责任，如日本。在普通法系的英国，区别买卖是在商人之间进行的还是在商人与消费者之间进行的而有所不同：对于前者，当事人可以特约免除，但这种免责条款的订立必须符合一般免责条款的合理性要求，否则无效；对于后者，出于保护处于弱势地位的消费者的利益，法律规定不得以特约免除。作为普通法系国家的美国则无英国法的上述区分，对商人间或非商人间的买卖一律允许设立免除物之瑕疵担保责任的条款。我国民法对此问题未作出明文规定，上述英国之做法值得借鉴。

（5）物之瑕疵担保请求权的行使期间及其性质。在大陆法系，买受人的瑕疵担保请求权有不同的受保护期：

第一，减价请求权和解除契约权利。该两种权利必须在法定的特别期间内行使，该期限因国而异，一般为 6 个月至 1 年，其中有的因区分动产与不动产而有不同，有的则不加区分统一适用。但在理论上，对于该期限的性质有争议，一种认为是短期诉讼时效的期间，一种认为是除斥期间，本人赞同后一观点，因为时效期间不适用于形成权，除斥期间才适用于形成权。

第二，瑕疵担保责任中的损害赔偿请求权则适用一般的契约时效期间。此外，大陆法理论上还认为瑕疵补正请求权中的更换请求权应及时行使，以避免因买受人长期使用而造成的不公平现象。在英美法则无短期时效或除斥期间的特别规定，瑕疵担保责任适用一般契约的时效期间。我国民法对解除契约权（退货权），采取大陆法系之做法，对于其他权利未为明文规定，在法律解释上可借鉴和吸收大陆法系的规定和理论。

（二）移转标的物所有权

1. 该义务的含义、内容。获得标的物所有权是买受人订立买卖合同的目的，因而移转财产所有权构成了出卖人的重要义务。准此而言，出卖人交付标的物只是买卖合同的形式，移转财产所有权才是其实。唯有如此，买受人才是合法正当地拥有标的物的占有、使用、收益及处分等权益，其追求的合同目的才能真正实现。基于此，各国民法均规定出卖人应负责使买受人取得所有权或者其他财产权，否则应承担民事责任。此即出卖人之权利瑕疵担保义务及权利瑕疵担保责任。

（1）权利瑕疵担保义务及责任的含义、性质。权利瑕疵担保义务，指出卖人就买卖标的物对买受人负有任何第三人不能主张任何权利的义务，违反此义务所承担的民事责任，为权利瑕疵担保责任。此义务及责任源于罗马法上的追夺担保及与此相应的追夺诉权。罗马法上的追夺担保，乃指第三人基于所有权、用益权或抵押权，将买卖标的物自买受人手中追夺时，出卖人即应负担保责任，买受人由此对出卖人取得担保诉权。罗马法的追夺担保的特点之一是它未强加于出卖人应使买受人取得完全权利之义务，而只是责令出卖人对其未能使买受人取得完全权利所造成的损害负赔偿责任。近现代国家的权利瑕疵担保责任有其特色，罗马法中的追夺担保，在意大利民法上被强化为防御义务，在《德国民法典》上表现为使买受人取得权利之义务，《法国民法典》规定为出卖人负有防止追夺的义务。

权利瑕疵担保责任与物之瑕疵担保责任同为法定的特殊的债务不履行责任及无过错责任。

（2）权利瑕疵担保责任的构成要件。

第一，权利有瑕疵。其大致有两种情况：①权利不完整或欠缺之瑕疵，其常见情形有：全部权利属于第三人。例如，物之买卖，其所有权非属于出卖人所有，而为第三人所有；又权利之买卖，该权利完全属于第三人。权利一部分属于第三人，如物或权利之买卖，其所有权或该权利为出卖人与第三人共有；权利受第三人权利之限制，即买卖标的之权利虽属于出卖人，但其上附有第三人的权利；在出卖之货物上有他人享有的工业产权或其他知识产权。②权利本身不存在之瑕疵（此仅见于广义的无形财产权的买卖合同）。包括两种情形：债权及其他权利之不存在，这限于买卖债权或其他权利的契约；买卖有价证券的，有价证券已经公示催告而无效。这两种权利瑕疵有所不同，应注意区别：在前一种瑕疵中，权利是存在的，只不过其要么不为出卖人所有而为第三人所有，或虽为出卖人所有，但第三人对其享有一定权利；后一种瑕疵指买卖之权利根本不存在，不论其对于出卖人或者对于第三人而言，均不存在。

第二，权利瑕疵须于买卖契约成立时既已存在，至于瑕疵之产生是否由可归责于出卖人之事由所致及出卖人是否知情，则在所不问。若权利瑕疵于契约成立后始发生，则仅构成债务不履行（履行不能或履行不完全）或危险负担问题。

第三，瑕疵须于契约履行时仍未除去，瑕疵除去则意味着出卖人取得完整的权利，可以对抗任何第三人，自然对买受人不再负有担保责任。这是不言自明的。

第四，买受人须为善意。所谓善意，是指在买卖契约成立时，买主不知买卖的权利有瑕疵，其嗣后得知亦为善意。若契约成立时，买受人知有瑕疵，而出卖人仍自愿负担保责任的，其担保责任不应免除。

（3）权利瑕疵担保责任的效力。

第一，与物之瑕疵担保责任的效力一样，各国立法例虽不尽相同，但大同小异，无外乎赋予买受人以瑕疵除去请求权、减价权（减价请求权或拒付与瑕疵相当之价金的权利）、解约权及损害赔偿请求权等。

第二，上述各项权利之相互关系。与物之瑕疵担保责任一样，上述各项权利大多数为相互排斥的关系，少数为并存的关系，且它们有不同的产生条件或情形。《德国民法典》规定，在权利瑕疵担保责任的场合，买受人的权利按债务不履行的规定处理。包括：①出卖人不能将出卖的全部或部分属于第三人的权利转移于买受人或该买卖之权利被第三人追夺时，按给付不能处理；全部不能时，买受人享有损害赔偿请求权或解除契约权；部分不能时，若其余部分之履行于买受人无利益，买受人得拒绝该部分之给付而请求损害赔偿或解除契约。若移转于买受人的权利受第三人限制，则为给付不完全，买受人可请求出卖人设法除去该限制或不请求除去该限制而拒付相当之价金，或者解除契约，或者不解除契约而请求损害赔偿。②在权利不存在时，买受人得依给付不能的规定，请求损害赔偿或解除契约而互负返还给付义务，即恢复到当事人缔约前之状态。

我国台湾地区现行法律亦规定，出卖人负有权利瑕疵担保责任的，买受人的权利按债务不履行的规定处理，其结果买受人的权利同德国的上述规定大致相同。不同之处在于，我国台湾地区现行法律规定：①买受人行使解除契约权之同时享有损害赔偿请求权。解除契约权与损害赔偿请求权是并存的关系而非相互排斥的关系。②当事人约定违约金的，买受人也可请求违约金。对于损害赔偿的范围，我国台湾地区现行法律与德国规定相同，适用一般债务不履行的赔偿范围的规定，包括信赖利益或履行利益的赔偿。

《法国民法典》规定：①买卖物被追夺时，若系全部被追夺，买受人可请求返还价款、诉讼费用、契约费用、损害赔偿及正当的手续费用；在部分被追夺时，若因该标的物部分被追夺使买受人不可能买受该标的物的，买受人可解除契约或不解除契约而请求返还被追夺部分标的物的价金。②在买受的权利负有买卖当时未声明的负担时，买受人可请求赔偿损害或者解除契约并请求损害赔偿。③在权利不存在时，买受人可请求出让人返还价金及其利息、受让费用、正当手续费用。

《日本民法典》规定：①当出卖人不能将出卖的他人的权利移转于买受人时，买受人可解除契约并请求损害赔偿；②在买卖的权利存在订约时买受人不知的负担时，买受人仅在因权利上存有该负担不能达契约目的时，才可解除契约，其他情形买受人仅能请求损害赔偿。此外，日本法规定的赔偿范围与法国法的规定相同，指履行利益的赔偿。

在英国，当买受人取得的标的物被第三人追夺或买卖的标的物侵犯他人的商标权或专利权时，属出卖人违反法定默示条件条款，买受人可请求出卖人赔偿损害。

在美国，若出卖人违反对出卖物必须享有合法可靠之所有权或货物上不负有任何负担时，买受人的权利按这一违反担保义务的行为是构成实质违约还是构成轻微违约来处理。构成实质违约的，买受人可解除契约并请求损害赔偿；构成轻微违约的，买受人不得解除契约仅可请求损害赔偿。

我国《合同法》规定：①当标的物的所有权全部属于他人，出卖人不能履行转移所有权的义务时，买受人可解除契约并要求损害赔偿；②当标的物的所有权部分属于他人，出卖人不能履行转移权利的义务时，买受人可在减少价款或解除合同两权利间进行选择；③第三人就标的物提出权利要求，使买受人可能丧失该标的物的部分或者全部权利时，买受人还未支付价款的，可以中止支付相应的价款，但出卖人提供适当担保的除外（《合同法》第94、152条）。

（4）权利瑕疵担保责任是否为强行性规定？与物之瑕疵担保责任一样，大陆法系传统观点认为权利瑕疵担保责任为一种法定责任，并非当事人意思表示之结果。但是法律关于瑕疵担保责任的规定并非强行性规定，因而一般允许当事人以特约免除、限制或加重此种责任。在英国，对权利瑕疵担保责任不论是否为商人间进行买卖都不允许当事人以特约免除，美国则允许。

2. 移转标的物所有权的方式。移转标的物所有权与交付标的物是出卖人负有的两项既相联系，又相区别的义务。从总体上看，交付标的物不仅涉及交付的时间、地点、方式，而且还涉及货物的质量、数量等问题，因此可以说是比较现实具体的问题；移转标的物所有权意味着改变标的物的归属，它首先要求卖方对标的物具有所有权，而且还要保证标的物的权利不被第三人追索。仅此而言，其属于比较抽象的问题。要使抽象变为具体，关键在于确定所有权移转的时间或方式。对此，各国均区分动产和不动产而有不同的做法或规定。

（1）就动产而言，两大法系有着不同的做法。在大陆法系，有两种制度：①区分特定物和种类物，特定物因其品质独特，其所有权在买卖合同有效成立时移转，除非当事人有相反的约定；而对种类物，则必须经过特定化后，其所有权才移转于买方。法国采之。②区分特定物和种类物，对于特定物，其所有权之移转依从当事人的约定，无约定时，在标的物交付时移转，对于种类物，由于其不特定和具体，其所有权在交付时移转。我国、德国采之。

在英美法系，也区分特定物和非特定物而有不同做法。对于特定物——买卖合同订立时就已经确定并且由双方商定的货物，其所有权自当事人双方意图移转时归于买受人。根据1979年《英国货物买卖法》和《香港货物买卖条例》之规定，所有权移转意图必须依据合同条款、当事人行为以及具体买卖环境综合推断确定。根据该两部法律，除非有相反意图表示，所有权移转意图的推定适用以下规则：

第一，对于不附条件的特定物买卖合同，如果特定物在定约时处于可交付状态，其所有权自合同订立之时起移转。所谓"可交付状态"，是指"货物处于买方根据合同必须接受交付的状态"（《香港货物买卖条例》第2条）。

第二，在特定物买卖中，如果特定物并非处于可交付状态，即在出卖人必须采取一定措施才能使货物达到可交付状态的情况下，只有在货物达到可交付状态并且买受人已被告知这一情况后，其所有权才发生移转。

第三，在特定物买卖中，如果特定物处于可交付状态，但出卖人必须对货物进行称量、衡量、检测或采取其他措施，以确定货物价金的，只有在上述措施完成并且在买受人得到通知后，货物所有权才发生移转。

第四，对特定物采取可退性购买或试买时，物之所有权不随交付而移转，其移转时间遵循以下两个规则：①货物所有权自买受人认可承诺移转或行为默示时起归于买受人。②如果买受人在超过试买规定时限未予退货，或者在试买合同中虽未规定时限，但买受人在超过合理期限后仍保留该货物而未做出拒买表示时，货物所有权视为已经移转。对于非特定物，其所有权在货物确定化之前不发生移转问题。根据1979年《英国货物买卖法》和《香港货物买卖条例》之规定，非特定物所有权之移转主要适用下述两个规则：①如果是凭说明书的未确定货物或期货买卖合同，无论是卖方取得买方同意，或者买方取得卖方同意，只要将符合说明书并处于可交付状态的货物无条件地划拨该合同下，货物的所有权即移转给买方。②在履行合同时，凡卖方将货物交给买方，或未实际交付给买方而将货物交给承运人或受托人（无论是否由买方指定），且卖方未保留对该货物的处置权，则应为货物已经划拨到该合同项下，货物的所有权即转移。[1]

（2）就不动产而言，两大法系做法相同：登记为所有权移转的方式。因而出卖人应协助买受人办理所有权移转登记，登记手续办理完成时，出卖人才完成

---

[1] 1979年《英国买卖合同法》第18条；董安生等编译：《英国商法》，法律出版社1991年版，第299～303页；汤树梅、应苏萍：《香港货物买卖法》，河南人民出版社1997年版，第85～89页。

了其移转所有权的义务，而不论出卖人是否实际地交付了标的物。

二、买受人的义务

（一）受领标的物

受领标的物是否为买受人的一项义务：①立法上虽未为明文规定，但从其债之总论对受领迟延规定的篇章安排上可认为其以受领为债权人（包括买受人）的一项义务，如法国、日本等；亦有明文规定为买受人的一项义务的，如德国、英国、美国等。德国在债之总论中规定受领为债权人的一项权利，唯在买卖、承揽等个别场合，特规定为买受人和定作人的一项义务。②学说上亦不统一，有权利说、义务说及折中说之争。其中，以折中说（既为买受人的义务，亦为其权利）为通说。

接受标的物是与出卖人交付标的物的义务对应的，买受人的此项协助义务，是出卖人完成交付义务的一个途径，也是买受人实现合同目的（取得其所需标的物所有权）的方法。因此，只有当出卖人交付的标的物在品质、数量等方面符合合同要求或法定条件时，买受人才负有接受的义务，否则买受人可以拒收。拒收不等于买受人可将标的物置之不管，在出卖人或其代理人不在拒收现场时，买受人对拒收之标的物有妥为保管的义务。当然对保管所支出的必要费用也有要求出卖人补偿的权利。

当出卖人交付的标的物符合约定或法定的要求时，买受人拒收的，构成受领迟延，应承担受领迟延的责任。

（二）支付价款

1. 价款数额的确定。价款数额合同没有约定的，虽不影响合同的成立，但影响合同的履行，因而价款数额的确定对于买卖合同至为重要。按我国合同法，当价款数额无法由当事人的事后协议或交易习惯确定时，应按照订立合同时履行地的市场价格确定；依法由国家定价的，按照国家的定价确定（《合同法》第61、62、159条）。

2. 支付价款的时间、地点。当事人对此有约定的，依约定；没有约定或约定不明确的，依当事人事后的补充协议或者交易习惯；用前述方法仍无法确定的，买受人应当在出卖人的营业地支付，但如果当事人约定支付价款以交付标的物或交付提取标的物单证为条件的，则在交付标的物或者提取标的物单证的所在地进行支付，支付时间为收到标的物或者提取标的物单证的时间。

3. 支付方式。分现金支付和非现金支付。非现金支付的，应依其程序进行。在买卖合同的效力问题上，还有两点值得注意：

（1）以上仅为出卖人和买受人所负的主要义务，此外，出卖人和买受人还负有法律上依诚信原则确立的附随义务，如对于卖方，当事人约定或交易习惯要求出卖人交付提取标的物单证以外的有关单证和资料的，出卖人应当交付这些单证或资料；当合同未约定交付标的物的时间、地点的，出卖人在交货前应进行通知；当出卖人负有随时交付标的物之义务时，买受人可要求出卖人于交货时提前通知；买受人对瑕疵标的物拒收时或要求补正时应负保管义务；等等。

（2）出卖人和买受人在义务的履行上，仍适用法律有关双务合同的同时履行抗辩和不安抗辩的规定。

三、标的物的风险负担及利益承受

（一）标的物风险负担

1. 标的物风险的含义。标的物的风险有特定含义，指买卖合同订立后，标的物非由于双方当事人的故意或过失而发生的意外毁损、灭失的情况。这里的意外毁损、灭失，包括水灾、火灾、风灾、交通事故、地震、战争、偷盗等人所预料不到的事故或不可抗力所致的毁损或灭失。风险负担，指在标的物发生上述意外毁损或灭失时，由卖主还是由买主承担的问题，即标的物的风险由谁承担的问题。详言之，如果风险由卖方承担，标的物灭失时，卖方并不因此而免除交付的义务，其仍负有交付与合同规定相符的货物的义务（在标的物为种类物时）或被按履行不能处理（在特定物买卖时）；如果风险由买方承担，则即使标的物发生毁损或灭失，买方仍有义务按合同规定支付价金，即便其未收到货或收到毁损之货，也不能要求卖方重新交付或作出损害赔偿。

2. 标的物风险负担的分配。标的物风险在订立合同前，无疑由卖方承担。合同订立后清偿前，其风险应由谁承担的问题，实则是标的物的风险何时由卖方转移至买方手中的问题，即风险负担的移转问题。因此标的物风险负担的分配与移转同义。

风险移转的根本问题在于风险移转的时间，这一时间是划分卖方责任与买方责任的根本依据。

各国或地区法律关于风险移转时间的规定，一般是任意性的，当事人可以自行约定风险移转的具体时间。有此约定的，按此约定执行；无约定的，按法律的规定执行。各国或地区的法律规定大体采两种做法：①风险负担随所有权移转而移转。此以法国、英国及我国香港地区为代表。②风险负担随标的物的交付而移转，但是标的物的迟延交付是由一方的过错所致时，风险负担则由有过错的一方承担。此以《德国民法典》、《美国统一商法典》、《联合国国际货物销售合同公约》、我国《合同法》为代表。

立法例上的不一致，折射出学说上对该问题的分歧，从实际情况来看，似乎更多的人赞同第二种立法例，其理由是：①风险负担随所有权移转而移转，这是仅从静态角度观察所有权，而在商品经济社会中，物处在高速的流通中，拥有所有权者并不一定实际占有物；②从有利于保护货物免遭损害的角度看，货物在谁手中，谁就更容易保护货物，谁也就同时应承担风险，货物移转占有，货物风险也应随之移转。让虽享有所有权但不占有标的物者承担风险，有失公平，也不尽合理。

虽然赞同第二种立法例的学者认为，第二种立法例代表了一种立法趋势，但本书不敢与之苟同，仍认为第一种立法例更为合理（至于所有权移转是采合同成立时合理还是采标的物交付时合理，则是另一问题）。理由有：①解决风险负担问题应从买卖合同的本质上入手。从实质上看，风险负担问题解决的是出卖人在丧失或毁损标的物的情况下，是否仍有权要求买受人支付对价——价金。买卖合同作为双务有偿合同，其有两个对价——移转所有权与支付价金具有极强的关联性。因此，只要出卖人没有履行移转所有权的义务，就最终不应获得对价——价金。②第二种立法例及学说的主要理由是风险控制能力决定风险的移转，本书认为此观点亦不充分。前已述及标的物的风险有其特定含义，仅指标的物的意外毁损、灭失的情况，其实质在于买卖双方对该风险的原因事实无法控制或因无法预料而无法控制。换言之，对该风险的产生当事人双方均无过错。若任何一方因能控制该风险之原因事实而没有采取措施控制从而致标的物毁损、灭失（即对风险的产生当事人有过错），则超出了风险负担的范畴，另属违约责任或侵权的问题。

尽管立法上对风险负担实行不同的分配原则，但从法理而言，两者应有一共同点：风险负担的承担不影响违约责任的承担（包括标的物毁损、灭失致给付不能的责任）（《合同法》第149条）。因为两者是不同的概念，解决的是不同的问题，它们是否同时产生或成立，应分别依各自的成立条件而为判断。

（二）利益承受

利益承受，指标的物于买卖合同订立后所生的孳息的归属。一般而言，利益承受与标的物风险负担的移转相连，与之实行相同的分配原则：除当事人另有约定外，标的物风险移转前所生孳息归出卖人所有；风险移转后，所生孳息归买受人所有（我国《合同法》第163条，《德国民法典》第446条）。

第三节　特种买卖

一、买回

（一）买回的含义及买回权的性质

在实际生活中会发生这种情况：当事人在买卖合同成立时又约定出卖人将来可再买回标的物。这种买卖称附买回条款的买卖。在该买卖中，与一般买卖合同成立生效后一样，买卖双方须各自履行自己的义务，以实现合同目的。但与一般买卖所不同的是，合同履行后，出卖人一旦行使买回权，则使买受人负有交回标的物的义务，出卖人可再度获得标的物所有权。这种买卖在实际生活中虽并不常见，但它具有虽有限却十分明显的积极作用：既可解决出卖人手头拮据的燃眉之急，又可使出卖人最终不丧失标的物所有权。

出卖人行使买回权，产生何种效果？这关系到买回的含义，大致说来有三种立法例，代表着三种学说：①债权说。该说认为当事人于买卖契约同时或其后另行约定为出卖人保留买回权的，成立两个契约：第一个称原契约，第二个是与原买卖契约同时或于其后成立的，以买回权的行使为停止条件的再买卖契约。所谓买回，即指该再买卖契约，而非原买卖契约。此为《德国民法典》、《瑞士债务法》所采。②解除条件说。该说认为附买回权的买卖，只有一个买卖契约，但附有解除条件——出卖人行使买回权，解除条件成就，买卖契约失效。在此学说下，所谓买回，即指买回权的行使。此说为法国民法所采。③解除权保留说。该说认为买回权是为出卖人保留的解除买卖契约的权利。所谓买回，亦指买回权的行使——买卖契约履行后的解除。此说为日本民法所采（《日本民法》第579条）。

以上三种学说，后两种无太大差别，买回权的行使均导致买卖契约丧失效力而非使另一契约生效。区别债权说与后两种学说的意义在于：债权说认为，买回为一种再买卖契约，当事人可以约定再买回时的价款；而后两种学说视买回为买卖合同的解除，当事人自然不能对买回的价款另作约定，而只能是发生双方的返还。本书采债权说，以下论述亦仅从债权说角度进行。

（二）买回的特征及成立、生效

1. 买回的特征。

（1）买回买卖的标的物与原买卖的标的物同一。

（2）买回买卖的当事人与原买卖的当事人相同，但角色互换。值得注意的是：在买回权的有效期限内若原出卖人和买受人死亡的，买回买卖的当事人可分别由其继承人充任。

（3）必须是在原买卖合同中或其后约定为出卖人保留买回权，若买卖合同履行后，出卖人又从买受人手中买回原标的物的，则为两个无关联的分别买卖，不为买回。

2. 买回的成立、生效。买回买卖的成立以为出卖人保留买回权约定出现时为准。该约定若作为原买卖合同条款的，则与原买卖合同同时成立，若于原买卖合同成立后另为约定的，以该约定达成时成立。

买回是以买回权的行使为停止条件的再买卖契约，以买回权的行使为合同生效要件。

（1）买回权行使的主体，为出卖人或其继承人或者买回权的受让人。

（2）买回权行使的方式，须以明示方式向买受人或其继承人为之。

（3）买回权行使的时间，为稳定买卖关系，各国法律均对买回权的行使作出了时间限制：当事人对该期限有约定的，遵从其约定，无约定的，遵从法定时间。法定时间各国一般规定为5年，从买卖合同成立之日起计算。买回权人必须在约定或规定的期限内行使买回权，才可使买回合同生效；超过期限不行使的，买回合同不生效。

（三）买回的效力

买回生效后，即在买回人与买受人间产生一定的权利义务关系。

1. 买回人的义务。买回人的主要义务有：①支付价金即对价，当事人间另有约定的，从其约定；没有约定的，支付与原契约同额之价金。②对于买卖契约价金之利息，与原买受人就标的物所得利益相互抵销，当事人另有约定的除外。③原买卖之费用由原买受人支付的，买回人负返还义务，而买回之费用，则由买回人负担；当事人间有特约的，从其特约。④买卖契约之买受人，为改良标的物所支出的费用及其他有益费用而增加标的物价值后，于现存利益限度内，买回人负偿还义务。

2. 买受人的义务。买受人的义务是返还原标的物及其从物；当买受人因可归责于自己的事由不能返还标的物或标的物明显有变更的，买受人应赔偿因此所生损害。买回权为形成权或债权，无对抗第三人的效力，当买回权人行使买回权时，标的物所有权已为第三人享有的，无权要求第三人返还，仅能要求买受人承担履行不能的赔偿责任。

二、试验买卖

（一）试验买卖的含义及特征

试验买卖是指当事人双方约定试验或检验标的物，以买受人认可标的物为停止条件的买卖，亦称为试用买卖。试验买卖为买卖的一种，但它因具有以下一般买卖所不具有的特性而被认为是特种买卖：

1. 买受人有试验或检验标的物的权利。试验买卖成立后，出卖人有交付标的物于买受人，由其试验或检验的义务。这项义务是试验买卖的出卖人所负有的不同于一般买卖的一项义务。此种交付是买受人作出是否认可标的物之表示的先决条件，非为移转所有权的交付。因而标的物虽已交付，但其所有权并不移转，其风险负担，在采交付主义之立法例，大多解释为亦随之移转，但亦有极少之立法规定为不移转，仍归出卖人负担的（《瑞士债务法》第185条第3款）。

出卖人不履行交付标的物供买受人试验或检验义务的，买受人可诉请强制履行或解除契约。

2. 试验买卖是以买受人认可标的物为生效条件的买卖。试验买卖合同经当事人双方意思表示一致而成立，但该买卖合同于买受人认可标的物时才生效。若买受人对标的物经试验不认可，则买卖合同不发生效力。

试验买卖是一个附停止条件的买卖。试验买卖经双方当事人意思表示一致而成立后，出卖人将标的物交买受人试验，买受人试验后予以认可的，则该买卖合同生效；不予认可的，则不发生效力。它不同于以买受人对标的物的认可为解除条件的买卖。买受人对标的物是否认可，完全取决于自己的意志，不受任何条件的限制，否则不为试验买卖。例如，约定买受人惟于标的物有瑕疵时，始得拒绝承认，则不为试验买卖。当买受人对标的物不予认可时，无须作出解释；如果作出解释，其理由虽不确实或与标的物无关，亦无妨碍。

（二）买受人对标的物的认可或拒绝

由于试验买卖是否生效，完全取决于买受人是否认可标的物，在买受人认可标的物之前，出卖人不仅有允许买受人检验标的物之义务，而且一直须受该合同之约束。为了平衡双方当事人的利益，在买受人对标的物进行检验后，亦应要求其即时表示认可与否的意思。由于意思表示不可强制，因而亦应对买受人不及时作出认可与否的表示作出处理，于是产生了认可或拒绝的拟制。

1. 认可或拒绝。买受人对标的物应明确表示认可或不认可。该表示既可用口头方式，亦可用书面方式。其作出表示的时间，一般应在约定或认可的习惯所确定的时期或在出卖人的催告期内作出。但亦不妨在约定的表示期间开始前作出或在试用前作出。

2. 认可或拒绝的拟制。大陆法系国家大多出于稳定社会经济关系的目的规定了以下几种视为认可或拒绝的情形：

（1）拟制认可的情形主要包括：①标的物已因试验而交付于买受人的，买受人若无承认的意思，就应当把标的物交还或是在应为承认的期限内为拒绝的表示；如果买受人不把标的物交还或者不于约定期限以及出卖人所定的相当期限内表示拒绝，即视为认可或承认。②已付价金或为试验外的行为。已付价金，既可为已付全部价金，也可是已给付部分价金。为试验外的行为，如将标的物抵押、出卖等。已付价金或为试验外的行为，都是有承认的意思，因而在法律上亦视为承认。

（2）拟制拒绝的情形。标的物已经试验，未交付于买受人的，如果双方约定有表示的时期而买受人于此期限内未为承认的表示的，视为拒绝；虽然未约定表示承认的期限，但出卖人催告买受人于相当时期内作出表示，而买受人于其期限内未为承认的表示的，亦视为拒绝。

买受人对标的物认可或视为认可的，合同即生效；拒绝或视为拒绝的，合同不发生效力，买受人应退回标的物及其孳息，但买受人对于标的物的试用不负给付报酬的义务。

三、样品买卖

（一）样品买卖的含义及特征

样品买卖指的是出卖人交付的货物必须与样品具有同一品质的买卖。

样品买卖并非附条件的买卖，当事人双方一经意思表示一致，合同即成立生效。其之所以为特种买卖，仅因为它具有一个不同于一般买卖的特性：标的物的品质以当事人约定的样品为准。而在一般买卖只以某类物通常的品质为准，虽然有时当事人也可就标的物的品质进行约定，但一般是抽象地进行表述，而非以现物作为品质的标准。换言之，样品买卖与一般买卖唯一的区别在于出卖人所负的物之瑕疵担保责任的成立要件之一的物之瑕疵的标准不同，在样品买卖中，出卖人承担着加重的瑕疵担保责任。

（二）样品买卖的确认

在样品买卖中，出卖人承担加重的瑕疵担保责任，因而买卖是否为样品买卖，于双方当事人的利益关系甚巨。在此有两个问题值得注意：①样品买卖的成立要件；②样品买卖的举证责任。

1. 样品买卖的成立要件主要包括：①须有样品之存在。样品既可是从现货中选出的，也可是当事人特意制造的，只要买卖合同订立时样品已现实存在即具备了成立样品买卖的条件之一，而不论出卖人须交付的货物是否已于此时存在。②样品于合同订立时已存在。③须于买卖合同订立时当事人双方明示为样品买卖。此为样品买卖成立的关键性要件。欲订立样品买卖合同的，必须在合同中将此意思明确地表示，如"按样品买卖"或"以样品确定标的物的品质"等。如果仅提供样品，则不构成样品买卖。例如，出卖人先向买受人提供样品，而后双方订立买卖合同而未表明为样品买卖的或者当事人在订立合同后，出卖人于履行前向买受人提供样品的，均不构成样品买卖。④当事人一方于缔约时（前）提供样品。

当事人在买卖合同中表明为样品买卖的同时，就样品的某些品质加以排除或者附加一些样品所不具备的品质的，该买卖仍不妨为样品买卖。

2. 样品买卖的举证责任。在样品买卖中，举证责任对象有两个：①对是否为样品买卖的举证，这一般发生在当事人对买卖是否为样品买卖产生争议时；②对当事人的给付是否符合样品的举证责任，这发生在当事人对给付是否符合样品有不同意见时。不论是哪一种情形下的举证，仍实行"谁主张，谁举证"的原则。申言之：①买受人请求符合样品的给付的，应证明样品买卖的成立；如作出瑕疵担保请求，则应进一步证明出卖人之给付不符合样品。②买受人以标的物与样品不符而拒绝受领标的物时，出卖人应证明标的物的品质与样品相符，否则应负迟延履行的责任。

四、分期付款买卖

(一) 分期付款买卖的含义及特征

分期付款买卖，是指当事人约定买受人在一定期限内分批支付价金的买卖。这种买卖与普通买卖不同只在支付价金方法这一点，其余无什么区别：在普通买卖中，买受人须一次性支付价金，而分期付款买卖，买受人可分两次以上付清总价款。该两次以上的给付不要求均集中在受领标的物之后为之，但标的物交付之后的价款支付必须在两期以上（当然该买受人也可一次性支付）。

(二) 分期付款买卖中的特别条款

分期付款买卖是一种有利于买受人的买卖，它为买受人在经济窘迫之情形下仍能取得所需之物，以满足实际之需要提供了可能，不失为促进商品流通及消费的一种好方法。但是分期付款买卖如此的积极作用是以出卖人牺牲同时履行抗辩权、冒着可能收不到价款的风险为代价的。出于维护自己利益的本能，出卖人往往不会坐视风险的发生，它会凭借自己在经济上的优势，于合同中约定有利于自己的条款。法律对于这种情形，如果任其绝对自由，订立许多苛刻条款，势必损害买受人的利益，有失公允，所以各国法律为保护经济上的弱者起见，一般对此都特别设立了限制规定。

实际生活中，常见的出卖人为维护自己的利益而作出的特别约款有以下几种：

1. 剥夺期限利益的特约。分期付款买卖之订立，往往是因为买受人经济上窘迫，该合同订立后可能出现买受人筹款困难而不能按约定期限支付价款的情况。出卖人为防止此种情形的发生，多与买受人约定，如果迟延支付价金（一次），即得请求支付全部价金或解除合同。这种约定即是丧失期限利益的约款。为保护买受人的利益，多数国家的民法都设有如下限制性规定：①须买受人已两期未支付价款；②须是连续两期未支付价款；③须未支付之价款已达总价款之一定比例。此种限制性规定为强行规定，违反此规定之约定，其超过部分无效，缩减至法定范围内，但是于买受人有利之约定，则不妨碍其有效。

2. 扣留受领价金的特约。分期付款买卖中，出卖人因考虑到买受人不能按期付款而将合同解除，常常于订立买卖合同的当时与买受人约定，如果解除合同，可把其所受领的价金扣留下来。这种约定，我国台湾地区称为"失权约款"。法律对于这种约款，若不加限制，势必使买受人遭受重大损失，所以特别加以限制：出卖人扣留的数额不得超过标的物使用的代价及标的物受其损害时的赔偿额（《瑞士债务法》第 227 条第 2、3 项，《德国分期付款买卖法》第 1 条第

1 项、第 2 条第 2 款）。

3. 所有权保留的特约。分期付款买卖的出卖人为了保护自己的利益，有时亦采取保留所有权的方法。如约定所有权自买受人支付全部价款后才移转归买受人，或者在买受人支付若干期价款或支付的价款金额已达总价款的若干时才移转。但因分期付款买卖并非就是保留所有权的买卖，所以当事人对所有权的移转有特别约定的，应以书面形式明确表示；当事人无特别约定的，标的物所有权仍自交付时起移转给买受人。

五、拍卖

（一）拍卖的含义及特征

拍卖是指在规定的时间、地点，按照一定的章程和规则，公开叫价，把拍卖物卖给出价最高的应买者的一种买卖方式。其中出卖者称拍卖人，买方称应买者，对所有的应买者统称竞买人。拍卖是一种竞争缔约方式，具有不同于普通买卖的一些特点：

1. 拍卖不是由买卖双方直接协议进行的，而是由经营拍卖业务的专门组织按照一定的规章和程序进行的，而且通常设有专门的拍卖场所，即拍卖行。拍卖一般都在拍卖行进行。真正的卖主和拍卖组织是一种行纪关系。而普通的买卖，通常都是买卖双方直接协议进行的，因而有前述一般的要约承诺的订约过程。

2. 拍卖具有成交时间短，交易量大的特点，且拍卖价格的高低取决于当场竞买者竞争的程度以及拍卖物的品质。在拍卖中，拍卖物只能卖给出价最高者，而普通的买卖除即时清结者外，大都时间较长，尤其国际性的货物买卖更是如此，且价格可由双方约定。

3. 拍卖物须事先展示供竞买者验看，而普通买卖中买者通常无须事先验看，但买者收货后仍享有验货的权利。

（二）拍卖的类型

1. 公开拍卖与封闭拍卖。这是以拍卖中报价方式的不同所作的划分。公开拍卖是在特定场所内由竞买人以公开报价的方式进行的拍卖；封闭拍卖是由竞买人将出价以密封标单的方式报与拍卖人的拍卖方式。封闭拍卖的报价方式与投标相同，因此也称为招标式拍卖。

2. 委托拍卖与自己拍卖。这是以拍卖人与出卖人的关系所作的划分。委托拍卖是指出卖人委托拍卖人进行的拍卖。在我国，受委托进行拍卖的拍卖人只能是依法设立的从事拍卖业务的企业法人（《拍卖法》第 10 条）。在委托拍卖中，委托人与拍卖人之间是一种行纪关系（间接代理关系）。自己拍卖是指出卖人自己为拍卖人的拍卖。

3. 增价拍卖与减价拍卖。增价拍卖，是指拍卖人对欲拍卖的物品设定一个最低价，然后由低向高叫价，直至无人再应价，便把物品售给最后一个应价者的拍卖，其又称英式累进拍卖。减价拍卖，是指拍卖人先喊出最高价，然后由高到低逐步自动降价，直到有人最先应价，即拍板成交，物品售给出价最高的应买人的一种拍卖。其亦称荷兰式拍卖。

4. 有底价拍卖与无底价拍卖。这是以拍卖是否设有底价为标准所进行的划分。所谓拍卖底价，是指拍卖物品在拍卖中应达到的最低价格基数，即卖方认可转让的最低价格。拍卖设有底价的，称有底价拍卖，没有设定底价的，称无底价拍卖。

5. 强制拍卖与任意拍卖。这是以拍卖发生原因的不同为标准所作的划分。强制拍卖是指国家机关依照法律的强制执行规定将已查封的标的物进行公开竞争出价，最后卖给出价最高的应买人的一种拍卖；任意拍卖是指物品的所有人按照自己的意愿决定进行的拍卖。

（三）拍卖的成立

拍卖的成立通常要经过三个阶段：拍卖人的拍卖表示，应买人的应买表示及拍卖人的卖定表示。

1. 拍卖人的拍卖表示。这是指拍卖人发出的对财物进行拍卖的意思表示。它通常以拍卖公告的形式出现。拍卖公告应当包括拍卖物情况、预定最高价或最低价等内容。拍卖表示在性质上一般属要约引诱，其作用在于引起竞买人的竞买，拍卖人不受该意思表示的拘束。拍卖人对于竞买人的最高出价认为未达到底价时也可以不拍定而停止拍卖，撤回拍卖的标的物。但是，大多数国家的法律规定，无底价的拍卖，拍卖人对于竞买人的最高出价必须拍定。也就是说，在无底价的拍卖，拍卖人必须受其拍卖意思表示的约束，因而在此情形下，拍卖意思表示属于要约而非要约引诱。

2. 应买人的应买表示。应买表示是指参加竞买者发出的购买的意思表示。它以各应买人争相出高价以求买受拍卖物的形式出现。一般情形下，应买的表示在性质上属要约。这项要约，于已有出价更高的应买或是经过撤回拍卖物时即失其拘束力。而在无底价之拍卖，拍卖的表示属要约，竞争人的应价即为承诺。竞争人一经应价，买卖合同即应成立，但以无其他竞买人的更高应价为生效条件：无其他竞争人的更高应价时条件成就，合同生效；有其他竞买人的更高应价时，条件不成就，合同不产生效力。按我国拍卖法的规定，拍卖一般为有底价之拍卖，如果拍卖人欲进行无底价拍卖的，则拍卖师应当在拍卖前予以说明（《拍卖法》第50条）。

大多数国家规定，拍卖人不得参与竞买，也不得委托他人参与竞买，否则无效。因为拍卖人与其经营的拍卖关系密切，如果允许自己应买或是令他人为其应买，势必发生操纵竞争的流弊。但是拍卖人的竞买若经委托人和其他竞买人同意，则为有效。

3. 拍卖人的卖定表示。卖定表示，指拍卖人于各应买人为应买的表示后，把拍卖物拍归出价最高的应买人而使其成立买卖合同。它一般以拍卖师落槌或其他公开表示卖定的形式出现。卖定，一般属承诺。拍卖人作出的卖定表示，使合同成立。如果拍卖人对于竞买人所出的最高应价还认为不足者，也可以不为卖定的表示，而把拍卖物撤回。

（四）拍卖的效力

在委托拍卖中，委托人、拍卖人及买受人之间发生如下权利义务关系：

1. 拍卖人与买受人间的权利义务。

（1）拍卖人担保自己正当行使拍卖权。

（2）拍卖人应向买受人交付标的物。如果约定由委托人移交占有的，则买受人应请求委托人移交占有。拍卖人不履行此义务的应承担违约责任。

（3）拍卖人对买受人负瑕疵担保责任。此瑕疵担保责任包括权利瑕疵担保责任和物之瑕疵担保责任。但是拍卖人于拍卖时向竞买人说明标的物的瑕疵的，或者拍卖人、委托人在拍卖前已经表示不能保证拍卖标的真伪或者品质的，则不承担瑕疵担保责任。

（4）买受人支付价金的义务。买受人应当向拍卖人支付价金，买受人不得在未告知拍卖人的情况下直接向货主支付价金。

拍卖人的交付标的物的义务与买受人的支付价金的义务，实行同时履行抗辩，当事人另有约定的除外。

买受人不按时支付价金的，拍卖人可不经催告而解除合同，再行拍卖。其再行拍卖所得的利益，如果少于原拍卖的价金及其费用，由原买受人负赔偿差额的责任。

2. 委托人与拍卖人间的权利义务。

（1）委托人向拍卖人支付手续费的义务及拍卖人移交价金的义务。在委托人履行此义务前，拍卖人有权对拍卖收入行使留置权。

（2）在拍卖人对买受人承担瑕疵担保责任的情况下，拍卖人对委托人享有追偿权。

第四节　互易合同

一、互易合同的概念和特征

互易合同是指当事人双方约定互相移转金钱以外的财产权的合同。互易合同的双方当事人均称为互易人。

互易合同具有如下特征：

1. 互易合同为诺成性合同。互易合同只要有当事人的合意即可成立而不需要给付一定的财物或金钱，因而为诺成性合同。

2. 互易合同为不要式合同。

3. 互易合同为双务合同。

二、互易的种类

关于互易的种类，法律并未作出规定，学者的见解亦不一致。比较合理的分类是：一般互易与补足价金的互易；一般互易又有单纯互易与价值互易之分。

1. 一般互易，是指当事人双方约定互相交付给对方财产并移转财产权。单纯互易则指当事人双方并不考虑对方给付的标的物的价值的一种互易。有人认为此种互易类似于两个赠与，只是此两个赠与互为前提或条件。价值互易则指当事人双方以标的物的价值为标准，互相交换财产并移转财产权的一种互易。这种互易特点在于当事人双方以两个价值相同的物进行交换。有人认为此种互易类似于两个买卖，其价款相互抵销。其实它不同于价款相互抵销的非以货换货的两个独立的买卖，也不同于代物清偿价金的买卖。

2. 补足金的互易，指的是当事人约定一方向另一方移转金钱以外的财产权，而另一方除移转金钱以外的财产权外还应一并支付一定的金钱，以补足互换的两物的差价的互易。它不同于买受人向出卖人支付价款，但可以给付一定的实物作价的买卖。

三、互易的效力

关于互易的效力，各国法律一般规定除价金外准用买卖的规定，因而其效力内容如下：

1. 互易人互负移转财产给对方的义务，同时因其为双务合同，有关同时履行抗辩、危险移转、利益承受的规定或理论亦适用于互易。

2. 互易人对交付的财物互负瑕疵担保责任。

3. 在补足金的互易中，补足金之部分准用买卖价金的规定，其履行期及履行场所，如无反对的意思表示，应解释为与交付财物为同一；就瑕疵可请求减少价金时，应先从补足金中减少。

■ **思考题**

1. 什么是买卖合同？其特征是什么？其要素是什么？

2. 买卖合同有哪些种类？

3. 出卖人负有什么义务？

4. 买受人负有什么义务？

5. 如何理解标的物的风险承担及利益承受？

6. 什么是买回合同？其特征是什么？它具有什么性质？

7. 简述买回合同的成立与生效。

8. 简述实验合同的含义与特征。

9. 样品买卖的含义与特征是什么？

10. 试述分期付款买卖合同。

11. 试述拍卖的含义、特征、类型。

12. 试述拍卖的成立与生效。

13. 怎样理解互易合同？它有哪些种类？其效力包括哪些内容？

14. 比较买卖合同与互易合同。

■ **参考资料**

1. ［美］A. L. 科宾：《科宾论合同》下，王卫国等译，中国大百科全书出版社 1998 年版。

2. 郭明瑞、王佚：《合同法新论·分则》，中国政法大学出版社 1997 年版。

3. 王军编著：《美国合同法判例选评》，中国政法大学出版社 1995 年版。

4. 王军编著：《美国合同法》，中国政法大学出版社 1996 年版。

5. 何保玉：《英国合同法》，中国政法大学出版社 1999 年版。

6. ［英］P. S. 阿狄亚：《合同法导论》，赵旭东、何帅领、邓晓霞译，法律出版社 2002 年版。

7. ［英］约翰·史密斯爵士：《合同法》，张昕译，法律出版社 2004 年版。

8. 何美欢：《香港合同法》（上、下），北京大学出版社 1995 年版。

9. 杨桢：《英美契约法论》，北京大学出版社 1997 年版。

10. 汤树梅、应苏萍：《香港货物买卖法》，河南人民出版社 1997 年版。

11. 郑玉波主编：《民法债编论文选辑》（下），五南图书出版公司 1984 年版。

12. 欧阳经宇：《民法债编各论》，汉林出版社 1978 年版。

13. 孙礼海、赵杰主编：《拍卖法全书》，中国商业出版社 1997 年版。

14. 来奇主编：《买卖合同》，中国民主法制出版社 2003 年版。

15. 杨良宜：《国际货物买卖》，中国政法大学出版社 1999 年版。

■ **案例分析**

刘剑宇与张铁柱互易合同纠纷案[1]

2000 年 11 月 13 日，刘剑宇与张铁柱口头协商互易车辆。刘剑宇将自己的一辆车牌号为豫 Q31000 的 2000 型桑塔纳轿车（旧），作价 80 000 元卖给张铁柱。张铁柱将自己的一辆车牌号为豫 Q31658 的普通桑塔纳轿车（旧），作价 50 000 元卖给刘剑宇。两车价格相抵，价差为 30 000 元。当日，双方分别按车辆作价价格，给对方出具收款收据一张。张铁柱付现金 5500 元，另向刘剑宇出具欠条两张，分别记载欠款 20 000 元和 4500 元。2000 年 12 月 19 日，双方到车辆交易管理部门办理了过户手续。刘剑宇在办理过户手续时，未缴纳 2000 型桑塔纳轿车购置附加费（税）。2001 年，刘剑宇的岳父邵玉山以张铁柱出具的上述两张欠条，向上蔡县人民法院起诉。上蔡县人民法院以该 24 500 元是刘剑宇与张铁柱之间的债权债务为由，认定邵玉山与张铁柱之间不存在民事权利义务关系，裁定驳回邵玉山的起诉。此后，刘剑宇以张铁柱为被告向上蔡县人民法院提起诉讼。

问：本案的裁判，应该注意哪些法律规则？

---

[1]　案例来源，河南省驻马店市上蔡县人民法院（2002）上经初字第 160 号民事判决书，河南省驻马店市中级人民法院（2003）驻民一终字第 22 号民事判决书，转引自朱晓娟编著：《典型合同改判案例精析》，中国法制出版社 2005 年版，第 21～28 页。

第十一章　供用电、水、气、热力合同

■ 学习目的和要求

　　在现代生活中，供用电、水、气、热力合同密切地与我们每一个人的基本生活需求相关。通过本章的学习，掌握供用电、水、气、热力合同的概念、特征，认识其特殊效力。尤其要牢记供电合同的基本特征。

　　供用电、水、气、热力合同属持续性或继续性供货合同，在传统民法上归入买卖合同之列，属一种特殊的买卖。现今该类合同有独立成为一种有名合同的趋势，如《合同法》将它们作为独立于买卖合同的另一类合同。本章限于篇幅，拟阐述两个问题：①这类合同共有的属性，这以概述形式出现；②这类合同的具体内容，此以供用电合同为代表，供用水、气、热力合同准用之。

第一节　供用电、水、气、热力合同概述

　　供用电、水、气、热力合同之所以成为一类独立的有名合同，是因为它们具有不同于普通买卖合同的多种特殊性。其特殊性不仅表现在其标的物上，还表现在其效力及合同的终止上。

一、供用电、水、气、热力合同的特征

　　供用电、水、气、热力合同，作为持续性供货合同，具有以下特征：

　　1. 债务总量的不确定性，甚至每一次的债务量也不确定。在该类合同中，需用人的需要是随时间的经过而不断产生和变化的，因而债务总量及每次的供给量不好在合同中确定，给付量只好取决于时间的经过。

　　2. 债务履行的持续性。所谓债务履行的持续性是指在该类合同中，供货人按合同连续地供货给需用人，需用人连续地就每一次供货支付价款，债务不能一次性清偿完毕。这是持续性合同区别于普通买卖的重要特性，它使得持续性供货合同既不同于一次性交货而买受人分批付款的买卖，也不同于一次性支付价款而

出卖人分批供货的买卖。

3. 标的物的特殊性。电、水、气、热力是生产和人们日常生活的必需品，我国对电、水、气、热力等物资实行垄断经营，供用电、水、气、热力合同属附意合同，但对其价格国家实行严格的控制。供用电、水、气、热力合同，其标的物的特殊性派生出另一个不同于普通买卖的特征：标的物的供给需要特定的设施，通过这些设施，电、水、气、热力才能传送到用户家里，满足其需要。该类合同的这一特性产生出谁负有维护该设施的义务和责任，及因该设施之原因供货人无法履行供货义务时违约责任的有无问题。

4. 合同目的的公用性和公益性。由于供用电、水、气、热力合同标的物的特殊性，其关乎国民经济发展和人民群众生产生活。我国对电、水、气、热力等物资实行垄断经营，由国家对电、水、气、热力进行供应，满足自然人、法人和非法人组织等用电人的需求，使供用电、水、气、热力合同带有公用性。并且供用企业并非纯粹以营利为目的，而是以公共利益为其目的和归依，因而带有公益性。

二、供用电、水、气、热力合同的特殊效力

供用电、水、气、热力合同中的供给方负有先行给付的义务，所以无同时履行抗辩权；当负有先行给付义务的供给方给付后，如果需用方迟延给付价金时，供货方有权拒绝次期给付并要求偿还已给付的价金。

三、供用电、水、气、热力合同的变更和终止

供用电、水、气、热力合同的当事人在合同履行中可变更或终止合同。用户一方需增加供应量或供给方需减少供应量时均应征得对方的同意，对方如无正当理由应当同意（《电力供应与使用条例》第23条）。任何一方未经对方同意而擅自变更供应量或需求量的，应当赔偿因此而给对方造成的损失。

供用电、水、气、热力合同的供应者给付后，用户不按约定时间给付价金，经催告在一定期限内仍不履行的，供应者享有中止履行合同义务的权利；当对方履行了给付价金的义务后，有继续供应的义务。有学者认为，此时供应者享有的是终约权，本人认为是不对的，这不利于对用户利益的保护，同时从该类合同标的物对于生产生活的重要性及传送该类标的物的设施的已就性等方面考虑，赋予供应者以中止权更为恰当[1]。只有在极特殊的情况下，法律才应赋予当事人享有终约权。

---

〔1〕　我国《合同法》第182条规定，用电人应当按国家有关规定和当事人的约定及时交付电费。用电人逾期不交付电费的，应当按照约定支付违约金。经催告用电人在合理期限内仍不交付电费和违约金的，供电人可以按照国家规定的程序中止供电。

第二节　供用电合同

一、供用电合同的含义及特征

供用电合同是指当事人一方向另一方提供电力，供其使用，另一方支付电费的合同。其中提供电力者，称供用人或供电方，使用电力者称用电人或用电方。

供用电合同除具有上述持续性合同的特性外，还具有其独有的特殊性：

1. 供用电合同的标的具有特殊性。供用电合同的标的物为电，电是一种无形物，无法大量储存，其生产、供应与消费具有同时性，因而在供用电合同中明确供用电的时间十分重要。

2. 供电方必须是经审查批准并领取了《供电营业许可证》的供电企业。由于电的特殊性及其对工农业生产和人们生活的重要性，目前我国对电实行垄断经营，将其作为公用事业来经营，因此，供电方必须是经审查批准被颁发了《供电营业许可证》的供电企业，且供电企业必须在批准的供电营业区内向用户供电，一个供电营业区只设立一个供电营业机构（该机构称供电局），其他任何单位和个人均不得与该营业区内的用户签订供用电合同，向其供电。若其他单位或个人电力有余，须转供电力的，必须取得该营业区的供电局的同意，方可向该营业区内的用户转供电力（《电力法》第25条，《电力供应与使用条例》第20条第2款）。

3. 供用电合同是强制缔约的合同。我国《电力法》第26条第1款规定："供电营业区内的供电营业机构，对本营业区内的用户有按照国家规定供电的义务；不得违反国家规定对其营业区内申请用电的单位和个人拒绝供电。"可见，供电局对于用户的要约必须承诺，无缔约自由，因而从供电方而言，供用电合同为强制缔约的合同。如此规定，是由电力经营的垄断性及电力对于生产、生活的重要性所决定的。

4. 供用电合同是一种计划合同。电力是发展国民经济的一种重要能源，为了贯彻国民经济持续、高速、稳定发展的方针、政策，在电力供需仍存在矛盾的情况下，我国对电力供应和使用仍实行计划管理原则，对电网运行实行统一调度、分级管理的制度，以期保证重点、择优供应、统筹安排、协调各地区经济的发展。为此，电力供应企业必须执行国家计划，在国家下达的电力分配方案的限度内与用户签订供电合同，不得突破指标，提供多余电力给用户。

二、供用电合同的种类

目前我国主要根据用电目的的不同，将供用电合同区分为三类：①生产性用电的供用电合同；②经营性用电的供用电合同；③生活性用电的供用电合同。其中生产性用电又有工业用电及农业用电之分，这种划分的主要目的在于电价的不同。当然还因用电方对电的质量要求和供应时间要求不同及合同的有效期不同（生产性用电的供用电合同，有效期由当事人在合同中确定；生活性用电的供用电合同一般为不定期的合同）。

三、供用电合同的订立

（一）供用电合同订立的程序

1. 用户向所在地供电局提出用电申请，若是生产性用电的，申请书应包括根据生产规模确定的需用电量、最高电力负荷、生产班次、用电高峰时间、节电措施等。

2. 供电企业接到用户的用电申请后，根据国家计划及用电方的需要和电网的供电能力，编制供电方案，下达用电指标。

3. 供用电双方根据该指标协商合同的具体内容（《全国供用电规则》第28条），达成合同。

（二）供用电合同的条款

根据《电力供应与使用条例》第33条之规定，供用电合同应当具备的条款有：供电方式、供电质量和供电时间；用电容量和用电地址、用电性质；计量方式和电价、电费结算方式；供用电设施维护责任的划分；合同的有效期限；违约责任；双方共同认为应当约定的其他条款。以下仅就部分条款进行阐述。

1. 供电方式。这是合同的必要条款。供电方式分为低压供电和高压供电及直配方式供电三种。用户用电设备容量在250千瓦或需用变压器容量在160千伏安及以下者，应以低压方式供电，特殊情况也可以高压方式供电；供电局对于距离发电厂较近的用户，可考虑以直配方式供电，但不得以发电厂的厂用电源或变电站（所）的站用电源对用户供电。

按国家标准，供电局供电额定电压为：①低压供电：单相为220伏，三相为380伏。②高压供电：为10千伏、35（63）千伏、110千伏、220千伏、330千伏、500千伏。③发电厂的直配电压可采用5千伏、6千伏。供电局对用户的供电电压，应从供用电的安全、经济出发，根据电网规划、用电性质、用电容量及当地供电条件等因素，与用户进行协调确定。

2. 供电质量。这是非合同必要条款。供电质量由供电电压稳定性和供电周率的偏差率及供电的可靠性三个指标组成。目前这三个指标未有国家标准，而只有水利电力部的部颁标准：

（1）供电电压，用户受电端的电压变动幅度，不超过：①35千伏及以上供电和对电压质量有特殊要求的用户为额定电压的±5%；②10千伏及以下高压供电和低压电力用户为额定电压的±7%；③低压照明用户为额定电压的+5%～

- 10%。

（2）供电周率，国家标准为交流50周/秒，允许偏差：①电网容量在300万千瓦及以上者，为±0.2周/秒；②电网容量在300万千瓦以下者，为±0.5周/秒。

（3）供电可靠性，其以每年停电的时间和次数来衡量。为了保证安全、经济供电，供电局对供电设施实行计划检修、校验和试验制度，但这些活动的进行需要停电，从而影响供电质量，为此，法律规定供电局对上述活动应统筹安排，需要对用户停电时，电压为36千伏以上每年一般不超过一次，10千伏每年一般不超过三次。

3. 供电时间。这是合同的必要条款。供电时间的确定对生产性用电十分重要，当事人应在合同中确定。供电时间的确定有利于供电局统筹安排，以避免形成用电高峰和用电低谷，造成断电和电能浪费。

4. 用电性质及电价。此为合同的必要条款。电价与用电性质密切相关，目前用电性质分为工业用电、农业用电、经营性用电及生活用电等。它们分别实行不同的电价，由国家严格控制，但也存在议价电。

5. 供用电设施维护责任的划分。此非合同之必要条款，按《全国供用电规则》第57条之规定，实行按产权分界点划分的原则，但仍有当事人协商的余地：①低压供电的，以供电接户线的最后支持物为分界点，支持物属供电局；②10千伏及以下高压供电的，以用户厂界外或配电室前的第一断路器或进线套管为分界点，第一断路器或进线套管的维护管理责任，由双方协商确定；③35千伏及以上高压供电的，以用户厂界外或用户变电站外第一基电杆为分界点，第一基电杆属供电局；④采用电缆供电的，本着便于维护管理的原则，由供电局与用户协商确定；⑤产权属于用户的线路，以分支点或以供电局变电所外第一基电杆为分界点，第一基电杆维护管理责任由双方协商确定。

6. 违约责任。违约责任条款可包括多个方面，如违反计划供用电责任条款、责任事故停电责任条款、违反供电质量的责任条款、违反安全供用电责任条款、违反按时供用电责任条款等。但值得注意的是违约责任条款并非合同的必要条款。

四、供用电合同当事人的权利义务及其违约责任

（一）供电方的义务及违约责任

1. 供电方负有按照合同约定或国家规定的数量、质量、时间、方式，连续地安全供电的义务。

（1）供电局未按计划指标向用户供电时，事后应补还少供的电力、电量，并支付违约金或赔偿金。

（2）属于供电局运行、操作责任事故造成用户停电时，供电局应按国家规定的标准进行赔偿。

（3）供电的电压超出前述规定的变动幅度或供电周率超出前述规定的允许偏差值时，供电方应按规定标准给予赔偿。

（4）供电方如因施工错误或由于供电方的责任导致高压供电线路断落连接到低压供电线路，造成用户用电设备烧毁时，应负责对该设备进行修复或根据实际情况给予合理赔偿。

2. 正当理由的限电、停电，负有事先通知用户或公告的义务。供电方在履行此义务时，应遵守法定的时间要求：

（1）因供电设施计划检修需要停电时，供电方应当提前7天通知用户或进行公告。

（2）因供电设施临时检修需要停止供电时，供电方应当提前24小时通知重要用户。

（3）因发电、供电系统发生故障需要停电、限电时，供电方应当按照事先确定的限电序位进行停电或者限电，引起停电或者限电的原因消除后，供电方应当尽快恢复供电。

供电方对履行了通知义务的正当的停电、限电行为所造成的用户方的损失不负赔偿责任；未通知用电户中断供电，造成用电人损失的，应当承担赔偿损失的责任。因自然灾害等原因断电，供电人应当及时抢修，未及时抢修，造成用电人损失的，应承担损害赔偿责任。

3. 指导监督用电方节约用电、安全用电的义务。

（二）用电方的义务及违约责任

1. 用户按照合同约定的数量、条件用电的义务。

（1）用户超计划指标用电时，供电局除扣还其超用电量外，其应向供电局支付违约金；如用户超指标用电，导致对其他用户限电、停电时，应按有关规定进行赔偿。

（2）由于用户的责任造成供电局对外停电，用户应按供电方对外少给电量的电价予以赔偿。但用户引起的事故，因供电局的责任而扩大停电范围的，用户不负事故扩大部分的赔偿责任。

2. 按时交纳电费的义务。用户逾期未交付电费的，供电方可从逾期之日起，每日按照电费总额的1‰~3‰加收违约金，自逾期之日起计算超过30日，经催交仍未交付电费的，供电方可以按照国家规定的程序停止供电（《电力供应与使用条例》第39条）。

3. 不得违章用电的义务。根据《电力供应与使用条例》第30条之规定，属于违章用电的行为有：擅自改变用电类别；擅自超过合同约定的容量用电；擅自超过计划分配的用电指标的；擅自使用已经在供电企业办理暂停使用手续的电力设备，或者擅自应用已经被供电企业查封的电力设备；擅自迁移、更动或者擅自操作供电企业的用电计量装置、电力负荷控制装置、供电设备以及约定由供电企业调度的用户受电设备；未经供电企业许可，擅自引入，供出电源或者将自备电源擅自并网。用户实施上述违章用电行为的，供电方可根据违章事实和造成的后果追缴电费，并按照国务院电力管理部门的规定加收电费和国家规定的其他费用；情节严重的，可以按照国家规定的程序停止供电（《电力供应与使用条例》第40条）。用户擅自改动供电设施的，应当恢复原状；造成供电方损失的，应当依法承担赔偿责任。

4. 不能按约用电时的通知义务。用户需要超负荷用电或者不能按照约定的时间用电的，应当事先通知供电方，无正当理由超负荷用电或者不能按照约定的时间用电的，应当承担违约责任。

（三）第三方的责任

供用电合同的违约责任仍实行过错归责原则，因而合同当事人双方对于不可归责于自己的事由造成的违约及对方的损失及其他用户的损失不承担赔偿责任，这是总的原则。但是在具体处理时，应根据不同情况区别对待：①因不可归责于任何人的事由造成当事人违约，而给对方带来损失的，即因不可抗力导致违约的，对违约后果应按公平原则，酌情处理。②因第三人的过错导致当事人违约的，如第三人故意或过失破坏供电局的设备设施造成用户经济损失的，由第三人承担赔偿责任，但是在用户维护管理的设备上，由第三人责任造成事故而引起其他用户的经济损失的，对设备负有维护管理义务的用户有向第三人交涉赔偿的义务。

五、供用电合同的变更和终止

（一）变更

在供用电合同的有效期内，当事人可变更合同，但应遵守下述规定：

1. 用户增加用电的，应向供电方办理增加用电申请手续，供电局接到申请后，为用户确定增加供电方案，供电方案确定后，按方案实施供电。该供电方案，高压电的有效期为1年，低压电的有效期为3个月，逾期注销，用户如有特殊情况，应及时与供电局协商延长。用户增加用电，应按照国家有关规定，向供电局交纳补贴费，以分担电力部门为适应用电增加而进行的输电、变电、配电工程建设或改造的部分费用。

2. 用户提出减少用电容量，供电方应无条件同意并予办理，但是供电局应根据用户所提的期限，保留原容量，保留期限最长不超过2年，超过保留期限要求恢复用电时，按新装、增容手续办理。

3. 用户可以向供电局申请，办理暂时停电。但是申请办理暂时停电的，全年不得超过 2 次，每次不得少于 15 天，累计不得超过 6 个月。

（二）终止

按照我国法律的有关规定，供用电合同因终约权的行使而终止的只有一种情况，即《全国供用电规则》第 20 条第 2 款的规定："用户连续 6 个月不用电，也不办理暂停用电手续者，供电局即予销户。再用电时，按新装办理。"在此，有必要提请注意的是，前述供电局在某些情况下所享有的停电权，并不是一种终约权，而是一种中止履行合同义务的权利，属于行使不安抗辩权之列。

■思考题

1. 什么是供用电、水、气、热力合同？当事人各有什么权利义务？
2. 供用电、水、气、热力合同的变更与终止，应该注意哪些问题？

■参考资料

1. 何志：《合同法分则判解研究与适用》，人民法院出版社 2002 年版。
2. 王利明主编：《中国民法典学者建议稿及立法理由：债法总则编·合同编》，法律出版社 2005 年版。

■案例分析

某城区，一个街区突然停电。不久，供电恢复。可是没有几分钟，再次停电。这种状况反复多次之后，一些居民家里的电器，如电冰箱、电视机及电脑等，被电流击坏。

问：供电公司应该承担什么责任？如何处理这种事件？

第十二章　赠与合同

■ **学习目的和要求**

通过本章的学习，掌握赠与合同的含义与特征、要素和种类，了解赠与合同的效力，理解赠与的撤销，赠与的履行拒绝，附负担的赠与，捐助，定期给付赠与和死因赠与。

第一节　赠与合同概述

一、赠与合同的含义及特征

赠与合同是当事人一方作出无偿地把财产所有权移转给他方的意思表示，因他方表示受领而成立的合同。该合同当事人中，出赠财产所有权的一方，称赠与人，接受赠与的一方，称受赠人。

按照我国合同法的规定，赠与合同具有以下特征：

1. 赠与合同为诺成合同和不要式合同。赠与合同是诺成合同还是实践合同；是要式合同还是不要式合同，各国之规定不尽相同。概而言之，有以下几种立法例：

（1）赠与合同为诺成合同，不要式合同，我国、日本属之。虽然按此立法例，不论赠与合同采取何种形式（口头、书面和公证形式）及是否交付赠与物，该合同一成立即生效，受赠人可请求履行赠与合同。但该种立法例又规定，在非依书面（日本规定）或者公证或者非出于救灾、扶贫等社会公益目的、道德义务（我国规定）而为的赠与，在赠与物交付之前，赠与人可任意撤销赠与合同。

（2）赠与合同为实践性合同，苏联和东欧采之。

（3）赠与合同为要式合同或要物合同。此处要物性合同概念不同于实践性合同概念（本处所言实践性合同是指其成立除意思表示一致之外，尚须交付一定实物或金钱的合同，而非某些学者所主张的，须交付实物或金钱才生效的合同。合同的成立要件和生效要件是两个不同的概念，有着不同的法律意义，不可混淆）。要物性合同是指那些成立后尚须交付实物或金钱才生效的合同。采此种立法例的国家有瑞士、法国、德国、美国。依据德国民法，在非现实赠与，该合同成立时，并不生效，其约定应有公证证书，才生效（要式性）；此一方式之欠缺，可由约定给付的提出而获得补正，即未经公证的赠与，如已给付者，亦生效力（要物性）。[1] 在美国，赠与为州法，各州法并不完全一致，长期以来，美国各法院一再说明赠与的要件，除了当事人、标的、意思表示均符合规定无瑕疵外，尚须有赠与财产的充分交付（要物性），而且大多数州法典也另外规定不动产和无体财产权之赠与，必须以书面为之，经见证并公证才生效力（要式性）。[2]

以上三种立法例表面上有着较大差异，实则它们有一个基本的共同点——充分考虑了赠与合同的无偿性这一基本特性，而作出了截然不同于有偿合同的处理或规定。也正是这个共同点使它们殊途同归，都体现了对于均衡的正义价值的追求或维护。所谓均衡的正义是法律追求的最高价值——正义的三种类型（社会的正义、分配的正义、均衡的正义）中的一种，是指基于严格平等之原理，即依照算术的比例，确定各个人之利益与不利益的应得份。它所关切的是人与人之间的义务，使人与人在交易中享有公平的合理对待。它又称为交易正义或契约正义。这种正义观念与民法最为有关。有偿行为，双方互负对价给付，符合交易公平、正义，法律自然乐观其成，而无偿行为不符合交易正义，亦不符合人性，然考虑到私法自治，法律乃允许人们从事，但因此类行为不符合人性，一方（义务人）容易后悔，亦容易出现错误、诈欺、胁迫等瑕疵，法律为避免纠纷产生，预防诉讼，应对此种行为之效力作某种程度之限制，使义务人若后悔，即可免除责任，从而维护私法自治之理念。前述三种立法例均通过不同手段实现了此目的。第一种立法例是通过赋予赠与人任意撤销权而达此目的，而第二种或第三种立法例则是通过规定特殊的成立要件或有效要件而达此目的。对于赠与合同的权利人而言，由于他或她就该种行为获利并未付出代价，属于不劳而获，在其未取得标的前剥夺其强制对方履行的权利，法律若如此这般规定清楚，则权利人无期待利益可言，从而获得相应的行为预期，也就不会影响他或她从事其他有益经济活动的动机或使其丧失一些机会，于其亦为公平。[3]

---

〔1〕　王泽鉴：《民法学说与判例研究（1）》，中国政法大学出版社1998年版，第435页。
〔2〕　谢哲胜："赠与合同的生效要件"，载《法学丛刊》第170期。
〔3〕　谢哲胜："赠与合同的生效要件"，载《法学丛刊》第170期。

由以上分析可知，上述三种立法例均堪称完美。但有学者认为（笔者亦赞同），三者相比，第三种似乎更为完美。因为第三种在维护了均衡正义和私法自治理念之同时，其成本最低。详言之，在第一种立法例，由于赠与合同无论采取何种形式及赠与物，是否交付均为有效，从而受赠人可请求履行或强制履行。虽在一定条件下，它赋予赠与人以撤销权，但当赠与人不知此规定而未行使，又未自觉履行交付赠与物义务时，受赠人即可能提起诉讼，诉之于法律。而在诉讼阶段，赠与人获知撤销权之规定而行使，则此种立法例不免产生使当事人为讼所累，亦增加法院的负担、浪费法院资源之弊端。而在第三种（实则也包括第二种）立法例则无此弊病。因为法律已明文规定除要式赠与外，赠与合同是没有效力的，受赠人无请求权可言，受赠人是否获得合同之利益，全借赠与人自动交付赠与物，因而无从徒增诉累。

2. 赠与合同为无偿合同。赠与合同中赠与人无对价地负有给付义务，是为无偿合同，虽然在附负担之赠与中，受赠人也为一种给付，但当事人并无视为对价关系的意思，因而其仍为无偿合同。

3. 赠与合同为单务合同。赠与合同的赠与人，对受赠人有移转财产所有权的义务，而受赠人却无对应的义务，因而为单务合同。附负担的赠与中，受赠人所负的给付义务因与赠与人的义务非对价关系，其仍不失为单务合同。

二、赠与合同的要素

（一）当事人

1. 赠与人。何人能够充当赠与人？除赠与人必须有行为能力外，绝大多数国家未有其他限制。但是在我国，在计划经济体制下，学者一般认为公有制企业不得为赠与行为，以维护公有制；同时立法上也未赋予公有企业无偿处分国有财产或集体所有财产的权利。现在随着市场经济体制目标的确立，公有企业特别是国有企业都有了自主权，学者认为它们也可以充当赠与人，但不得违反国家的财政纪律。[1] 我们认为，除为了公益目的或履行道义外，公有制企业不得对外进行赠与，以防止国有资产或集体资产流失。

2. 受赠人。与对赠与人有行为能力之要求不同，受赠人既可是有行为能力者，也可是无行为能力者。这是由赠与是受赠人纯获利益之性质决定的。

（二）标的物

何种物可充当赠与的标的物？对此有两种立法例：①实物、货币、有价证券。赠与是以当事人一方对上述财产的所有权无偿地移转给他方为内容的一种合

---

〔1〕 郭明瑞、王轶：《合同法新论·分则》，中国政法大学出版社 1997 年版，第 80 页。

同。劳务、不以有价证券表示的权利不得为赠与的标的。此可称为狭义赠与，我国内地即采此种做法。②除了财产所有权，其他财产权及劳务等均可为赠与的标的物，只要当事人就无偿给予达成合意即成立赠与。此可称为广义的赠与，此立法例以我国台湾地区为代表。

广义赠与之立法例与狭义赠与之立法例，在对赠与标的物上，除有以上所述的范围不同之区别外，对其要求则是相同的：

1. 赠与的标的物必须是法律所允许流通之物或权利。这是由赠与是一种财产的流通方式之性质所决定的。

2. 赠与的标的物一般是赠与人自己所有的，但是也允许赠与人以将来可取得的财产或权利赠与他人。

三、赠与合同的种类

理论上对赠与的划分，学者间因标准或阐述的角度不同而得出了不同的种类。从实用角度言，当属以下几种划分较有意义：

（一）有字据之赠与与无字据之赠与

这是以赠与的意思表示是否以文字加以记载为标准所作的划分。在有字据的赠与中，仅须赠与人之赠与的意思以书面为之，至于受赠人之受领赠与的意思是否以书面表示，在所不问（日本判例）。但是如果仅有受赠人接受赠与的意思表示之书面记载或有赠与的事的书面记载，则不成立有字据之赠与。赠与人之赠与的意思表示既可以在赠与合同成立时作成书面，亦可在日后作成书面。但后者，书面作成之时乃成立有字据的赠与。这种划分，只可能产生于赠与合同为不要式合同之国家。这种划分的意义在于：有字据的赠与的效力强于无字据的赠与；除有特殊情形，有字据之赠与不可撤销，而无字据之赠与，一般可随时任意地撤销。

（二）一般赠与与特种赠与

这是以赠与是否有特殊情形为标准所作的划分。不具有特殊情形的赠与，是一般赠与，亦称单纯赠与；有特殊情形的赠与，为特殊赠与。

这种划分的意义在于：一般赠与为赠与的典型或常态，而特种赠与有其独有的特殊性，其特殊性有的表现在其效力内容上，如附负担的赠与；有的表现在生效条件上，如死因赠与；有的表现在给付方式上，如定期给付之赠与；等等。

（三）现实赠与与非现实赠与

其划分标准是：合同的成立与履行是否同时。现实赠与是指合同成立时合同义务已履行完毕的赠与合同，其又称为即时赠与；非现实赠与是指合同成立后，赠与人始按照合同约定履行其义务的赠与合同。虽然赠与合同一成立，赠与人即进行给付，其仍为非现实赠与。

这种划分的意义在于：现实赠与可用口头形式，也可用书面形式，因而它既为认赠与合同为不要式合同的立法例所认可，也为认赠与合同为要式合同的立法例所肯认；在非现实赠与中，以赠与合同为不要式合同的立法例，只有采用书面形式，或者虽采口头形式，但赠与人已履行了给付义务，赠与合同才生效力，否则不生效力。而以赠与合同为不要式合同之立法例，既可采口头形式，亦可采书面形式，只不过在前种情形中，一般情况下赠与人可撤销赠与而已。

（四）履行道德义务之赠与与非履行道德义务之赠与

这是以赠与人赠与的目的是否为履行道德上的义务而作的划分。养子女对于生活困难的生父母约定赠与一定财物，或者有人于灾难之际为慈善或公益之目的而为施舍等，为履行道德义务之赠与；不以履行道德上义务为目的的赠与，则为非履行道德上义务的赠与。

这种划分仅在认赠与合同为不要式合同之立法例有意义：履行道德义务的赠与效力较强，即使在无字据的非现实赠与，赠与人也不得任意撤销，应负交付赠与物的义务；而在无字据的非现实赠与，若同时为非履行道德义务的，赠与人于标的物交付前或登记前，可任意撤销。

第二节　赠与合同的效力

赠与合同为单务合同，仅赠与人负有义务而受赠人不负有义务。赠与人的义务及责任主要有下述三种：

一、给付义务

赠与合同是赠与人将财产所有权、其他财产权或劳务移转给受赠人的合同，因而为使受赠人取得合同约定的权利，赠与人负有将标的物交付于受赠人的义务，自交付时起，受赠人取得相应的权利（除非当事人有约定或者法律另有规定）；若赠与的是不动产，赠与人有进行移转登记之义务，移转登记手续完备时，受赠人取得相应权利。以上为一般情形，但在无字据之非履行道德义务的赠与中，赠与人可撤销赠与而不为给付，亦为合法（在赠与为不要式合同之国家）；在赠与为要式合同之国家，口头赠与不生效力，赠与人自无给付义务。

二、不履行给付义务的责任

赠与人不履行给付义务主要有三种形态：给付迟延、给付不能、加害给付。因赠与合同为无偿合同，此三种债务不履行形态下的赠与人的责任有如下特点：

1. 责任程度较有偿合同为轻，即赠与人仅就其故意或重大过失对受赠人负有责任，对轻过失不负责任（我国《合同法》第 189 条、第 191 条第 2 款，《德国民法典》第 521 条，《瑞士债法》第 248 条）。

2. 责任范围较有偿合同有时为窄，有时相同。

（1）赠与人迟延时，受赠人仅得请求交付赠与物，不得请求迟延利息。当给付迟延，受赠人因迟延受有损害时，对该损害可否请求赔偿？对此，我国《合同法》未有明文规定，参照第 189 条，应解释为应当赔偿；我国台湾地区现行法律则明文规定不得请求赔偿；而德国民法则明文规定可以请求赔偿。

（2）给付不能时，受赠人可请求赠与物之价金（此为各国或地区之通例，我国亦不例外），但对于能否请求因给付不能而遭受的损害，我国《合同法》第 189 条之规定不甚清楚，将该条与第四审议稿中的第 185 条对照，可解释为我国合同法不包括此类损害的赔偿，与台湾地区现行法律明文规定不相同。

（3）在加害给付中，对受赠人遭受的固有利益的损害，债法的不完全给付或积极侵害债权责任的一般规定，仍然适用。

三、瑕疵担保责任

赠与为无偿合同，则赠与人所负的担保责任亦应比有偿合同为轻。依各国民法之规定，赠与人原则上不负瑕疵担保责任，只在其故意不告知瑕疵或保证无瑕疵之例外情形下，始负担保责任。

1. 赠与人故意不告知瑕疵时，应负担保责任，但其负责的范围，仅以赔偿受赠人因瑕疵所生的损害为限。所谓因瑕疵所生之损害，有的国家解释为受赠人误信其无瑕疵而遭受的损害，即信赖利益的损害，而不及于赠与物无瑕疵时所应得利益的赔偿。据此而言，赠与人虽故意不告知瑕疵，但受赠人知有瑕疵时，则不发生因信赖无瑕疵而受损害之问题，赠与人不应负担保责任。因此，赠与人因故意不告知瑕疵，而负担保责任时，另须加上受赠人不知道这一限制条件。此点应是基于赠与合同之无偿性的考虑，而对赠与人之要求比出卖人宽的结果。

2. 赠与人保证无瑕疵时，应负担保责任。其负责的范围与上述故意不知瑕疵之情形相同。

第三节　赠与的撤销及履行拒绝

赠与合同一经成立即应有效，不应允许赠与人随意撤销，以维护诚信原则。但赠与合同毕竟为无偿的，为维护赠与人的利益，在特殊情形下，法律应当允许赠与人撤销或履行拒绝方为合理。基于此种考虑，各国法上均设有赠与之撤销与履行拒绝制度。

一、赠与的撤销

对于赠与之撤销，在赠与为不要式合同之立法例中，有任意撤销与法定撤销之分，而在赠与为要式合同之立法例中，仅有法定撤销。

（一）赠与之任意撤销

1. 含义。赠与的任意撤销，是指赠与合同成立后赠与人得以基于自己的意思而撤销赠与。

2. 限制。这种撤销虽名为任意，实则不尽然。出于赠与之无偿性、诚信原则之维护、赠与对受赠人的意义之大小等多方面的考虑，法律上也作出了一些必要的限制：

（1）可任意撤销之赠与，有些国家规定为必须是非书面的赠与合同；有的国家规定为须是非公证的赠与合同（我国《合同法》第186条第2款）。

（2）须赠与标的物尚未交付或未移转登记；标的物已经交付或登记的，不得撤销，但若交付或登记的仅为标的物之一部分时，对于尚未交付或登记之部分仍可撤销。

（3）须为非履行道德上义务的赠与。

（二）赠与之法定撤销

1. 含义。赠与之法定撤销，是指在法定事由出现时享有撤销权的人撤销赠与。法定撤销与任意撤销之根本区别在于：法定撤销须有法定事由，只要具备法定事由，不论赠与依何种形式订立，也不论赠与物是否已交付或登记，有撤销权者即可主张撤销。

2. 撤销的法定事由及撤销权人。依各国法律之规定，赠与撤销的法定事由有多种，但不同的事由，由不同的人享有撤销权且撤销权人仅限于赠与人或其继承人或其监护人。

（1）在下列情形下，赠与人享有撤销权：

第一，受赠人对于赠与人或其近亲属有严重侵害行为（我国《合同法》第192条）。这一事由有两个要件：①须是严重侵害行为，这是从结果上看，不考虑加害人之主观状态；②须是对赠与人或其近亲属进行加害。大多数大陆法系的其他国家或地区与我国的规定不同，而他们彼此间则相同：须是受赠人对赠与人或其近亲属有故意侵害行为且构成犯罪的。这一规定所确认的事由则有三个要件：①须受赠人有故意的侵害行为，过失的侵害不包括在内；②须受赠人的行为已构成犯罪；③须受侵害人为赠与人或其近亲属。比较上述两种规定，后者细致、精确、具有可操作性，而前者较模糊，不易把握。本书主张我国合同法应吸收后者之优点加以修改。

第二，受赠人对赠与人有扶养义务而不履行的。这一事由之构成有三个要件：①须受赠人对赠与人负有扶养义务；该义务是否包括约定的扶养义务，学者间有不同主张，立法上亦未为明文。从赠与撤销设立的目的上看，应解释为包括约定扶养义务。②须受赠人不履行对赠与人的扶养义务。③须受赠人有扶养能力。

第三，受赠人不履行赠与合同约定义务的（我国《合同法》第192条），这见于附负担的赠与。附负担的赠与合同中约定的受赠人所负的负担虽然与赠与人的给付无对价关系，但其履行与否直接关系到赠与目的能否实现，因而其不履行应当成为赠与合同撤销的原因。

（2）在下列情形下，赠与人的继承人享有撤销权：

第一，受赠人的违法行为致使赠与人死亡的（《合同法》第193条），构成这一事由，须有两个要件：①须受赠人对赠与人实施了违法行为，至于受赠人是故意实施违法行为，还是过失实施违法行为，则在所不问，但在外国民法上，则须是故意不法行为（《德国民法》第530条第2项，《瑞士债法》第251条第3项）。②须该违法行为造成赠与人死亡。

第二，受赠人的故意不法行为为妨碍赠与人撤销赠与的。这是国外法上规定的另一种继承人享有撤销权的情形，在我国合同法上则无。这一事由的构成要件亦有两个：①受赠人故意实施不法行为；②该不法行为妨碍赠与人为赠与的撤销。赠与行为是赠与人实施的，原则上赠与的撤销应由赠与人为之，但赠与人无法行使撤销权时，为维护其合法权益或继承人的利益，转由其继承人享有和行使，则理所当然。

（3）赠与人的监护人享有撤销权的事由。我国《合同法》第193条规定，受赠人的违法行为致使赠与人丧失民事行为能力的，赠与人的监护人享有赠与的撤销权。受赠人对赠与人实施违法行为致使其丧失行为能力，这一行为显然与赠与人的赠与之义举相悖，在此情形下，理所当然应赋予赠与人撤销赠与的权利。但由于其行为能力丧失，无法行使权利，因而该权利应转归其监护人享有和行使。

3. 撤销权的期间和行使。撤销权性质上为形成权，其享有和行使有除斥期间的限制。依各国法律的规定，赠与人的撤销权的除斥期间为1年，自赠与人知道或者应当知道撤销原因之日起算（我国《合同法》第192条第2款、《德国民法》第532条、《法国民法》第957条）；赠与人的继承人或者监护人的撤销权的除斥期间为6个月，自继承人或者监护人知道或者应当知道撤销原因之日起算（我国《合同法》第193条第2款）。

赠与不管由赠与人为撤销，抑或由其继承人或者监护人为撤销，都应该向受赠人为意思表示；如果向第三人为撤销，则不产生效力。但是如果受赠人于赠与履行前已死亡时，则撤销权之有无以受赠人的继承人的行为为决定标准，如果有撤销权则其行使的对象亦应为受赠人的继承人。[1]

4. 撤销的效力。撤销权一经行使，则使赠与关系归于消灭。

（1）赠与尚未履行的，撤销权人撤销赠与，则使赠与溯及地消灭，赠与人不再负有给付赠与物的义务。

（2）赠与已经履行的，撤销权人撤销赠与亦使赠与溯及地消灭，受赠人取得赠与的所有权已失去法律上的依据，应依所有物返还或不当得利的规定向赠与人或者继承人返还。返还的范围应当是自有撤销原因之日起尚存的赠与利益（包括赠与物及其自有撤销原因之日起所产生的孳息）。

二、赠与的履行拒绝

（一）赠与的履行拒绝的含义

我国《合同法》第 195 条规定："赠与人的经济状况显著恶化，严重影响其生产经营或者家庭生活的，可以不再履行赠与义务。"此为赠与的履行拒绝。

（二）构成要件

赠与的履行拒绝，是情势变更规则的体现或适用，其成立有严格的法定条件。我国合同法规定的要件有：

1. 须赠与人于赠与约定后，尚未履行前，经济状况显著恶化。赠与的履行拒绝，是仅针对尚未履行的赠与才能成立，还是亦可针对已履行的赠与成立，各国有不同的规定。在德国法上设有赠与人可以自己穷困为由，请求返还赠与物之规定（《德国民法》第 528 条），但我国《合同法》明文以赠与人尚未履行赠与义务时为限（《合同法》第 195 条）。

经济状况显著恶化，既可表现为现有财产的积极减少，也可表现为消极的支付增加，但其原因是否可归责于赠与人，则在所不问。

2. 须经济状况显著恶化，严重影响赠与人生产经营或者家庭生活。这一要件可概括成经济状况的显著恶化，严重影响了赠与人及其家人的生活。

（三）行使及效力

赠与的履行拒绝，是在赠与人对赠与物有紧急需要的情形下法律特别赋予赠与人的一种抗辩权。该权利既可在诉讼外行使，亦可在诉讼中行使，但均须以意思表示为之。该权利一行使，赠与人可不履行给付赠与物的义务而不承担民事责任。

赠与的履行拒绝，仅在赠与义务的履行严重影响赠与人的生产经营或家庭生活的限度内才成立。因而如果赠与的部分履行，不会严重影响赠与人的生产经营

---

[1]　史尚宽：《债法各论》，中国政法大学出版社 2000 年版，第 125 页。

或者家庭生活，赠与的履行拒绝仅在赠与的一部分范围内成立，而不及于赠与的全部。

第四节　特种赠与

特种赠与包括哪些种类，各国立法上并不相同。从重要性或较常见的角度言，有以下几种：

一、附负担的赠与

（一）附负担的赠与的含义及特征

附负担的赠与，是指受赠人有给付义务的赠与。在附负担的赠与中，受赠人既可是对赠与人负有给付义务，亦可是对第三人负有给付义务，还可是为公益而负有给付义务，但该给付义务与赠与人的给付义务无对价关系。因而附负担的赠与是一种不同于单纯的赠与和附停止条件赠与的赠与。

（二）特殊的效力

附负担的赠与与单纯的赠与相比，其特殊性主要表现在其效力上。

1. 负担的履行。在附负担的赠与中，受赠人应当履行其给付义务，但受赠人的给付义务与赠与人的给付义务无对价关系。赠与成立后，赠与人不得主张两义务的同时履行，只有在其已为给付而受赠人不履行其负担时，赠与人才可请求履行，亦可不请求履行而径自撤销赠与，但不可归责于受赠人的不履行除外。

负担的履行请求权不独归属于赠与人，在受赠人是对第三人或为公益而负有给付义务时，该受益的第三人或者有关部门（作为受益的公众的代表）亦享有该种请求权。

赠与的本质在于使受赠人纯获利益，因而受赠人亦应在赠与所获利益的限度内负有履行负担的义务，其所负负担超过其所获利益的，对该超过部分受赠人不负履行义务。

2. 瑕疵担保责任。在附负担的赠与中，因受赠人负有一定的给付义务，为公平起见，如果赠与物或权利有瑕疵，则赠与人应在受赠人负担的限度内负有与出卖人相同的担保责任。

二、捐助

（一）捐助的含义

捐助，是指为了公益或为公共目的而自愿无偿给予他人以财产的行为，亦称为捐赠。捐赠的赠与人可以是自然人、法人和其他组织，受赠人只能是公益性社会团体和公益性非营利的事业单位，在发生自然灾害或者境外捐赠人要求时，县级以上人民政府及其部门也可以作为受赠人（《捐赠法》第9条、第11条）。

（二）捐助的类型

1. 不附任何条件的捐助。这是指赠与人向公益性社会团体和公益性非营利的事业单位，如医院无偿地给予财产，而不附加任何条件。该种赠与除赠与的目的是为公益之外，与一般赠与并无不同，应适用一般赠与的规定。

2. 附加特定条件的捐助或对赠与物指定使用目的的捐助。这是指赠与人在捐赠财产时特别指明了该财产的使用目的的一种捐助。在这种捐助中，受赠人附有将赠与物按指定目的使用的义务。有学者认为，这是一种附负担的赠与，适用附负担的赠与的规定。

3. 募集捐助。这是指为特定公共目的由一定单位或多个人发起，公开向不特定的人募集捐赠物的捐助。其特点在于捐助人把赠与物不直接交付于受赠人，而是直接交付于募集人，然后由募集人转交给受赠人。募集人负有将赠与财物用于特定公共目的或者交于受赠人的义务。如果募集人不履行其义务，赠与人有权请求其履行或者撤销赠与。

三、定期给付赠与

（一）定期给付赠与的含义

定期给付赠与，是指赠与人应每隔一段时间无偿地给予他人以财产的赠与。

（二）定期给付赠与的类型及有效期限

定期给付赠与分有期限的定期给付赠与和未定有期限的定期给付赠与两种。但是，不论该种赠与是否定有期限，均以当事人有生之年为最长有效期限，任何一方当事人死亡，合同即失去效力（当事人有与之相反的意思时除外）。这样规定的原因在于，定期给付赠与具有严格的人身属性，该赠与中的权利义务不得继承、转让。

四、死因赠与

死因赠与是因赠与人死亡而生效力的一种赠与，性质上属于附停止条件的赠与合同。死因赠与不同于一般赠与之处在于，其不在合同成立时生效而在赠与人死亡时生效。由此，当赠与人死亡时，受赠人亦已死亡的，赠与合同亦不生效。这是由赠与合同关系是专属于当事人的法律关系的性质所决定的。死因赠与是一种双方法律行为，不同于单方法律行为的遗赠，亦与有偿的、双务的双方法律行为的遗赠扶养协议有别。

■ 思考题

1. 什么是赠与？其特征、要素是什么？

2. 赠与有哪些种类？

3. 如何理解赠与的效力？

4. 如何理解赠与的撤销及履行拒绝？

5. 什么是附负担的赠与？

6. 什么是捐助？

7. 什么是定期给付赠与？

8. 什么是死因赠与？

■ **参考资料**

刘天铎主编：《赠与合同·保管合同·仓储合同》，中国民主法制出版社 2003 年版。

■ **案例分析**

叔叔对他的侄儿说，如果你明年考上某大学法学院，我就送你一台最好的笔记本电脑。越明年，侄儿真的考取了该大学法学院。于是他拿着录取通知书去找他的叔叔，索要所许诺的笔记本电脑，但是却遭到叔叔的拒绝。

问：你怎么分析这个许诺？

第十三章   借款合同

第一节   借款合同概述

一、借款合同的含义及特征

（一）借款合同的含义

　　借款合同是指当事人约定一方将一定种类和数额的货币所有权移转于他方，他方则应于一定期限返还同种类、同数额货币并支付或不支付利息的合同。提供货币的一方称贷款人或贷与人，接受货币的一方称借款人。

　　借款合同属借贷合同中的消费借贷合同。所谓借贷合同，是指当事人双方约定，一方将物品或金钱移转于他方，他方于一定的期限内返还的合同。其中，接受物品的一方于一定期限内应将原物返还的，称使用借贷合同；不以原物返还而是以同种类、同品质、同数量的物返还的，则称消费借贷合同。因使用借贷合同只移转标的物的使用权而不移转其所有权，因而它以不可消耗物为对象；而消费借贷合同，受贷人因使用贷与物，而将其消费掉，因而其移转的是标的物的所有权，而非使用权，其只能以消耗物和货币作为标的物。由于使用借贷合同与消费借贷合同所移转的权利不同，有些国家和地区将它们作为两种独立的合同类型，如日本、德国等，极少数的立法将它们作为一类合同，如我国台湾地区。在我国，通说认为应将使用借贷合同（又称借用合同）与消费借贷合同区分开来，作为两类不同的合同。刚颁布实施的统一合同法既未规定借用合同，又未规定以实物为标的物的消费借贷合同，本书主张借贷合同采狭义，仅指消费借贷合同。

在我国，借款合同有广义和狭义之分。狭义的借款合同，仅指以银行等金融机构为贷与人或贷款人的消费借贷合同，其又称为银行借贷合同。广义的借贷合同，泛指一切以货币的借出和借入为标的的消费借贷合同，包括狭义的借款合同（银行借贷或借款合同）和以自然人为贷款人的借款合同（民间借贷或借款合同）。我国统一合同法采用了广义的借款合同概念。

（二）借款合同的特征

我国合同法的借款合同除具有以移转货币之所有权为标的之特征外，还具有如下法律特征：

1. 借款合同为诺成合同。这不仅体现在银行借款合同上，而且也体现在民间借款合同上。但值得注意的是，对于自然人间的借款合同，我国合同法规定不论该合同采用何种形式（口头或书面的），在贷与人提供贷款前均不生效，不具有强制执行力。此种规定，与认为该合同为实践性合同无多大区别。

2. 借款合同为要式合同。按照我国《合同法》第197条，只允许自然人之间的借款合同采用口头形式。但该法第210条又规定，不论自然人间的借款合同采用口头形式还是采用书面形式，在贷与人提供借款前均不生效，不具有强制执行力。以此推定，即可得出银行借贷合同不采用书面形式的，亦应不生效或不成立。

3. 借款合同为双务合同。

4. 借款合同既可以是有偿合同又可以是无偿合同。按我国合同法的规定，银行借贷合同只能是有偿的，而民间借贷合同中的自然人间借贷合同以无偿为原则，以有偿为例外，即合同中对支付利息没有约定或者约定不明确的，视为不支付利息（《合同法》第211条）。

二、借款合同的种类

理论上，对借款合同有意义的划分主要有：

1. 银行借款合同、民间借款合同及其他借款合同。这是以贷款人为标准所作的划分。

（1）银行等金融机构作为贷款人而与其他法人组织、非法人组织及公民间的借款合同，称银行借款合同。在银行借款合同中，根据作为贷款人的银行性质的不同，又可分为两种：①商业银行作为贷款人的借款合同，它是借款合同的主要类型。社会经济生活中的信贷活动主要以此种形式出现。这也是我们通常所说的银行借款合同。②以中央银行（在我国为中国人民银行）作为贷款人而与商业银行等金融机构缔结的借款合同，此称为再贷款合同。这两种银行借款合同在目的上是不同的：前者进行信贷业务主要是为了营利，而后者（中央银行的再贷款）是中央银行作为金融业的管理机关的一种宏观调控手段。尽管该两种合同在目的上不同，但它们在法律性质上却是相同的：均为民事合同。由于这两种银行借款合同在目的上不同，法律对它们进行调整规范时亦有所不同，主要体现在贷款的对象及贷款条件上（详见第二节"借款合同的订立"）。

（2）民间借款合同指的是自然人作为贷款人而与法人组织、非法人组织或自然人缔结的借款合同。这种借款合同因其具有调剂余缺、相互扶助作用而为法律所肯定。因其性质、作用使然，该类借款合同在订立上无严格的条件限制。

（3）其他借款合同，是指银行以外等非金融机构的法人组织、非法人组织作为贷款人的一种借款合同。对这种借款合同，我国现行法是禁止的。这是因为，将信用集中于银行等金融机构，有利于国家对信用的管理控制，从而有利于国家宏观调控目标的实现或经济发展的稳定。

以贷款人为标准对借款合同所作的划分是对借款合同最重要的划分，本章第二节借款合同的订立即是以此种划分为线索而分别论述的。

2. 担保（抵押）贷款合同与信用贷款合同。这是依贷款合同有无担保所作的划分。有担保或抵押保障的贷款合同，称担保（抵押）贷款合同；未设担保以保障贷款收回的贷款合同称信用贷款合同。根据我国合同法及商业银行法、人民银行法等有关规定，对于银行借款，应实行担保（抵押）贷款，在例外情况下，才可采用信用贷款；对于民间借款则法律未强制实行担保（抵押）贷款，是否采用担保（抵押）贷款形式，由合同当事人自由决定。

3. 短期借款合同、长期借款合同。借款期限为 1 年以内的，为短期借款合同；借款期限为 1 年以上的，为长期借款合同。借款的期限不同，利率及利息的支付期限也不同（当事人对利息支付期限没有约定或没有相关的习惯的）。

4. 工业贷款、农业贷款、基本建设贷款、外汇贷款、商业贷款、消费贷款等。这是以贷款的使用方向为标准而对银行贷款所作的再划分。以上各种贷款，可依其贷款项目作第三次划分，如工业贷款，若为工业生产企业贷款的，又可分为流动资金贷款、大修理贷款、技术改造贷款、中短期设备贷款、结算贷款等；再如消费贷款，又可分为不动产贷款（如商品房贷款）、动产贷款（如购买小轿车贷款）。以上各种贷款在贷款利率、偿还方式上有所不同。

第二节　借款合同的订立

在法律上，借款合同的贷与人不同，合同订立的条件及形式亦不相同。以下就银行借款合同，包括中央银行为贷与人的银行借款合同——再贷款合同（以下简称再贷款合同）和商业银行为贷与人的银行借款合同（以下简称银行借款合同）、民间借款合同分别讨论借款合同的订立。

一、再贷款合同的订立

（一）再贷款合同的借款人及再贷款的条件

再贷款合同是指中央银行对商业银行和其他金融机构进行贷款而签订的借款合同。中央银行的再贷款是国家的宏观调控手段之一，其目的不在营利，而在于实现货币政策的要求。为此，国家对中央银行的再贷款业务提出了严格的要求。要求再贷款合同的借款人必须是持有《经营金融业务许可证》并在人民银行单独开立基本账户的金融机构。一般而言，再贷款对象仅限于商业银行。人民银行向非银行金融机构提供贷款，必须经国务院同意，人民银行不得向地方政府、各级政府部门、其他单位和个人提供贷款。有资格向人民银行贷款的金融机构在向人民银行申请再贷款时，还必须具备以下条件：

1. 信贷资金营运基本正常，贷款用途符合国家产业政策和货币政策的要求。

2. 按有关规定及时、足额向人民银行交存存款准备金。

3. 还款资金来源有保障。

4. 归还人民银行贷款有信誉。

5. 及时向人民银行报送计划、统计、会计报表及有关资料。

6. 通过系统内调剂、市场融通和再贴现等途径仍未获得足够资金。

（二）再贷款合同的订立程序及其主要条款

再贷款作为国家的宏观调控手段之一，为了实现其保持货币基本稳定，促进国民经济持续、稳定、协调发展的目的，人民银行对再贷款实行计划管理。总行根据货币政策要求和国民经济发展计划及国家银行信贷计划等，编制再贷款计划，并根据各地经济金融情况，确定一级分行贷款运用计划。确定全年计划后，分季下达，适当调整。总行对一级分行实行"限额管理、余额控制"的管理方法。再贷款限额是指令性计划，未经批准不得突破。

根据再贷款的计划管理和贯彻再贷款的条件对象要求，再贷款合同的订立分三个阶段：申请，审查批准，签订书面借款合同、办理借款有关手续。

1. 申请。符合上述贷款条件的金融机构欲向人民银行申请贷款的，须填写《中国人民银行贷款申请书》。在该申请书中注明借款币种、借款用途，说明借款原因，讲清资金运用状况，加盖有效印鉴，报送当地人民银行。

2. 审查批准。人民银行受领了金融机构的贷款申请后，依据经济发展、银根松紧和贷款条件，自主审查，决定贷与不贷。若决定贷与的，该决定还应包括贷款数额、期限、利率及方式等内容。这些内容由人民银行根据执行货币政策的需要自行确定，无须与申请人协商。其中贷款期限分20日内、3个月内、6个月内和1年期四个档次，最长不得超过1年；贷款利率由总行统一制定；贷款方式有信用贷款、抵押贷款及"回购"贷款三种。

3. 签订书面借款合同，办理借款有关手续。申请贷款的金融机构在贷款的申请被批准后，应根据人民银行批准的贷款种类、期限、金额和方式等，与人民银行签订书面合同，办理借款手续。手续完备时，借款合同成立。

二、银行借款合同的订立

按照我国有关法律之规定，商业银行和非银行金融机构是自主经营、自担风险、自负盈亏、自求平衡、自我约束、自我发展的经济组织。银行借款合同的订立贯彻意思自治原则，任何单位和个人不得强迫银行出借款项，也不能强迫他人必须借款。但银行借款是货币信贷的主要方式，对国家产业政策和信贷政策的实现有重要影响。为此，国家亦通过人民银行对货币信贷总量进行控制，人民银行根据确定的货币供应量增长幅度，编制社会信用规划。社会信用规划包括商业银行、政策性银行、非银行金融机构信贷计划和企业融资计划。金融机构要按照人民银行的有关规定，编制上报信贷计划，人民银行将纳入社会信用规划综合平衡后用于指导金融机构的信用活动。为配合人民银行对货币信贷总量的控制，商业银行等金融机构应编制年度信贷资金营运计划，按季分月组织实施。其资金营运要体现国家产业政策和信贷政策的要求，对国家限制发展的产业和产品，要严格控制贷款的发放，对国家明令禁止生产的产品不得发放贷款。为实现上述要求，商业银行贷款实行审贷分离、分级审批的制度，其借款合同的订立须经过借款人的借款申请、银行的审查批准及借款人与银行签订书面借款合同三个过程。在借款合同中应包括借款币种、借款种类、借款用途、借款金额、借款利率、还款期限、还款方式、违约责任等条款。其中借款利率由银行在人民银行规定的利率幅度内单方确定。

为了降低贷款风险，银行在贷款时可要求借款人提供担保。在具体操作时可先订立担保合同，然后签订借款合同。在签订担保合同前银行应对保证人的偿还能力、抵押物、质物的权属和价值及实行抵押权、质权的可行性进行严格审查，以防止日后担保合同的无法履行或履行无多大价值。

三、民间借款合同的订立

民间借款合同，由于其融通的资金数量有限，一般不会构成对国家货币政策的冲击，故法律对其订立未提出特别要求，只要借款人与贷款人就借款事宜达成合意且以书面形式表现的，合同即成立并有效。但按我国合同法的规定，民间借款合同中的自然人之间的借款合同不论采用书面或口头形式，只有在贷款人提供贷款时才生效。

第三节　借款合同的效力

一、再贷款合同、银行借款合同的效力

这两类借款合同的效力基本相同，此处一并简述。

（一）贷与人的权利义务

1. 贷与人的义务。

（1）借款合同一经成立有效，不论是再贷款合同，还是银行借款合同，贷与人均负有按合同约定的日期、金额向借款人提供贷款的义务。贷款人未按照约定的日期、数额提供借款，造成借款人损失的，应当赔偿损失。

（2）贷与人不得将利息预先在本金中扣除。利息预先在本金中扣除的，应当按照实际借款数额返还借款并计算利息。

（3）遵守国家有关利率的规定。再贷款的利率由人民银行总行统一制定，银行借款合同的利率由商业银行在人民银行规定的贷款利率的上下限内确定，不得突破其上限。突破的，突破部分无效。

2. 贷与人的权利。

（1）在借款的返还日期到来时收回贷款的权利及按期收取利息的权利。

（2）检查、监督贷款使用情况的权利，了解借款的金融机构或企业的有关经营、计划执行等情况的权利。经检查发现借款人未按规定用途使用借款的，贷与人可督促借款人限期纠正，纠正不力的，贷与人有权停止发放借款、提前收回借款或者解除合同。

（二）借款人的权利义务

1. 借款人的义务。

（1）按照约定的日期、数额收取借款的义务。若不履行此义务，则借款人应按照约定的日期、数额支付利息。

（2）按照约定用途正确使用借款的义务。

（3）按照贷款人的要求提供与借款有关的业务活动和财务状况等真实情况的义务。如按有关规定，再贷款的借款人（金融机构）应定期及时向开户的人民银行报送本行会计报表、信贷、现金计划执行情况及其他有关资料。

（4）按照约定的日期、利率返还借款本金及支付利息的义务。若未约定借款期限或者约定不明确，事后又不能达成补充协议或不能按照合同有关条款或者交易习惯确定的，借款人可随时返还；贷款人可以催告借款人在合理期限内返还。当事人对支付利息的期限没有约定或者约定不明确，事后又不能达成补充协议或者不能依照合同有关条款或者交易习惯确定的，若借款期限不满 1 年，借款人应当在返还借款时一并支付；若借款期间为 1 年以上，借款人应当在每届满 1 年时支付；剩余期间不满 1 年的，应当在返还借款时一并支付。

借款人未按照约定的期限返还借款的，应当按照约定或者国家的有关规定支付逾期利息。

2. 借款人的权利。

（1）按照合同约定的时期、数额要求贷与人提供贷款的权利。

（2）要求展期的权利。借款人确有困难不能按期归还借款的，可以在借款期满之前向贷款人申请展期，贷款人同意的，可以展期。在再贷款合同中，按照有关法律、法规的规定，每笔贷款只能展期一次，续展期限不超过原定期限。

（3）提前归还借款的权利。借款人可否提前偿还借款，理论上有两种不同的见解：一种观点认为，借款人应当严格按照合同约定的期限偿还贷款，提前偿还贷款的，应当取得贷与人的同意，否则仍应按合同约定的期限计付利息；另一种观点认为，借款人有权提前归还贷款。其理由有：①借款人提前归还贷款，既不损害贷与人的利益，又有利于资金的流通；②借贷的期限原本是为受贷人而设的，借款人提前还贷，也就是放弃自己的期限利益，法律不能限制当事人放弃自己的利益，只要该放弃行为不损害社会公共利益和他人利益。基于以上两点，该观点得出如下结论：借款人提前偿还贷款时，贷与人不能拒收，并且贷款利息应当按照实际贷款期限计算。本书基本赞同后一观点，但对其适用应给予必要的限制：即在此问题上首先应实行意思自治，当事人有约定的，按照其约定；只有对此问题无约定时，才能将借贷期限解释为借款人的期限利益，适用上述第二种观点的见解（我国《合同法》第 208 条亦采如此见解）。

二、民间借款合同的效力

按照我国《合同法》第 210 条之规定，民间借款合同中的自然人与自然人间的借款合同不论采用口头形式还是采用书面方式，均在贷款人提供借款时生效。可见在该借款合同成立后，贷与人并无提供贷款的义务（此种规定与将该借贷合同规定为实践合同无多大区别）。但是，一旦贷与人提供了借款，借款合同生效。

民间借款合同的效力内容主要为：

1. 借款合同成立、有效后，贷款人按照约定的币种、日期、数额提供借款的义务（自然人之间的借款合同除外）。

2. 贷款人不得预先将利息从本金中扣除。

3. 借款的利率由当事人商定，但不得违反国家有关限制利率的规定。

4. 借款人有展期的权利。借款人提出展期要求的，若贷与人同意的，则借款合同展期。

5. 借款人提前偿还借款的权利（具体内容同于上述银行借款合同效力的相

关内容）。

6. 借款人负有按约定的期限归还借款本金的义务；约定有利息的，并应支付利息，未约定支付利息的，视为无偿的借款（归还本金及支付利息的期限未约定的或约定不明确的，适用上述再贷款合同和银行贷款合同效力中的有关规定）。

■ **思考题**

1. 什么是借款合同？它具有哪些特征？
2. 借款合同有哪些种类？
3. 再贷款合同如何订立？
4. 银行贷款合同如何订立？
5. 民间借款合同是怎么签订的？
6. 试述再贷款合同的效力。
7. 试述银行贷款合同的效力。
8. 试述民间借款合同的效力。

■ **参考资料**

1. 杨玉熹、王海虹主编：《存款合同、借款合同、结算合同实务操作指南》，中国人民公安大学出版社 2000 年版。
2. 吴庆宝：《典型合同判解研究》，中国法制出版社 2003 年版。

■ **案例分析**

张庆光诉京都公司借款合同纠纷案[1]

1998 年 12 月 8 日～1999 年 4 月 28 日，张庆光将 400 万元分四次汇入京都期货经纪公司（以下简称"京都公司"）郑州代表处在郑州分理处的银行账户上。起初，该款项的用途是期货保证金，后转为借款。其中，1999 年 4 月 29 日双方约定将初始保证金 200 万元转为借款，借期自 1999 年 5 月 1 日至 1999 年 7 月 31 日，但未约定利息。1999 年 9 月 2 日，双方又约定将另外 200 万元也转为借款，借期自 1999 年 7 月 31 日至 1999 年 10 月 30 日，约定月息 3 万元。借期届满后，京都公司以资金周转紧张为由拖延，一直拒不归还本金与利息。以上事实有开户申请、期货交易委托代理人协议书、电汇凭证、借款协议书等证据。张庆光依上列证据，以京都公司为被告，向石家庄市中级人民法院提起诉讼。

一审法院认为，原、被告之间约定将期货初始保证金转为借款，是基于真实意思表示的

---

[1] 案例来源：河北省石家庄市中级人民法院（2000）石经初字第 006 号民事判决书，河北省高级人民法院（2003）冀民一终字第 15 号民事判决书，转引自朱晓娟编著：《典型合同改判案例精析》，中国法制出版社 2005 年版，第 106～117 页。

法律行为，不违反法律，为有效协议。原告作为贷款人，已依约履行了付款义务，其诉请被告清偿欠款 400 万元本金及利息的主张，正当合法，应予支持。被告未依约定期限偿还原告本金、利息，属违约行为，故除了应按约定偿还原告本息外，还要承担违约责任。

一审法院依照《借款合同条例》第 16 条规定作出判决：被告偿还原告借款本金 400 万元及利息、逾期利息（其中 200 万元利息自 1999 年 7 月 31 日起至执行完毕之日止按月息 3 万元计算；另 200 万元利息自原告起诉之日起至执行完毕之日止，按中国人民银行利率计算；逾期利息按中国人民银行利率计算）。

被告不服一审判决，遂向河北省高级人民法院提起上诉。上诉人（原审被告）的上诉理由是：涉案 400 万元款额并非属于被上诉人（原审原告）所有，而是属于案外人张庆宏所有，因为 1999 年 4 月 29 日所达成的协议及其他文件上的签字人均为张庆宏，而不是被上诉人张庆光。此外，上诉人还有其他上诉理由。被上诉人辩称：张庆宏所为的签字行为均得到了被上诉人的追认。被上诉人并针对上诉人的主张作出了相应的答辩。

问：如果你是二审法院法官，你将如何裁判本案？

第十四章　租赁合同

■ **学习目的和要求**

　　通过对本章的学习，掌握租赁合同的概念、特征；出租人、承租人相关权利和义务；转租中出租人、承租人、次承租人的关系；租赁合同的解除条件。

第一节　租赁合同概述

一、租赁合同的概念

根据《合同法》第 212 条的规定，租赁合同是出租人将租赁物交付承租人使用、收益，承租人支付租金的合同。在租赁合同中，把自己的财产交给他人使用的人称为出租人；使用他人财产并支付报酬的人称为承租人；支付的报酬称为租金；出租人交由承租人使用的财产称为租赁物。在我国，法人、自然人均可作为租赁合同的当事人。

二、租赁合同的特征

（一）租赁合同是转移财产使用权的合同

租赁合同的内容只是使用他人的财产，引起的只是租赁物的使用权从出租人手中转移给承租人，租赁物的所有权仍由出租人享有。这是租赁合同与转移财产所有权合同的最根本区别。

承租人对租赁物的使用，有时是根据租赁物的性能和用途直接加以利用。但在有些情况下，承租人租赁出租人财产的目的，并不是单纯地为了使用，而是要获取收益，甚至有的租赁合同的直接目的正是为了收益，如租种土地而获取农作物等。因此，承租人对租赁物的使用权是广义上的使用权，即包括使用和收益两个方面。据此，在法国民法里把租赁分为使用租赁和用益租赁。在我国，对于一个具体的租赁合同的内容，是否包括收益，应依法律规定或依双方当事人约定。

承租人对租赁物的使用，一般是对租赁物的全面使用。在此情况下，出租人将租赁物的使用权转移给承租人的同时，必须将租赁物的占有权也转移给承租人。承租人为了保证全面使用租赁物就必须实际控制租赁物，即同时取得租赁物的占有权和使用权。但是，在有些场合，承租人对租赁物的使用，只是对其某一特定部分加以使用，而不排斥出租人对整个租赁物的继续占有和使用。如公交公司把所属公共汽车的车壁租给广告公司，让广告公司作商业广告。在这种情况下，出租人仍对租赁物享有占有和使用权，而承租人只使用租赁物的某一特定部分，并不实际控制租赁物。当然，此时承租人对租赁物的使用权和出租人对租赁物的使用权并不冲突，这是租赁关系中的特有现象。

应该提醒注意的是，我们日常生活中所说的"出租汽车"，并非均是租赁合同。这要依据使用性质而作具体分析。如果只将汽车交付给他人使用，则不失为租赁合同。但若汽车仍由"出租公司"的司机驾驶，则直接使用汽车的，是提供汽车的一方当事人，而非对方当事人。此类合同实属提供汽车的一方使用自己的运输工具运送他人或货物的行为，即运输合同，而非租赁合同。

（二）租赁合同的标的物为特定的不可消耗物

由于租赁合同不转移租赁物的所有权（或经营权），在租赁关系终止时，承租人必须返还租赁物。因此，作为租赁物，必须是特定物、不可消耗物。只有这样，才能保证租赁物在承租人经过一番使用之后得以保持原状，并最终返还给出租人。若租赁物是只能供一次消耗的物（即可消耗物），承租人在租赁关系终止时，就无法返还原物。

在我国作为租赁物的财产十分广泛，一般地说，只要法律不禁止或限制流通的物，均可作为租赁物。它包括动产和不动产，生产资料和生活资料。但租赁物仅以有形物为限，无形物即权利不能作为租赁合同的标的物。如专利权和商标权，即使权利人允许他人有偿利用，也不属租赁合同，而属技术合同。

物的整体作为租赁合同的标的物，无可非议。但是，在特殊情况下，物的部分也可以独立作为租赁合同的标的物。如把房屋的墙壁的一面租给他人张贴广告等。

（三）租赁合同是双务、有偿合同

在租赁合同中，出租人享有收取租金的权利，同时承担交付租赁物的义务；而承租人享有使用租赁物的权利，同时承担交付租金的义务，双方当事人的权利和义务相互对应。因此，租赁合同是双务、有偿合同。这是租赁合同区别于借用合同的本质特征。

（四）租赁合同是诺成合同

租赁合同双方当事人就合同的主要内容协商一致达成协议，合同便已成立，而非等到出租人将租赁物交给承租人之后才成立。但是，由于租赁物性质和交易习惯的不同，租赁合同成立所履行的手续也不一样。一般地说，租期为 6 个月以上的租赁应订立书面合同，否则，视为不定期租赁；土地使用权租赁还应依法办理登记。在书面租赁合同中，应载明：双方当事人的姓名或名称、租赁物的名称、数量、规格、用途、租赁期限、租金数额、支付方式和支付期限等。

在现代社会里，书面租赁合同又往往表现为定式合同，即由出租人制订了出租规则或出租章程，并印制好出租合同，再交由承租人填写。如租用车皮、船舶、电话，租住公房等。

另外，根据交易习惯，或根据出租人的要求，承租人在取得租赁物之前，还可能交押有关证件（如身份证、学生证等）或交付押金。如到照相馆租用照相机，要付押金，若承租人损坏照相机或欠交租金，照相馆作为出租人就有权以押金受偿。由此可见，押金实际上是对租赁物和租金的担保。

三、租赁合同在现代生活中的作用

从以上对租赁合同特征的分析，我们不难看出，与买卖合同相比，在经济意义上，租赁合同具有一定的优越性。且这种优越性，随着现代化科学技术的发展及设备更新迅速而愈加明显。一个企业与其花很多的投资，购进新的设备，用了几年后再进行更新，倒不如租用最新设备，并随时可以租用更新设备。这样既节省固定资产投入，增加流动资金，又可以免缴固定资产占有费和固定资产税。尤其对于那些暂时而不是经常使用某种贵重设备的当事人，租赁就更有利。当事人只需支付租金而不是价金就能满足自己的使用需要。因此，租赁合同因符合当代民法以物的利用为中心的发展潮流而在国际上广泛运用，并涌现出大批专门从事出租经营业务的企业。根据 2011 年修改的最高人民法院《民事案件案由规定》，租赁合同在司法实践中根据标的物的不同主要分为四类：①土地租赁合同；②房屋租赁合同；③车辆租赁合同；④建筑设备租赁合同。根据《合同法》第十四章的规定，融资租赁因其浓厚的金融色彩而与普通租赁合同有别，成为一种独立的有名合同；与船舶相关的租赁以及企业租赁经营也是如此。

第二节　租赁权和租期

一、租赁权

租赁权是指承租人依租赁合同取得的，对租赁物占有、使用和收益的权利。即在租期内，承租人享有对租赁物的占有、使用和收益权，在一定条件下还享有处分权（如转租）。并且在这些权利受到第三人妨害时，可以请求排除妨碍。从这方面来讲，承租人享有和所有权人（或经营权人）相同的权利。

租赁合同本属于债的关系，租赁权也本属于债权，没有对抗第三人的效力。但现代各国民法为加强承租人的地位，保护承租人的利益，大多赋予租赁权一定的物权效力，即租赁权的物权化。这是近代租赁法律规范中的一种新趋势。

租赁权的物权化表现在三个方面：

1. 在租赁期内，出租人将财产再租给第三人的行为对承租人无效。

2. 买卖不能破除租赁。在租期内，出租人将租赁物的所有权让与第三人，原租赁合同对于新所有权人继续有效。这一原则与罗马法中"买卖破除租赁"正好相反。它最初在德国民法典中确立，但仅适用于土地租赁。后被各国逐渐采用，并将其适用范围扩大到一切租赁物，且在适用上不附加任何前提条件。在我国也是如此。《合同法》第 229 条规定："租赁物在租赁期间发生所有权变动的，不影响租赁合同的效力。"此外，《物权法》第 190 条规定："订立抵押合同前抵押财产已出租的，原租赁关系不受该抵押权的影响……"此规范在本质上也属于买卖不能破除租赁规则原理的适用。

3. 优先购买权，即在租期内，出租人出卖租赁物，在同等条件下，承租人有优先买得租赁物的权利。

二、租期

租期，即租赁关系存续期限。租赁合同与买卖合同不同，买卖是一次性行为，即使分期付款的买卖，也只是分次履行的问题。而租赁合同则是继续性合同，在整个租赁期限内持续存在合同权利义务关系。因此，租赁合同的一个重要因素是租期。

租期由合同双方当事人约定，不宜过长。国外法律一般均对租期加以限制，如苏俄民法典规定财产租赁的最长期限为 10 年，我国《合同法》第 214 条第 1 款明确规定，"租赁期限不得超过 20 年。超过 20 年的，超过部分无效"。

若合同双方当事人未约定租期的，为不定期租赁。不定期租赁也是有期限的，不可能是永久的。若为永久的租赁，则无疑是对租赁物所有权（或经营权）的否定，使所有权人（或经营权人）永久丧失了对租赁物的占有和使用（或收益）的权利。这不利于社会经济发展。因此，对于不定期租赁，任何一方当事人可随时解除合同，但出租人解除合同应当在合理期限之前通知承租人。

租赁合同是有期限的。但是在租期届满后，可以"续租"。即由合同双方当事人再经协商，续订租赁合同，将租赁关系延续下去。同样，续订租赁合同，其租赁期限自续订之日起不得超过 20 年。另外，根据《合同法》第 236 条规定，租赁期间届满，承租人继续使用租赁物，出租人没有提出异议的，原租赁合同继续有效，但租赁期限为不定期。

根据不可抗力的基本法理，《最高人民法院关于处理涉及汶川地震相关案件适用法律问题的意见（二）》规定，租赁经营期间，因地震灾害造成租赁经营的厂房、设备以及经营场所严重受损无法恢复正常经营，当事人可以要求解除租赁经营合同。当事人以地震造成所处地域的消费水平降低、经济不景气等经营环境改变为理由，主张预期经营目的不能实现，承租人要求减少租金的，人民法院可以根据案件具体情况，适用公平原则处理；要求解除租赁合同的，人民法院不予支持。

第三节　租赁合同双方当事人的主要义务

一、出租人的主要义务

（一）租赁物的交付义务

出租人应依合同约定交付租赁物，并于租赁关系存续期间保持租赁物符合约定的使用、收益状态。这是出租人最主要的义务。因为承租人租用租赁物的目的就是使用租赁物，若租赁物不交给承租人直接控制，或不能按预期目的使用、收益，租赁合同的目的便会落空。

对于附有从物的主物出租，出租人还应在交付主物的同时交付从物。如大型机械设备的出租，出租人不但要交付该机械设备，还应交付配件、备件、检修工具等。对于某些技术性要求较高的出租物，出租人还应交付有关装配图纸、使用说明书和操作规程等。若承租人需要，出租人还应派出技术人员指导或亲自操作出租物的装配工作，并培训承租人学会设备操作。

（二）租赁物瑕疵担保义务

出租人对交付的租赁物负有担保租赁物无权利上瑕疵的义务，保证在租期内承租人使用的租赁物不受第三人追索，保障承租人安全、有效地使用租赁物。若因租赁物权利的瑕疵致使承租人不能依约为租赁物使用、收益的，承租人可解除合同。因解除合同而使承租人遭受损失的，出租人应负赔偿责任。但承租人在订约时明知有权利瑕疵的除外。

出租人交付的租赁物，应符合约定的质量要求，适合承租人使用的状态。若租赁物存在某种质量缺陷，应采取补救措施，或明确告知承租人。否则，因出租人过失，未告知租赁物内在质量缺陷，致使承租人在使用过程中造成财产损失的，出租人承担赔偿责任。同时，为切实保护承租人的人身安全和健康，《合同法》第233条规定"租赁物危及承租人的安全或者健康的，即使承租人订立合同时明知该租赁物质量不合格，承租人仍然可以随时解除合同"，从而构成上述规定的例外。因为，在现代民法中，人身权是各项民事权益中位阶最高的利益，因此法律给予最优先的保护。

（三）租赁物的维修义务

出租人承担保持出租物适于使用状态的义务，不仅要求租赁物在交付时适于承租人使用，存在质量缺陷应予维修；而且，还要求只要在租期内发生不能使用的缺陷，出租人都负有维修的义务。这是出租人和出借人在承担义务上的主要不同之处。

当然，出租人的维修义务以必要和可能为前提。必要，即租赁物不经维修便难于正常地使用。也就是说，维修以恢复原有的使用状态为限。若租赁物本可正常地使用，但承租人为了使租赁物更好一些，而对租赁物进行改良，则不是必要的维修。出租人不承担这种租赁物的改良费用。可能，是指租赁物的维修在技术上和经济上是可能的。若租赁物的维修在物理属性上不可能或维修费用过大，出租人可不承担维修义务（如租用房屋倒毁等）。

根据《合同法》第221条规定，租赁物需要维修的，承租人可请求出租人在合理期限内维修。出租人不为维修的，承租人可自行维修，费用由出租人承担。因维修租赁物而影响承租人使用、收益的，应相应减少租金或者延长租期。但按约定或依习惯应由承租人维修，或租赁物的损坏系因承租人过错所致，则出租人不承担维修义务。

二、承租人的主要义务

（一）交付租金义务

租赁合同为双务、有偿合同。支付租金是承租人最主要的义务。租金通常以金钱支付，但当事人约定以其他代替物支付的，依约定。租金的数额，有统一规定的，按统一规定；没有统一规定的，当事人可自行协商确定。租金的支付方式和期限，当事人可在合同中约定；若无约定或约定不明确的，依据《合同法》第226条的规定，租赁期间不满1年的，应当在租赁期间届满时支付；租赁期间为1年以上的，应当在每届满1年时交付；剩余期间不满1年的，应当在租赁期间届满时支付。若承租人无正当理由未支付或者迟延支付租金，出租人可以要求承租人在合理期限内支付。承租人逾期仍不支付的，出租人可以解除合同。

在一般情况下，承租人不得无故降低租金的支付标准。但是，以收益为目的的租赁合同，因不可抗力造成承租人收益少于租金时，承租人可以不付租金或降低租金标准。另外，租赁物的一部分甚至全部因不能归责于承租人的原因灭失时，承租人可就灭失部分请求减少租金；若剩余部分不能实现租赁目的的，承租人可以解除合同。

根据《最高人民法院关于当前形势下进一步做好房地产纠纷案件审判工作的指导意见》的精神，为应对金融危机，稳定房地产市场，保障房地产业的健康发展，在处理小型企业租赁他人厂房、仓库等经营性用房的案件时，如果承租人因资金短缺临时拖欠租金但企业仍处于正常生产经营状态的，要从维护企业的生存发展入手，尽量促成合同继续履行。需要说明的是，这是非常时期的权宜之计，即使根据以上文件精神处理相关纠纷，也应注意维护法律的严肃性，不能据此随意突破法律规定。

（二）租赁物的使用、收益和保管义务

承租人应按约定的方法为租赁物的使用、收益；无约定或约定不明确的，应根据租赁物性质所确定的方法使用、收益。在此情况下，即使租赁物发生损耗，承租人也可不负责任。但是，承租人违背约定方法或正常使用方法而致使租赁物发生损坏的，应负赔偿责任。出租人有权解除合同。

承租人应以善良管理人的注意保管租赁物，租赁物有收益能力的，应保持其能力。为保管租赁物和维持其收益能力所支出的费用，由承租人承担。若因保管不善，造成租赁物毁损灭失的，承租人承担赔偿责任。

应提醒注意的是，在了解承租人这一义务时，要明确两个问题：

1. 转租。在一般情况下，承租人应亲自对租赁物使用、收益，未经出租人同意，不得将租赁物转租他人，否则出租人可解除合同。但是，根据《合同法》第224条的规定，在许可转租的情况下，形成了两个租赁关系——出租人与承租人、承租人与次承租人两个租赁关系。若次承租人应负责之事由致租赁物遭受损害，由承租人向出租人负赔偿责任。承租人承担赔偿责任后，可向次承租人追偿。

2. 租赁物的改善或增设他物。承租人对租赁物负保管义务，原则上不应改变租赁物的现状。承租人未经出租人同意，擅自对租赁物进行拆毁、改装或增加设备，应赔偿因此造成的损失。但是，承租人经出租人同意而对租赁物进行改善或在租赁物上增设他物的，租赁合同终止后，承租人可请求出租人在现存的增加价值额的限度内偿还支出的费用。若增设物能拆除的，承租人可以拆除，但应恢复租赁物的原状（《合同法》第223条）。

（三）承租人的通知义务

租赁关系存续期间出现下列情形时，承租人应及时通知出租人，但出租人已知的除外：①租赁物有修理、防止危害之必要；②第三人就租赁物主张权利；③其他依诚实信用原则应当通知的事由。若遇有上述情形，而承租人怠于通知，致使出租人不能及时救济而使租赁物受到损害的，承租人负赔偿责任。

（四）租赁物的返还义务

承租人于租赁期限届满时，应当返还租赁物。这是由转移财产使用权合同的性质所决定的。承租人在返还租赁物时，应确保租赁物符合约定的或者按其性质应具备的状态。承租人经出租人同意对租赁物有所改变，在返还时应恢复原状。

若恢复原状可能损坏租赁物时，承租人可在现存增价范围内请求出租人支付一定的费用。但是，依约定方法或根据租赁物的性质所确定的方法为使用、收益而致租赁物发生变更或者损耗的除外。

第四节　房屋租赁的特殊规定

房屋租赁合同是指出租人提供房屋给承租人使用，承租人交付租金，并于租期届满时，将承租房屋返还给出租人的协议。房屋租赁合同的标的物是不动产房屋。由于房屋的产权归属不同，房屋租赁可分为公房租赁和私房租赁。依据房屋的用途不同，房屋租赁又可分为居住用房租赁、办公用房租赁和生产经营用房租赁等。

房屋租赁是租赁合同中一个很重要的特殊形式，它既适用于租赁合同的一般规定，同时又具有自己的特殊性。因此《合同法》第 230 条专门就房屋租赁规定了承租人的优先购买权。

一、房屋租赁合同的效力

根据《最高人民法院关于审理城镇房屋租赁合同纠纷案件具体应用法律若干问题的解释》的有关规定，在出租人因房屋的资质发生纠纷时，应根据是否依法获得资质来认定合同是否有效。出租人就未取得建设工程规划许可证或者未按照建设工程规划许可证的规定建设的房屋，或者就未经批准或者未按照批准内容建设的临时建筑，与承租人订立的租赁合同无效；但在一审法庭辩论终结前取得建设工程规划许可证或者经主管部门批准建设的，房屋租赁合同应认定为有效。租赁期限超过临时建筑的使用期限，超过部分无效；但在一审法庭辩论终结前经主管部门批准延长使用期限的，人民法院应当认定延长使用期限内的租赁期间有效。需要说明的是，当事人无权以房屋租赁合同未按照法律、行政法规规定办理登记备案手续为由，请求确认合同无效。当事人以办理登记备案手续为房屋租赁合同生效条件的约定有效，但如果当事人一方已经履行主要义务且对方又接受的，则该约定不生效力，房屋租赁合同有效。

在房屋租赁合同被认定为无效后，当事人可以请求参照合同约定的租金标准支付房屋占有使用费；当事人可以《合同法》的有关规定和《最高人民法院关于审理城镇房屋租赁合同纠纷案件具体应用法律若干问题的解释》第 9 条、第 13 条、第 14 条的规定请求赔偿因合同无效受到的损失。

对于一房数租行为，如果房屋租赁合同均有效、承租人均主张履行合同的，履行合同的承租人顺序依次为：①已经合法占有租赁房屋的；②已经办理登记备案手续的；③合同成立在先的。不能取得租赁房屋的承租人有权请求依照《合同法》的有关规定解除合同、赔偿损失。

二、买卖不破租赁

根据《合同法》第 229 条的规定，租赁物在租赁期间发生所有权变动的，租赁合同的效力不受影响，承租人有权请求房屋受让人继续履行原租赁合同。此即为买卖不破租赁，是法律对承租人的优先保护，使得租赁权有对抗后手所有权人的效力。

但是买卖不破租赁原则不能绝对化，在有下列情形时，租赁不能对抗所有权变动：①房屋在出租前已设立抵押权，因抵押权人实现抵押权发生所有权变动的；②房屋在出租前已被人民法院依法查封的；③当事人另有约定的。

三、优先承租

在租期内，出租人将出租房屋拆除重建时，可终止合同。但重建房屋仍用于出租的，原承租人在同等条件下有优先承租权。

一般地说，出租人作为房屋的所有权人（或经营权人），依据城市规划或根据自己切身利益，有权拆除出租房屋。由于出租房屋拆除，作为原租赁合同的标的物灭失，租赁关系当然终止，原承租人不得无理阻止。但是，拆除后重建的房屋，原出租人仍作为出租用途，在此情况下，法律为保护原承租人的利益，赋予其优先承租权。即在租金、租期、用途等条件相同的情况下，可与原出租人优先重签房屋租赁合同，并且租用房屋的面积一般不少于原租用房屋的面积。事实上，在我国租住公房的承租人在租用房屋拆建时，往往由房管部门（或拆建单位）另外租给房屋，并保证不降低其居住条件，这已成为一种惯例。但是，随着我国房改举措的深入，这种情况越来越少见。

四、优先购买

依据《合同法》第 230 条规定，在租期内，出租人出卖出租房屋的，应于出卖前的合理期限内通知承租人。承租人在同等条件下有优先购买权。

房屋租赁同其他租赁合同一样，转移的只是房屋的使用权，所有权（或经营权）仍归出租人享有。因此出租人可依法出卖其出租房屋，承租人不得以租赁权对抗。但出租人出卖房屋的意思表示应在出卖前的合理期限内通知承租人。出租人与抵押权人协议折价、变卖租赁房屋偿还债务，应当在合理期限内通知承租人。出租人委托拍卖人拍卖租赁房屋，应当在拍卖 5 日前通知承租人。承租人未参加拍卖的，人民法院应当认定承租人放弃优先购买权。若承租人愿意购买房屋，在同等条件下享有优先购买权。若承租人不愿意购买，则承租人可依"买卖不能破除租赁"的原则，主张自己的租赁权，即原房屋租赁合同对于新所有权人（或经营权人）仍然有效。出租人出卖租赁房屋未在合理期限内通知承租人或者存在其他侵害承租人优先购买权情形的，承租人有权请求出租人承担赔偿责任，但无权要求确认出租人与第三人签订的房屋买卖合同无效。

此外，承租人的优先购买权受到以下限制：①房屋共有人行使优先购买权的；②出租人将房屋出卖给近亲属，包括配偶、父母、子女、兄弟姐妹、祖父母、外祖父母、孙子女、外孙子女的；③出租人履行通知义务后，承租人在15日内未明确表示购买的；④第三人善意购买租赁房屋并已经办理登记手续的。

五、承受

承租人在租期死亡，与该承租人共同居住房屋者，承受该承租人在租赁合同上的地位。

一般地说，在其他租赁合同中，承租人在租期死亡，租赁合同终止。但在房屋租赁合同中，考虑到与承租人共同居住的多系其亲属，且具有共同生活关系。因此，《合同法》第234条明确规定，承租人死亡后，与该承租人共同居住者，可继续承租该房直至租期届满。承租人租赁房屋用于以个体工商户或者个人合伙方式从事经营活动，承租人在租赁期间死亡、宣告失踪或者宣告死亡，其共同经营人或者其他合伙人有权请求按照原租赁合同租赁该房屋。

六、换房

居住房屋的承租人，在征得出租人同意的前提下，可与第三人互换住房。这是我国居住房屋租赁的又一特色，并已在日常生活中形成惯例。在其他租赁合同中，承租人之间交换租赁物是非法的。但在居住房屋租赁中，由于考虑承租人工作和生活的方便，法律允许承租人之间互换住房。一般说来，应予支持配合。换房应办理有关规定的手续（如变更登记等）。换房后，原租赁合同即行终止，新承租人与出租人另行签订房屋租赁合同。

七、转租问题

根据《最高人民法院关于审理城镇房屋租赁合同纠纷案件具体应用法律若干问题的解释》的有关规定，承租人经出租人同意将租赁房屋转租给第三人时，转租期限超过承租人剩余租赁期限的，超过部分的约定无效，但出租人与承租人另有约定的除外。出租人知道或者应当知道承租人转租，但在6个月内未提出异议，就不能以承租人未经同意为由请求解除合同或者请求法院认定转租合同无效。

因承租人拖欠租金，出租人请求解除合同时，次承租人可以请求代承租人支付欠付的租金和违约金以对抗出租人的合同解除权。这也体现了法律对承租人的特别保护。次承租人代为支付的租金和违约金超出其应付的租金数额，可以折抵租金或者向承租人追偿。房屋租赁合同无效、履行期限届满或者解除，出租人有权请求负有腾房义务的次承租人支付逾期腾房占有使用费。

八、租赁房屋的改建、装修问题

在实践中，承租人基于自身生活、生产需要往往会对所租赁的房屋进行各种改建和装修，在合同约定不明时由此产生诸多纠纷。对此，《最高人民法院关于审理城镇房屋租赁合同纠纷案件具体应用法律若干问题的解释》用了5条的篇幅进行规定。

对于出租人同意的装饰装修和改建：①租赁合同无效时，未形成附合的装饰装修物，出租人同意利用的，可折价归出租人所有；不同意利用的，可由承租人拆除。因拆除造成房屋毁损的，承租人应当恢复原状。已形成附合的装饰装修物，出租人同意利用的，可折价归出租人所有；不同意利用的，由双方各自按照导致合同无效的过错分担现值损失。②租赁期间届满或者合同解除时，除当事人另有约定外，未形成附合的装饰装修物，可由承租人拆除。因拆除造成房屋毁损的，承租人应当恢复原状。③承租人经出租人同意装饰装修，合同解除时，双方对已形成附合的装饰装修物的处理没有约定的，人民法院按照下列情形分别处理：其一，因出租人违约导致合同解除，承租人可以请求出租人赔偿剩余租赁期内装饰装修残值损失；其二，因承租人违约导致合同解除，承租人不能请求出租人赔偿剩余租赁期内装饰装修残值损失，但出租人同意利用的，应在利用价值范围内予以适当补偿；其三，因双方违约导致合同解除，剩余租赁期内的装饰装修残值损失，由双方根据各自的过错承担相应的责任；其四，因不可归责于双方的事由导致合同解除的，剩余租赁期内的装饰装修残值损失，由双方按照公平原则分担。④承租人经出租人同意装饰装修，租赁期间届满时，承租人可以请求出租人补偿附合装饰装修费用。⑤承租人经出租人同意扩建，但双方对扩建费用的处理没有约定的：其一，办理合法建设手续的，扩建造价费用由出租人负担；其二，未办理合法建设手续的，扩建造价费用由双方按照过错分担。

承租人擅自变动房屋建筑主体、承重结构或者扩建，在出租人要求的合理期限内仍不予恢复原状，出租人可以解除合同并要求赔偿损失，但应采取适当措施防止损失扩大，没有采取适当措施致使损失扩大的，不得就扩大的损失要求赔偿。承租人未经出租人同意装饰装修或者扩建发生的费用，由承租人负担。出租人有权请求承租人恢复原状或者赔偿损失。

需要说明的是，双方当事人有约定的，原则上从其约定。

■ 思考题

1. 租赁合同有何特征？
2. 试述出租人的瑕疵担保责任。
3. 试述承租人的义务。

4. 试述转租中出租人、承租人、次承租人的关系。

5. 试述不同情形的不定期租赁合同的解除。

■参考资料

1. 张民安、王红一主编：《合同法》，中山大学出版社 2003 年版。

2. 邱燕：《租赁合同》，人民法院出版社 2000 年版。

3. 李延荣：《土地租赁法律制度研究》，中国人民大学出版社 2004 年版。

4. 祝铭山主编：《房屋租赁纠纷》，中国法制出版社 2003 年版。

5. 易军、宁红丽：《合同法分则制度研究》，人民法院出版社 2003 年版。

第十五章　融资租赁合同

■ 学习目的和要求

　　通过本章的学习，掌握融资租赁合同的概念；融资租赁合同中三方当事人的关系；与买卖合同、租赁合同的不同之处。

第一节　融资租赁合同概述

一、融资租赁合同的概念

　　融资租赁合同，是融信贷和租赁为一体的一种新型租赁合同。我国《合同法》第237条规定，"融资租赁合同是出租人根据承租人对出卖人、租赁物的选择，向出卖人购买租赁物，提供给承租人使用，承租人支付租金的合同"。

　　与传统租赁合同不同，融资租赁合同，除出租人和承租人外，还涉及第三人，即出卖人。出租人往往为专门经营租赁业务的租赁公司，承租人则多为在生产上急需资金或设备的企业。因此有人称之为现代租赁，以区别于传统租赁。融资租赁合同，是指出租人应根据承租人的要求和选择，筹集资金从出卖人处购买承租人所需要的财产并租给承租人使用；承租人则按合同规定支付租金。租赁期限届满，承租人可以很少的"名义货价"或商定价格将租赁物买下来，也可以续租或退租。

二、融资租赁合同的特征

　　1. 融资租赁合同是转移财产使用权合同。根据《合同法》第242条规定，融资租赁合同的内容是转移租赁物的使用权，租赁物的所有权归出租人，承租人破产时，租赁物不得作为破产财产。

　　2. 融资租赁合同属于双务、有偿合同。在融资租赁合同中，承租人有权取得租赁物的占有、使用权，同时承担支付租金的义务；出租人有权取得租赁物的所有权并收取租金，同时承担向出卖人支付货款的义务；出卖人有权收取出租人的货款，但必须向承租人交付租赁物。因此，融资租赁合同为双务、有偿合同。

3. 融资租赁合同为诺成、要式合同。融资租赁合同只需当事人就合同的主要内容达成一致，便产生合同效力，不需交付实物。《合同法》第240条规定："出租人、出卖人、承租人可以约定，出卖人不履行买卖合同义务的，由承租人行使索赔的权利。……"这表明，若出卖人不交付标的物，承租人可依合同约定，追究出卖人的违约责任。同时也表明，融资租赁合同为诺成合同。

融资租赁合同属要式合同。《合同法》第238条第2款规定："融资租赁合同应当采用书面形式。"在融资租赁合同中，应当载明：租赁物的名称、数量、规格、技术性能、检验方法、租赁期限、租金的构成及其支付期限和方式、币种、租赁期间届满租赁物的归属等条款。

三、融资租赁合同与相关合同的区别

（一）融资租赁合同与租赁合同的区别

融资租赁合同从广义上说，属于租赁合同的一种，具有与传统租赁合同相同的一面，即在租赁期间，承租人所取得的只是租赁物的使用权，而不是所有权，所有权属于出租人。同时，承租人取得租赁物的使用权是以支付租金为代价的。但是，融资租赁合同更具有与传统租赁合同不同的一面。这种区别表现在：①租赁物。传统的租赁合同，无论是动产租赁还是不动产租赁，其标的物（即租赁物）总是在合同签订时就已经存在并为出租人直接控制，且往往已被出租人或他人利用过。而在融资租赁合同中，出租人拥有的往往是资金，而不是现成的财产（即租赁物）；承租人所需要的财产尚待出租人用其资金向出卖人购得。也就是说，融资租赁合同的标的物（即租赁物），很少在合同签订时就已为出租人所控制，出租人得用自己的资金去同出卖人换取。且这种租赁物往往是全新的，在此之前，一般未被他人利用过。②传统的租赁，租期届满，出租人一般收回租赁物。而在融资租赁合同中，租赁期限届满，承租人具有选择权，即承租人有权续订租赁合同，或者将租赁物返还给出租人，或者支付合理代价取得租赁物所有权。在通常情况下，承租人多会作后一种选择。而这后一种选择，恰恰是传统租赁合同所不具备的。

（二）融资租赁合同与借款合同的区别

借款合同，出借人（或贷款人）所提供的仅仅是"融资"服务，且借用人借的是钱，归还的也是钱。融资租赁合同则不同，出租人提供以"融物"代替"融资"的服务，使承租人在获得租赁物使用权的同时，实际上也取得了经营业务所必需的资金。如有必要，承租人还可以将租赁物买下来。因此，有人概括地说，一般借款是"借款还钱"，融资租赁是"借物还钱"。此话不无道理。

（三）融资租赁合同与分期付款买卖合同的区别

尽管从表现上看，出租人和买受人都分期向对方支付一定的代价（租金或货款）。但是，分期付款的买卖，标的物所有权归买受人所有，计入固定资产。而融资租赁合同，在履行过程中，虽然承租人分期支付了租金，但租金并非租赁物的代价。因此，无论支付了多少租金，租赁物的所有权都不属于承租人。租赁财产不能作为固定资产，而只能以租赁物进行登记；租金计入成本内，并可享受税收优惠。

（四）融资租赁合同的认定

综上所述，融资租赁合同与其他相关合同既有共同点又有差异，因此准确认定对正确地适用法律具有重要意义。

在认定时，应首先根据《合同法》第237条的规定，结合标的物的性质、价值、租金的构成以及当事人的合同权利和义务，对是否构成融资租赁法律关系作出认定；对名为融资租赁合同，但实际不构成融资租赁法律关系的合同，应按照其实际构成的法律关系处理。

对于实践中存在的承租人将其自有物出卖给出租人，再通过融资租赁合同将租赁物从出租人处租回的，我们不应仅以承租人和出卖人系同一人为由而认定不构成融资租赁法律关系。

第二节　融资租赁合同的成立

传统租赁合同中，只要出租人和承租人就合同主要内容达成一致，当事人之间权利义务便告产生，且双方权利义务直接、具体。然而，融资租赁合同中，由于出租人一般并不是事先掌握由承租人所需要的租赁物，因此，合同的权利义务必然涉及第三人，即租赁物的出卖人。这样，在融资租赁合同订立和履行过程中，须有三种合同关系来联结他们之间的权利义务关系。这就是除出租人和承租人间的融资租赁合同关系外，还有承租人和出租人之间的购物委托协议关系以及出租人和出卖人之间的买卖合同关系。

由于融资租赁合同约定的、承租人所需要的租赁物，出租人并未实际拥有，而有待出租人向出卖人购买。而购得的租赁物又直接由承租人使用、收益。因此，承租人和出租人在订立融资租赁合同的同时，可订立购物委托协议。即由承租人确定出卖人、购买租赁物的条件和具体要求，出租人依据承租人的要求购买租赁物。

出租人依购物委托协议与出卖人订立买卖合同，购买租赁物，并不是以承租人的代理人的身份出现，而是以自己的名义签订。买卖合同的主体是出租人和出卖人。其权利义务具有一般买卖合同的要求。但又与一般买卖合同不同。在此买卖合同中，支付货款的义务由出租人承担，而接受标的物的权利由承租人享有，承租人具有与买受人相当的权利，即出卖人向承租人交付标的物，承租人接受标的物，对标的物进行验收，并将验收结果及时通知出租人。若标的物不符合合同约定，承租人可以直接向出卖人提出异议，出卖人向承租人承担标的物瑕疵担保责任。正因如此，出租人与出卖人订立买卖合同，应明确出卖人对承租人的标的物交付义务及瑕疵担保责任，由承租人签名或盖章确认。经确认的买卖合同对出租人、承租人、出卖人均有约束力。除法律或合同另有约定外，买卖合同的变更、解除须经三方同意。

对于根据法律、行政法规的规定，承租人对租赁物的经营使用应当取得行政许可的情形，出租人未取得行政许可不必然导致融资租赁合同无效，应根据具体情况做具体分析。

融资租赁合同被认定无效后，当事人就合同无效情形下租赁物归属有约定的，从其约定；未约定或者约定不明，且当事人协商不成的，租赁物应当返还出租人。因承租人原因导致合同无效，出租人不要求返还租赁物，或者租赁物正在使用，返还出租人后会显著降低租赁物价值和效用的，租赁物可以考虑归承租人所有，承租人根据合同履行情况和租金支付情况再对租赁物进行折价补偿给出租人。

第三节　融资租赁合同当事人的主要义务

一、承租人的主要义务

（一）租赁物的受领义务

承租人应按约定或出租人通知的日期接受租赁物，不得无故迟延接受或拒收。否则，致使出租人实际支出的保管、保养等费用，承租人应负赔偿责任。同时，承租人接受租赁物时应进行验收，并将验收结果及时通知出租人，若承租人怠于通知，应承担对自己造成的不利后果。如果承租人在验收过程中，发现租赁物不符合合同约定，应向出卖人提出异议，并向出卖人请求瑕疵担保责任。同时，承租人不得因此对抗出租人，不影响其向出租人支付租金的义务。因此，《合同法》第244条明确规定，"租赁物不符合约定或者不符合使用目的的，出租人不承担责任……"因为，对于出卖人和租赁物的选择，是根据承租人的意志决定的，理应由承租人负责。但是，"……承租人依赖出租人的技能确定租赁物或者出租人干预选择租赁物的除外"。

（二）租赁物的使用、保管、维修和保险义务

在租赁期限内，租赁物的所有权归出租人，使用、收益权归承租人。承租人应按照约定或租赁物的性质对租赁物进行使用、收益。若承租人未依约定或合理使用方法，造成租赁物损毁、灭失的，出租人可解除合同，并要求承租人承担损害赔偿责任或支付违约金。

承租人占有租赁物期间，应妥善管理租赁物，因租赁物造成第三人的人身伤害或者财产损害的，出租人不承担责任。若损害是由于租赁物质量的瑕疵所致，该损害应由出卖人承担。若该损害系由承租人管理租赁物过失所致，则应由承租人承担。

承租人在使用租赁物过程中，对租赁物应妥善保管和维修。因保管和维修所支出的必要费用，由承租人承担。这是融资租赁合同与传统租赁合同的又一不同之处。

承租人在使用租赁物过程中，一般应亲自使用，未经出租人同意，不得将出租物转租他人。否则出租人可解除合同。若承租人经出租人同意，可将租赁物转租他人。在转租关系中，次承租人与出卖人的关系适用承租人与出卖人的关系。次承租人与转租人的关系，适用承租人和出租人的关系。

租赁物应设立保险，对于投保事务的办理和保险费的支付，出租人和承租人可以约定。若未事先约定，投保事务由出租人负责，保险费用由承租人承担。

（三）支付租金的义务

支付租金是承租人最主要的义务。承租人不得无偿使用租赁物，也不得因拒收租赁物或以该租赁物有瑕疵等原因而拒付租金。承租人支付租金，应按合同约定的数额、期限和方式支付。若当事人未约定租金或约定不明确，应依《合同法》第243条的规定，根据购买租赁物的大部分或者全部成本以及出租人的合理利润确定。若承租人未依约支付租金，出租人可要求其在合理的期限内支付，承租人在该期限内仍不支付的，出租人可以请求即时交付欠租和未到期的全部租金；也可终止合同，收回租赁物，并请求支付约定的损害赔偿金。

（四）选择通知的义务

租赁期限届满，承租人享有选择权。即承租人有权选择支付合理代价取得租赁物所有权，或者续订租赁合同，或者将租赁物退还出租人。

续订租赁合同或者返还租赁物，与传统租赁合同的要求一致，应及时办理续租或退租手续。若承租人选择留购，则应支付合理价款，完成产权转移手续。这里，合理价款应由双方当事人协商，一般来说是比较低的，外国称为"名义货价"。因此，不能理解为租赁物本身所具有的价格。

《合同法》第250条规定："出租人和承租人可以约定租赁期间届满租赁物

的归属。对租赁物的归属没有约定或者约定不明确，依照本法第61条的规定仍不能确定的，租赁物的所有权归出租人。"

如果当事人约定租赁期间届满租赁物归承租人所有，承租人已支付大部分租金，但无力支付剩余租金，出租人因此解除合同收回租赁物，收回的租赁物的价值超过承租人欠付的租金以及其他费用的，承租人可以要求部分返还。

二、出租人的义务

（一）出资义务

在融资租赁合同中，出租人最主要的义务是出资义务。即出租人在收到承租人开出的租赁物受领证后，应及时向出卖人履行支付货款的义务，以保证承租人依约取得租赁物的使用权。若因出租人的行为致使承租人不能依约使用租赁物，承租人可解除合同，或者请求减少租金，或者请求延长租期。但是，出租人对租赁物的瑕疵不负担保责任。其瑕疵担保责任，依《合同法》的规定应由出卖人承担。

（二）其他义务

由于在租赁期限内，租赁物的所有权仍归出租人享有。因此，出租人可依所有权人身份出卖、抵押租赁物。但租赁物所有权移转后，原租赁合同对租赁物的新所有权人继续有效。对租赁物设定抵押后，抵押权人行使的权利不得影响承租人的利益，受让方不得以此为由请求解除或者变更融资租赁合同。

第四节　融资租赁合同的履行

融资租赁合同涉及多方主体，加之履行期限较长，标的物价值巨大且往往技术性较强，因此在合同履行过程中容易产生纠纷。为此，《最高人民法院关于审理融资租赁合同纠纷案件适用法律问题的解释》作了专门规定。

由于在融资租赁合同中，出卖人和租赁物都是由承租人选择的，因此出卖人违反合同约定的向承租人交付标的物的义务的，在出现下列情形之一时，承租人可以拒绝受领租赁物：①租赁物严重不符合约定的；②出卖人未在约定的交付期间或者合理期间内交付租赁物，经承租人或者出租人催告，在催告期满后仍未交付的。承租人拒绝受领租赁物，未及时通知出租人，或者无正当理由拒绝受领租赁物，造成出租人损失，出租人向承租人主张损害赔偿的，人民法院应予支持。承租人对出卖人行使索赔权，不影响其履行融资租赁合同项下支付租金的义务，但承租人以依赖出租人的技能确定租赁物或者出租人干预选择租赁物为由，主张减轻或者免除相应租金支付义务的除外。

承租人占有租赁物期间，租赁物毁损、灭失的风险由承租人承担，出租人有权要求承租人继续支付租金，但当事人另有约定或者法律另有规定的除外。当事人约定租赁期间届满后租赁物归出租人的，因租赁物毁损、灭失或者附合、混同于他物导致承租人不能返还，出租人可以要求其给予合理补偿。

　　承租人或者租赁物的实际使用人，未经出租人同意转让租赁物或者在租赁物上设立其他物权，第三人可依据《物权法》第 106 条的规定善意取得租赁物的所有权或者其他物权。有下列情形之一的，出租人才可主张第三人物权权利不成立：①出租人已在租赁物的显著位置作出标识，第三人在与承租人交易时知道或者应当知道该物为租赁物的；②出租人授权承租人将租赁物抵押给出租人并在登记机关依法办理抵押权登记的；③第三人与承租人交易时，未按照法律、行政法规、行业或者地区主管部门的规定在相应机构进行融资租赁交易查询的；④出租人有证据证明第三人知道或者应当知道交易标的物为租赁物的其他情形。

第五节　融资租赁合同的解除

　　购物委托协议、买卖合同是融资租赁合同的组成部分。若买卖合同不成立、无效或被解除，融资租赁合同可以解除。若融资租赁合同不成立、无效或被解除，买卖合同可以解除，但标的物已交付的除外。因为标的物已交付，标的物的所有权发生转移，且这种转移并不违法。因此，只有在标的物交付前，融资租赁合同不成立、无效或解除的，买卖合同才可以解除。此外，租赁物因不可归责于双方的原因意外毁损、灭失且不能修复或者确定替代物的，或者因出卖人的原因致使融资租赁合同的目的不能实现的，出租人或者承租人也可以解除融资租赁合同。因出租人的原因致使承租人无法占有、使用租赁物，承租人可以请求解除融资租赁合同。

　　出租人在出现以下情形时，可以请求解除融资租赁合同：①承租人未经出租人同意，将租赁物转让、转租、抵押、质押、投资入股或者以其他方式处分租赁物的；②承租人未按照合同约定的期限和数额支付租金，符合合同约定的解除条件，经出租人催告后在合理期限内仍不支付的；③合同对于欠付租金解除合同的情形没有明确约定，但承租人欠付租金达到两期以上，或者数额达到全部租金15% 以上，经出租人催告后在合理期限内仍不支付的；④承租人违反合同约定，致使合同目的不能实现的其他情形。

　　出租人在融资租赁合同因租赁物交付承租人后意外毁损、灭失等不可归责于当事人的原因而解除，出租人可以要求承租人按照租赁物折旧情况给予补偿。此外，融资租赁合同因买卖合同被解除、被确认无效或者被撤销而解除，出租人可以根据融资租赁合同约定，或者以融资租赁合同虽未约定或约定不明但以出卖人及租赁物系由承租人选择为由，请求承租人赔偿相应损失。出租人的损失已经在买卖合同被解除、被确认无效或者被撤销时获得赔偿的，应当免除承租人相应的赔偿责任。

第六节　融资租赁合同的违约责任

就违约行为的种类而言，出租人的违约行为可以分为违反主体、主要义务的行为和违反协助、辅助义务的行为。对于前者，主要是指出租人违反《合同法》第245条规定的行为，在实践中主要有以下类型：①无正当理由收回租赁物；②无正当理由妨碍、干扰承租人对租赁物的占有和使用；③因出租人的原因导致第三人对租赁物主张权利；④不当影响承租人对租赁物占有、使用的其他情形。对于后者，在实践中主有以下类型：①明知租赁物有质量瑕疵而不告知承租人的；②承租人行使索赔权时，未及时提供必要协助的；③怠于行使融资租赁合同中约定的只能由出租人行使对出卖人的索赔权的；④怠于行使买卖合同中约定的只能由出租人行使对出卖人的索赔权的。出租人违反《合同法》第241、244条规定的行为，在实践中主有以下类型：①出租人在承租人选择出卖人、租赁物时，对租赁物的选定起决定作用的；②出租人干预或者要求承租人按照出租人意愿选择出卖人或者租赁物的；③出租人擅自变更承租人已经选定的出卖人或者租赁物的。

对于承租人逾期履行支付租金义务或者迟延履行其他付款义务的违约行为，出租人可以按照融资租赁合同的约定要求承租人支付逾期利息、相应违约金，或者请求解除融资租赁合同。出租人可以依照《合同法》第248条的规定作出选择。

出租人请求承租人支付合同约定的全部未付租金，人民法院判决后承租人未予履行，出租人可以再行起诉请求解除融资租赁合同、收回租赁物。出租人还可以依照《最高人民法院关于审理融资租赁合同纠纷案件适用法律问题的解释》第12条的规定请求解除融资租赁合同，同时请求承租人赔偿损失并收回租赁物；损失赔偿范围为承租人全部未付租金及其他费用与收回租赁物价值的差额；合同约定租赁期间届满后租赁物归出租人所有的，损失赔偿范围还应包括融资租赁合同到期后租赁物的残值。

诉讼期间内，承租人与出租人对租赁物的价值有争议的，人民法院可以按照融资租赁合同的约定确定租赁物价值；融资租赁合同未约定或者约定不明的，可以参照融资租赁合同约定的租赁物折旧以及合同到期后租赁物的残值确定租赁物价值。承租人或者出租人认为依前款确定的价值严重偏离租赁物实际价值的，可以请求人民法院委托有资质的机构评估或者拍卖确定。

■思考题

1. 融资租赁合同有哪些特征？
2. 试述融资租赁合同中三方当事人的关系。
3. 试比较融资租赁合同与租赁合同的异同。
4. 试比较融资租赁合同与买卖合同的异同。

■参考资料

1. 王轶编著：《租赁合同·融资租赁合同》，法律出版社 1999 年版。
2. 奚晓明主编，最高人民法院民二庭编著：《最高人民法院关于融资租赁合同司法解释理解与适用》，人民法院出版社 2014 年版。
3. 肖学治主编：《融资租赁合同》，中国民主法制出版社 2003 年版。
4. 程卫东：《国际融资租赁法律问题研究》，法律出版社 2002 年版。
5. 谭秋桂编著：《租赁合同、融资租赁合同实务》，知识产权出版社 2005 年版。
6. 邹川宁主编：《租赁合同、融资租赁合同案例评析》，知识产权出版社 2007 年版。

第十六章　承揽合同

■ 学习目的和要求

　　通过本章的学习，了解承揽合同是完成工作的合同，在合同法规定的有名合同中，承揽合同是定型化较早的一类。加工合同、定作合同、修理合同等都是承揽合同的具体表现形式。与其他合同相比较，承揽合同中的承揽人享有留置权，这是其他合同所没有的。重点掌握承揽合同的内容和效力，特别是承揽合同中的留置权和标的物风险负担的确定。

第一节　承揽合同概述

一、承揽合同的概念和法律特征

　　承揽合同是承揽人按照定作人的要求完成一定的工作，交付工作成果，定作人接受工作成果并给付报酬的合同。在承揽合同中，要求他人完成一定工作的人是定作人，按他人要求从事一定工作的人是承揽人，定作人要求完成的工作成果，称为定作物。承揽人和定作人是承揽合同关系的两个主体。

　　承揽合同是一种典型的完成工作的合同，具有以下法律特征：

　　1. 承揽合同的标的是一定的工作成果。承揽合同是完成工作的合同，合同设立的目的是完成一定的工作，工作完成的标志是工作成果的产生。因此，承揽合同注重的是工作成果，而不是工作本身。承揽合同的标的是工作成果而不是工作过程。当然，工作成果的取得无疑要通过承揽人付出一定的劳务，但承揽合同却不是提供劳务的合同。承揽人如果仅仅进行了工作而没有工作成果，对于定作人来说就没有任何意义。

　　2. 承揽合同的标的具有特殊性。承揽合同的标的是一定的工作成果，但这个工作成果在合同订立时却是不存在的，而是要通过承揽人的承揽行为来完成。承揽人如果将已经存在的物作为工作成果来交付，或是将不是承揽人行为而取得的物来交付，都不符合承揽合同的要求。可见，在工作成果的交付上，虽然与买卖合同有相似之处，即标的物所有权的移转，但实质上，承揽合同却不同于买卖合同。另一方面，承揽合同的标的虽在合同成立时并不存在，但却已是特定化了的物。因为定作人提出的要求，就是承揽工作成果特定化的依据，承揽人完成的工作成果须符合定作人的要求、设计。

3. 承揽合同是承揽人以自己的技术、设备和劳力独立完成工作的合同。这是承揽合同的人身性表现。定作人之所以选定承揽人来完成一定的工作，往往是在对承揽人进行了解之后产生信任而决定的。因此承揽人必须以自己的技术、设备、劳力为定作方完成工作，并承担工作不能完成的风险责任。一般情况下不得将承揽工作交由第三人完成。否则，就违背了承揽合同订立的基础。

4. 承揽合同是移转标的物所有权的合同。承揽合同的标的物——工作成果是在合同成立时尚未存在，但在交付时，还要将工作成果的所有权一并移转给定作人。基于此，承揽合同是交付将来存在的标的物的合同。

5. 承揽合同是以留置担保为合同履行担保的合同。留置担保即以留置债务人财产作为债务人履行债务的担保。留置担保是典型的法定担保，因留置物的价值往往会远远大于留置权人的债权，其所要求的条件十分严格，须是债权人合法占有债务人财产。在承揽合同中，承揽正是以承揽人占有定作人财产为前提的。因此，承揽合同的履行，无须另行设立担保。当然，当事人约定排除留置担保的，承揽人就不得以对工作成果的留置权来担保。

6. 承揽合同是双务、有偿、诺成合同。承揽合同是承揽人完成一定的工作成果，定作人为此交付报酬的合同，因而是双务的、有偿的。同时，承揽合同的成立无须也无法实际交付标的物，因而又是诺成的合同。

二、承揽合同的种类

承揽合同的种类很多，根据我国《合同法》的规定，主要有以下几种：

1. 加工合同。它是来料加工合同的简称，指承揽人用定作人提供的原材料，按定作人的要求为定作人加工特定的产品，定作人支付约定报酬的合同。其特点是，原材料由或主要由定作人提供，承揽方收取加工费。

2. 定作合同。它是指由承揽人自己提供原材料，并将原材料加工成产品交付于定作人，定作人支付约定报酬的合同。定作合同与加工合同区别的主要标志，在于原材料由谁来提供。

3. 修理合同。它是指由承揽人用自己的技术、设备、劳力，将定作人不能使用的或已经损坏的物品修复到能够使用的状态，定作方给付约定报酬的合同。如家电维修、房屋修缮等。

4. 复制合同。它是指承揽人按照定作人的要求，将定作人的文稿或其他样品予以打印复制，定作人接受该工作成果并支付约定报酬的合同。

5. 测试合同。它是承揽人用自己的技术、设备、知识、劳力为定作人提供的物品进行测试，定作人按约定支付报酬的合同。如机械设备的安装测试。

6. 其他承揽合同。承揽合同除上述几种比较典型的合同外，还有检验合同、资料翻译合同、工作成果鉴定合同等种类，在此不再一一叙述。

第二节　承揽合同的内容

合同的内容是通过合同条款表现出来的，全部合同条款构成完整的合同内容。承揽合同种类繁多，不同类型的承揽合同在内容上也不完全相同。对承揽合同内容的把握，我们只能从承揽合同一般应包含的主要条款上进行。承揽合同是一种有名合同，其所包含的主要条款有承揽的标的、数量、质量、报酬、承揽方式、原材料的提供、履行期限、验收标准和方法等。

一、承揽标的

承揽标的是承揽合同中权利义务所指向的对象，即工作成果，也即定作物。在不同种类的承揽合同中，定作物的称谓也不一样。一般在加工、定作、修理合同中，称品名；在其他承揽合同中，称项目。无论称谓如何，承揽标的均应规定得明确、具体，不能含混不清。

二、数量和质量

数量是标的物量的标准，承揽合同应对承揽标的的数量作出明确规定。否则，承揽人不知如何履行工作义务。

质量是标的物在质上的要求，承揽合同中，标的物的质量条款中标的物的技术标准、标号、代号、标准的名称都应明确约定，并附相应的图纸。若以某一样品为标准，就应写明样品的名称并保存样品。

三、原材料的提供及原材料的数量、质量要求

法律没有对承揽合同原材料的提供由哪方负责进行强行的规定，而原材料却是承揽合同的工作完成的物质基础。承揽合同的原材料提供，可以是承揽方提供，也可以是定作方提供。由哪方提供，应在合同中明确规定。承揽合同对原材料提供的规定，应同时规定原材料的名称、规格、数量、质量。如果原材料由定作方提供，合同中就应明确规定原材料的消耗定额，定作方应按合同规定的时间、数量、质量、规格提供原材料，承揽方应及时检验，发现不合格应及时通知定作方更换。如果是由承揽方提供原材料的，应经定作方检验认可才能使用，否则就会影响到工作成果的质量。

四、报酬

报酬是指定作方对承揽方完成工作所应支付的酬金。对于承揽方来说，其主要目的就是通过完成一定的工作而取得报酬。因此，报酬是承揽合同的主要内容。报酬与价款不同，在合同规定报酬时应注意区分。由于提供原材料方的不同，工作成果的价值构成也不同。在原材料由定作人提供时，承揽合同只存在报酬问题；在原材料由承揽方提供时，除了承揽人完成工作的报酬外，定作人还应支付原材料的购买费用。这时，承揽人的报酬和原材料购置费的总和就叫价款。因此，在订立合同时，应明确规定报酬及原材料价款，规定报酬的支付方式、支付时间及原材料价款的支付方式、支付时间。

五、承揽方式

承揽方式是指承揽人完成工作的方式，即承揽工作是由承揽人独立完成，或是可与第三人共同完成。由于承揽合同的人身性，承揽人完成工作应由承揽人单独亲自完成，如此才能不违反定作人对他的信任。当然，在承揽合同中，需要完成的工作可分为主要工作和辅助工作。主要工作是直接影响到工作成果的工作，辅助工作对工作成果的完成起次要作用。对于主要工作，法律没有禁止其可转由第三人完成的规定，但对主要工作由第三人完成的，必须有当事人的明确约定，否则，定作人就有权解除合同。对于辅助工作，法律没有规定必须由承揽人完成，对辅助工作不能由第三人完成的，须有当事人的明确约定，否则，承揽人可将辅助性工作交由第三人完成。当然，无论是主要工作或是辅助工作交由第三人完成，也无论定作人是否同意，承揽人都应就第三人完成的工作向定作人负责，而不是由第三人直接向定作人负责。因此，在承揽合同中，当事人应明确规定承揽人的承揽方式。

六、合同的履行期限、地点、方式

承揽合同的履行期限就是承揽人完成工作的期限，履行地点就是工作成果交付的地点，履行方式就是工作成果的交付方式。履行地点可以是定作人所在地，可以是承揽人所在地，或可以是工作成果所在地；履行方式可以是定作人自提标的，可以是承揽人送货。这些都涉及承揽合同的履行能否顺利进行，当事人应在合同中明确约定。

七、验收方法和标准

验收方法就是检验承揽工作成果的方法，验收标准就是检验工作成果是否符合定作人要求的标准。不同的承揽合同，验收方法不同，就是同一承揽合同，也有不同的验收方法和标准。定作人是否接收承揽人完成的工作成果，取决于工作成果是否符合定作人的要求。要得知工作成果是否符合要求，一般应通过验收，验收方法和验收标准直接关系到验收的结果。因此，当事人应在合同中明确加以规定。定作人应按合同规定的期限、标准、方法对工作成果进行及时的验收，有技术资料、图纸的，技术资料和图纸是合同的一部分，定作方验收时要按技术资料和图纸进行，验收前承揽方应向定作方提供必要的技术资料和质量证明。有些工作成果的缺陷在短期内是难以发现的，应由双方商定一定的保证期，以便明确责任。

八、违约责任

违约责任是绝大多数合同的主要内容，承揽合同也不例外。承揽合同当事人应在合同中规定违约责任的承担，明确承担责任的情况和责任承担的方式、计算方法或数额，以便发生纠纷时作为解决的依据。

九、双方约定的其他条款

由于合同当事人要求的千差万别，承揽合同种类的不同，上列条款也并不是承揽合同的全部条款。当事人还可以根据自己的要求约定其他条款，如定金条款等。当事人约定的其他条款也是承揽合同的内容。

第三节 承揽合同的效力

承揽合同的效力是指承揽合同对当事人所产生的法律约束力。承揽合同是双务、有偿、诺成合同，依法成立后即对双方当事人产生法律约束力，当事人应按合同约定履行自己的义务，行使自己的权利。因此，承揽合同的效力集中体现在承揽合同当事人的权利义务之上。

一、对承揽人的效力

承揽合同对承揽人的效力主要表现在承揽人所应承担的主要义务上，这就是：

1. 按照合同的约定完成工作。按照合同约定完成工作，这是承揽人的主要义务。在这一义务中，承揽人应依据合同规定，按定作人要求的时间、技术条件、质量等，完成承揽工作，非经定作人的同意，不得擅自变更。在完成工作的过程中，如果发现定作人提供的图纸或技术的要求不合理，应及时通知定作人变更，而不能擅自修改。在进行工作期间，应接受定作人的必要监督。在由承揽人提供原材料时，应接受定作人对原材料的检验。在完成工作后，应按合同规定及时向定作人交付工作成果，并接受定作人的验收。

2. 承揽人应亲自完成工作。承揽合同是基于定作人对承揽人的信任而产生的。这种信任，或是由于定作人对承揽人的了解，或是由于承揽人有某种独到的技术或经验，或是由于承揽人有良好的信誉或实力。因此，承揽人应以自己的技术、设备和劳力，亲自完成承揽工作。承揽工作可分为主要部分和辅助部分，主要部分是指对工作成果的质量起决定性作用的部分，辅助部分是指对承揽工作只起辅助作用的部分。对于承揽工作的主要部分，法律要求承揽人必须亲自完成，当然也允许当事人另有约定；对于辅助部分，法律不要求承揽人亲自完成，而可以由承揽人自行决定将其转由第三人完成，但应对第三人的工作成果向定作人负责。当然，也可由当事人约定辅助部分工作由承揽人亲自完成。未经定作人同意或约定而将承揽工作的主要部分转让给第三人完成的，定作人有权解除合同，不允许承揽工作的辅助部分转由第三人完成的，定作人应在承揽合同中明确约定。

3. 对定作人提供原材料的检验、保管和诚实使用义务。对于合同约定由定作人提供原材料的，承揽人对定作人提供的原材料负有检验、保管和合理使用的义务。这一义务要求对定作人提供的原材料应及时检验，发现不符合要求的，应及时通知定作人补齐、更换或采取其他补正措施。如果承揽人对定作人提供的原材料不及时进行检验，就视为所提供的原材料符合要求，因此造成定作物的质量问题或工作成果不能如期交付的，承揽人应承担责任。承揽人对定作人提供的原材料应妥善保管，由于保管不善而使其损毁或灭失的，承揽人要负责赔偿损失。承揽人应在进行工作的过程中，诚实地使用定作人提供的原材料，不得私自更换，不得以次充好，不得更换不需要修理的零部件。

4. 保密义务。承揽人对定作人要求保密的工作，应负保密义务，不得擅自留存工作成果的复制品或技术资料。否则，定作人有权要求销毁或赔偿损失。

5. 接受监督检查的义务。承揽人在工作期间应当接受定作人必要的监督和检查，以保证承揽人完成的工作成果符合定作人的要求。当然，定作人在监督检查的过程中，不得妨碍承揽人的正常工作。

6. 通知义务。通知义务是指承揽人应将承揽工作中的异常情况及时通知定作人。承揽人的通知义务发生在：①定作人提供的原材料不符合要求时，承揽人应及时通知定作人更换、补正；②承揽人发现定作人提供的图纸或技术要求不合理时，应及时通知定作人；③对非因承揽人原因而造成工作进度减缓或质量问题的，应及时通知定作人。以便定作人能及时采取补正措施，保证承揽工作的顺利完成。

7. 工作成果的交付义务。完成工作并交付工作成果是定作人和承揽人订立承揽合同的主要目的，因此承揽合同设立后，承揽人应按照合同约定的数量、质量和期限完成并交付工作成果，对定作物的附属物如备件、配件、维修工具、图纸、技术资料等，承揽人在交付定作物时应一并交付，并向定作人提供有关的质量证明。对于交付的工作成果，承揽人还负有移转工作成果所有权的义务，并承担对交付的工作成果的瑕疵担保责任。

8. 共同承揽人的连带责任。两个以上的承揽人共同对定作人完成一项工作时，在承揽合同没有相反约定的情况下，共同承揽人应对其给定作人造成的损失负连带赔偿责任。

二、对定作人的效力

承揽合同对定作人的效力主要表现为定作人应承担以下主要义务：

1. 按照约定提供原材料、零配件、图纸、技术资料的义务。原材料、零配件、图纸、技术资料是保证承揽工作进行所必需的工作资料，如果合同约定由定作人提供的，定作人应及时按合同约定的时间、地点、数量、质量提供。没有提供的，承揽人有权解除合同，并有权要求赔偿损失。

2. 接受工作成果的义务。定作人应按合同规定的时间、地点和方式验收并接受承揽人完成的工作成果。定作人迟延接受的，应承担违约责任；定作人无正当理由拒绝接受的，视为单方解除合同，应承担赔偿损失的责任。按照我国《合同法》的规定，定作人可以随时解除合同，但对于解除合同给承揽人造成损失的，应赔偿承揽人因此所受的损失。当然，如果在验收时发现工作成果有缺陷，定作人可拒绝接受。

3. 协助义务。因承揽工作的性质，承揽人完成约定义务需要定作人予以协助的，定作人应尽协助义务，因定作人未尽协助义务，致使承揽工作无法完成的，承揽人有权解除合同，并要求定作人对已支出的费用承担赔偿损失的责任。

4. 给付报酬和费用的义务。定作人应依合同约定的时间和数额向承揽人支付报酬，在由承揽人提供原材料的合同中，定作人还应支付承揽人的原材料费用。定作人逾期支付报酬和原材料费用的，承揽人有权要求其支付迟延交付期间的利息。

三、承揽人的留置权

承揽合同是以留置为担保方式的合同。在合同约定的报酬和原材料价款的支付期限届满而定作人未按约定支付时，承揽人对完成的工作成果享有留置权。留置经过一定的时间，定作人仍未支付的，承揽人有权将定作物变卖，以所得价款优先清偿其报酬和费用。如果定作物的变价不足以清偿承揽人的报酬和费用的，承揽人仍有权向定作人追偿不足的部分。

对于承揽人的留置权，我国《合同法》只规定在定作人未按约定支付报酬时存在，而定作人未按约定受领工作成果时是否享有留置权，却没有明确的规定。我们认为，结合《合同法》第 264 条的规定，定作人不按约定受领工作成果，可能产生受领迟延，定作人应向承揽人支付报酬、价款及费用；或产生解除合同，定作人应向承揽人赔偿损失。无论哪一种结果，都有定作人应向承揽人支付费用的问题，为保证承揽人的合法权益，应使承揽人享有对工作成果的留置权。

《合同法》规定承揽人对工作成果享有留置权，并未区分工作成果是动产或是不动产。根据留置权只在动产之上产生的特点，工作成果是不动产的，承揽人自然不能享有留置权。对此，有人认为，承揽人享有对不动产工作成果的法定抵押权。[1] 我们认为不妥。法定抵押权本身就是由法律规定的，我国《物权法》中，并没有法定抵押权制度，《合同法》于此也未加以规定。因此，承揽人对不动产工作成果并不享有法定抵押权。其请求支付报酬的权利只是一般的债权，可在合同订立时，通过设定其他形式的担保来进行担保。

在承揽合同中，承揽人对工作成果的留置权是一种法定担保物权，但当事人也可在合同中约定加以排除，即通过约定排除承揽人对工作成果享有留置权。

四、承揽合同中的风险负担

风险负担是指非因当事人的原因而使标的物意外灭失或毁损，造成损失的承担问题。承揽合同涉及的标的物主要是工作成果和原材料，承揽合同中的风险负担主要指工作成果或原材料的毁损、灭失造成的损失应由谁承担。具体说来，包括工作成果的风险负担和原材料的风险负担。

对于风险负担的承担，理论上和立法上向来有两种不同的主张：①所有权说。该说认为，标的物的风险应与所有权一致，谁享有对标的物的所有权，谁就承担该标的物的风险负担。所有权说是基于风险与利益一致原则，体现公平。②交付说。该说认为，标的物的风险负担应与标的物的交付相一致，交付前由交付人承担，交付后由受领人承担。交付说是根据占有原则，体现简便。我国《民法通则》虽没有对风险负担作出规定，但实践中长期适用的是所有权说。对于承揽合同中的风险负担，我国《合同法》中也没有直接的规定。根据其对买卖合同中风险负担的规定可知，我国《合同法》中风险负担是以标的物交付为主要标准的。具体到承揽合同中，我们认为，风险负担的确定应区分工作成果和原材料来确定。

1. 承揽合同工作成果的风险负担。根据我国《合同法》的规定，承揽合同工作成果的风险负担，应以交付为标准确定。在交付前由承揽人承担，在交付后由定作人承担。因此，确定工作成果的风险负担，事实上就是确定工作成果是否交付。定作人自提货物的，以承揽人通知定作人的提货日期为交付日期，但应考虑定作人必要的在途时间；提货地点为承揽人完成工作的地方，或者双方约定的其他地方；承揽人送货上门的，定作人实际接收的日期为交付日期，交付地点为定作人所在地，或者当事人双方约定的其他地方；承揽人代办托运的，以承运人

---

〔1〕　寇志新主编：《民法学》，陕西人民出版社 1998 年版，第 781 页。

签发单证上记载的日期为交付日期，运输部门接收货物的地点为交付地点。

定作人受领迟延，实际上是一种违约行为，风险应由定作人承担。

根据这一原则来确定工作成果的风险负担，避免了确定工作成果所有权时的繁琐，更为简便易行。因为虽然《民法通则》规定的所有权移转时间也是以交付为准，但在承揽合同中，工作成果交付之前，原材料由定作人全部提供的，工作成果的所有权由定作人享有。而这时定作人又无法控制工作成果，风险让他承担显然是不合理的。

2. 原材料的风险负担。承揽工作所需的原材料若系承揽人提供的，在其转化为工作成果之前，与定作人无关，原材料毁损、灭失的风险当然由承揽人自己承担无疑。

对于定作人提供的原材料在承揽人占有期间毁损、灭失的风险负担，我国《合同法》虽然没有规定，但从交付主义的精神出发，理应以交付为标准确定。即在交付给承揽人之前，由定作人承担，在交付给承揽人之后，由承揽人承担。原因在于：①我国《合同法》关于买卖合同标的物风险负担的确定是采交付主义的，如果承揽合同中原材料的风险负担采传统的所有权主义，就会出现同一部法律中有不同标准的混乱局面。②对于定作人来说，虽然这时原材料的所有权仍属于他，但他实际上已丧失了对原材料的控制权，无法采取相应的措施来预防风险的出现，仍要他来承担原材料的风险，对他来说是不公平的。同时，虽然承揽人对由定作人提供的原材料不享有所有权，但通过原材料转化为工作物的方式可以取得报酬，实质上也是从定作人提供的原材料上获得一定的利益，根据风险与利益相一致原则，由其承担对定作人提供的原材料的风险负担并不丧失公平性。

五、承揽合同的法定解除和终止

根据我国《合同法》的规定，当某些法定情况出现时，合同的当事人一方对合同享有单方解除权，这些法定情况主要有：①承揽人未经定作人同意，将承揽的主要工作转让给第三人完成的，定作人有权解除合同。②承揽工作需要定作人协助而定作人在经催告后逾期不履行协助义务的，承揽人有权解除合同。③以赔偿损失为条件，定作人可随时解除合同。

承揽合同的终止就是承揽合同关系的消灭。根据承揽合同的性质，一些国家的法律还规定了引起承揽合同当然终止的法定条件。这些条件一般有：①承揽人死亡；②并非由于承揽人的过失而致工作成果不能完成。当这两种情况出现时，合同法律效力终止，合同归于消灭，由此造成的损失应由承揽人承担，定作人仅对于完成工作的有用部分负受领并给付相应报酬的义务，如果已完成部分对于定作人并无效用，则定作人不负支付报酬的义务。我国《合同法》中，没有关于承揽合同终止的规定。

六、承揽合同的责任

承揽合同的责任是指当事人在履行承揽合同过程中所发生的法律责任。主要有损失赔偿责任和违约责任。

（一）承揽人的责任

1. 交付的工作成果不符合质量要求的责任。承揽人交付的工作成果不符合合同规定的质量要求的，是一种违约行为，承揽人应向定作人承担违约责任。承担质量不符的违约责任的主要方式有修理、重作、减少报酬、赔偿损失等。

2. 交付工作成果的时间不符合要求的责任。承揽人不按合同约定的时间交付工作成果的，属于违约，应承担迟延交付的违约责任。

3. 对定作人提供原材料的检验、保管、诚实使用的责任。承揽人没有及时检验定作人提供的原材料的，应对工作质量、数量负责，造成工作成果质量、数量不符合要求的，应承担违约责任。承揽人保管不善造成原材料的毁损、灭失的，应承担赔偿损失的责任。承揽人擅自更换定作人提供的原材料或零配件的，应承担赔偿损失的责任。

（二）定作人的责任

1. 定作人中途变更承揽工作要求的责任。定作人在承揽人进行工作的过程中，中途变更工作要求的，应承担赔偿损失的责任。

2. 定作人中途解除合同的责任。根据《合同法》的规定，定作人可以随时解除合同，但应赔偿承揽人因此造成的损失。可见，定作人中途解除合同的，要承担赔偿损失的责任，而不是违约责任。

3. 定作人未按合同规定支付报酬的责任。定作人未按合同规定向承揽人支付报酬的，属于违约行为，应承担违约责任。

■思考题

1. 承揽合同的主要内容有哪些？
2. 承揽合同标的物的风险负担如何确定？

■参考资料

《承揽合同范本》。

第十七章　建设工程合同

第一节　建设工程合同概述

一、建设工程合同的含义和特征

（一）建设工程合同的含义

建设工程合同是勘察单位、设计单位、施工单位与建设单位为完成某项工程项目的勘察、设计、施工、安装工作而签订的合同。其中，勘察、设计、施工单位一方称为承包方，建设单位一方称为发包方或委托方。

（二）建设工程合同的特征

建设工程合同具备完成工作合同的一般特征，即它的标的是完成工作成果，并具备诺成、双务、有偿的特性，所以，传统民法将它作为加工承揽合同中的一类。但与加工承揽合同相比较，它还具备以下不同于加工承揽合同的特点：

1. 建设工程合同的标的是建设工程项目，并非一般的加工定作物。建设工程项目，指各类房屋建筑和非房屋建筑（包括厂房、水库、桥梁、铁路、矿井、码头及学校、医院、住宅等）及其附属设施的建造和与其配套的线路、管道、设备的安装活动。这些工程项目耗资大，履行期长，并且有更严格的质量要求。

2. 建设工程合同的承包方要受到严格的主体条件限制。这是由合同的标的的特殊性决定的。按照我国《建筑法》第12、13条的规定，承包方应具备下列条件：①有符合国家规定的注册资本；②有与其从事的建筑活动相适应的具有法定执业资格的专业技术人员；③有从事相关建等活动所应有的技术装备；④具备法律、行政法规规定的其他条件；⑤在符合上述条件的情况下，经资质审查合格，取得相应的资质证书并获得合法的营业执照。

具备上述条件的建筑单位，在签订建设工程合同时不得超越其资质等级许可从事的建设工程项目范围，否则，其签订的合同无效。

3. 建设工程承包合同的内容比加工承揽合同要广泛得多。因为一项特定的工程建设项目的完成，要经过一系列复杂的环节：①需要对建设地点进行水文、地质勘察，对拟建的工程进行技术评价和经济评价，作出可行性研究报告；②进行工程设计，包括对整个工程规模、生产能力的基本设计及对具体建筑物及配套工程的详细具体的设计；③施工、安装；④竣工验收。当事人双方在整个建设过程中的权利义务关系都需要依赖建设工程合同进行调整，所以，合同权利义务的内容相应地要涉及这一过程的方方面面。

4. 国家对建设工程承包合同实行更加严格的管理和监督。这主要表现为，调整建设工程合同法律关系的法律、法规，除《合同法》的有关规定外，国家还专门颁布或发布了《建筑法》、《建设工程勘察设计管理条例》、《建设项目环境保护管理条例》等，以使工程质量和投资效果得到确保。

二、建设工程合同的种类

（一）按工程建设的环节分类

1. 建设工程勘察合同。这是承包人与发包人之间就建设地点的地理、地貌、水文等地质状况进行调查研究而签订的合同。

2. 建设工程设计合同。按照此合同，承包人应按发包人的要求，向发包人提供工程设计方案和施工图纸，并在施工过程中，对有关设计的问题进行现场指导和监督、验收。

3. 建设工程施工、安装合同。即就工程项目的建筑施工和安装所签订的合同。

值得注意的是，在建设工程合同中还有另一类合同——工程建设监理合同。它是由建设单位与工程监理单位签订的以由监理单位代表建设单位对承包单位在施工质量、建设工期和建设基金的使用等方面实行监督为内容的合同。严格意义上讲，它不属于建设工程合同之列，而属于委任合同。

（二）按合同的标的分类

1. 总承包合同。指发包人将工程项目的勘察、设计、施工、安装等全部工作交给同一个承包人承包而订立的合同，承包人因此称为总承包人。

2. 分项工程承包合同。指发包人将工程项目分成若干不同部分，分别就其中不同的部分与承包人订立独立的承包合同，各承包人只对自己承包的部分向发包人负责。

应该注意分项承包合同不同于分包合同或转包合同：

（1）分包合同是指总承包人或分项承包人在与发包人签订了总承包合同或分项承包合同后，再将其所承包的工程的一部分或全部交给第三人承包完成而签订的合同。按我国《建筑法》第29条的规定，建筑工程总承包单位可以将承包工程中的部分工程发包给具有相应资质条件的分包单位；但是，除总承包合同中约定的分包外，必须经建设单位认可。施工总承包的，建筑工程主体结构的施工必须由总承包单位自行完成。分包合同的当事人是总承包人与分承包人，分承包人一般不与发包人产生直接的法律关系。建筑工程总承包单位按照总承包合同的约定对建设单位负责；分包单位按照分包合同的约定对总承包单位负责；总承包单位和分包单位就分包工程对建设单位承担连带责任。《建筑法》第24条还规定，禁止分包单位将其承包的工程再分包。《合同法》第272条第3款规定，禁止承包人将工程分包给不具备相应资质条件的单位。禁止分包单位将其承包的工程再分包。

（2）转包合同是指总承包人将建筑工程合同中的权利义务转让给第三人享有或承担，自己退出与建设单位的承包合同关系而与第三人签订的合同。我国《建筑法》第28条明文规定：禁止承包单位将其承包的全部建筑工程转包给他人，禁止承包单位将其承包的全部建筑工程肢解以后以分包的名义分别转包给他人。《合同法》第272条规定，发包人不得将应当由一个承包人完成的建设工程肢解成若干部分发包给几个承包人；总承包人或者勘察、设计、施工承包人经发包人同意，可以将自己承包的部分工作交由第三人完成；第三人就其完成的工作成果与总承包人或者勘察、设计、施工承包人向发包人承担连带责任；承包人不得将其承包的全部建设工程转包给第三人或者将其承包的全部建设工程肢解以后以分包的名义分别转包给第三人；建设工程主体结构的施工必须由承包人自行完成。根据这一规定，承包单位经发包人同意将部分建筑工程转包给第三人，应合法有效。

三、建设工程合同的订立

建设工程质量是百年大计，它的优劣直接关系到人民的生命财产安全，为此我国对工程质量实行多方位的控制，其中较为重要的措施之一，即是强制要求建设工程合同的签订须以招标发包方式进行，只有那些不适于招标发包的，才可以采取直接发包方式（《建筑法》第19条）。

以招标发包方式签订建设工程承包合同的，该合同的缔结须经过招标、投标及定标三个过程：

1. 招标。招标是指招标的意思表示的作出，通常以招标公告的形式出现。按有关规定，发包单位应当按照法定的程序和方式发布招标公告，并应提供载有招标工程的主要技术要求、主要的合同条款、评标的标准和方法以及开标、评标、定标的程序等内容的招标文件。招标公告在一般情况下为要约引诱。

2. 投标。它是指受领招标公告的且符合招标公告所提要求的人向招标人作出的以缔结合同为目的的意思表示。其通常以标书的形式出现，其在性质上一般为要约。

3. 定标。定标前一般须经过开标、评标两个环节。开标是指公开投标的内容。开标应当在招标文件规定的时间、地点公开进行（《建筑法》第20条）。开标后应当按照招标文件规定的评标标准和程序对标书进行评价、比较，此为评标。评标后，招标发包人可以在具备相应资质条件的投标者中，择优选定中标者，也可以废除所有的投标，终止招标程序，不与任何投标人签订合同（招标人在招标公告中有相反表示的除外）。招标人选定中标者时，对中标者的投标内容表示完全接受的，该表示即为承诺，建设工程合同成立，且以投标的内容为其内容；如果招标发包人在选定中标者时，对其投标内容不完全接受的，则其选定中标人的意思表示仅为选择合同相对人的一种方式，建设工程合同的成立及其内容，转由招标人与选中的投标人以谈判的方式进行或确定。

按《合同法》与《建筑法》的规定，建设单位不得将建筑工程肢解发包，所谓肢解发包，是指将应当由一个承包单位完成的建筑工程肢解成若干部分发包给几个承包单位，它不包括建筑工程的总发包或分项发包，后两种是合法的，并不为法律所禁止。

以直接发包方式缔结建筑工程合同的，适用合同订立的要约承诺的一般程序。根据《合同法》的规定，国家重大建设工程合同，应当按照国家规定的程序和国家批准的投资计划、可行性研究报告等文件订立。勘察、设计合同的内容包括提交有关基础资料和文件（包括概预算）的期限、质量要求、费用以及其他协作条件等条款。施工合同的内容包括工程范围、建设工期、中间交工工程的开工和竣工时间、工程质量、工程造价、技术资料交付时间、材料和设备供应责任、拨款和结算、竣工验收、质量保修范围和质量保证期、双方相互协作等条款。

第二节　建设工程合同的效力

一、勘察设计合同当事人的主要义务及违约责任

（一）承包方的主要义务及违约责任

1. 按合同要求的进度和质量向委托方提交勘察成果。

2. 配合施工并解决施工中有关设计问题。

3. 如果没有及时完成勘察、设计任务或没有按时提供工作成果，拖延工期，

造成发包人损失的，应负责继续完善勘察、设计、减收或免收勘察设计费用并赔偿损失。《合同法》第 280 条对此有明确规定。

（二）委托方的主要义务及违约责任

1. 向承包方提供有关资料并对提供的时间、进度与资料的可靠性负责。由于变更计划、提供的资料不准确或未按时提供所需资料，造成勘察、设计的返工、停工或者修改设计，则应增付承包方的实际费用。

2. 协助承包方工作，负责提供必要的工作和生活条件。

3. 按规定付给勘察设计费，逾期支付的应支付逾期违约金。

二、施工安装工程合同当事人的主要义务及违约责任

（一）承包方的主要义务及违约责任

1. 做好施工前的各项准备工作，如果承包方没有认真履行此项义务而影响工期和质量，则应采取补救措施并对已造成的损失负赔偿责任。

2. 严格按合同进行施工，接受发包方的监督，确保工程质量，如因自己的原因致使建设工程质量不符合约定的，应承担在合理期限内无偿修理或者返工、改建的责任；经过修理或者返工、改建后，造成逾期交付的，应承担逾期的违约责任。

3. 如期交付工程，不按期交付工程应支付逾期违约金。

4. 承包人因自己的原因致使建设工程在合理使用期限内造成人身和财产损害的，应当承担损害赔偿责任。

（二）发包方的主要义务及违约责任

1. 按照约定的时间和要求提供原材料、设备、场地、资金、技术资料的义务；如果未正确履行此义务，施工人（承包人）有权顺延工期并有权要求赔偿停工、窝工等损失。

2. 因自己的原因致使工程中途停建、缓建的，发包人应当采取措施弥补或者减少损失，赔偿承包人因此造成的停工、窝工、倒运、机械设备调迁、材料和构件积压等损失和实际费用。

3. 配合承包方工作，对工程进度、质量进行监督，办理中间交工、验收手续等。

4. 及时组织竣工验收，按时支付工程价款。

第三节　建设工程合同中应注意的几个问题

一、工程保修

工程项目在交付验收后，承包人在一定的保修期内仍应承担对工程的保修义务。具体的保修期可以由当事人约定，如果当事人没有约定，应按照法律规定的保修期执行。为保证承包人承担此项保修义务，法律可以规定质量保证金，即建设工程交付时，发包人有权从应向承包人支付的报酬中扣留一部分作为质量保证金，保修期届满未发现瑕疵或虽发现瑕疵，承包人给予维修后消除瑕疵的，发包人应将质量保证金交付承包人。

二、建筑物的所有权归属及承包人的法定抵押权

为了解决实践中建设工程款拖欠这一重大社会问题，我国《合同法》第286条规定："发包人未按照约定支付价款的，承包人可以催告发包人在合理期限内支付价款。发包人逾期不支付的，除按照建设工程的性质不宜折价、拍卖的以外，承包人可以与发包人协议将该工程折价，也可以申请人民法院将该工程依法拍卖。建设工程的价款就该工程折价或者拍卖的价款优先受偿。"对于该款规定的承包人的优先受偿权的法律性质，在理论界和实务界存在诸多争议，主要有留置权说、优先权说和法定抵押权说三种观点，因我国法律限定不动产不得作为留置权的标的，而优先权也未为我国立法说认可，故通说将其定性为法定抵押权。我们赞成法定抵押权说。

由于承包人建设工程款就该工程享有的优先受偿权在司法适用中存在诸多争议，故最高人民法院明确指出：①人民法院在审理房地产纠纷案件和办理执行案件中，应当依照《合同法》第286条的规定，认定建筑工程的承包人的优先受偿权优于抵押权和其他债权。②消费者交付购买商品房的全部或者大部分款项后，承包人就该商品房享有的工程价款优先受偿权不得对抗买受人。③建筑工程价款包括承包人为建设工程应当支付的工作人员报酬、材料款等实际支出的费用，不包括承包人因发包人违约所造成的损失。④建设工程承包人行使优先权的期限为6个月，自建设工程竣工之日或者建设工程合同约定的竣工之日起计算。

三、建设工程合同的风险责任

1. 如果双方当事人明确约定了验收交付时间的，验收前建筑物由于不可抗力发生毁损灭失的，则报酬风险由承包人自己承担，而原材料损失由所有人自行承担。

2. 如果合同没有约定验收交付的，则建筑物全部或部分完成之时即视为已交付，建筑物意外灭失的风险损失全部由发包人承担，即发包人应就建筑物已完成部分向承包人支付报酬。

3. 迟延交付或迟延受领并有过错的一方当事人承担全部风险责任。

■思考题

1. 什么是建设工程合同？其具有什么特征？

2. 建设工程合同有哪些种类？

3. 怎样订立建设工程合同？

4. 如何认识勘察设计合同当事人的主要义务及违约责任？

5. 如何认识施工安装工程合同当事人的主要义务及违约责任？

6. 建设工程合同中应该注意哪几个问题？

■参考资料

1. 杨振山主编：《民商法实务研究》，山西经济出版社 1994 年版。

2. 李丰、颜道成主编：《承揽合同、建设工程合同与运输合同实务操作指南》，中国人民公安大学出版社 2000 年版。

3. 何红锋：《工程建设中的合同法与招标投标法》，中国计划出版社 2002 年版。

■案例分析

某建筑总公司是一座超高层大型商业大厦的总承包商，工程造价采取概算闭口方式，施工图设计委托总承包人负责。某建设工程设计院是一家具有乙级资质的设计单位。双方于 1996 年 5 月 23 日签订了《关于某某超高层大型商业大厦工程项目合作事宜的协议》，双方约定咨询费金额及支付方法，还约定了施工图设计等合作意向。但总承包商除了向设计院咨询之外，并没有将大厦的施工图交由设计院设计。2000 年，设计院以总承包商违约为由，诉请承担违约责任，赔偿 280 万美元。而总承包商以设计院不具有设计资质为由，进行抗辩。

问：双方的建筑工程设计合同有效吗？为什么？

第十八章　运输合同

第一节　运输合同概述

一、运输合同的概念和特征

运输合同又称运送合同，它是指承运人将旅客及行李或者货物从起运点运输到约定地点，旅客、托运人或者收货人支付票款或运费的合同。在运输合同中，承担运送旅客及其行李或货物的一方为承运人或运送人，与承运人订立运输合同的一方为旅客或托运人，承运人所运输的货物为运送物。根据《道路运输条例》的规定，承运人必须经申请取得道路运输经营许可证，并持有车辆营运证。运输合同具有以下特征：

1. 运输合同的标的是承运人的运送行为。此为我国民法学者的看法。但大陆法系一些国家的民法将运输合同定性为特殊的承揽合同，即承运人承揽的工作为运送旅客或货物至目的地。然而，因承运人仅需向旅客或托运人提供运送服务，并不需提供某项特定的工作成果，故运输合同与承揽合同有别，应属于一种独立的合同类型。同时，在运输合同中，无论是从事客运经营还是从事货运经营，承运人均应当使用符合国家规定标准的车辆从事道路运输经营（《道路运输条例》第 30 条）。为了更好地履行运送义务，承运人应当加强对车辆的维护和检测，确保车辆符合国家规定的技术标准；不得使用报废的、擅自改装的和其他不符合国家规定的车辆从事道路运输经营（《道路运输条例》第 31 条）。

2. 运输合同为双务有偿合同。我国《合同法》第 290、291 条规定，承运人应当在约定期间或者合理期间内将旅客、货物安全运输到约定地点；承运人应当按照约定的或者通常的运输路线将旅客、货物运输到约定地点。由此可知，承运人负有按照约定将旅客、货物安全运送至目的地的义务。根据《合同法》第292条的规定，旅客、托运人或者收货人应当支付票款或者运输费用。可见，旅客、托运人或者收货人有相应的支付票款或费用的义务。双方所承担的义务互为条件，故运输合同为双务合同。承运人从事运输业务的目的在于获得收益，旅客或托运人、收货人须就承运人的运送行为支付对价，故运输合同为有偿合同。

3. 运输合同多为格式合同。因为承运人要与不特定的任何人随时发生合同关系，为了快捷方便，事先拟定格式合同成为通例，其合同形式多为表格式和票证式。当运输市场处于运力不足的运方市场时，承运人多以其垄断地位拟定有利于自己的条款，其中最主要的是一些不公平的免责条款。在我国，还存在国家垄断的运输业利用自己的特权制定有利于自己的法规及规章的情形。现行《合同法》的出台废止了三大合同法及配套的法规，如《铁路货物运输合同实施细则》等，加上现在运力已基本能满足经济生活需要，卖方市场已不存在，竞争迫使承运人减少格式合同中不公平的免责条款。而且，《合同法》对格式合同条款也规定了相应的限制措施，这对托运人和旅客都非常有利。

此外，根据《合同法》第289条的规定，从事公共运输的承运人不得拒绝旅客、托运人通常、合理的运输要求。可见，在一定情形下，运输合同中的承运人负有强制缔约义务，这是由承运人从事业务的公共性所决定的。

二、运输合同的种类

1. 以运输工具为标准，可分为铁路运输合同、公路运输合同、航空运输合同、水上运输合同、海上运输合同、管道运输合同等。

2. 以被运输的对象为标准，可分为客运合同和货运合同。

3. 以运输方式为标准，可分为单一运输合同和联运合同。

第二节 客运合同

一、客运合同的概念

客运合同又称为旅客运送合同，它是指承运人将旅客及行李运抵目的地，旅客为此支付票款的合同。

二、客运合同的订立

旅客运输合同为格式合同，一律采用客票形式订立，客票就是客运合同的书面形式。客运合同自承运人向旅客交付客票时成立，但当事人另有约定或者另有交易习惯的除外。所以，客运合同一般属诺成合同。其中，旅客作出购买客票的意思表示为要约，承运人同意运送的意思表示为承诺，但因客运为公共服务业，为保护广大旅客的利益，提供服务的承运人无正当理由不得拒绝旅客的运送要求。应指出的是，客运合同虽自承运人向旅客交付客票时成立，但应自检票时开始生效。

由于现代交通工具的发展，在大大方便旅客的同时，快速的运输工具本身就成为一种高度危险源。现代西方社会一般对交通事故、海难、航空事故造成人身伤害的救济实行严格责任。与此相对应的是旅客意外伤害险等相关险种成为强制保险。我国现行的自愿保险常常导致救济不足或不力。

三、客运合同的变更和解除

旅客因自己的原因不能按客票记载的时间乘坐的，可办理变更或退票手续。变更主要是改乘其他班次，铁路客运中旅客可变更座别、铺别和线路。退票则是解除客运合同的最常见方式。退票必须在约定的时间内办理手续。逾期办理的，承运人可以不退票款，并不再承担运输义务。但是客运经营者不得强迫旅客乘车，不得甩客、敲诈旅客，不得擅自更换运输车辆（《道路运输条例》第20条）。

四、客运合同的效力

1. 对旅客的效力。旅客的权利总的来说应得到与票款相当或高于票款价值的服务。承运人不得降低服务标准，否则，得减少票款；承运人提供高于约定标准的服务，不得加收票款。按照规定免票、持优待票或者经承运人许可搭乘的无票旅客也享有上述服务。旅客不得携带国家规定的危险物品及其他禁止携带的物品乘车（《道路运输条例》第17条）。

2. 对承运人的效力。承运人的权利主要有：①按约定收取票款及运杂费；②对客票及行李物品等进行安全检查；③对托运的旅客行李，在规定期限内无法交付的，有权依有关规定予以处理；④对拒交、欠交票款，承运人可对其行李行使留置权，不按规定提取行李。

承运人的义务：①按时提供安全适用的运输设备，按约定的时间、方式将旅客及行李运抵目的地。如因承运人的过错致使旅客误乘、漏乘，承运人要承担违约责任。②应向旅客告知不能正常运输的重要事项和安全运输应注意的事项。③为旅客提供必要的生活服务，尽力抢救患有疾病、分娩、遇险的旅客。④承运人擅自改变运输路线的，应根据旅客要求予以退票，旅客要求送回始发地的，承运人得从之。⑤承运人对运输过程中旅客的伤亡承担赔偿责任。但承运人能证明伤亡是旅客故意或重大过失或因其自身健康原因造成的除外，法律另有规定的除外。此责任为无过错责任。承运人对按照规定免票、持优待票或者经其许可搭乘的无票旅客，同样要承担上述赔偿责任（《合同法》第302条）。⑥在运输过程中旅客自带物品毁损、灭失,承运人有过错的,应当承担损害赔偿责任。旅客托运的行李毁损、灭失的,适用货物运输的有关规定处理(《合同法》第303条)。

第三节 货运合同

一、货运合同的概念、种类和特征

货物运输合同是承运人将托运人托运的货物按时、安全运抵目的地,托运人或收货人支付运费的合同。货运合同关系中往往涉及托运人、承运人、收货人三方,其中托运人与收货人一般为同一人,但两者也可为不同的人。

货运合同通常依运输工具和方式进行分类,不同的运输工具和不同方式的运输合同,其性质、权利义务的设置、责任及免责事由有较大区别,如公路货运、航空货运和海上运输的内容就有很大不同。此外,运输合同还可根据货物数量进行分类,即大宗货物运输合同、集装箱运输合同和零担货物运输合同。

货物运输合同有以下特征:

1. 依种类的不同或当事人的约定,运输合同既可为实践合同,也可为诺成合同。大宗货物的运输一般为诺成合同,而零担运输和集装箱运输则一般为实践合同,须以交付标的物为其成立要件。

2. 货运合同可以采取留置方式担保。托运人或收货人不履行支付运费、保管费以及其他运输费用的,承运人可对货物予以留置,并于条件具备时,实现留置权。《铁路法》第22条及《合同法》第315条对此有明确规定。

二、货运合同的订立变更与解除

货运合同一般经托运人提出运送货物的要约,承运人作出同意运输的承诺而成立。从事公共运输的承运人不得拒绝托运人通常、合理的要求(《合同法》第289条)。货运合同订立程序通常为:托运人提出要约,并填写托运单交承运人签章,办完托运手续后,承运人应向托运人交付提单或其他提货凭证。无记名提单因交付而转让,记名提单可以背书转让。当事人约定不得转让的提单,不得转让。

合同成立后,在承运人将货物交付收货人之前,托运人或收货人可以根据实际需要提出变更到达地或收货人,也可要求中止运输,但应赔偿承运人因此受到的损失(《合同法》第308条)。此外,由于不可抗力不能正常运输时,承运人可单方变更或解除合同,或改变运输路线,或就近卸存,也可运回起运地,但须告知托运人或收货人。

三、货运合同的效力

（一）托运人的义务及责任

1. 托运人应如实告知承运人有关收货人名称或姓名或凭指示的收货人、收货地点、货物的性质、重量、数量等有关货物运输的必要情况。因托运人申报不实或遗漏重要情况，造成承运人损失的，应承担赔偿责任（《合同法》第 304 条）。

2. 按约定时间提交托运货物。货物运输需要办理审批、检验等手续的，托运人应将办理完有关手续的文件提交承运人，如办理有毒物质运输的审批手续（《合同法》第 305 条）。

3. 托运人应当按约定的方式包装货物。对包装方式无约定或约定不明的，可以另行协商；若仍不能明确的，可以按照通用的方式包装；没有通用方式的，应当采取足以保护标的物的包装方式。否则，承运人可以拒绝运输（《合同法》第 306 条）。

4. 危险物品的包装必须依其属性妥善包装并作出危险物的警示标志或标签，并将危险物品的名称、性质和防范措施的书面材料提交承运人，同时向货运经营者说明危险货物的应急处置方法。否则，承运人可以拒绝运输，也可采取相应措施避免损失的发生，因此产生的费用由托运人承担。《合同法》第 307 条和《道路运输条例》第 27 条对此作出了明确规定。

5. 按约定或法律规定交付运费及其他费用的义务。

（二）承运人的义务及责任

承运人的主要义务是将货物安全送达目的地，并交付收货人。具体包括以下几项：

1. 承运人应当按约定的要求提供合适的运输工具和符合法定条件的从事货运经营的驾驶人员[1]，接受托运人的货物。承运人不得运输法律、行政法规禁止运输的货物；法律、行政法规规定必须办理有关手续后方可运输的货物，承运人应当查验有关手续（《道路运输条例》第 26 条）。

2. 承运人应按约定的时间将运送的货物送达目的地。迟延送达，或错发到货地的应无偿将货物运到规定的地点并交付收货人。

3. 承运人在接受托运的货物后，在交付收货人之前应妥善保管货物。如不尽保管义务，对造成的损失应当承担赔偿责任。国家鼓励货运经营者实行封闭式

---

〔1〕《道路运输条例》第 23 条规定："从事货运经营的驾驶人员，应当符合下列条件：①取得相应的机动车驾驶证；②年龄不超过 60 周岁；③经设区的市级道路运输管理机构对有关货运法律法规、机动车维修和货物装载保管基本知识考试合格。"

运输，保证环境卫生和货物运输安全；货运经营者应当采取必要措施，防止货物脱落、扬撒等；运输危险货物应当采取必要措施，防止危险货物燃烧、爆炸、辐射、泄漏等（《道路运输条例》第27条）。运输危险货物应当配备必要的押运人员，保证危险货物处于押运人员的监管之下，并悬挂明显的危险货物运输标志（《道路运输条例》第28条）。

4. 货物送达目的地后，通知收货人或将货物交付收货人。在收货人不明或收货人无正当理由拒绝受领时，承运人应当请求托运人在相当期限内就货物的处置给予批示。只有当托运人未在此期限内给予批示或批示事实上不能实行时，承运人才可以将货物提存。

5. 承运人对运输过程中货物毁损、灭失承担赔偿责任，但承运人能够证明货物的毁损、灭失是因不可抗力、货物本身的自然性质或者合理损耗以及托运人、收货人过错造成，可不承担赔偿责任（《合同法》第311条）。这说明承运人承担的是无过错赔偿责任，当他不能证明其有上述免责事由时，就得承担赔偿责任。当事人可以约定货物的毁损、灭失的赔偿额；没有约定或者约定不明确，依照《合同法》第61条的规定仍不能确定的，按照交付或者应当交付时货物到达地的市场价格计算，法律、行政法规对赔偿额的计算方法和赔偿限额另有规定的除外（《合同法》第312条）。两个以上承运人以同一运输方式联运的，与托运人订立合同的承运人应当对全程运输承担责任；损失发生在某一运输区段的，与托运人订立合同的承运人和该区段的承运人承担连带责任（《合同法》第313条）。承运货物如果是因不可抗力灭失，承运人未收取运费的，承运人不得请求支付运费，已收取运费的，托运人可请求返还（《合同法》第314条）。即承运人承担运费的风险，托运人承担货物的风险。

（三）收货人的权利义务

1. 收货人的权利主要是：①在货物送达前依有关规定变更到货地点或收货人；②货物送达后凭证提取货物。

2. 收货人的义务主要是：及时受领货物和交付有关费用。收货人在收到承运人的提货通知后应于规定的时间提取货物；逾期提货的，应支付保管费。收货人在提货时，应将提单或其他提货凭证交还承运人，并与承运人进行交接验收，检验货物应在约定的期限内或合理期限内进行。发现货物数量不符或毁损的应在约定的期限或合理期限内提出异议，否则，视为承运人已经按照运输单证的记载交付完成。

收货人请求承运人赔偿损失的权利自提货之日起6个月内不行使而消灭。此期间为除斥期间，不适用中止、中断、延长之规定。

第四节　多式联运合同

一、多式联运的概念和特点

随着经济的发展、贸易的发达和运输技术的发展，传统的海、陆、空和江河等相互独立的单一运输方式已不能适应形势发展的需要。在集装箱运输发展的基础上，出现了一种新的运输方式，即多式联运（multimodal transport）。这种运输方式并没有新的通道和运输工具，而是运用现代化的组织手段，将各种单一的运输方式有机结合起来，从而打破运输的区域界限，为选择最佳路线，协调各种运输方式的衔接，组织合理运输组合，为降低成本、节省时间提供了必要的方式。

所谓多式联运合同，是指以至少两种不同的运输方式，由多式联运经营人将货物安全送达目的地，托运人或收货人支付运费的合同。其特点概括起来为：一人、一票、一个费率、两种方式。

1. "一人"，指的是多式联运经营人（multimodal transport operator，MTO）。在传统单一的运输方式下，由具体承运人或其代理人与托运人签订运输合同，若要涉及多程运输，还得由托运人或其代理人，或前程承运人以托运人的身份再次向后一程承运人托运。这样做不仅烦琐易出错，而且各段承运人只从自己利益出发，最终可能构成一个高成本、高风险的不合理运输。不仅如此，要明晰各承运人之间的责任划分，殊为不易。而多式联运是由一个既不是托运人代表，也不是承运人的代表，但负有履行多式联运合同责任的人来经营。《合同法》第 317 条规定：多式联运经营人负责履行或组织履行多式联运合同，对全程运输享有承运人的权利，承担承运人的义务。

2. "一票"，是指多式联运单据（multimodal transport document）。这是一份证明多式联运合同以及证明多式联运经营人接管货物，并负责按约定交付货物的全程运输单据。换言之，只需托运人与多式联运经营人订立一份合同，签发一份运单。

3. "一个费率"，是指在签订多式联运合同时，多式联运经营人向托运人报出的一个全程费率，结算非常方便。在传统运输中，若有两种以上运输方式，承运人负责区段不同，各段费率差异很大，使货主难以判断将要发生的费用种类和数额。

4. "两种方式"，是指多式联运包括两种或两种以上运输方式。不包括全程由若干具体承运人完成，全程同属一类运输方式的联运。

二、多式联运合同的订立及运作程序

1. 多式联运经营人根据货主委托和自己经营路线情况，判断接受与否。若

能接受，就在场站收据（副本）上签章，证明接受委托，合同关系已成立，或另行制订合同文本，双方签章成立。

2. 多式联运合同签订后，其经营人可以与参加多式联运的各区段承运人就多式联运合同的各区段运输约定相互之间的责任，但该约定不影响多式联运经营人对全程运输承担的义务。故各段承运人与多式联运经营人之间的约定对托运人而言属内部约定。

3. 多式联运经营人收到托运人交付的货物并验收后，应签发多式联运单据，即提单。按照托运人的要求，提单可以是可转让的，也可以是不可转让的。

4. 因托运人托运货物时的过错造成多式联运承运人损失的，即使托运人已经转让多式联运单据，托运人仍然应当承担损害赔偿责任。这要求托运人转让的提单是无瑕疵债权。

5. 货物的毁损、灭失发生于多式联运的某一运输区段的，多式联运经营人的赔偿责任和责任限额，适用调整该区段运输方式的有关法律规定，损害发生的运输区段不能确定的，适用《合同法》现行规定。因为多式联运往往发生于国际多式联运之中（international multimodal transport），各区段的所属国法律规定各异，故1980年5月在日内瓦召开的联合国国际多式联运公约会议第二期会议上，通过了《联合国国际货物多式联运公约》。多式联运中由于货物的毁损、灭失而产生的相关责任可适用该公约的规定。

■ 思考题

1. 运输合同的特征是什么？
2. 提单的法律属性是什么？
3. 运输合同的风险负担是什么？
4. 如何通过保险来分摊或化解运输合同风险？

■ 参考资料

1. 《最高人民法院关于适用〈中华人民共和国合同法〉若干问题的解释（一）》。
2. 《最高人民法院关于适用〈中华人民共和国合同法〉若干问题的解释（二）》。
3. 《中华人民共和国道路运输条例》。

第十九章　保管合同

■ 学习目的和要求

　　通过本章的学习，掌握保管合同的概念，保管合同的效力以及保管合同在实践中的具体表现。

第一节　保管合同概述

一、保管合同的概念和分类

所谓保管合同，是指保管人保管寄存人交付的保管物，并返还该物的合同。保管合同又称寄存合同、寄托合同。保管合同中将物品交付他人保管的当事人为寄存人或寄托人；保管寄托人交付的物品的当事人为保管人或受寄人；保管人保管的物品，为保管合同的标的物，称为保管物、寄存物或寄托物。

保管合同在罗马法上称之为寄托，包括一般寄托和特殊寄托。一般寄托，是无偿的，标的物仅限于动产，受寄人只能持有寄存物，不能取得寄存物的占有，故又称空虚交付。特殊寄托包括必要寄托、变例寄托和争讼寄托。必要寄托是指在急迫危险中所成立的寄托；变例寄托，是指受寄人得消费寄托物，并以同种类、同品质、同数量的物返还寄托人的寄托，如现行的储蓄合同，就属此类；争讼寄托则是在标的物之诉在未决之前，标的物应保管到诉讼终了，依判决确定寄托物的所有人。在现代各国或地区的立法中，对保管合同的标的物的范围存有分歧，其中《奥地利民法典》第 90 条、《日本民法典》第 657 条、我国台湾地区"民法典"第 589 条、我国澳门地区《民法典》第 1111 条均认为保管物包括动产和不动产，而《法国民法典》第 1918 条、《德国民法典》第 688 条、《瑞士债务法》第 472 条第 1 款、《意大利民法典》第 1766 条则认为保管物以动产为限。我国《合同法》对保管物的范围没有作出明确规定，但学者一般认为保管物不以动产为限，应包括不动产在内。[1]

此外，我国《合同法》将保管合同分为一般保管合同和仓储合同，在立法上将两者并列，但两者之间在学理上是一般与特殊的关系。

二、保管合同的特征

1. 保管合同一般为实践合同。保管合同的成立，除需当事人意思表示一致外，还需寄托人将标的物交付保管人，保管合同自交付保管物时成立。但依合同自由原则，当事人可约定保管合同自双方当事人达成合意时成立，此时，保管合同则为诺成合同。

2. 保管合同既可为有偿合同，也可为无偿合同。保管合同是否要求寄托人交付保管费，由当事人约定。对保管费无约定的，可依照《合同法》第 61 条确定，若依此仍不能确定的，为无偿保管。

3. 保管合同为继续性合同。在保管合同中，保管人并非一次性履行其义务，而是一定期限内持续履行。因此，与委托、雇佣、借用等合同一样，保管合同为继续性合同。

4. 保管合同为不要式合同。保管合同的成立，口头形式或书面形式均可。寄存人向保管人交付保管物的，除当事人另有约定或者依习惯无须交付保管凭证外，保管人一般应给付保管凭证。

第二节　保管合同的效力

一、保管人的义务

保管合同生效后，对保管人的效力主要表现在其负有以下义务及责任：

1. 妥善保管寄存物的义务。妥善保管寄存物是保管人的主要义务。这项主要义务又包含诸多子项义务。

（1）保管人对寄存物的保管须尽到一个善良管理人的注意。善良管理人是一个"理性人"，换言之，就是在特定情况下，正常的人一般应尽到的注意。如在无偿保管合同中，保管人应当尽到与保管自己物品同样的注意，即负具体轻过失责任；当保管为有偿保管时，保管人应尽同样情况下一般保管人的注意，即负抽象轻过失责任。

（2）保管人须亲自为保管行为，当事人另有约定或另有习惯或保管人因特定事由不能履行亲自保管义务的除外。保管合同的成立，包含着寄存人对保管人

---

[1]　参见宁红丽："论我国保管合同制度的法律适用"，载《暨南学报（哲学社会科学版）》2008 年第 6 期。

的信赖，特别是在无偿保管的场合，更是如此。所以为维护寄存人的信赖利益，保管人一般须亲为保管。如果保管人擅自转由第三人保管，造成寄存物的损失，保管人应予以赔偿。但是，保管人有权让辅助人辅助保管，此时造成保管物损失的，应当依照《合同法》第121条的规定由保管人承担违约责任。[1]

（3）保管人应依约定的方法、场所和寄存物的性质保管寄存物。保管人不得擅自改变保管方法和场所。依保管物的性质，保管寄存物理论上属于善良管理人注意义务的范畴。上述义务在紧急情况下或者为了维护寄存人利益必须改变保管方法和场所的，保管人得为之。

（4）保管人依合同有权占有寄存物，但一般不得使用寄存物，也不得允许第三人使用寄存物，除非经保管人同意或依保管寄存物性质必须使用寄存物的，如为汽车养护的必要，保管人可偶尔开动汽车。除此以外，保管人使用寄存物需支付使用费，如因此造成寄存物的损失应负赔偿责任。但是，我国《合同法》第378条对保管人保管货币和其他可替代物的消费寄托进行了规范，此时保管人有权使用、处分保管物。

2. 通知义务。在保管期间，保管人承担危险通知义务和第三人追索的通知义务。危险通知义务，是指出现寄存物因自然原因或第三人侵害可能使寄存物灭失、毁损的危险情形时，应及时通知寄托人。在第三人对寄存物主张权利，即提起诉讼或采取保全措施时，应及时通知寄存人。保管人未尽到通知义务，导致不能返还寄存物的，应赔偿损失，但依法保全或被执行的除外。

3. 返还寄存物的义务。在保管合同期限届满或终止时，保管人负有返还寄存物的义务。此义务包括返还原物及孳息，如货币可返还相同种类、数量的货币。保管可替代物的，可依约定返还相同种类、数量的替代物。

4. 损害赔偿责任。保管期间，因保管人保管不善造成寄存物毁损、灭失的，保管人应当承担损害赔偿责任，除非有免责事由的存在。此外，在无偿保管之情形，保管人证明自己没有重大过失的，不承担损害赔偿责任。

二、寄存人的义务及责任

与保管人的义务相对应，寄存人负有以下义务及责任：

1. 告知义务。寄存人交付的寄存物有瑕疵或按照寄存物的性质需要采取特殊保管措施的，寄存人应当告知有关情况于保管人。寄存人未告知，致使寄存物损失的，保管人不负赔偿责任；保管人因此受损失的，除保管人知道但未采取补救措施的以外，寄存人承担赔偿责任。寄存人寄存货币、有价证券或者其他贵重

---

[1] 参见宁红丽：“论我国保管合同制度的法律适用”，载《暨南学报（哲学社会科学版）》2008年第6期。

物品的，应向保管人声明，由保管人验收或封存。寄存人未声明的，该物品毁损、灭失后，保管人可依照一般物品予以赔偿。

2. 给付报酬的义务。如系有偿保管，寄存人须给付约定报酬。如对报酬约定不明，适用合同约定不明的补缺性规则处理。如寄存人不按照约定给付报酬，除双方约定不得留置寄存物外，保管人可对寄存物行使留置权。

3. 负担必要费用的义务。若双方当事人未另行约定，寄存人应偿付保管人为保管寄存物支出的必要费用，该必要费用，以能维持寄存物原状为准。寄存人未按照约定支付必要费用的，保管人对保管物也享有留置权。

4. 损害赔偿责任。因寄存物本身的性质或瑕疵造成保管人损害的，负赔偿责任。但在保管人已知寄存物有发生危险的性质或瑕疵时，寄存人可免除赔偿责任。保管人因过失不知上述情形时，寄存人仍不能免责。

■思考题

1. 什么是保管合同？
2. 保管合同的性质是什么？

■参考资料

1. 《中华人民共和国合同法》。

2. 宁红丽："论我国保管合同制度的法律适用"，载《暨南学报（哲学社会科学版）》2008 年第 6 期。

3. 郭洁："论《合同法》保管合同的若干法律问题"，载《辽宁大学学报（哲学社会科学版）》2001 年第 2 期。

第二十章 仓储合同

■ **学习目的和要求**

通过本章的学习，掌握仓储合同的来源，仓储合同的性质，仓储合同的形式及效力。

第一节 仓储合同概述

一、仓储合同的概念

仓储合同，又称为仓储保管合同，是指保管人储存并保管存货人交付的仓储物，存货人支付仓储费的合同。仓储合同中将货物交付他方储存并支付仓储费的当事人为存货人；为他人堆藏保管货物的当事人为保管人、仓管人；用以堆藏和保管物品的工作物称为仓库；仓管人堆藏和保管的货物称为仓储物。

仓储合同，源自保管合同。只不过现代社会，商品流转的加速发展，使得仓储业在社会化分工中逐步独立出来，形成了自身不同于传统保管合同的特征。正基于此，各国关于仓储合同的立法，也有所不同。有些将其纳入民法典的保管合同中，如瑞士民法；有些将其纳入商法中，独立为有名合同，如日本、德国；英美法系则制定有关单行规则。我们认为，现代仓储业作为社会化服务行业已有别于传统的保管合同，应以有名合同的形式在立法中表现出来。我国《合同法》采此种立法例。尽管如此，将仓储合同、保管合同作为不同的典型合同加以规定，并不能割裂两者之间的密切联系。因此，《合同法》第395条规定，对于仓储合同，在合同法没有规定明确的内容，可准用保管合同的有关规定。

二、仓储合同的特征

1. 仓储保管人须为有仓储设施并专事仓储保管业的人。由于社会商品的日益丰富，针对不同属性的商品的储存需要，须有满足其需要的仓储设施，同时也出现了懂得储存物保管专门知识的仓储营业人，这也是社会分工日益细化的结果。

2. 仓储合同保管对象为动产。存货人交付保管的只能是能进入仓储设施的动产。不动产的保管不由仓储合同调整。此外，即使有偿为他人保管牲畜、有价证券等，也不是仓储合同，而应属于保管合同。

3. 仓储合同为诺成合同。仓储合同有别于传统保管合同的特征之一就是仓储合同是诺成合同，而非实践合同。因为，现代仓储业如果还以实践合同对待，则于保管人不利。例如，在存货方与保管人达成合意后，保管人一般要腾出仓位，如果存货方不按期交付标的物，按实践合同则保管人不能追究存货方的违约责任，其空仓损失无法得以补偿。故现代民法一般都认为仓储合同为诺成合同。

4. 仓储合同为双务有偿合同、不要式合同。仓储合同的保管人以营利为目的，故存货方须给付仓储费，与之对价，保管人应尽保管之义务。故仓储合同为双务有偿合同。仓储合同的成立可以口头形式成立，也可以书面形式成立。虽然，保管人在接受存货人交付的仓储物时一般要开具仓单，仓单即为合同，但仓单并非合同成立要件。

第二节　仓储合同的效力

一、对保管人的效力

仓储合同生效后，保管人即负有以下义务及责任：

（一）及时受领仓储物的义务

保管人对存货方依约交付的仓储物，应及时验收。如验收时发现入库仓储物与约定不符的，应及时通知存货人。保管人验收后，发生仓储物的品种、数量、质量不符合约定的，保管人应当承担损害赔偿责任。保管人储存易燃、易爆、有毒、有腐蚀性、有放射性等危险物品的，应当具备相应的保管条件。

（二）开具仓单的义务

存货人交付仓储物的，保管人应开具仓单交付存货人。仓单的记载事项包括：①存货人的名称或姓名和住所；②仓储物的品种、数量、质量、包装、件数和标记；③仓储物的损耗标准；④储存场所；⑤储存时间；⑥仓储费；⑦仓储物已办理保险的，其保险金额、期间以及保险人的名称；⑧填发人、填发地和填发日期。

仓单是保管人签发的一种有价证券。从仓单的性质上看，由于仓单是以给付一定物品为标的，故为物品证券。又因仓单所记载货物的移转，须移转仓单始生所有权转移的效力，故仓单又称为物权证券或处分证券。仓单的制作须依法律规定，故为要式证券。仓单为仓储合同，合同内容在仓单上反映出来，故仓单又称文义证券、不要因证券。仓单由保管人自己签发，自己负担给付义务，故仓单为自付证券。

仓单作为一种有价证券，具有以下特点：①是提货凭证；②是可转让有价证券，当事人可背书转让；③仓单持有人可以之出质。

（三）妥善保管仓储物的义务

保管人应当按照合同约定的储存条件和保管要求，依仓储物的性质妥善保管仓储物。仓储保管人保管仓储物应尽的注意程度明显高于一般保管人应尽的注意，因为仓储保管人以营利为目的，具有专门保管知识。其注意标准应以专业人士的标准要求之。故当仓储物灭失、毁损时，除了一般免责事由外，仓储保管人还须证明损害是不可避免的货物自然属性或存货人的过错所致方能免责。而无偿保管人只要证明自己无重大过失，即不承担损害赔偿责任。

（四）危险通知的义务

保管期间，保管人发现仓储物有变质或其他损坏，危及其他仓储物安全和正常保管的，应当催告存货人或仓单持有人作出必要处置。因情况紧急，保管人可作出必要处置，但事后应及时通知存货人或仓单持有人。此外，第三人对仓储物主张权利等情况的通知准用保管合同的规定。

（五）接受存货方检查的义务

保管人根据存货人或仓单持有人的要求，应同意其检查仓储物或提取样品，以利于存货方或仓单持有人了解仓储物性状，也便于存货人或仓单持有人得以向第三人出示样品从而使双方当事人尽快达成交易。

二、存货人的义务及责任

1. 依约交付仓储物。存货人应依照约定的品名、数量、时间将仓储物交付给保管人验收入库，并向保管人提供有关仓储物的资料。存货人不及时依约提交仓储物的，承担违约责任。不履行提供资料义务，造成损失的，由存货方负责。存货方应依约定负责货物包装。因包装合同造成货损，由存货方自行承担。危险品的仓储，存货人应告知其性质及预防、处理方法，并提供相关资料，并采取相应防范措施。否则，保管人可拒绝入库。因危险品导致保管人损失应负赔偿责任。

2. 支付仓储费。存货方应按合同约定的时间、方式、数量支付仓储费。存货人逾期不支付仓储费的，保管人可留置仓储物。

3. 偿付必要费用。存货人应支付保管人因保管仓储物所支出的必要费用，如运杂费、修理费、转仓费等。

4. 及时提取仓储物。储存期间届满，存货人或者仓单持有人应当凭仓单提取仓储物。存货人或者仓单持有人逾期提取的，应当加收仓储费；提前提取的，不减收仓储费。储存期间届满，存货人或者仓单持有人不提取仓储物的，保管人可以催告其在合理期限内提取，逾期不提取的，保管人可以提存仓储物。

■思考题

1. 什么是仓储合同？
2. 仓储合同当事人的主要权利义务是什么？

■参考资料

《中华人民共和国合同法》。

第二十一章　委托合同

■ 学习目的和要求

通过本章的学习，把握委托合同的概念和基本法律特征，特别是委托合同与委托代理行为之间的关系；理解我国合同法有关委托合同的种类、当事人的权利、义务和终止的规定；熟悉几种特殊的委托合同关系。

第一节　委托合同概述

一、委托合同的概念

委托合同又称为委任合同，是当事人约定一方为他方处理事务的合同。在委托合同中，委托他人处理事务的一方为委托人，为他人处理事务的另一方则为受托人。

委托合同的意义在于合理利用他人的技能和劳力为自己谋幸福，解除人们事必躬亲的烦忧。所以，委托合同早在古巴比伦法典中就有反映，在近现代合同法律中更是广泛可见，如《法国民法典》第 1984 条、《德国民法典》第 662 条、《意大利民法典》第 1703 条，我国台湾地区现行"民法典"第 528 条均对之有规定。然而在早期罗马法中，不区分委托与代理，法国民法典亦继承了罗马法的衣钵。直到德国民法典，才开创性地将委托与代理区别开来。在我国，《民法通则》的立法规定及民法学说一直以来就赞同德国法体制，主张将代理权授予与其基础关系——委托合同相分离。《合同法》第 396 条规定："委托合同是委托人和受托人约定，由受托人处理委托人事务的合同。"这一规定表明，委托合同是双方当事人的内部关系，与代理不同。

二、委托合同的特征

1. 委托合同是以处理委托人的事务为目的的合同。换言之，委托合同的标的是受托人为委托人提供事务服务的行为。对于事务的范围或种类，向来有不同的学说和立法例。一种为狭义的事务观，即认为事务范围以法律行为为限；另一种持广义的事务观，认为事务的种类应无限制。不同国家的立法亦采取不同的立场，如《意大利民法典》第 1703 条规定："委任是一方为他方利益负有一个或多个法律行为的契约。"显采狭义立场。而我国合同法有关规定未明确此问题，学理通说采广义，即认为委托事务既可以是诸如算账、清算这类经济事务，也可以是代为诉讼等一类法律事务，还可以为日常生活中的事务。从事务性质而言，既可以是事实行为，也可以为法律行为等。总之，除了法律规定或者事务性质决定不得由他人处理的事务外，其他各类事务，委托人都可以通过委托合同交由受托人处理或管理。

因为委托合同是以处理委托人的事务为目的，因此委托人应承担处理事务的费用及风险，同时对于受托人在委托权限内所办理的委托事务的结果，委托人应予以接受。

2. 委托合同的订立以双方当事人的相互信任为基础。一般就自然人之间的委托而言，委托人与受托人之间的关系不应该为"陌生人"的关系，而是熟识乃至较为亲密的关系，这样，委托人才可能对受托人的技能和人品、信誉等情况知晓，受托人也才能出于对委托人的了解而愿意帮助他完成某一事项，就此达成委托合同关系。就法人之间的委托来说，委托也是建立在对彼此的经营能力和业绩相互信任的基础上。正因为如此，所以，委托合同的受托人在接受了委任事务后，负有亲自处理委托事务的义务。同理，任何一方对对方产生了不信任，都有权随时解除合同。[1]

3. 委任合同的受托人既可以用委托人的名义，也可以用自己的名义处理委托事务。当受托人被授予以委托人的名义进行法律行为的权利时，受托人可以以委托人的名义处理委托事务并使其后果直接归属于委托人；当委托人未授予受托人代理权，或者受托人认为没有必要以委托人的名义进行行为时，也可以以自己的名义办理委托事务，由此所产生的权利义务关系或直接对委托人生效，或由受托人将委托事务的结果移转给委托人。[2]

4. 委托合同是诺成及不要式合同。委托合同在当事人双方意思表示一致时即成立，并且一般无须采用特定的形式，因而委托合同属于诺成和不要式合同。

5. 委托合同既可以是有偿合同也可以是无偿合同。法国民法典和德国民法

---

〔1〕《合同法》第 410 条规定："委托人或者受托人可以随时解除委托合同。因解除合同给对方造成损失的，除不可归责于该当事人的事由以外，应当赔偿损失。"

〔2〕《合同法》第 402 条规定："受托人以自己的名义，在委托人的授权范围内与第三人订立的合同，第三人在订立合同时知道受托人与委托人之间的代理关系的，该合同直接约束委托人和第三人，但有确切证据证明该合同只约束受托人和第三人的除外。"

典均继承罗马法规定，以无偿作为委任的原则，但我国合同法从等价有偿的市场经济的一般特征出发，规定委托合同既可以有偿也可以无偿。委托合同有偿抑或无偿，主要取决于当事人之间的约定或法律的规定。在当事人没有约定委托合同的报酬时，我们认为，商事委托合同一般应推定为有偿，自然人之间的民事委托合同一般应推定为无偿。

6. 委托合同是双务合同。委托合同无论是否有偿都不影响其双务性，即使是无偿的委托合同，委托人也负有支付费用的义务。[1] 对受托人而言，受托人负有向委托人报告委托事务、亲自处理委托事务、转交委托事务所取得的财产等义务。[2] 但在理论上，有学者认为，有偿的委托合同为双务合同，无偿的委托合同是单务合同。[3]

三、委托合同与委托代理行为之比较

前已述及，在我国民事立法中是将委托合同与委托代理行为分别规定的。但事实上，二者又具有一定的联系，因此需要就其二者之间的复杂关系予以说明。

1. 委托合同是委托人与受托人之间意思表示一致的协议，其内容主要在于确定委托人与受托人内部之间的权利义务关系；而委托代理行为是代理人以委托人的名义或者以自己的名义对外（第三人）所为的法律行为，其所确立的权利义务关系应该根据委托授权行为的内容和相关的法律规则的规定，或者直接由委托人与第三人享有和承担，或者由受托人与第三人享有和承担。

2. 委托合同产生于委托人与受托人双方一致的意思表示，而委托代理来源于委托人单方的委托授权行为。申言之，委托代理行为不能由委托合同当然发生，而只能基于委托人的委托授权行为。根据民法通则的规定，委托授权应该通过授权委托书进行，授权委托书的主要用途是向第三人出示，证明代理人能够以被代理人的名义进行法律行为，以使第三人放心地通过代理人与被代理人进行交易。

3. 委托合同所涉及的委托事务的范围比委托代理事务的范围要广泛。根据《民法通则》第63条的明文规定，代理事务仅限于民事法律行为，而委托事务还可以是事实行为。这样，当所委托的事务为对外进行法律行为时，委托人才需要向受托人签发授权委托书，同时，受托人才能够以委托人的名义进行委托代理行为。

4. 委托合同是产生委托代理的基础关系的一种，但委托代理与委托合同又

---

[1] 《合同法》第398条规定："委托人应当预付处理委托事务的费用……"
[2] 参见《合同法》第400、401条规定。
[3] 史尚宽：《债法各论》，中国政法大学出版社2000年版，第363页。

是彼此独立的。①仅有委托合同没有委托授权行为，不能产生委托代理关系；②委托代理行为具有相对的独立性，委托合同无效或被撤销，代理人的代理权并不必然随之消灭，必须要有被代理人撤销委托授权的行为。因为第三人无从知晓委托合同的内部关系发生变化，若以合同的内部效力同时对外发生，会害及第三人利益及交易安全。但有观点与此相左，认为从保护被代理人利益及法律关系简化考虑，授权行为原则上应从属于基本法律关系，基本法律关系如不成立、无效或撤销时，授权行为应同其命运。[1]

综上所述，委托合同与委托代理是我国民法体系中两种不同的制度，具有不同的功能，不能混为一谈。

第二节　委托合同的效力

委托合同为双务合同，故而委托合同的效力可以从委托人和受托人两方面加以概括。

一、对于受托人的效力

（一）受托人的权限

受托人的权限即受托人处理事务的范围。根据意思自治原则首先应由委托人和受托人约定，《合同法》第397条规定，"委托人可以特别委托受托人处理一项或者数项事务，也可以概括委托受托人处理一切事务"。在前者，委托属于特别委托，如嘱托他人代为探视病员；在后者，即为概括委托，如将房屋的所有管理事务全权交付给受托人。如果委托合同对受托人的权限范围没有足够明确，应该如何确定？合同法缺乏相应规定，在国外立法中对此有解释规则，例如，《意大利民法典》第1708条规定："委任不仅包括被授权的行为，也包括为完成委任所必需的行为"，"在没有明确的情况下，一般委任不包括特别管理行为"。所谓的特别管理行为，依一般解释包括：①不动产的出售、出租或者就不动产设定抵押；②赠与；③和解；④提交仲裁等关涉财产命运的行为。国外法的规定对于我国司法实践中处理类似问题具有参考价值。

（二）受托人的主要义务

1. 处理委托事务的义务。受托人处理委托事务时，具体应做到：

（1）遵守委托人指示。受托人在处理受托事务时，应当按照委托人的指示行事。委托合同中，依委托人指示性质不同，受托人的权限范围也不同：如果委

---

[1]　梁慧星：《民法总论》，法律出版社1996年版，第219页。

托人的所作出的指示为命令性的，在此情形下，受托人绝对不能变更委托人指示的内容，只能传达委托人的意思或意思表示，或者代为接受意思表示，申言之，受托人的功用仅为使者。如果委托人所作出的指示为指导性或任意性，在此情形下，受托人在遵守委托人指示的前提下，享有直接依自己的意思决定委托事务的权利，其所扮演的角色即为代理人。

（2）需要变更委托人指示的，应事先经过委托人同意或在事后及时通知委托人。在受托人处理受托事务时，如果发生了订立委托合同时没有预料到的变化，受托人需要变更委托人的指示的，应当取得委托人的同意；如果情况紧急，且受托人无法与委托人取得联系，则受托人应当在妥善处理委托事务的原则下变更委托指示，但事后必须将变更指示的情况及时通知委托人。《合同法》第399条规定了紧急情况下受托人的指示变更权，以此缓解受托人必须遵守委托人指示这一规则的僵硬，体现了法律的灵活性。紧急情况下变更委托人的指示，不仅是受托人的权利，而且是受托人的义务。若应为变更而未变更则有违妥善处理的原则，应承担相应的责任。

（3）亲自处理委托事务。由于委托合同是建立在当事人相互信赖的基础之上的，所以原则上受托人应亲自处理受托的事务，而不得擅自将受托的事务交由第三人代为处理，此义务为《合同法》第400条的明文规定。除非在紧急情况下为保护委托人的利益，或者事先取得委托人的同意，才可将委托事务转托给第三人。否则，受托人应当对自己的行为以及转委托的第三人的行为承担责任。需要说明的是，亲自处理事务并非事必躬亲，对于委托事务中的次要部分，受托人仍然可以聘请他人予以协助履行，如请他人帮助装卸、运输、保管等，但受托人应对由于第三人的原因所造成的损失承担责任（《合同法》第121条）。至于哪些事务属于次要部分，应依诚实信用原则解释之。

2. 报告义务。受托人应依委托人的请求，随时或者定期向委托人报告受托事务的进展情况；委托合同因委托事务处理完毕或其他原因终止时，受托人应该将处理事务的经过及最终结果报告给委托人，并且提供必要的证明文件，如清单、发票等。根据《合同法》第401条的规定，委托事务终止时的报告，不以委托人的请求为前提，虽委托人未请求其为报告，受托人也应及时报告，否则，构成违约。

3. 将处理委托事务的后果移转给委托人。根据委托合同订立的目的，受托人处理委托事务所取得的利益应归属于委托人。因此，受托人处理委托事务所收取的货币、物品及其孳息，应当一并交付给委托人。《合同法》第404条仅规定了受托人有交付处理委托事务取得的财产给委托人的义务，而对财产的含义未作说明。我们认为：处理委托事务而接受的财产和委托事务处理完毕后所取得的财产及剩余的财产；有体财产和无体财产均应包括在财产范围以内。至于受托人移转财产的方法，应依当事人约定其所移转的财产的种类而定。因为受托人移转财产的时间一般难以事先确定，为此受托人的交付义务属于不定期债务。但在委托人催告后，受托人仍然没有履行交付义务的，受托人应负给付迟延的责任。

（三）受托人的损害赔偿责任

1. 受托人在处理委托事务时，应尽必要的注意义务。如果受托人怠于注意而给委托人造成损害的，受托人应当负赔偿责任。须为注意的是，根据《合同法》第406条第1款的有关规定，委托合同适用过错责任原则，并且受托人承担责任的轻重程度区分有偿委托与无偿委托而有不同，具体而言：[1]

（1）有偿的委托合同，受托人对受托事务应尽善良管理人的注意义务，即要以一个具有相当知识经验的人作为判断标准，受托人若没有尽到这样一个高标准的注意义务，虽然其主观过失较轻，同样应承担责任，谓之为"抽象轻过失责任"，此为大陆法民法通例。我国合同法对受托人的过错标准虽然没有明文规定，但是理论上对此并无异议，司法判例亦肯定了这一标准，在最高人民法院（2003）民二终字第182号"西能科技公司诉国泰君安证券公司委托管理资产合同纠纷案"的民事判决书的裁判摘要中指出的"资产管理人根据资产管理委托协议，在股市证券买卖交易中，基于商业判断作出的正常投资行为，只要尽了善良管理义务，不存在明显的过错，就不应承担交易损失的后果"[2] 即为证明。

（2）无偿的委托合同，受托人对委托事务应尽像对待自己的事务一样的注意义务，即以受托人本人主观上的注意程度作为衡量标准，若受托人未达到此标准，应承担责任，此即为"具体的轻过失责任"。我国合同法对无偿受托人所规定的责任更轻，明确规定无偿受托人仅在故意或重大过失的情况下给委托人造成损失的，才承担赔偿责任。

由上可见，有偿委托合同的受托人承担的责任比无偿合同受托人重，这是因为有偿合同的受托人承担义务的同时可取得相应的报酬，而无偿合同受托人承担义务并不获取利益，所以令无偿受托人承担较轻的责任才得以使当事人的关系取得平衡。

2. 受托人因超越委托权限而给委托人造成损失的，受托人应负损害赔偿责任。《合同法》第406条第2款规定："受托人超越权限给委托人造成损失的，应

---

〔1〕《合同法》第406条第1款规定："有偿的委托合同，因受托人的过错给委托人造成损失的，委托人可以要求赔偿损失。无偿的委托合同，因受托人的故意或者重大过失给委托人造成损失的，委托人可以要求赔偿损失。"

〔2〕参见《中华人民共和国最高人民法院公报》2004年第8期。

当赔偿损失。"其中并没有涉及受托人承担责任是否应以具备过错为条件的问题，从本条第 1 款规定出发，应解释为过错责任，即受托人对越权代理的发生具有过错时才承担责任。但应由受托人自己对无过错承担证明责任。

3. 受托人违反应亲自处理委托事务的义务，在未取得委托人同意的情况下，将受托事务擅自转托给第三人，应承担由此给委托人造成的损失。即使在征得委托人同意的情况下，受托人将委托事务转由第三人处理的，受托人如果对次受托人的选任和指示有过错时，仍然要对次受托人在处理委托事务时致委托人的损失承担赔偿责任。

二、对于委托人的效力

（一）委托人的主要义务

1. 负担费用的义务。为处理委托事务而支出的金钱或物的消费即委托事务的费用。此费用有别于受托人的劳务报酬，于有偿和无偿的委托之中均不可避免。既然委托合同是以处理委托人的事务为目的，其费用理应由委托人承担。根据《合同法》第 398 条的规定，委托人支付费用的方式有如下两种：

（1）预付费用。委托合同属于劳务给付性质的合同，所以在受托人为委托人利益而处理事务时，如果需要支出费用的，应依受托人的请求使委托人预付为公平，故各国法律均规定委托人有预付费用的义务，而受托人有请求委托人预付费用的权利。预付费用是为委托人的利益而使用的，因其与委托事务的处理不成立对价关系，不能因此产生受托人的同时履行抗辩权。但是在受托人已为请求，委托人不预付费用时，受托人可以拒绝处理委托事务而不承担责任。同理，委托人不预付费用时，受托人亦无申请法院强制委托人预付费用的权利，因为受托人并不对费用享有任何利益。

（2）偿还费用。如果受托人在处理委托事务时为委托人利益而垫付了费用，而后享有请求委托人偿还的权利，委托人则相应承担向受托人返还费用的义务。依合同法规定，委托人偿还的范围限于为处理委托事务时，受托人所支出的必要费用和利息。一般认为，对于必要费用范围的确定，应充分考虑委托事务的性质及受托人支付费用时的具体情形。在支付当时为必要而其后为无必要的，为必要费用；在支付当时不为必要而其后变为必要的，亦不为必要费用。委托人偿还费用时应当加付利息，利息从受托人垫付费用之日起算。

2. 支付报酬的义务。委托人向受托人支付报酬，只存在于有偿的委托合同之中。我国《合同法》第 405 条对委托人支付报酬的义务作出了较为详尽的规定，据此规定，支付报酬可分为以下几种情形：

（1）受托人已完成委托事务的，委托人应当向其支付报酬。报酬的种类、数额应依照当事人之间的约定，若合同没有约定或约定不明确，应依据合同的一般履行原则进行。如委托诉讼事务但未确定报酬标准，应按国家明确规定的统一收费标准支付。报酬支付期也应按合同约定履行，如合同未作约定，则应依照习惯或委托事务的性质在委托事务完成或部分完成的合理期限内支付。在委托事务已全部完成的情况下，委托人应向受托人足额全部支付报酬，而不得部分支付。

（2）委托事务尚未处理完毕，但因不可归责于受托人的事由使委托关系解除或不能完成的，委托人也应向受托人支付报酬。此时，虽然委托事务没有完成，但是原因并不能归责于受托人，所以，受托人仍可对其已处理完毕的部分事务，请求委托人支付报酬，如律师承办的案件，当事人在诉讼外和解的，对于已经处理的书写诉讼文书及出庭费等，仍应支付报酬。所谓不可归责于受托人的事由，指合同的解除或委托事务不能完成并非是受托人的过错，而是由于不可抗力、意外事件或第三人的行为等引起。因此，从事理公平的角度出发，受托人可请求支付相应的报酬。但受托人不能请求支付全部报酬，而只能按已完成的委托事务部分获得相应的比例。

（3）当事人对委托人支付报酬有特别约定的，按照约定处理。如果合同约定为无偿或者当事人特别约定未完成委托事务时不能请求报酬的，则优先依照当事人的约定办理。

（二）委托人的损失赔偿责任

《合同法》第407条规定了委托人的损失赔偿责任。据此，受托人处理委托事务，非因可归责于自己的事由而遭受损害的，委托人应当负赔偿损失的责任。但是，这种损失必须是不可归责于受托人的原因所引起的，即受托人对于受托事务已经尽到了注意义务，对损失的发生并无主观过错。至于委托人对损失的发生是否存在过错，法律不加过问，换言之，委托人对损失的发生虽无过错，仍应承担赔偿责任。因为委托事务所获得的利益由委托人享有，那么，受托人处理委托事务过程中所遭受的风险损失由委托人承担方为公平。此外，受托人处理委托事务时的损失，应指与处理委托事务具有因果关系的损失，并非仅指委托合同生效过程中的损失。申言之，在委托事务处理过程中发生，但于事务处理完毕后才显露出来的损失亦应包括在内。

三、特殊委托合同的效力

（一）转委托

转委托即受托人将受托事务的全部或者部分再转托第三人（次受托人）处理的一种委托形式。根据《合同法》第400条的规定，转委托即使征得委托人的同意，受托人仍须就第三人的选任及其对第三人的指示承担责任，如果因受托人选任和指示不当而造成委托人损失，受托人亦应承担责任。据此，转委托后，在委托人、受托人及第三人之间形成不同的效力关系：

1. 委托人与第三人（次受托人）之间就转委托的事务直接产生委托合同关系。

2. 受托人原则上从原委托合同关系中解脱出来，但是，由于次委托人是由受托人选任的，所以，受托人对次受托人的选任承担责任，若次受托人明显欠缺处理事务的经验或能力，甚至对委托事务的处理构成危害，则受托人应对委托人因此所遭受的损失承担赔偿责任。

3. 受托人与次受托人之间形成委托合同关系，受托人仍享有对次受托人发出指示的权利，次受托人接受受托人的指示并向其履行报告义务。在委托事务完成时，次受托人还可以选择请求委托人或受托人支付报酬。

4. 就同一转委托事务委托人和受托人形成连带债权关系，次受托人可以选择其中一人履行义务和行使权利。但是，当委托人和受托人的指示发生冲突时，应以委托人的指示为准。委托人和受托人对次受托人的报酬请求权负连带责任。受托人应次受托人的要求支付报酬后，有权向委托人追偿。

（二）隐名代理和未披露委托人的代理

隐名代理和未披露委托人的代理均是来自英美法系的概念。在英美法中，只要一方为他方处理事务均被称为代理。以代理活动是否披露委托人为据，代理分为披露委托人的代理和未披露委托人的代理。披露委托人的代理，是指代理人在代理活动中表明自己是为他人处理事务的身份。又可以进一步分为显名代理和隐名代理，显名代理指代理人既表明为他人代理，又具体表明委托人身份的代理方式。隐名代理则只是表明自己是为他人代理但不披露委托人身份。未披露委托人的代理是指代理人既不表明自己为他人代理，也不指明委托人。由此可知，英美法系的代理制度与大陆法系的代理相去甚远。大陆法系的代理仅指代理人以被代理人的名义对外进行法律行为，由此产生的后果直接由被代理人承担。而以自己的名义为他人从事商务活动则属于行纪，不为代理。我国《民法通则》中第63条所称的代理与大陆法系的规定一致，而《合同法》第402、403条的规定吸收了英美法代理制度的精华，突破了民法通则将代理仅限于显名代理的规定，使我国的代理制度更加完善，也使实际生活中大量存在的隐名代理和未披露委托人的代理活动今后有法可依。

1. 隐名代理。《合同法》第402条规定，"受托人以自己的名义，在委托人的授权范围内与第三人订立的合同，第三人在订立合同时知道受托人与委托人之间的代理关系的，该合同直接约束委托人和第三人……"，即为隐名代理的规定。

根据合同法的规定，构成隐名代理的要件为：①受托人向第三人表明了自己的代理人身份并以自己的名义与第三人订立合同。②受托人在委托人的授权范围内与第三人订立合同。如果受托人超越代理权限，同时又以自己的名义订立合同，则该合同纯属受托人的个人事务，与委托人完全无关。即使第三人不知道受托人越权代理，但因为受托人是以自己的名义，因此也不构成表见代理。所以，一旦有确切证据证明该合同存在此种情形的，则合同仅约束受托人和第三人，对委托人不产生任何效力。③第三人确知委托人的真实身份，即委托人的姓名和身份。受托人虽然未表明被代理人究竟是谁，但是，第三人根据实际情况能够判断出合同另一方即委托人。

如果符合以上条件，则构成隐名代理。隐名代理虽然未表明委托人的身份，但因为第三人确知委托人为谁，因此隐名代理应该发生与显名代理相同的法律后果，即合同直接对第三人和委托人发生效力。因为在隐名代理的情况下，受托人的个人事务与代理行为容易发生混淆，有时受托人完全是为个人的利益与第三人签订合同，在这种情况下，为保护委托人的利益免受损害，《合同法》通过但书强调，在有确切证据证明受托人并非为委托人而是为自己订立合同时，不适用隐名代理的规定。

2. 未披露委托人的代理。《合同法》第403条承认了这种方式的代理，并对此种方式的代理中委托人的介入权和第三人的选择权作了规定。

未披露委托人的代理在当事人之间发生不同的法律后果：

（1）合同所设立的权利义务由受托人与第三人直接享有和承担。因为受托人在未说明替他人处理事务的前提下，以自己的名义与第三人订立合同，所以第三人并不知道受托人与委托人之间的委托关系。在第三人看来，自己就是与受托人进行交易，因此，第三人只对受托人行使合同权利并履行合同义务，受托人在接受第三人的履行后，再将其财产及利益转交给委托人。委托人一般不能直接向第三人行使权利。

（2）委托人可以对合同行使介入权。在具备一定的法定条件时，委托人可以介入合同。委托人介入合同后，未披露委托人的代理转化为显名代理，发生与显名代理相同的法律效果。根据合同法规定，委托人介入权发生的前提为：①发生于未披露委托人的代理中，即受托人以自己的名义与第三人订立合同，并且第三人不知道受托人与委托人之间的委托关系。②受托人因为第三人的原因不能履行对委托人的义务。因为第三人不能对受托人履行合同义务，因而使得受托人违反委托合同。此时，受托人有义务向委托人披露第三人，以便委托人能够直接行使合同权利。③委托人向第三人表明自己的委托人身份。委托人在向第三人证明受托人实际上是为自己订立合同这一事实后，就可取代受托人成为合同当事人。

符合介入权的法定条件，委托人就可以行使介入权介入合同，直接对第三人行使合同权利。同时，第三人对受托人主张的抗辩也同样可以向委托人主张。但是，并非只要受托人披露了第三人，委托人就可以行使介入权，法律还规定了介入权的除外情况，即第三人与受托人订立合同时如果知道该委托人就不会订立合同的，则委托人不得介入合同。这是因为在未披露委托人的代理中，第三人是本着对受托人的信赖而与之交易的，如果他当初知晓受托人是代替委托人订立合同，可能就会因为对委托人的不信任而拒绝签约。所以，为合理保护第三人的利益，法律规定以此作为委托人介入权的例外。但此除外条件应由第三人举证予以证明。

（3）第三人享有选择权。第三人选择权发生的法定条件为：①须为未披露委托人的合同中才得存在。②受托人因为委托人的原因而不能对第三人履行合同。在此情况下，受托人应当对第三人披露委托人，以减轻自己的责任。在受托人向第三人披露委托人以后，第三人可以选择受托人或者委托人作为合同的相对人，这就是第三人的选择权。第三人如继续选择受托人为相对人，则受托人仍为合同的当事人，由他向委托人转交从第三人处取得的财产。如果第三人选择委托人为合同相对人，则委托人可以对第三人主张他对受托人所享有的抗辩，同时委托人还可以主张受托人对第三人的抗辩。依合同法规定，第三人不得变更选定的相对人，即第三人的选择权只能行使一次，一旦选定，不得反悔，以使合同关系稳定。

我们认为，《合同法》第402、403条既是有关隐名代理和未披露委托人代理的规定，就不应该安排在作为产生上述两种行为的基础合同的规定中，而应该安排在未来民法典有关代理的章节，这样才符合区分委托合同和委托代理的基本立法思想。

（三）重复委托

重复委托又称为另委托，即将同一事务分别委托给两个不同的受托人处理，分别签订委托合同。《合同法》第408条"委托人经受托人同意，可以在受托人之外委托第三人处理委托事务"的规定即为重复委托的规定。

法律并不限定重复委托的发生时间。申言之，重复委托既可以在不同的委托人之间同时发生，也可以先后发生。依据规定，重复委托的要点为：

1. 重复委托必须是将同一事务委托给不同的人处理。如果是将不同事务委托给不同的人进行处理不构成重复委托；将同一性质的事务交给不同的人处理也不构成重复委托。此外，重复委托的各受托人分别与委托人签订委托合同，各个受托人彼此之间不发生任何联系。

2. 重复委托必须经过各个受托人或者原受托人的同意。因为重复委托会引起各受托人之间对委托事务处理权的冲突，并且会最终影响委托事务的处理结果，从而给受托人带来不便甚至损失。所以，从受托人利益出发，法律规定重复委托须经其他受托人的同意。若未经受托人同意而成立的重复委托，应认定为无效，因此给受托人造成损失的，受托人还可以请求委托人予以赔偿。

3. 重复委托即使经过各受托人的同意，受托人仍然可以就重复委托所受到的损失请求委托人赔偿。因为重复委托在各受托人之间形成竞争，使各受托人对事务的处理权此消彼长。这一竞争态势有利于委托人而不利于受托人，因此，若重复委托使受托人受到不应有的损失，委托人应负责予以赔偿，否则，有失公平。

（四）共同委托

所谓共同委托，是指受托人一方为两人以上，共同接受委托人的委托而为其处理同一委托事务的委托。

共同委托不同于重复委托，共同委托的各受托人与委托人之间只存在一个委托合同关系，此委托合同中受托人一方为多数，构成复数主体合同。

共同委托的各受托人之间依照约定享有对委托事务的处理权，如果未作约定，则享有平等的处理权。但是不论共同受托人内部如何划分处理权，作为受托人一方，他们应就受托事务对委托人承担连带责任。共同受托人中的一人承担全部责任后，有权向其他受托人追偿。《合同法》第 409 条规定了此种形式的委托合同。[1]

应予以指出的是，《最高人民法院关于贯彻〈中华人民共和国民法通则〉若干问题的意见（试行）》第 79 条第 1 款规定："数个委托代理人共同行使代理权的，如果其中一人或者数人未与其他委托代理人协商，所实施的行为侵害被代理人权益的，由实施行为的委托代理人承担民事责任。"此解释因与《合同法》第 409 条规定的责任形式不符，应予废止。

第三节　委托合同的终止

一、委托合同的解除

委托合同的解除，是指在委托合同成立后，没有履行或完全履行前，当事人一方行使解除权，使委托合同的效力归于消灭的行为。

因为委托合同的成立是以委托人与受托人间的相互信赖为基础的，这种信赖一旦已经动摇，即使勉强维系委托人与受托人的委托关系，也将影响订立委托合同的目的的实现，导致发生不良的后果。所以法律赋予委托合同的当事人随时解除合同的权利，而无须征得另一方的同意。至于委托合同是有偿还是无偿，定期

---

〔1〕《合同法》第 409 条规定："两个以上的受托人共同处理委托事务的，对委托人承担连带责任。"

限或未定期限，委托事务是否已处理完毕等，一概可以不问。但是一方行使解除权解除合同，应该依照《合同法》第94条所规定的方法和程序。

委托合同虽可以由当事人随时解除，但依据诚实信用原则，当事人一方在不利于对方的情况下解除合同时，应对因解除合同而给对方造成的损失承担赔偿责任，如委托人昏迷不醒，无法另行安排委托事务的处理，而委托事务的处理又处于紧急时刻，受托人终止委托合同，必定会给委托人造成损失，此时受托人应对该损失承担赔偿责任。各国在委托合同中对当事人在于对方不利时解除合同进行限制，目的在于维持委托人与受托人之间的利益的平衡。但如果当事人一方是出于不可归责于自己的事由而解除委托合同的，则可以不负赔偿损失的责任。所谓不可归责于当事人的事由，应解释为解除权人对合同的解除没有过错，我国《合同法》第410条对此有明文规定。[1]

对解除合同而应该承担的损失赔偿范围，最高人民法院在"上海盘起贸易有限公司与盘起工业（大连）有限公司委托合同纠纷案"民事判决书的裁判摘要中认为："当事人基于解除委托合同而应承担的民事赔偿责任，不同于故意违约而应承担的民事责任，前者的责任范围仅限于给对方造成的直接损失，不包括对方的预期利益。"[2]

应该认为，《合同法》第410条虽然赋予了委托人和受托人对委托合同的单方法定解除权，对于这种单方的法定解除权，当事人仍可以事先在合同中通过约定排除。[3]

二、委托合同的终止

委托合同终止的原因可分为一般原因与特殊原因两种情况。

委托合同终止的一般原因即为一般合同所共同存在的终止原因，包括：委托事务处理完毕；委托合同的履行已不可能；委托合同的期限届满；委托合同被解除等。

委托合同终止的特殊原因是指导致委托合同终止的特有原因，依照我国《合同法》第411条的规定，委托合同终止的特殊原因主要有以下几种：

1. 委托合同的当事人死亡。无论是委托人还是受托人死亡，或者二者同时死亡，委托合同都将因缺乏合同的主体而当然终止。因为委托合同以当事人双方间的人格信任为前提，所以不存在当事人死亡后的继承问题。

---

〔1〕《合同法》第410条规定："委托人或者受托人可以随时解除委托合同。因解除合同给对方造成损失的，除不可归责于该当事人的事由以外，应当赔偿损失。"
〔2〕参见《中华人民共和国最高人民法院公报》2006年第4期。
〔3〕马强：《合同法新问题判解研究》，人民法院出版社2005年版，第48页。

2. 委托合同的当事人丧失行为能力。在委托合同中，如果当事人完全丧失行为能力也将导致委托合同的终止。因为在委托人丧失行为能力的情况下，其委托事务将归其法定代理人处理或者由其法定代理人另外或重新委托，原委托关系即告终止；若受托人丧失行为能力，因其自身的事务都需要由其法定代理人代为处理，故受托人根本没有再为他人处理事务的能力，委托合同也应当归于终止。

3. 委托合同的当事人破产。若委托合同的当事人为企业，破产即意味着法人消灭。所以合同法规定委托人或者受托人破产，委托合同终止，为了使委托合同的目的得以实现，对上述导致委托合同终止的原因进行变通是必要的，所以，在衡量委托人与受托人的利益特别是考虑委托人的利益的情况下，我国《合同法》第412条规定了在一定的条件下，受托人继续处理委托事务的义务。据此规定，受托人继续处理事务的义务具体有：①在委托人死亡、丧失民事行为能力或者破产，致使委托合同终止将损害委托人利益的条件下，受托人才承担此义务。即委托合同因这些原因终止后，若受托人立即停止对委托事务的处理，将导致委托人的权益受损，受托人因此承担继续履行的义务。②受托人继续处理事务的义务仅存在于委托人的继承人、法定代理人或者清算组织承受委托事务之前。③受托人的继续处理义务虽然属于法定义务，但是，受托人仍然可以就委托事务的继续处理请求支付费用，原合同为有偿的，还可以要求支付报酬。学者认为受托人继续处理事务的义务性质属于后契约义务。[1]

此外，从诚实信用原则出发，《合同法》第413条还规定，因受托人死亡、丧失行为能力或者破产，致使委托合同终止的，受托人的继承人、法定代理人或者清算组织应当及时通知委托人。因委托同终止将损害委托人利益的，在委托人作出善后处理之前，受托人的继承人、法定代理人或者清算组织应当采取必要措施。此条规定与第412条规定类似，但在适用条件和适用主体方面稍有区别，在继续履行的内容上仅限于"采取必要措施"。

另外，在有些国家的民法之中还规定，委托合同因一方当事人的原因而终止时，在另一方知道或者应当知道该终止事由发生前，委托合同关系视为继续存续。学说上将其称为委托的拟制存续。这一制度的目的在于保护善意的受托人的利益，使其在不知道委托关系终止的期间，对处理委托事务所支出的费用、应得的报酬和受到的损害，仍然有寻求救济的途径。我国合同法无此规定，但在司法实践中应作出此种理解，否则有违诚实信用原则。

---

〔1〕 郭明瑞、王轶：《合同法新论·分则》，中国政法大学出版社1997年版，第705页。

■思考题

1. 我国合同法规定的委托合同的特征有哪些?
2. 委托合同双方当事人的主要权利义务是什么?
3. 根据合同法规定,委托合同在解除和终止时应该注意哪些特殊问题?

■参考资料

1. 郑玉波:《民法债编各论》下册,三民书局 1981 年版。
2. 史尚宽:《债法各论》,中国政法大学出版社 2000 年版。
3. 王利明:《合同法新问题研究》,中国社会科学出版社 2003 年版。
4. 崔建远主编:《合同法》,法律出版社 2010 年版。
5. 韩世远:《合同法学》,高等教育出版社 2010 年版。
6. 胡康生主编:《中华人民共和国合同法释义》,法律出版社 1999 年版。
7. 马强:《合同法新问题判解研究》,人民法院出版社 2005 年版。
8. 郭明瑞、王轶:《合同法新论·分则》,中国政法大学出版社 1997 年版。
9. 高富平、王连国:《委托合同、行纪合同、居间合同》,中国法制出版社 1999 年版。
10. 肖建国、肖建华:《委托、行纪、居间合同》,人民法院出版社 2000 年版。

第二十二章   行纪合同

■ 学习目的和要求

通过本章的学习，了解行纪合同的概念、基本法律特征以及在我国的发展情况，把握行纪合同与委托合同和居间合同之间的关系和立法安排，理解我国合同法有关行纪合同当事人的权利、义务的规定。

第一节   行纪合同概述

行纪制度比代理制度出现得晚。在罗马法时期，尚未有专门的行纪所，行纪事务主要通过委托代理的方式来完成。到了15、16世纪，随着国际贸易的迅速发展，代理制度逐渐显露其弊病：在异地常设代理机构费用过大，使交易成本增加；并且，因代理人之过错或滥用代理权，常使被代理人陷入窘境。为此，不同于委托代理人的行纪人应运而生，行纪人接受他人委托，以自己的名义直接与相对人实施买卖行为，再将结果移转给委托人。行纪服务具有委托代理所不可比拟的优势：①对委托人来说，通过行纪人进行交易，一方面，他可以利用行纪人的信用、资产、专业知识技能以及在交易地的各种交易关系为自己服务，从而免去了在各地常设代理机构的诸多弊端；另一方面，委托人可以不暴露自己的身份而享有与第三人进行交易的利益，有利于保守自己的商业秘密。②对行纪人而言，他可以不受代理权的限制，随机应变地独立处理交易活动中的各种事务。③对行纪活动中的相对人亦有利，他尽可以放心地与行纪人实施买卖行为，无须顾虑委托人的商业信誉、支付能力，甚至根本无须知晓委托人为何人，达到交易便捷、安全的目的。由此可见，行纪的出现，为交易各方都提供了极大的便利，促进了贸易的发展，行纪制度因而成为委托代理制度之外不可或缺的又一项重要的合同制度。然而《合同法》颁布前，我国并无关于行纪合同的基本立法规定，只是在1994年8月2日颁布的《对外贸易法》及1991年8月29日对外经济贸易部颁布的《关于对外贸易代理制度的暂行规定》（现已失效）中，就外贸活动中的行纪制度作了一些规定。《合同法》第二十二章以专章对行纪进行规制，适应了经济发展的需要。

比较而言，虽然多数国家都有行纪合同的规定，但各国所采取的立法例有所不同。民商分立的国家将行纪合同规定于商法典之中，如法国、德国、日本等都在商法典中规定了行纪营业。民商合一的国家将行纪合同规定于民法典之中，如意大利、瑞士、俄罗斯等都在民法典中规定了行纪合同。我国是实行民商合一的国家，因而在《合同法》分则中设专章对行纪合同进行规定。

一、行纪合同的概念和特征

行纪合同，又称信托合同，是行纪人以自己的名义为委托人从事贸易活动，委托人支付报酬的合同。[1] 在行纪合同中，以自己的名义从事贸易活动的一方称为行纪人，向行纪人给付报酬的一方称为委托人。

行纪合同具有以下法律特征：

1. 行纪人是接受他人委托，专门从事动产、有价证券买卖的商人。法律往往对行纪人的资格、业务范围有严格限制并对其业务活动实施专门的监督和管理。有将行纪等同于间接代理的看法，我们认为不妥当。所谓间接代理，系相对于直接代理而言，是行为人以自己的名义代他人与第三人实施法律行为，由此发生的后果间接归属于该他人的行为。间接代理这种法律形式既可运用于商人的营业活动，又可运用于非商人的民事活动，如请他人代购物品。当间接代理由商人运用于营业活动时即为行纪，因此间接代理既包括行纪，也包括非行纪的间接代理。行纪人的特殊资格是行纪区别于其他形式间接代理的一个重要标志。

2. 行纪人以自己的名义与第三人实施法律行为。行纪合同为提供服务的合同，在行纪合同中，行纪人接受委托人委托，为其提供服务或劳务，然而行纪人提供的服务非一般服务，而是与第三人实施法律行为，如卖出或买入动产、有价证券或进行其他商业上的交易，我国《合同法》第414条将其概括为"从事贸易活动"。行纪人买入动产、有价证券的，称为经收行纪；卖出动产、有价证券的，称为经售行纪。

行纪人与第三人实施法律行为，不以委托人的名义而以自己的名义进行。通常情况下，行纪人并不披露委托人之存在，更不公开委托人的姓名或名称，甚至也无须表明自己是在为委托人而进行行为。在行纪人与第三人实施的法律行为中，行纪人与第三人为当事人，由行纪人和第三人享有或承担该行为的权利和义

---

[1]　参见《合同法》第414条的规定。

务，[1] 此与通常的买卖合同当事人地位无异，如在经收行纪中，第三人为出卖人，仅得向行纪人收取价金而不得向委托人提出请求。因此，发生纠纷后，承担法律责任的主体亦为行纪人和第三人。行纪人与第三人间的法律关系不对委托人直接发生效力，否则委托人与第三人不发生任何直接关系，除非行纪人将合同转让给委托人，委托人不得对第三人主张权利，第三人也不得对委托人主张权利。既然行纪人以自己的名义实施法律行为，且实行法律行为的效果直接由行纪人承担，因此行纪属于间接代理，自与直接代理不同。

行纪人按照委托人的指示为委托人购、售物品的所有权究竟属于何人？合同法对此没有明确规定，民法学界亦存在不同的观点。例如，学者郭明瑞、房绍坤认为，"行纪人为委托人购、售的货物或委托人交给行纪人的价款或行纪人出卖委托人货物收受的价款，虽在行纪人的支配下，但其所有权归委托人。因此，这些财产意外灭失的风险也应由委托人承担"。[2] 学者高富平、王连国亦认为，"在与第三人交易中，行纪人并没有取得与第三人交易所得财物的所有权，在行纪行为结束后，他应该原封不动地将所取得的财产移交给委托人，不能以自己是交易的当事人已取得物的所有权而抗辩。在售卖行纪中，行纪人对委托人移交用于售卖的财物并不享有所有权，尽管他以所有者的名义出售该财物"。[3] 本书认为，行纪人按照委托人的指示为委托人购、售物品的所有权归属，应该根据行纪合同当事人的约定确定，当事人没有特别约定的，区分经收行纪和经售行纪等不同情况予以规定，不应认为一律属于委托人。①在经收行纪中，买入物所有权除当事人另有约定外，一般属于行纪人。行纪人在将其移转于委托人之前如果破产，委托人不得请求将此财产划归其所有。行纪人将该物所有权移转于委托人后，委托人才取得所有权。②在经售行纪中，行纪人对委托人移交其出卖之财产并不取得所有权，因此行纪人破产时，委托人可以向破产管理人取回其所移交的财产。但是，当行纪人将此项财产交付第三人后，委托人即丧失所有权。③行纪人处理委托事务所获得的债权，归属于行纪人，只是行纪人将该项债权让与委托人后，委托人始取得债权，如甲之行纪人乙以耕牛卖于丙，甲仅于乙让与其价金债权后，始可对丙提出请求。

3. 行纪人为委托人的利益与第三人实施法律行为。行纪人虽以自己的名义与第三人实施法律行为，并且与第三人直接发生权利义务关系，然而行纪人并非

---

[1] 《合同法》第421条第1款规定："行纪人与第三人订立合同的，行纪人对该合同直接享有权利、承担义务。"

[2] 郭明瑞、房绍坤：《新合同法原理》，中国人民大学出版社2000年版，第709页。

[3] 高富平、王连国：《委托合同、行纪合同、居间合同》，中国法制出版社1999年版，第154页。

为自己的利益办理事务，因此行纪人实施法律行为的过程中应考虑委托人的利益，并将其结果归属于委托人，如将执行委托事务所收取的金钱物品交付给委托人，将取得的债权移转给委托人。

4. 行纪合同为双务有偿合同、诺成合同、不要式合同。行纪人有为委托人办理动产、有价证券买卖或其他商事交易的义务，委托人有支付报酬的义务，双方的义务相互对应，为双务合同。行纪人以为委托人办理行纪事务为营业并收取报酬，故行纪合同为有偿合同。行纪合同仅需行纪人与委托人意思表示达成一致即成立，并不需交付标的物，并且无须履行特别的手续、采用特别的形式，因此为诺成合同和不要式合同。

二、行纪合同与类似概念辨析

（一）行纪合同与委托合同

行纪合同与委托合同有许多相似之处，如均属于提供服务或劳务的合同，受托人均需处理委托事务，等等。因此，许多国家的立法都明确规定，除行纪合同另有规定外，可以准用委托合同的规定，《合同法》第 423 条亦有相同的规定。[1] 但是，行纪合同与委托合同是不相同的，两者具有如下区别：

1. 行纪合同中所指事务，法律对其范围有特别规定，仅限于动产、有价证券买卖以及其他商事交易活动；委托合同中所指事务范围广泛，不以上述商事交易活动为限。

2. 行纪合同的一方当事人即行纪人有特殊资格，即为专事动产、有价证券买卖的商人；委托合同的当事人则无此限制。

3. 行纪合同为有偿合同；委托合同可以为有偿，也可以为无偿。

4. 行纪合同中，行纪人为委托人处理委托事务所支出的费用，除当事人另有约定外，由行纪人负担；[2] 在委托合同中，受托人为委托人处理委托事务所支出的费用，应该由委托人负担。

5. 行纪合同中，行纪人只能以自己的名义进行活动，由此发生的法律后果由其承担，行纪人与第三人订立的合同不能对委托人直接发生效力；委托合同中，受托人可以以委托人的名义进行活动，其与第三人订立的合同可对委托人直接产生效力。

（二）行纪合同与居间合同

行纪合同与居间合同除具备上述行纪与委托的共性外，都是有偿合同，且行

---

〔1〕《合同法》第 423 条规定："本章没有规定的，适用委托合同的有关规定。"
〔2〕《合同法》第 415 条规定："行纪人处理委托事务支出的费用，由行纪人负担，但当事人另有约定的除外。"

纪人和居间人均有特殊主体资格，但是，它们并不相同，行纪合同与居间合同具有如下区别：

1. 行纪合同中，行纪人受托办理的事务为民事法律行为；居间合同中，居间人所办理的报告订约机会或充任订约媒介事务，本身不具有法律意义。

2. 行纪合同中，行纪人只能从委托人处取得报酬；而在居间合同中，居间人在为订约媒介居间时可以从委托人和其相对人双方取得报酬。

3. 行纪合同中，行纪人有将处理事务的后果移交给委托人的义务和报告义务；而居间合同中，居间人并无此义务。

（三）行纪合同与代理行为

行纪属于间接代理的一种形式，与之相对应，一般的代理称为直接代理。虽然二者都是为他人利益而行为，但是行纪与直接代理也存在区别：

1. 行纪人以自己的名义实施法律行为，其法律后果间接归属于委托人。行纪人直接承担与第三人实施法律行为之后果，然后依与委托人之约定转移给委托人。而在直接代理中，代理人以本人名义实施法律行为，其法律后果直接归属于本人。

2. 行纪人为依法登记专事商事交易活动的主体；而代理人无特殊身份，凡具有民事权利能力以及民事行为能力之法人、自然人皆可充任。

3. 行纪行为之范围由法律规定；而代理行为范围广泛，为依法律规定或依其性质不适于代理的行为以外的一切民事法律行为。

此外，学者还对行纪合同与信托、承揽合同的区别予以了说明，[1] 应加以注意。

第二节　行纪合同的效力

一、对于行纪人的效力

（一）行纪人的主要义务

1. 直接履行的义务。行纪人与第三人订立合同，行纪人与第三人为该合同当事人。第三人向行纪人履行合同债务，先由行纪人承担法律行为之效果，然后再由行纪人将交易结果移转于委托人。如果第三人不履行合同债务，除行纪人与委托人另有约定或另有习惯外，应由行纪人直接向委托人履行合同债务。这是因为委托人并不知晓第三人为谁，更不知晓第三人的支付能力，使行纪人直接负

---

〔1〕 郭明瑞、房绍坤：《新合同法原理》，中国人民大学出版社 2000 年版，第 710～713 页。

责，可使委托人免受不测之损害。所以，如果第三人不履行义务致使委托人受到损害的，行纪人一般应当承担损害赔偿责任，除非当事人另有约定。[1]

2. 依委托人指示处理委托事务并忠实于委托人指定的买卖价格的义务。行纪人应依委托人指示处理委托事务，除遇有急迫情事并可推知委托人若知有此情事亦允许变更其指示外，行纪人不得变更委托指示，行纪人擅自变更委托人指示的，委托人可以请求损害赔偿，也可不接受行纪行为的结果。

在委托人的指示中，对交易价格的指示最为重要。依价格指示所具有的不同强制力，委托人的价格指示主要分为两种，其一为命令性指示。委托人要求行纪人必须绝对遵守的价格，一般表现为指定确切数额，行纪人不得违背该价格指示卖出或者买入。[2] 其二为任意性指示。即委托人仅指定希望成交的价格，但并非绝对不可变更。对于任意性价格若行纪人予以变更的，《合同法》第418条规定了相应的处理规则，具体为：①行纪人以不利于委托人的价格进行买卖的，即以低于委托人指定的价格卖出或者以高于指定的价格买入的，若事先征得委托人的同意或者委托人在事后予以追认，则该买卖对委托人发生效力；若并未取得委托人的认可，但行纪人补足其差额的，买卖亦应对委托人生效。②行纪人以有利于委托人的价格进行交易的，即以高于委托人指定的价格卖出或者以低于指定的价格买入的，此时所获得的利益自然应该归属于委托人，行纪人也可以按照约定增加报酬。但若未约定报酬增加额，又不能按照《合同法》第61条确定的，则委托人无偿地享有增加的利益。

3. 保管和处置委托物的义务。行纪人占有依委托人指示买入或卖出的物品时，应当妥善保管。[3] 行纪人在保管中，应尽善良管理人的注意；非经委托人同意不得由自己或第三人使用委托物；原则上应当亲自保管不得使第三人代为保管；保管的方法、场所等有约定的，行纪人不得变更。委托物损毁灭失的，行纪人应承担赔偿责任。对于委托物，除非委托人另有指示，行纪人无办理保险的义务。委托人未指示投保，行纪人自动投保的，为无因管理；委托人指示投保，行纪人未投保，属于违反指示，行纪人应对委托物的意外损毁灭失承担赔偿责任。

行纪人占有委托物时，该物品有瑕疵或易变质的，行纪人应及时征得委托人同意而处分委托物，如果未经委托人同意而擅自处分的，委托人可请求行纪人负

---

〔1〕 《合同法》第421条第2款规定："第三人不履行义务致使委托人受到损害的，行纪人应当承担损害赔偿责任，但行纪人与委托人另有约定的除外。"

〔2〕 《合同法》第418条第3款规定："委托人对价格有特别指示的，行纪人不得违背该指示卖出或者买入。"

〔3〕 参见《合同法》第416条的规定。

赔偿责任。但是，紧急情况下，行纪人不能与委托人及时取得联系，则行纪人对委托物应进行合理处置。[1] 何谓合理处置？即与保护自己利益为同一处置。所谓应与保护自己利益为同一处置不同于与处理自己事务为同一注意，应依照客观情形判定，如委托物为动物，到达行纪人时染病，行纪人应设法治疗；又如委托物为鱼、鲜水果等易变质之物，行纪人应迅速变卖。处理方法并无固定标准，但是行纪人应将委托物视同己物以最有利于委托人的方法进行处理，不得以行纪人处理自己事务一向极为疏忽为借口而推卸责任。

4. 费用负担义务。行纪人办理委托事务时，为处理委托事务而支出的费用原则上应由行纪人自行负担。因为行纪不同于委托，行纪是以营利为目的的商事活动，行纪人为处理委托事务而支付的费用可作为营业的成本，日后通过向委托人收取报酬而得到弥补。所以，《合同法》第415条规定行纪人负担行纪费用颇为合理。行纪活动支出的费用包括委托物包储费、运输费、代付之货款或代缴之税款、更换包装费、订约之居间费、保险费，等等。但是，根据合同自由原则，此项义务亦可根据当事人的约定由委托人负担。

5. 其他义务。委托人与行纪人之关系，为委托合同关系之特例，因此除本章有特别规定外，可以准用委托合同的有关规定。主要表现为：①行纪人的注意义务。行纪人办理委托事务时，应尽善良管理人的注意，即以通常商人之注意办理其交易行为。②行纪人报告义务。行纪人应向委托人报告委托事务的处理情况。③交付财产，移转权利的义务。行纪人应将执行委托事务所收取的金钱物品及其孳息交付给委托人，行纪人以自己名义为委托人取得的权利应移转委托人。

（二）行纪人的权利

1. 报酬请求权。报酬俗称佣金。行纪合同为有偿合同，行纪人为委托人办理委托事务，自得请求委托人支付报酬。

行纪人于何时能请求支付报酬，各国有不同观点和立法例。一种观点认为，行纪人只有与第三人缔结合同后方可请求支付报酬，但有例外：①行纪业务无从进行系基于委托人个人原因，如委托人破产，行纪人仍可请求支付报酬；②行纪业务无从进行系基于其他原因，有时依习惯，行纪人亦可请求支付报酬。如经售行纪中，委托人撤回出卖委托，依习惯，行纪人可请求支付报酬。[2] 另一种观点认为，报酬请求以交易行为完结为条件。行纪人仅与第三人成立交易合同不能请求支付报酬，只有第三人依合同实行了给付，行纪人才能请求支付报酬，但是

---

[1] 《合同法》第417条规定："委托物交付给行纪人时有瑕疵或者容易腐烂、变质的，经委托人同意，行纪人可以处分该物；和委托人不能及时取得联系的，行纪人可以合理处分。"

[2] 梅仲协：《民法要义》，中国政法大学出版社1998年版，第435页。

行纪业务因不可归责于行纪人的事由而终止，如委托人撤回委托或受破产宣告，行纪人仍可请求支付报酬。德国商法、瑞士债务法采此立法例。如在经收行纪中只有买入物品已由第三人交付给行纪人或已直接交付委托人时，行纪人才有权向委托人请求支付报酬；在经售行纪中只有在出卖物品的价款已由第三人交与行纪人或直接交付委托人时，行纪人才有权请求支付报酬。

我国立法和理论通说支持第二种观点，《合同法》第 422 条明文规定，行纪人完成或者部分完成委托事务的，委托人应当向其支付相应的报酬。如果委托人逾期不支付报酬的，行纪人占有委托物的，对委托物享有留置权。但是，当事人特别约定不得对委托物行使留置权的除外。

2. 对委托物的提存权。行纪人依委托人指示买入的物品，委托人无正当理由拒绝受领，若非为易变质物品，行纪人可定相当的期限催告委托人受领，逾期仍不受领的，行纪人可以依照合同法有关提存的规定向提存机关提存。委托人委托出卖的物品，行纪人不能卖出或委托人撤回出卖委托的，委托人应取回其物或另行处分。经行纪人催告，委托人不取回或不进行处分的，行纪人也可行使提存权。行纪人的提存权明定于《合同法》第 420 条之中。

3. 介入权。所谓行纪人介入权，又称行纪人自约权，[1] 是指委托人委托行纪人出卖或买入有价证券或其他有市场定价的物品，除委托人有相反意思表示外，行纪人有以自己名义充当买受人或出卖人的权利。[2]

行纪人行使介入权必须具备以下两个条件：①行纪人受委托买卖之物限于货币、股票等有公示价格的商品。因为此类物品有一定市价不能任意抬高或降低，双方不会发生利害冲突。②委托人无相反的意思表示，即委托人事先并未作出禁止行纪人介入的意思表示。若委托人明确表示不允许行纪人介入交易，则行纪人不能行使介入权。上述委托物虽有市价，但市价并非恒久不变，如果行纪人故意选择有利于己的时期而介入，则会损害委托人的利益。因此，法律应规定，委托物之市价以委托人指示而出卖或买入时之市价为准。所谓指示出卖或买入时之市价，如果委托人有具体指定，如依某交易所或市场某日某时市价，应依其指定；如果无具体指定，应依委托实现时即介入时交易所或市场市价确定。行纪人行使介入权后，因其买卖有价证券或其他有市价物品的行为仍属于履行委托事务，因此合同法规定仍可以请求委托人支付报酬。

---

〔1〕 欧阳经宇：《民法债编各论》，汉林出版社 1978 年版，第 181 页。

〔2〕 《合同法》第 419 条规定："行纪人卖出或者买入具有市场定价的商品，除委托人有相反的意思表示的以外，行纪人自己可以作为买受人或者出卖人。行纪人有前款规定情形的，仍然可以要求委托人支付报酬。"

二、对于委托人的效力

（一）委托人的权利

1. 请求行纪人为其从事贸易活动的权利。

2. 要求行纪人按照其指示进行交易的权利。

3. 要求行纪人诚信勤勉地为其从事贸易活动的权利。

4. 要求行纪人报告、保守商业秘密的权利。

（二）委托人的义务

1. 支付报酬的义务。根据《合同法》第 422 条的规定，委托人的报酬支付义务通常以行纪人完成委托事务为条件。如因不可归责于行纪人的事由，致行纪人受托处理的事务不能完结的，委托人应就行纪人已履行的部分支付相应的报酬。行纪人已就受托的事务与第三人实施法律行为，但因委托人的原因不能履行的，委托人应支付全部报酬。报酬标准一般依照当事人的约定。

2. 按约定支付费用的义务。《合同法》第 415 条规定："行纪人处理委托事务支出的费用，由行纪人负担，但当事人另有约定的除外。"

3. 接受行纪人完成的委托事务的后果的义务。《合同法》第 420 条规定："行纪人按照约定买入委托物，委托人应当及时受领。经行纪人催告，委托人无正当理由拒绝受领的，行纪人依照本法第 101 条的规定可以提存委托物。委托物不能卖出或者委托人撤回出卖，经行纪人催告，委托人不取回或者不处分该物的，行纪人依照本法第 101 条的规定可以提存委托物。"

行纪合同的终止可以参照适用委托合同的有关规定。

■ 思考题

1. 我国合同法规定的行纪合同的特征有哪些？

2. 如何理解行纪合同与委托合同和居间合同之间的联系、区别？

3. 行纪合同双方当事人的主要权利义务是什么？

■ 参考资料

1. 崔建远主编：《合同法》，法律出版社 2010 年版。

2. 韩世远：《合同法学》，高等教育出版社 2010 年版。

3. 郭明瑞、王轶：《合同法新论·分则》，中国政法大学出版社 1997 年版。

4. 高富平、王连国：《委托合同、行纪合同、居间合同》，中国法制出版社 1999 年版。

5. 肖建国、肖建华：《委托、行纪、居间合同》，人民法院出版社 2000 年版。

第二十三章　居间合同

■ 学习目的和要求

　　通过本章的学习，了解居间合同的概念、基本法律特征以及与委托合同和行纪合同之间的关系，熟悉并理解我国合同法有关居间合同当事人的权利、义务的规定。

第一节　居间合同概述

　　居间是一种古老的商业现象，早在古希腊即有居间的记载。在我国古代，居间也是比较发达的，人们用"驵侩"、"牙侩"、"牙人"、"市牙"、"掮客"、"跑会人"等来称呼。直至今日，居间作为一种古老的商业现象，在现代社会仍有其存在的价值。它不仅能媒介交易，而且还可缩短交易时间，降低交易成本。特别是在我国，由于市场经济发展不成熟，交易渠道不畅、狭窄的现象比较突出，严重阻碍了商品的自由流通。主要表现在：卖方为商品的销路发愁；买方由于缺乏信息，不能买到称心如意的商品。而居间能够为一方充当订约媒介或报告订约机会，为双方当事人觅得商机，对双方当事人均有实益。为此，合同法对居间制度进行了法律规范。

一、居间合同的概念

　　居间合同也称中介合同，是当事人一方为他方报告订约的机会或者提供订立合同的媒介服务，他方支付报酬的合同。[1] 在居间合同关系中，一方当事人称委托人，另一方称为居间人。

　　依照居间人所负义务内容的不同，居间合同分为两类，一是以报告订约机会为内容，即受他人委托，寻觅并且指示可以与之订约的相对人，此种居间称为"报告居间"或"指示居间"；二是以充任订约媒介为内容，即居中斡旋，传达

---

〔1〕　参见《合同法》第424条。

双方意思，撮合双方订约，此种居间称为"媒介居间"。两者的区别在于前者仅报告订约机会，而由委托人与相对人洽商订约，后者则进而促成双方订约。"在大陆法系民商分立的国家，一般以商法调整媒介订约业务，民法调整报告订约机会的居间关系。在民商合一国家则无此区分。"[1] 依《合同法》第 424 条的规定："居间合同是居间人向委托人报告订立合同的机会或者提供订立合同的媒介服务，委托人支付报酬的合同。"可以看出，在我国居间合同包括报告订约之机会和为订约之媒介，不作民事商事之区分。此种安排符合我国民商合一的立法体例。

二、居间合同的性质特征

1. 居间合同为独立的有名契约。虽然少数国家，如瑞士债务法明确认为居间契约为委托契约之一种，但大多数国家认为，居间与委托、行纪之差异甚为明了，居间之内容，限于他人之间行为之媒介，与委托有异，居间人之报酬请求，以契约因其报告或媒介而成立者为限；居间所支付的费用，非经约定不能请求偿还。据此，大多数国家民法典及民法理论都承认居间合同为一种独立的合同，在立法体例上居间与行纪、委托呈并立之势，我国合同法亦采委托、行纪分立的立法模式。

根据《合同法》有关条文的规定，居间与委托区别如下：①行为之性质不同，居间为他人之间行为之媒介；而委托则以为他方处理事务为目的。②对委托人来说，即使事务尚未处理完毕，受托人得请求支付报酬；而在居间中，居间人须促成合同成立之后，才可以按照约定向委托人请求报酬。③受托人处理事务之必要费用，由委托人承担；而居间之费用，除约定之外，一般由居间人承担。

行纪与居间的差别亦可谓一目了然：①行纪不是为他人之间行为之媒介，而是以自己名义代替他人为法律行为。②行纪之行为对象以商行为为限，而居间则无此限制，当然，它们的共同之处在于居间和行纪的费用都不是由委托人承担，而由居间人、行纪人自己承担。但这并不能掩盖它们在性质上的差异。

所以，合同法将居间合同作为一种独立有名合同，专设一章予以调整。

2. 居间是信息媒介劳务合同。居间是为他人报告订约机会或充任订约媒介。因而居间以劳务给付为标的，故而属于一种特别的劳务合同，居间人所实施的劳务，是信息的供给和订约的媒介。

3. 居间是诺成及不要式合同。在居间合同中，居间人之报酬请求虽以其媒介行为的成立为前提，但居间契约在当事人意思表示一致时，即告成立，而无须

---

[1] 王家福主编：《民法债权》，法律出版社 1991 年版，第 729 页。

以物之交付为要件。此外，居间合同之订立也无须采用书面形式，因而也是诺成和不要式合同。

4. 居间是有偿契约。居间合同的当事人，一方为他方提供订约机会或充任订约媒介，他方给付报酬，二者互为对待给付，因而是有偿的，委托人应当依合同约定或法律规定承担向居间人支付报酬的义务。

三、居间合同的主体资格

应当引起注意的是居间合同的主体资格问题。对于居间人的主体资格须具体分析：法人及非法人组织只要其经营范围包括从事信息咨询服务等中介服务业务，就具有居间人资格。因此，在我国，除了国家机关受法律限制不得从事商业活动之外，事业法人、社团法人、企业法人和非法人组织皆可经核准登记后，依据有关法律规定及其组织章程、经营范围从事居间等中介服务活动。至于自然人能否成为居间人，各国立法一般予以准许，我国合同法也未加以限制，然而需注意的是，有些国家将居间人分为普通民事居间人和商事居间人，对于普通民事居间人在主体资格上无限制，"唯商事居间人采取自由营业主义和认可主义两种态度"。[1] 所谓自由营业主义，指无论何人，得自由为之。所谓认可主义，指非为居间人团体之成员，不得经营，遂带有公职之性质。[2] 由于自由营业主义符合市场经济信条，因而为多数国家采用。我国的合同法对自然人的居间资格未作规定，在立法上又未作普通居间人和商事居间人之划分。我们认为，在我国现行的经济体制下，权力本位仍占据主导地位，如果法律对自然人从事居间资格不加以限制，某些职能部门的公职人员势必利用其职权从事居间活动，扰乱国家经济秩序，并滋生腐败。因而对国家公职人员来说，他们不能具备居间人主体资格。虽然合同法对自然人居间主体资格未作限制，但根据有关法律和政策规定，党政干部严禁经商，因此他们也不能充任居间人。

关于自然人作居间人是否必须以居间为业的问题，我们认为，在立法上应区别对待，对于普通民事居间人，因其涉及的数额较少，事务较小，居间活动较为简单，带有一定偶然性，似无必要强求居间人以居间为业，这也正适应了普通人正常生活的需要；而对于商事居间，因涉及数额较多，事务较重，居间活动较为频繁、复杂，为抑制那些借居间之名，大肆欺诈的违法行为，规范国家对居间人的工商财税管理和监督，应有必要令商事居间人进行登记，并以居间为业。民事理论认为，在实践中，自然人作为商事居间人，一般应具备下列实质性条件：①具备完全的民事行为能力和一定学历的自然人；②拥有一定个人合法财产和固

---

〔1〕 史尚宽：《债法各论》，中国政法大学出版社 2000 年版，第 435 页。
〔2〕 史尚宽：《债法各论》，中国政法大学出版社 2000 年版，第 435 页。

定住所；③具有良好的商业信誉；④经过专门业务知识培训；⑤必须是脱离公职，并且是以商事居间为常业的人员。[1]

第二节　居间合同的效力

一、居间人的义务

1. 如实报告义务。《合同法》第425条第1款规定："居间人应当就有关订立合同的事项向委托人如实报告。"居间合同的基本目的在于促成委托人与第三人订立合同。因此，居间人的基本义务就是为委托人寻找、联络可与之订约的第三人或从中斡旋以促成委托人与第三人订约，这就要求居间人采取实事求是的态度据实报告或为媒介，不得欺骗有关当事人，不得隐瞒有关事实。另外，虽然居间人对相对人之信用无担保之义务，但为委托人的利益，他应将所知的对委托人与相对人订立合同有影响的有关事项或信用状况如实告知委托人。具体而言，在指示性居间合同中，居间人必须就自己所掌握的信息如实向有关当事人提供，并保证其提供的信息真实可靠。而在媒介居间合同中，居间人必须向委托人提供相对人的缔约资格、财产状况以及履约能力等信息。

居间人违反如实报告义务，故意隐瞒与订立合同有关的重要事实或者提供虚假情况，损害委托人利益的，不得要求支付报酬，并应当承担损失赔偿责任。[2]

2. 尽力的义务。在居间合同中，居间人应积极尽力来促成委托人与相对人的合同。尽管合同法关于居间合同的法律规定中没有专门列出尽力义务，但依诚信原则及交易习惯，可推断出居间人应积极尽力促成订约。

3. 居间费用承担义务。《合同法》第426条第2款规定："居间人促成合同成立的，居间活动的费用，由居间人负担。"在一般情况下，居间费用由居间人自己承担，在合同促成之后，居间人才能向委托人请求支付报酬。但若居间人与委托人之间存在良好的信任关系，费用的承担方式也可另行约定，这体现了私法自治的精神。法律之所以规定居间费用由居间人自己承担，是想事先让居间人承担一定的风险，如果促成合同，那么可取得相应报酬，风险随之化解；如果没能促成合同，就会蒙受居间费用的损失。在这种压力下，居间人必尽忠实之义务，尽力为委托人利益考虑，促成交易成功。

---

〔1〕 曹守晔、孔祥俊、李明良主编：《民事合同理论与实务》，人民法院出版社1997年版，第216页。
〔2〕 《合同法》第425条规定："居间人应当就有关订立合同的事项向委托人如实报告。居间人故意隐瞒与订立合同有关的重要事实或者提供虚假情况，损害委托人利益的，不得要求支付报酬并应当承担损害赔偿责任。"

二、委托人的义务

1. 支付报酬的义务。这是委托人的主要义务，也是居间人从事居间活动的经济目的所在。关于委托人支付报酬的义务规定于《合同法》第 426 条中。[1] 应从如下几方面理解：

（1）委托人支付报酬的前提为居间人促成合同成立。如果居间人未促成合同成立，则委托人可不支付报酬。促成合同成立可从两个方面来判断：①委托人已与第三人订立合同；②委托人与第三人订立合同与居间人的居间活动有因果关系。至于委托人与第三人之间订立的合同是否生效不得作为支付报酬的条件。

（2）委托人支付报酬可分为两种情况：在指示居间中，居间人促成合同成立的，委托人应按照约定支付全额报酬。而在媒介居间中，则应由该促成之合同的双方当事人平均分担居间人的报酬。这是因为，指示居间合同的居间人仅向委托人报告订约机会，具体事宜则由委托人与第三人洽谈；而在媒介居间合同中，居间人的媒介行为给所促成的合同双方均带来经济上的利益，因此，基于公平原则，《合同法》第 426 条规定，此类居间合同由当事人平均负担居间人的报酬。

（3）关于居间报酬的数额、支付方式一般应在合同中加以约定，若合同对此没有约定或约定不明，依照《合同法》第 61 条规定仍不能确定的，则根据居间人的劳务合理确定。通常以居间人居间活动成果为主要依据，同时结合居间人为中介服务所花的人力、物力、财力等因素综合考虑。从事中介服务活动并取得了成果——为委托人提供订约机会或经介绍促成了委托人与第三人订立合同的，委托人有义务按照居间合同的约定向其支付居间报酬。反之，如果居间人未能提供或未能如实提供订约机会，委托人有权不予支付居间报酬；如果负有介绍委托人与第三人订约义务的居间人没介绍第三人或虽然进行了介绍，但未能促成委托人与第三人订约的，委托人有权不支付报酬。

司法实践中，二手房买卖居间纠纷中时有发生"跳单"问题。"跳单"为民间俗称，指二手房买卖居间活动中，买方通过中介公司的居间服务选定房源后，却故意绕开该中介公司直接与房主达成交易或通过其他中介公司与房主达成交易的现象。当事人在房屋买卖居间合同中约定的禁止"跳单"条款法律效力如何，以及何种情况构成"跳单"违约，实践中认识不一。为此，最高人民法院发布了指导案例 1 号"上海中原物业顾问有限公司诉陶德华居间合同纠纷案"，在其

---

〔1〕《合同法》第 426 条规定："居间人促成合同成立后，委托人应当按照约定支付报酬。对居间人的报酬没有约定或者约定不明确，依照本法第 61 条的规定仍不能确定的，根据居间人的劳务合理确定。因居间人提供订立合同的媒介服务而促成合同成立的，由该合同的当事人平均负担居间人的报酬。居间人促成合同成立的，居间活动的费用，由居间人负担。"

裁判要点中表明："房屋买卖居间合同中关于禁止买方利用中介公司提供的房源信息却绕开该中介公司与卖方签订房屋买卖合同的约定合法有效。但是，当卖方将同一房屋通过多个中介公司挂牌出售时，买方通过其他公众可以获知的正当途径获得相同房源信息的，买方有权选择报价低、服务好的中介公司促成房屋买卖合同成立，其行为并没有利用先前与之签约中介公司的房源信息，故不构成违约。"本案例对类似案件的处理具有指导意义，在法律适用时应该予以注意。[1]

2. 居间活动必要费用的偿还义务。居间活动未成功时，居间人不得请求委托人支付报酬。但可以要求委托人支付从事居间活动支出的必要费用，委托人负担的费用以"必要费用为限"。

■思考题

1. 我国合同法规定的居间合同的特征有哪些？
2. 居间合同双方当事人的主要权利义务是什么？

■参考资料

1. 崔建远主编：《合同法》，法律出版社 2010 年版。
2. 韩世远：《合同法学》，高等教育出版社 2010 年版。
3. 郭明瑞、王轶：《合同法新论·分则》，中国政法大学出版社 1997 年版。
4. 高富平、王连国：《委托合同、行纪合同、居间合同》，中国法制出版社 1999 年版。
5. 肖建国、肖建华：《委托行纪居间合同》，人民法院出版社 2000 年版。

---

〔1〕 最高人民法院案例指导工作办公室："指导案例 1 号《上海中原物业顾问有限公司诉陶德华居间合同纠纷案》的理解与参照"，载《人民司法》2012 年第 7 期。

第二十四章　技术合同

■ 学习目的和要求

　　通过本章的学习，了解技术合同是以技术的开发、转让、咨询或者服务为标的的合同，是技术产品商品化的主要手段。因此，技术合同包括技术开发合同、技术转让合同、技术咨询合同和技术服务合同。技术本身是一种智力成果，对这种成果享有的权利既包括人身权，也包括财产权。在技术合同中，技术财产权归属应由合同当事人协商确定。对技术合同的学习，要求结合知识产权法的各种制度来把握。

第一节　技术合同概述

一、技术合同的概念

　　技术合同是当事人就技术开发、转让、咨询或者服务订立的确立相互之间权利和义务的合同，它是技术成果商品化和社会化的必然产物，同时也是技术这一典型的非物质形态的商品进入交换市场的法律形式。作为合同法规定的 15 种合同之一，技术合同在整个合同法中占据了极大的比例和重要的地位，为技术市场的繁荣发展提供了法律依据。

二、技术合同的特征

　　1. 技术合同的标的是一种无形财产。作为技术合同标的的技术是人类创造性脑力劳动的产物，它是一种无形财产。广义上的技术包括了公有技术与专有技术。其中，公有技术由两部分构成，一部分是从来就属于公有的，如教学运算法则；另一部分则曾经属于专有，而后变为公有，如过了保护期的专利技术。凡是公有技术，就可以成为任何人可以自由取得和应用的对象，因而本身不能再成为技术合同中所说的技术商品，唯有专有技术是技术合同中所言的"技术"。专有技术又分为专利技术与非专利技术，其中专利技术是经专利申请人申请获得专利的发明创造；而非专利技术则是未获专利但具有实用性、新颖性的技术。技术秘密是非专利技术中尚未公布于不特定人之中的那一部分技术。由于非专利技术中已为众人所知悉的技术已丧失其秘密性而不受法律保护，因此技术合同的标的只能是专有技术和技术秘密。技术财产的无形性一般通过两方面体现：①技术合同标的的确定是通过双方实现的，采用书面语言方式来表示具体内容、范围和要求，并对关键词语作出具体解释，而无具体的形态。②技术商品的价格在计算上没有统一的现成标准，一般采用成本加利润来确定，而利润也只有在技术实施中从无形财产转为有形利益的过程中得到体现。技术合同标的的无形性是技术合同最重要的特征之一。

2. 技术合同的履行具有特殊性。主要包括：①技术合同中的技术转让不同于一般合同中的"交货"，技术转让一般表现为技术许可，即针对技术使用权而非所有权的转让；②技术合同的履行内容不同于一般合同，它往往产生与技术有关的其他权利归属问题，如发明权、专利权、科技成果权、非专利技术使用权和转让权以及其他技术权益等。

3. 技术合同是双务、有偿合同。在技术合同中，一方当事人往往享有获取报酬的权利，承担技术开发、转让或提供技术咨询、服务的义务；而另一方当事人则享有取得技术成果的合法权益的权利，承担交付相关情报资料并支付报酬的义务。因此技术合同是双务、有偿合同。

三、技术合同的分类

技术合同是当事人围绕着技术的开发、利用而确定权利义务关系的协议，因而其分类也是依据其开发、利用的不同方式为标准进行的。从大体上来看，技术合同有以下四大类型：

1. 技术开发合同。它是指当事人之间就新技术、新产品、新工艺和新材料及其系统的研究开发所订立的合同。它所针对的是尚待研究或尚待开发完善的技术项目，因而往往需要较大的人力、物力及智力投资。依照技术开发方式的不同，技术开发合同还可进一步分为合作开发和委托开发，这将在后面的章节中详细说明。

2. 技术转让合同。它是指当事人之间就技术商品的所有权或特许权、使用权转移问题所达成的协议。作为连接科学技术与经济的纽带，它是科技成果走向物质生产领域的桥梁之一。在合同法中，技术转让合同又被具体划分为专利权转让合同、专利申请权转让合同、技术秘密转让合同以及专利实施许可合同四种类型的合同。与技术开发合同不同，技术转让合同的标的是已被开发或已完善的、具体的、特定的、现成的技术。

3. 技术咨询合同。它是指当事人间就特定技术项目提供可行性论证、技术预测、专题技术调查、分析评价报告等所达成的协议，技术咨询合同以对技术成果的利益为目的，为委托人提供其所需的特定技术项目的咨询活动。

4. 技术服务合同。它是指当事人以技术知识为另一方解决特定问题所订立的合同。同其他技术合同一样，技术服务合同也是以对技术成果的利用为目的的。其不同之处在于，技术咨询合同主要发生在研究开发、成果转让和项目实施之前，而技术服务合同则多发生在科技成果进入经济建设之后。

第二节　技术开发合同

一、技术开发合同概述

（一）技术开发合同的内涵

技术开发是开拓科学技术生产力的重要实践，技术开发合同指的是当事人之间就新技术、新产品、新工艺和新材料及其系统的研究开发所订立的合同。此外，当事人之间就具有产业应用价值的科技成果实施转让订立的合同，也适用技术开发合同的有关规定。正确理解技术开发合同的内涵，必须弄清楚两个问题：①什么是新技术、新产品、新工艺和新材料及其系统；②如何理解研究开发。

所谓新技术、新产品、新工艺、新材料及其系统，是指当事人在订立技术合同时尚未掌握的产品、工艺、材料及其系统等技术方案，但在技术上没有创新性的对现有产品的改型、工艺变更、材料配方调整以及技术成果的检验、测试和使用的除外。显然，所谓新技术、新产品、新工艺、新材料及其系统，首先要求其必须在技术上具有创新成分和技术进步特征。如果是根据用户需要按常规加工定作的产品，或是在现有产品、工艺、材料的基础上通过改变尺寸、形状排列和调整有关参数的非标准设计，以及其他通过一般设计、编制的变更可以完成的产品改型、工艺变更、材料配方的调整等，则不属于新技术的研究开发。为科技成果在生产领域的运用进行检验、测试、试运转等进行的工作也不属于新技术的开发。其次，对技术上的创新性的要求又是相对的。在立法上，只要求技术开发合同的标的是当事人在订立合同时尚未掌握的产品、工艺、材料及其系统等技术方案，不要求其标的必须是世界新颖、国内首创，或者行业、地区第一，等等。但是，也严禁将已有的技术成果改头换面进行假的研究开发、骗取研究经费，以维持技术市场的正常秩序。

对于研究开发，国内外并无统一的定义。一种观点认为，研究开发即科学研究和技术开发，应包括基础研究、应用研究、发展研究、工业化试验、商业化投产和扩大再生产等几个阶段；另一种观点认为，研究开发应当包括科学研究、技术开发和技术创新活动，即研究、开发及创新。我国合同法上所称的"研究开发"并未援引这两种定义，而是指根据经济建设的需要，运用科学技术知识，完成新的技术方案的活动，包括探索新发现，创造新发明，完成新设计，开拓新产品、新工艺、新材料及其系统等技术方案的活动。

（二）技术开发合同的特征

1. 技术开发合同的成果具有创造性。技术开发合同的成果是研究开发方按照合同的要求，经过长期的创造性劳动而取得的新的技术成果，而非在签订合同之前就已经被解决了的技术项目。它需要经过当事人进行研究开发，花费艰苦的创造性劳动才可能获得。它说明当事人应该是在解决尚未解决或尚未完全解决的问题，研制或改进尚不存在或尚不完善的东西。技术开发的过程应该是不断探索，创造未知的过程。一切现有技术的转移和利用现有技术进行的服务，都不属于技术开发的范围。

2. 技术开发合同标的具有新颖性。技术开发合同标的的新颖性是相对的，它的新颖性要求与专利发明创造所要求的新颖性有所不同。技术开发合同标的的新颖性的"新"包括两个方面的含义：①合同标的是前人或他人所未知的发明创造项目。就其范围来说，可以是世界范围的新项目，也可以是国内范围的首创项目，还可以是地区性或行业性的新项目。②在订立合同时受托方尚未掌握的，必须经过受托方长期的艰苦努力和创造性劳动才能获得的新项目。显然，技术开发合同对其标的新颖性的要求要低于专利技术的新颖性要求。正因为如此，作为技术开发合同标的的新技术成果，与该技术成果能否申请专利没有必然的联系，它可能成为得到专利权的专利技术，也可能是非专利技术。技术开发合同标的的新颖性是相对的，即仅指对当事人在订立技术开发合同时已经掌握的技术而言是新颖的，并不涉及研究开发成果水平的高低。

3. 技术开发合同的风险责任大。技术开发合同的又一主要特征是合同履行的风险责任大，因为开发一个技术项目时，经过当事人的努力，可能取得预期的成果，也可能在现有技术水平下遇到无法预见、无法防止和无法克服的技术困难，从而导致研究开发失败或部分失败。正因为如此，在订立技术开发合同时，应就必要的研究开发经费、基础设施、技术情报资料等条件，进行必要的可行性论证。在确定研究开发项目时要特别慎重，要选择适当的研究开发方案，并要避免重复研究和开发。

4. 技术开发合同是双务有偿合同。技术开发合同是产生新的科学技术知识的一种法律手段，目的是当事人双方力求在高技术、高知识领域有所创新、有所突破、有所进步。但是，实现这一目的，必须通过双方协作完成。如在技术开发合同中，委托方应向受托方提供研究开发经费，受托方应向委托方提供科技研究成果。在双方配合下，按技术开发合同的约定，共同实现双方的权利和义务。因此技术开发合同是双务有偿合同。

技术开发合同一般包括以下主要条款：项目名称；标的技术的内容、形式和要求；研究开发计划；研究开发经费或者项目投资的数额及其支付、结算方式；利用研究开发经费购置的设备、器材、资料的财产权属；履行的期限、地点、方式；技术情报和资料的保密；风险责任的承担；技术成果的归属和分享；验收的标准和方法；报酬的计算和支付方式；违约金或者损失赔偿的计算方法；技术协作和技术指导的内容；争议的解决办法；名词和术语的解释等。此外，就列入国家计划的科技项目订立的合同，应当附项目计划、任务书以及主管机关的批准文件。

技术开发合同作为一定社会经济条件下的产物，它的产生和发展基本上是以现代科研活动的规模与组织形式的日益扩大，以及科研与生产的联系日益紧密为背景的。

为了适应科学技术发展的形势，满足技术进步与生产发展的需要，满足制订科技政策、科研规划和协调组织管理的需要，技术开发合同这一新型民事合同日益显示出其重要意义。目前，在世界范围内，技术开发合同尽管在名称及定义上仍存在不同认识，但作为一种独立的合同形式已获得实践上和立法理论上的承认，并显示出愈来愈强的生命力。

依照合同法的规定，技术开发合同又可分为合作开发合同与委托开发合同，这是以技术开发方的人员构成为标准进行的再分类。二者间的区别在于，委托开发合同是一方当事人委托另一方当事人单独进行研究开发；而合作开发合同是双方当事人共同参与研究开发工作。正是基于这个原因，委托开发合同与合作开发合同在双方当事人的权利与义务、成果归属和风险责任的承担等方面都存在极大的差异。

二、委托开发合同

（一）委托开发合同的概念和特征

委托开发合同是指一方当事人按照另一方当事人的要求完成研究开发工作，另一方当事人接受研究开发成果并支付报酬的协议，双方当事人为委托人和研究开发人。一般而言，委托开发合同具有以下几方面的特征：

1. 它的标的是脑力劳动的创造性成果，而非研究开发方的脑力劳动本身，以此区别于一般承揽合同。

2. 委托人通常独立承担风险责任，这也有别于一般承揽合同中风险责任由承揽人承担。

3. 它的标的是尚待研究开发或完善的技术成果，以此区别于技术转让合同。

4. 研究开发人以自己的名义、技术及劳务独立工作，以此区别于委托合同。

（二）委托人及研究开发人的主要义务

1. 委托人的主要义务。

（1）按照合同约定支付研究开发经费和报酬。研究开发经费是指完成研究开发工作所需的成本，包括设备费、器材费、能源费、试验和试制费、安装和调试费、技术资料费和进行研究开发工作所需的其他费用。除合同约定的以外，委托方应当提供全部研究开发经费，这是委托开发合同中委托方的主要义务之一。关于研究经费的结算办法，当事人在合同中一般应当约定。合同中的约定按实际支付的，研究开发经费不足时，委托方应当补充支付；研究开发经费剩余时，研究开发方应如数返还。合同约定是包干使用的，结余经费归研究开发方所有；不足的经费由研究开发方自行解决。若合同没有约定经费结算办法的，按包干使用处理。

所谓报酬，是指研究开发成果的使用费和研究开发人员的科研补贴。它与研究开发经费是两个不同的概念。研究开发经费是研究开发的投入；而报酬则是委托方取得研究开发成果后，作为合同的"对价"应向研究开发方支付的款项。在委托开发合同中该项报酬可以单列。但如果合同没有单独约定报酬的，应当理解为报酬已包含在研究开发经费中，从研究开发经费的结余中支付。

委托方支付研究经费和报酬通常是在合同订立之后研究开发工作开始履行前进行。但是，也允许当事人根据不同情况在合同中约定分批支付或在对方交付工作成果之后支付。

（2）提供技术资料、原始数据，完成协作事项。技术开发是通过艰苦的脑力劳动创造出新的知识产品，一切创造活动都是在一定技术上进行的。委托方按照合同约定提供技术资料、原始数据，并完成协作事项，是研究开发方顺利进行研究开发工作，实现预期目标的基本保障。如果委托方不按照合同约定履行应尽的义务，研究开发方不仅可以单方解除合同，而且对由此产生的风险责任将不承担任何义务。

（3）按期接受研究开发成果。如果由于委托方无故拒绝或延迟接受成果，造成该研究开发成果被合同外第三方以合法的形式善意获取时，或者该成果的使用价值丧失应有的新颖性时，或该成果遭到意外损坏或灭失时，委托方应承担责任。此外，积极实施研究开发方交付的研究成果也是委托方的一项重要义务。尤其是在报酬支付方式采取利润额或销售额分成方式的情况下，委托方拖延技术成果实施期限，将会损害研究开发方的利益。

如果合同中有专门的约定，委托方还有义务向研究开发方提供下列协助：提供研究开发样品、模具；根据应用目的和工艺可能提出明确的技术经济指标；对样品进行加工、测试；对工艺装备的安装、调试和维修，以及组织成果技术鉴定等。

2. 研究开发人的主要义务。

（1）制订和实施研究开发计划。研究开发是一项复杂的工作。因此研究开发人制订研究开发计划是其按期完成技术开发任务的首要义务或前提条件。研究开发计划是指导研究开发方实现委托开发合同确定的预期目标的指导性文件，是研究开发任务的具体步骤和方法。研究开发方根据合同约定的研究开发计划，制订具体的工作计划、实施方案和步骤并全面实施。研究开发方实施研究开发计划的活动，应当自觉接受委托方的监督和检查。研究开发计划一般包括下面几方面的内容：项目名称；现状及存在的问题；现有技术基础和条件；国内外研究情况；主要任务；攻关的目标和内容（包括阶段性目标和最终目标）；达到的技术水平，社会经济效益，以及推广应用；研究、试验方法和技术路线；计划进度；所需主要仪器设备和材料；经费概算和经费总额；承担单位和主要技术专家及科技人员等。

（2）合理使用研究开发经费。所谓合理使用，有两层含义：①研究开发方按照经费的预算和概算，专款专用；精打细算，严防浪费和超支，保证把研究开发经费用在实处；以最低耗费获得较大的经济效益。当事人可以在合同中约定：研究开发经费应当用于委托开发项目的研究开发工作之中，不得挪作他用。当事人还可以在此条款中约定有关购买仪器设备、奖励提成及其限定。②研究开发方有义务向委托方汇报经费支出情况，接受委托方监督。

（3）按期完成研究开发任务，交付研究开发成果。所谓研究开发成果，是指作为合同标的的技术成果和与其密切相关的技术成果。研究开发方应按照合同约定，如期完成研究开发成果，严格按照合同规定履行应尽的义务。研究开发方交付的研究开发成果和提供的有关技术资料，必须真实、正确、充分、完整，以保证委托方实际应用研究开发成果。当事人可以约定采取下列一种或几种方式提交研究开发成果：①产品设计、工艺规程、材料配方和其他图纸、论文、报告等技术文件；②磁带、磁盘、计算机软件；③动物、植物新品种、微生物菌种；④样品、样机；⑤成套技术设施等。

（4）提供有关技术资料和必要的技术指导，帮助委托人掌握研究开发成果。委托研究开发的目的，在于实际应用研究开发的新成果，以促进技术进步和提高劳动生产率。因此，研究开发方不仅要按期完成研究开发工作，还有一个重要的义务就是要为委托方提供技术资料和具体的技术指导，如解决技术开发中产生的各种问题，为实施新技术进行必要的人员培训等，从而帮助委托方掌握研究开发成果，使之迅速发挥经济效益。

此外，如果合同中有专门的约定，研究开发方还有义务向委托方提供下列协作事项：提供技术咨询服务（如市场预测、价值工程、可行性论证等）；对委托方人员进行技术培训；提供有关新的技术发展状况的情报资料；协助制定有关操作、工艺规程；提出技术开发总结报告或组织成果技术鉴定；此外，在不妨碍自己研究开发的正常工作的情况下，有义务接受委托方对自己履行合同和经费使用情况的检查。

（三）违反委托开发合同的责任

依照委托开发合同双方当事人的义务的规定，违反委托开发合同主要表现为委托人未按约定支付研究开发经费和报酬，或未提供技术资料、原始数据。研究开发人未按约定制订和实施研究开发计划，未按期完成研究开发成果或者未提供有关的技术资料和必要的技术指导等，对委托开发合同当事人违反合同的，应当承担违约责任，其责任形式包括支付违约金、赔偿损失乃至解除合同。但是应当引起注意的是，委托开发合同当事人承担违约责任的一个前提是当事人违约导致研究开发工作停滞、延误或者失败，也就是说并非一切违约行为均导致违约责任的发生，只有在违约致使研究开发工作受到影响的情况下，才可适用违约责任的有关规定。

三、合作开发合同

（一）合作开发合同的概念和特征

合作开发合同是指两个或两个以上的当事人共同参与研究开发工作的协议。在合作开发合同中，各方当事人共同研究开发、共同投资、共享成果、共担风险。合作开发合同具有以下特征：

1. 合同当事人之间的权利义务是共同的，以合作各方共同参与研究开发为前提。

2. 合作各方除投入专业技术力量和现有技术外，还应按照合同约定投入一定设备、材料、经费及必要的试验条件。

3. 合作开发合同是在共同从事研究开发过程中形成的权利义务关系，不包括共同出资、联合经营等合伙或联营关系。

（二）合作开发合同当事人的主要义务

1. 按照合同的约定进行投资，包括以技术进行投资。投资是指合作开发当事人以资金、设备、材料、场地、试验条件、技术情报资料、专利权、非专利技术成果等方式对研究开发项目所作的投入。其中若采取资金以外的形式进行投资的，应折算成相应金额，明确当事人在投资中所占的比例。在技术投资折价时，要防止以次充好和作价过高。同时，当事人以技术投资时，还应当约定因技术产权发生争议时，由当事人承担责任的条款。应该注意的是"按合同约定进行投资"指的是双方当事人共同投资，而不能是某一方当事人进行投资，否则就构成委托开发合同。至于具体的投资方式，则可以由双方当事人在合同中予以约定。

2. 按照合同约定的分工参与研究开发工作。参与研究开发工作，包括按照约定的计划和分工共同进行或者分别承担设计、工艺、试验、试制等研究开发工作，直至完成研究开发项目。具体有三种方式：①各方派出专业技术人员组成课题组，按照约定的研究开发计划共同参加全部研究开发工作；②各方派出专业技术人员组成课题组后，按各自的优势，分别进行部分研究开发工作；③各方按协议分别承担研究开发工作的某一部分。在合作开发中，每一方所负责完成的每一部分工作对于另一方或者其他各方来说，都是非常重要的，直接关系到整个研究开发项目的成功与失败。因此，任何一方当事人，对合同中约定的应尽义务，必须认真履行，以切实保证合作开发项目的完成。

3. 协作配合研究开发工作。合作开发合同的核心在于，合作开发方以各自的技术力量创造性地共同完成一个研究开发项目，成败的关键是合作各方按合同约定协作配合的状况如何。因此，合作开发各方必须严格履行与其他各方协作配合的义务。任何一方不按照合同约定协作配合，都可能导致整个合作研究开发项目失败。

（三）合作开发合同当事人违反合同的责任

合作开发合同当事人的违约行为表现为：①不按照合同的约定进行投资，包括技术投资；②不按照合同约定的分工参与研究开发工作；③不按照合同的约定与其他各方完成协作配合任务。由于当事人任何一方的上述违约行为，造成研究开发工作停滞、延误或者失败的，应当承担违反合同的责任。《合同法》第336条对此有相应的规定。此外，当事人一方逾期不进行投资或不履行其他义务的，另一方或其他各方有权解除合同，同时还可以要求对方当事人赔偿因此给另一方或其他各方所造成的损失。

四、技术开发合同的成果归属和分享

技术开发合同订立的目的在于获取相应的技术成果。履行技术开发合同所完成的技术成果，是指作为合同标的的技术成果，包括合同标的范围内的技术成果和为实施合同标的的技术成果必要的其他技术成果。当事人在履行合同中获得的与合同标的无关的派生技术成果和不能预见的技术成果不属于履行技术开发合同所完成的技术成果。技术开发是创造技术成果的活动，因此，技术成果的归属和分享对技术开发合同当事人来讲是一个重要问题。依照合同法的有关规定，技术成果的归属和分享应遵循以下几方面的规则：

（一）职务技术成果与非职务技术成果的归属和分享

所谓职务技术成果，指的是执行法人或者其他组织的工作任务，或者主要是利用法人或者其他组织的物质技术条件所完成的技术成果。因此，职务技术成果的使用权、转让权属于法人或者其他组织，法人或者其他组织有权就该项职务技术成果订立技术合同。另外，由于职务技术成果毕竟包含了完成职务技术成果个人的劳动，依照公平原则，法人或者其他组织应当从使用和转让该项职务技术成果的收益中提取一定比例，作为对完成职务技术成果个人的奖励或报酬。在法人或者其他组织订立技术合同转让职务技术成果时，职务技术成果的完成人享有优先受让权。非职务成果则涵盖了职务技术成果以外的一切其他技术成果。对于非职务技术成果而言，其使用权、转让权完全归属于完成技术成果的个人。

（二）专利申请权的归属和分享

这是专门针对具备专利条件的技术开发成果而言的。《合同法》第339条规定，在委托开发合同中，除当事人另有约定外，申请专利的权利属于研究开发人。也就是说，委托开发当事人可在合同中约定专利申请权归属委托方或者开发方或者双方共有，而一旦合同没有对此作出约定，那么申请专利的权利就属于研究开发人了。在合作开发合同中，当事人也可以约定方式确定合作开发技术成果的专利申请权归属，而一旦合同没有对此作出约定，申请专利的权利就属于合作开发各方共有了。此外，在合作开发各方共有专利申请权的情况下，若一方共有人转让其共有的专利申请权的，则其他共有人在同等条件下享有优先受让的权利；若一方共有人放弃其共有的专利申请权的，则可由另一方单独申请；若一方共有人不同意申请专利的，另一方不得申请专利。

（三）专利权和专利实施权的归属和分享

依照专利法的规定，申请专利的权利属于非职务发明创造的发明人、设计人或职务发明创造所属的全民所有制、集体所有制单位，一旦申请获得批准，则专利权归属申请专利的人所有。在合同法中，对于研究开发成果被授予专利权的，该专利实施权的归属和分享可分为三种情况：①委托开发合同约定申请专利权的权利归研究开发人或者因合同没有约定而归属研究开发人时，委托方对该发明创造专利有免费使用的普通实施权。委托方享有的这个实施专利的权利，是法定的实施权。这种实施权不含有向他人转让或者许可他人实施的权利，委托方如转让该专利的，必须经过研究开发方的同意。②合作开发合同的一方放弃专利申请权，在合作开发合同的另一方就合作开发的发明创造被授予专利权以后，放弃的一方可以实施该项专利，即放弃专利申请权的一方依法对该项发明创造专利享有不可撤销的、免付使用费的普通实施权，而不能成为专利权的共有人。在未经专利权人许可的情况下，放弃专利权而仍有普通实施权的一方不得向他人转让或者许可他人实施该项专利。③无论是委托开发合同还是合作开发合同，有关发明创造专利权均可能因合同的约定或者法律的规定归当事人共有。这时，当事人各方为专利权的共有人。共有人可以约定各方实施专利的范围（包括期限、地区和方式），约定就该专利许可他人实施的程序，以及由此所得利益在当事人之间的分配。共有人之间就专利实施权没有约定的，可以单独实施或者以普通许可方式许可他人实施该专利；许可他人实施该专利的，收取的使用费也应当在共有人之间分配。此外，行使共有的专利申请权或者专利权应当取得全体共有人的同意。如果一方转让其共有专利权时，其他各方有权优先受让。

（四）技术秘密使用权、转让权的归属和分享

履行技术开发合同所完成的技术成果中，有大量的技术秘密成果，包括未申请专利的技术成果、未授予专利权的技术成果以及《专利法》规定不授予专利权的技术成果。在技术合同当事人间，合同约定了秘密技术成果使用权、转让权的归属和分享办法的，按当事人的约定确定。合同没有约定的，应遵循以下的原则确定：①当事人在合同中约定秘密技术成果由一方使用、转让的，另一方不得使用和转让，但另一方以利用该项技术成果进行新的研究开发工作的情况应除外。②当事人在合同中约定秘密技术成果使用权、转让权为双方共有的，共有人可依约定使用、转让该技术秘密。若无约定，当事人各方均可使用该项技术秘密成果，由此获得的利益归使用的一方。③当事人对技术秘密使用权、转让权以及利益分配办法约定不明的，可在事后订立补充协议，若不能就补充协议达成一致，可依合同有关条款或交易习惯确定；若依上述途径仍不能解决，则双方共有使用权、转让权。任何一方通过使用、转让该技术成果所获得的收益，另一方或其他各方有权分享。

五、技术开发合同的风险责任

技术开发合同的风险是指在技术成果的开发过程中，虽经受托人主观努力，确因在现有技术水平和条件下无法克服的技术困难，导致开发失败或部分失败所发生的损失。技术开发合同中的风险负担，按以下原则确定：

1. 约定承担。技术开发合同当事人双方在签订技术开发合同时，应当就研究开发的技术风险责任问题予以明确规定。在委托开发合同中，可以约定由委托人承担，也可约定由研究开发方承担，还可以约定由双方分担。在合作开发合同中，可以约定一方或者几方承担，也可以约定由当事人分担。该约定是在发生风险时确定各方应负责任的有效依据。

2. 当事人合理分担。合同没有约定或约定不明确的，由当事人双方协议补充；协商不成的，根据技术开发合同履行中的具体情况（如合同的标的、价金、风险程度等）并斟酌当事人双方的财产状况，由双方合理分担。

3. 通知义务的履行和扩大损失的承担。根据《合同法》第338条的规定，当一方当事人在合同履行过程中，发现因出现无法克服的技术困难，可能导致研究开发失败或者部分失败的情况时，应当及时通知另一方并采取适当措施减少损

失。如向委托方提供一定的咨询报告和意见，建议改变研究开发内容或者全部放弃研究开发工作等。因为在风险责任切实发生之前，变更、解除合同往往可减少将可能发生的损失。法律赋予预见风险责任的研究开发方主动停止研究开发工作的权利，并规定预见到风险责任的任何一方当事人有通知的义务。如果当事人一方没有及时通知另一方采取适当的措施，致使损失扩大的，应就扩大的损失承担责任。

第三节　技术转让合同

一、概述

技术转让合同，是指当事人间就技术商品的转让而达成的协议。按照国家对转让当事人的管辖权的不同，技术转让可以分为国际技术转让和国内技术转让；按照当事人双方是否将转让对象商品化的不同，可以将技术转让分为有偿技术转让和无偿技术转让；按照转让对象的权利化程序的不同，可以将技术转让分为专利技术转让和技术秘密转让。实践中，规定上述活动中的法律关系的合同也就分化为国际技术转让合同、国内技术转让合同、有偿技术转让合同、无偿技术转让合同、专利技术转让合同、技术秘密转让合同。尽管技术转让合同有多种分类，但作为合同法所确定的技术转让合同一般具备以下特征：

1. 技术转让合同的标的是合同约定的现有的、特定的和权利化的技术成果。这意味着作为技术转让合同标的的技术，必须是在订立合同时已经存在的技术。同时，依据转让合同的不同类型，该技术成果还必须是已被相应地设定了专利权、专利申请权、专利实施权或者技术秘密成果权的技术。技术转让合同的这一特征，使它区别于以尚待研制的技术成果为标的的技术开发合同，也不同于针对一般咨询服务课题提供随机、零星、公开的技术知识和经验的技术咨询服务合同。

2. 技术转让合同中涉及权属的转让只能是经济权利，而不包括精神权利。由于技术成果产生的特殊性，致使其权属包括了一般商品所不具备的精神权利。精神权利与人身密不可分，因而是不能放弃和转让的。它一般表现为在技术成果方案上或产品上署名的权利以及获得荣誉证书、奖励证明的权利，这些权属显然是不能作为技术转让合同的标的的。

3. 技术转让合同的内容与履行的实质是技术权益的实现。技术转让合同虽然有其类型的差异，但总体上仍围绕着专利权、专利申请权、专利实施许可以及技术秘密权益的转移运作。在技术转让合同中，转让方履行其交付相关技术权益的义务，受让方则履行其缴纳相应费用的义务，并由此获得申请专利、实施专利或使用技术秘密的权利，乃至获得专利权本身。在这个过程中，技术转让方取得与其所付出劳动和其他投入相应的经济利益，而受让方则通过技术权益的实施完成了技术成果的转化过程。

4. 技术转让合同时效的长期性。技术商品是一种知识性、经验性很强的商品，所以，期限的长短直接关系到当事人双方的切身利益。技术转让合同的有效期一般较长。如果当事人双方在订立合同时，约定的期限过短，一方面会使转让方无利可图，不愿转让技术；另一方面也会影响受让方吸收、消化和掌握该项技术，达不到受让技术的目的。

依照合同法规定，技术转让合同包括专利权转让合同、专利申请权转让合同、技术秘密转让合同以及专利实施许可合同四种。

二、专利权转让合同

专利权转让合同，是指转让方即专利权人将其发明创造专利的所有权（或持有权）转交给受让方，受让方支付约定价款的合同。专利权转让合同转让的是专利所有权（或持有权），权利转让后，受让人即成为专利权人。专利权转让合同，一般应当注明发明创造的名称、专利申请人和专利权人、申请日期、申请号、专利号以及专利权的有效期限。

1. 转让人的义务。专利权转让合同的转让人应当依照合同约定将专利权转让给受让方，这是专利权转让人的首要义务。所谓按照合同约定，指的是按合同约定的时间、内容及期限进行转让。它一方面要求转让人按时转让，另一方面也要求转让人对转让的技术承担权利的瑕疵担保责任，即保证自己为专利权的合法转让人，否则由此产生的对第三人权益的侵害，转让方应承担相应的责任。此外，转让方还有义务依合同约定办理专利权转让手续，交付与转让与技术有关的技术资料，向受让方提供必要技术指导等。

2. 受让人的义务。受让人负有支付价款的义务，受让人应按照约定期限、方式向转让方支付价款。受让人未按照约定支付价款的，应支付违约金或赔偿损失。

三、专利申请权转让合同

专利申请权转让合同，是指双方当事人约定，一方将技术成果的专利申请权转让给他方，他方为此支付价款的合同。专利申请权转让合同是针对特定发明创造的专利申请权而言的。显然，在专利申请权转移后，受让人既成为专利申请权人，也可能会成为专利权人。专利申请权转让合同的双方当事人负有如下几方面义务：

1. 转让人的义务。转让人应当按照合同约定将专利申请权转移给受让人。专利申请权一经转让，原专利申请权人不再享有该项权利。此外，转让人还应按合同约定提供申请专利和实施该专利所需的技术情报和资料，并达到该领域一般专业人员能够实施发明创造的程度。

2. 受让人的义务。专利申请权转让合同的受让人应当按照合同约定支付价款。迟延支付者，应支付违约金，而不支付者，应返还专利申请权的有关技术资料并承担相应的违约责任。

四、技术秘密转让合同

同专利技术一样，具有新颖性、实用性、秘密性的技术秘密也可进行转让。与其不同的是，专利技术转让同时受专利法与合同法的调整和规范，而技术秘密的转让则仅由合同法调整。合同法主要通过对技术秘密转让合同双方当事人权利义务的设定来规范技术秘密的转让。

1. 让与人的义务。对于让与人来说，主要有三个方面的义务：①提供技术资料、进行技术指导。这类似于专利实施许可合同的让与人的交付技术资料、提供必要技术指导的义务，目的在于保证受让人正常顺利地使用所受让的技术秘密。②保证技术的实用性与可靠性。所谓实用可靠，是指受让人按照技术方案实施能够达到合同约定的技术指标。实用性与可靠性是相对的，由于技术秘密转让合同的标的，可以是处于不同工业化开发阶段的技术成果，因此，这里所说的实用、可靠，应就不同阶段的技术成果作不同的理解。对于已经完成工业化开发的技术成果，应保证它达到合同约定的技术指标；对于尚处于实验室阶段的技术秘密，应保证能够在实验室条件下重复再现其预期的结果或效果，并应在合同中明确后续开发的责任。在有关技术的实用性、可靠性这一问题中，应该明确的是，虽然技术鉴定是评价、确认技术成果的实用性、可靠性的主要方式，但是未经鉴定的技术成果，经让与人验证是实用的、可靠的，这种技术也可以转让。因此，鉴定本身并非合同成立和技术转让合法的前提。③承担保密义务。这是技术秘密转让合同的当事人双方的共同义务。它所针对的，是仅为特定人所知悉而没有披露于不特定人之间的尚处于秘密状态的非专利技术秘密。承担保密义务就意味着承担不把该项技术成果泄露于不特定人的义务。它最基本的要求是不得将技术成果的秘密性特征泄露给他人，致使技术成果拥有者丧失优势和转让机会。承担保密义务是为了维护技术的竞争性，任何一方将其公之于世，都会丧失拥有者的优势地位。因此，保密义务既是让与人又是受让人的主要义务。

2. 受让人的义务。对于受让人来说，也负有三个方面的主要义务：①按照约定使用技术秘密；②按照约定支付使用费；③承担保密义务。所谓按照约定使用技术秘密，是指按照合同约定的使用技术秘密的地区、范围或方式使用该项技术秘密。如果合同中没有此类约定，受让人则有权在我国境内以任何方式使用该项技术秘密。

五、专利实施许可合同

（一）专利实施许可合同的概念

专利实施许可合同又称专利许可证合同，是指专利权人或者其授权的人作为转让方许可受让方在约定范围内实施专利、受让方支付约定价款所订立的合同。所谓实施专利即专利技术的推广和应用。在专利技术为某项产品时，实施是指生产、使用和销售该产品；在专利技术为某种方法时，实施是指使用该专利方法。专利实施许可是以转让专利技术使用权为目的，转让方并不因此而丧失专利权。因此，专利实施许可合同受专利法和合同法的双重保护和限制。

（二）专利实施许可合同的分类

根据实施专利的范围不同，专利实施许可可分为独占实施许可、排他实施许可和普通实施许可三种。

1. 独占实施许可，是指专利权人作为转让方，许可受让方在约定范围内独占地实施其专利，并排除专利权人和任何其他第三人在相同范围内实施该专利的实施许可。订立独占实施许可合同后，专利权人在约定的范围内已将其专利的全部使用权转让给了受让方。因而无权再与第三方就同一专利在同一地区订立专利实施许可合同，也无权在同一地区自己使用同一专利。

2. 排他实施许可，是指受让人在约定范围内享有排除任何第三人使用专利的实施许可，但不排除专利权人自己实施。

3. 普通实施许可，是指专利权人许可受让方在约定的范围内实施其专利，专利权人可以在同一范围内继续许可第三方实施或自行实施同一专利的实施许可。普通实施许可合同中，专利权人保留了在许可受让方实施专利的约定范围内自行实施和许可他人实施其专利的权利。

（三）专利实施许可合同当事人的主要义务

尽管专利实施许可合同有不同的种类，但合同法对双方当事人的主要义务仍然统一作出了规定，具体可分为两个方面：

1. 让与人的义务。对于让与人来说，他负有许可受让人实施专利和交付实施专利有关的技术资料、提供必要的技术指导两项法定义务。许可受让人实施专利包含了两个方面的含义：①专利权人在实施许可合同有效期内维持其专利有效性以使受让人实施专利有法律保障；②允许受让人制造已获得专利权的产品或直接运用获得专利的方法。而交付实施专利有关的技术资料、提供必要技术指导，指的是交付所属技术领域的普通技术人员能够实施该项专利技术所必需的有关技术文件资料，按合同约定帮助受让方解决专利技术实施过程中出现的问题，包括协助安装、调试、培训人员等，以帮助受让人生产出符合合同约定标准的专利产品。

2. 受让人的义务。对于受让人来说，他负有按照约定实施专利、不得许可约定以外的第三人实施该专利以及按照约定交付使用费三项义务。具体而言，专利实施许可合同一般约定允许受让方使用专利技术的期限、地区以及使用该专利技术的内容范围。受让方必须在约定允许实施的范围内使用专利技术。对于超出约定使用范围的使用，应承担违约责任。受让方在未取得转让方再转让许可的情况下，无权许可任何第三方实施该专利，只有当事人在专利实施许可合同中，明确约定受让方可以许可第三方实施该专利时，受让人才有权在约定范围内许可第三方实施专利。但这种再转让许可应当是普通实施许可。最后，受让方必须依照合同约定的付款方式、时间、数额支付价款。技术转让费一般由硬件费用、软件费用和咨询服务费用等三部分组成。硬件费用指转让方向受让方提供的样机、样品或实施技术所必需的专用设备和专用原材料等有形物品的价款；软件费用指对使用技术所付的报酬，亦称技术使用费；咨询服务费用指转让方的专家和工程技术人员在指导受让方实施专利技术期间约定给予的报酬。根据《合同法》第325条的规定，支付方式一般有四种，包括一次总算、一次总付或者一次总算、分期支付，也可以采取提成支付或者提成支付加预付入门费的方式。如果约定提成支付的，当事人应当在合同中约定查阅有关会计账目的办法。

六、技术转让合同的后续改进技术成果的归属和分享

所谓后续改进，指的是在合同有效期内，一方或双方对作为技术转让合同标的的专利技术或技术秘密所作出的革新和改良。技术转让合同的后续改进的归属和分享，应遵循以下原则：

1. 约定优先原则。后续改进技术成果是在实施或使用专利技术、技术秘密基础上产生的新的技术成果。这一成果由于涉及让与人已有的专利或技术秘密的内容，又涉及受让人在实施或使用过程中进行的新的智力与物资的投入，其归属问题颇为复杂。因此，技术转让合同双方当事人一般应在订立技术转让合同的同时，约定后续改进的归属和分享的确定原则。这种约定就成为确定后续改进技术成果归属的优先依据。但约定不得阻碍技术的进步和发展。

2. 补充确定原则。对于后续改进成果的归属和分享，如果技术转让合同双方当事人未在合同中约定或者约定不明的，双方当事人可在事后依平等自愿原则进行协商，达成补充协议。如果不能达成补充协议的，则可以依照技术转让后续改进成果的归属、分享的习惯规则确定。

3. 完成人享有原则。依照上述原则仍不能确定的，后续改进的技术成果属于完成该项后续改进的当事人所有，其他各方无权分享。具体来说，如果后续改进技术成果是转让方完成的，则归属转让方；如果是受让方完成的，则归属受让方，另一方不得擅自使用或转让；如果是转让方与受让方共同完成的，则由双方

共有。除合同有明确约定或后续改进技术成果为双方共有之外，任何一方都无权要求分享另一方所作出的后续改进的技术成果。

第四节 技术咨询合同和技术服务合同

一、概述

"咨询服务"在不少场合是作为一个概念使用的。我国合同法对此进行了科学的区分，将技术咨询合同和技术服务合同规定为两类不同的合同。这是因为，技术咨询和技术服务尽管都表现为受托人一方为委托人一方提供与技术项目有关的服务，但二者之间有着明显的区分：

1. 技术咨询合同是受托人为委托人提供决策参考所订立的合同，其中相当大一部分属软科学研究，它主要发生在研究开发、成果转让和项目实施之前；而技术服务合同是受托人为委托人解决生产建设中具体技术问题，促使科学技术转化为生产力所订立的合同，它主要发生在科技成果进入经济建设之后。

2. 技术咨询属于决策服务。除合同另有约定外，委托人将受托人提出的咨询报告或意见付诸实施所发生的损失，受托人不承担责任；而技术服务是实施服务，受托人必须保证工作质量并对实施的结果负责。

二、技术咨询合同

(一) 技术咨询合同的概念和特征

技术咨询合同是指当事人一方以技术知识为另一方解决特定技术问题所订立的合同，包括就特定技术项目提供可行性论证、技术预测、专题技术调查、分析评价报告等合同。它具有以下特征：

1. 技术咨询合同在技术领域内具有自己特定的调整对象，即合同当事人在完成一定的技术项目的可行性论证、技术预测、专题技术调查等软科学研究活动中产生的民事法律关系，而诸如技术开发、技术转让、工程设计、工程验收、人员培训等技术活动不属于此类。

2. 履行技术咨询活动的目的在于，受托人为委托人在科学研究、技术开发、成果推广、技术改造、工程建设、科技管理等项目上提出建议、意见和方案，供委托人在决策时参考。因此，技术咨询合同的履行结果并不是技术开发或技术转让所生的现实科技成果，而是供委托人选择的咨询报告。

3. 技术咨询合同有其特殊的风险责任原则，也就是说，在技术咨询合同中，因实施咨询报告而造成的风险损失，除合同另有约定外，受托人可免于承担责任。这一特殊原则也是技术开发合同、技术转让合同、技术服务合同中所不具有的。

（二）技术咨询合同双方当事人的主要义务

1. 委托人的义务。

（1）依照合同约定阐明咨询的问题。委托人首先要向受托人说明具体的咨询项目的要求，它是受托人进行分析论证的出发点。

（2）按照合同约定向受托人提供技术背景材料及有关技术资料、数据。这是因为技术背景材料及有关的资料、数据是受托人进行分析研究、提出咨询报告的基础和依据，委托人提供的报告材料、数据、资料越全面，越有利于咨询报告的科学化、合理化。

（3）接受受托人的工作成果。接受受托人的工作成果既是委托方的义务，也是其权利。工作成果是指受托人完成的咨询报告和意见，在受托人完成咨询报告和意见后，委托方要及时组织评价鉴定，确认工作成果是否符合合同约定的条件，予以验收。

（4）支付报酬。这是委托人最基本的义务。所谓报酬，即委托人向受托人所支付的作为其智力劳动和工作成果的对价。它不包括受托人在工作中进行调查、试验、测试、分析、论证等所需要的费用。支付报酬的方式可由双方当事人协商决定，一般可采取计划报酬，以承包形式一次或分次支付报酬或者按投资总额的比例支付报酬等方式。

2. 受托人的主要义务。

（1）依约提交咨询报告或解答委托方的问题，这是受托人基本的义务。根据这一义务，受托人要尽可能收集与咨询有关的经济技术信息、资源信息、人才信息，利用自己的技术知识和经验，综合分析项目的技术内容，预测技术经济前景，为委托方的技术项目决策提供科学依据、参考方案，提出具有较高科学水平和参考价值的咨询报告和意见。咨询报告不仅是一个结论性的方案，它还应包括基本信息数据、分析论证过程和各种可行性方案以及最佳方案等内容。

（2）保证咨询报告和意见达到合同约定的要求。咨询报告是委托人进行项目决策的主要依据。它要求受托人在技术咨询工作中，采取严肃认真的态度，力求咨询报告的先进性、可行性，避免咨询报告出现华而不实或出现失误、质量低劣、无参考价值等情况，从而使咨询报告和意见达到合同约定的要求。

依照技术咨询合同双方的义务的规定，对于违反合同的当事人应当承担违约责任。技术咨询合同的委托人未按照约定提供必要的资料和数据，影响工作质量和进度的，支付的报酬不得追回，未支付的报酬应当如数支付。技术咨询合同的受托人未按期提出咨询报告或者提出的咨询报告不符合约定的，应当减收或免收报酬，并承担违约责任。

三、技术服务合同

（一）技术服务合同的概念和特征

技术服务合同是指当事人一方以技术知识为另一方解决特定问题所订立的合同。它具有以下特征：

1. 技术服务合同的受托人一方通常是掌握一定专业技术知识的企事业单位、自然人。他们大都具有一定的学历和专业技术职称，具备从事一定专业技术工作的实际能力。

2. 技术服务合同的受托人向委托人提供的技术通常不包括专利技术和专有技术，而是大量的人们在日常专业技术工作中反复运用的现有技术，或称公有技术。因此，技术服务合同不同于技术开发、技术转让合同。

（二）技术服务合同双方当事人的主要义务

1. 委托人的义务。

（1）按照合同的约定提供工作条件，完成配合事项。技术服务合同的受托人要解决特定的技术问题，首先要求委托人明确所要解决技术问题的要点，提供有关的背景材料和数据，在有些情况下，还要求委托人为受托人提供配合事项。这些配合事项包括：技术问题的内容、目标、有关数据、图纸、人员的组织安排、样品、样机、试验场地等。

（2）按期接受工作成果并支付报酬。接受工作成果是委托人的权利，也是义务。委托人要按合同约定的时间和要求验收工作成果，超过合同规定期限接受工作成果的，受托人有权要求按有偿保管收取逾期保管费。委托人验收了受托人的工作成果后，就应当按照合同约定的支付方式、结算方式向受托人支付报酬。这种报酬一般不包括受托人完成专业技术工作、解决技术问题所需要的经费，除非合同另有约定。

2. 受托人的义务。

（1）按照约定完成服务项目。技术服务合同的受托人应在约定的时间内，保质保量完成服务任务，并达到解决委托人的技术问题的要求。当事人可以在合同中约定验收的质量标准。合同没有规定技术指标或服务质量的，受托人应按符合国家标准的要求来完成工作成果。没有国家标准的，按该行业符合实用的标准来完成工作成果。

（2）传授解决技术问题的知识。技术服务合同中，受托人除要解决技术问题外，还要传授必要的知识、信息和经验。这里的知识、信息和经验；仅指与解决该技术问题有关的知识、信息和经验。它不涉及专利和非专利技术的权属。委托人如果需要获得专利实施许可或取得受托人未公开的非专利技术成果的，应当另行订立技术转让合同。

技术服务合同的委托人不履行合同义务或者履行合同义务不符合约定，影响工作进度和质量，不接受或者逾期接受工作成果的，应当按约定支付报酬。技术服务合同的受托人未按合同约定完成服务工作的，应当承担免收报酬等违约责任。

四、技术咨询合同与技术服务合同履行过程中产生的新的技术成果归属问题

所谓新的技术成果，是指当事人在履行合同义务以外派生完成的或者后续改进的技术成果，而不是指受托人应当按照约定提交的咨询报告或工作成果。这些新的技术成果产生于两个途径：①受托人基于委托人提供的有关背景资料、技术资料、数据、样品和工作条件派生作出新的技术成果；②委托人在取得受托人咨询报告和工作成果后，进行后续研究开发，利用所掌握的知识取得新的技术成果。

依照合同法规定，处理这些技术成果的归属和分享的原则有两条：①谁完成谁拥有，即受托人基于委托人所提供的技术材料和工作条件所完成的新的技术成果，归受托人。委托人基于受托人的工作成果所完成的新的技术成果归委托人。②法律允许当事人有特殊约定。当事人对履行合同过程中所派生完成和后续发展的新的技术成果归属和分享有特殊约定的，从其约定。应当说明的是，技术咨询合同和技术服务合同不同于技术开发合同和技术转让合同，其权利义务内容不涉及专利和技术秘密成果的权属，一般也不约定技术成果的归属和分享。在履行合同过程中所传授的知识、技术、经验和信息，除合同约定要保密的情况外，都属于公共情报，任何一方都可以自由利用，也可以向社会公开提供。

■ 思考题

1. 什么是技术合同？技术合同有哪些特征？
2. 什么是技术开发合同？技术开发合同中的成果归属如何确定？
3. 技术转让合同的后续改进技术成果的归属和分享应该遵循哪些原则？
4. 技术咨询合同和技术服务合同有哪些区别？

■ 参考书目

1. 科学技术部：《技术合同认定规则》。
2. 《最高人民法院关于审理技术合同纠纷案件适用法律若干问题的解释》。

图书在版编目（ＣＩＰ）数据

合同法学/陈小君主编. —4版. —北京：中国政法大学出版社，2014.9
ISBN 978-7-5620-5605-8

Ⅰ.①合… Ⅱ.①陈… Ⅲ.①合同法-法的理论-中国 Ⅳ.①D923.61

中国版本图书馆CIP数据核字(2014)第196597号

出 版 者　中国政法大学出版社
地　　址　北京市海淀区西土城路 25 号
邮　　箱　fadapress@163.com
网　　址　http://www.cuplpress.com（网络实名：中国政法大学出版社）
电　　话　010-58908435(第一编辑部)　58908334(邮购部)
承　　印　保定市中画美凯印刷有限公司
开　　本　720mm × 960mm　1/16
印　　张　25
字　　数　504 千字
版　　次　2014 年 9 月第 4 版
印　　次　2020 年 1 月第 6 次印刷
印　　数　37001~42000
定　　价　39.00 元